Kohlenwasserstoffe 188
– Benennung 190
– Einteilung 189
– kettenförmige 188

Gelb unterlegte Texte markieren **Begriffe, Gesetzmäßigkeiten** oder andere besonders wichtige **Merksätze.**

In der Reihe „Basiswissen Schule" sind erschienen:

5. bis 10. Klasse

Biologie (376 Seiten)
ISBN 978-3-411-71482-7

Chemie (320 Seiten)
ISBN 978-3-411-71473-5

Computer (276 Seiten)
ISBN 978-3-411-71512-1

Deutsch (288 Seiten)
ISBN 978-3-411-71592-3

Englisch (320 Seiten)
ISBN 978-3-411-71961-7

Mathematik (392 Seiten)
ISBN 978-3-411-71502-2

Physik (360 Seiten)
ISBN 978-3-411-71463-6

7. Klasse bis Abitur

Astronomie (272 Seiten)
ISBN 978-3-411-71491-9

Geografie (416 Seiten)
ISBN 978-3-411-71612-8

Geschichte (464 Seiten)
ISBN 978-3-411-71582-4

Kunst (400 Seiten)
ISBN 978-3-411-71971-6

Literatur (464 Seiten)
ISBN 978-3-411-71602-9

Musik (352 Seiten)
ISBN 978-3-411-71981-5

Politik (464 Seiten)
ISBN-978-3-411-04590-7

Technik (264 Seiten)
ISBN 978-3-411-71522-0

Wirtschaft (288 Seiten)
ISBN 978-3-411-71533-6

Abitur

Biologie Abitur (464 Seiten)
ISBN 978-3-411-04612-6

Chemie Abitur (464 Seiten)
ISBN 978-3-411-04592-1

Englisch Abitur (360 Seiten)
ISBN 978-3-411-71951-8

Informatik Abitur
(440 Seiten)
ISBN 978-3-411-71621-0

Mathematik Abitur
(464 Seiten)
ISBN 978-3-411-71742-2

Physik Abitur (464 Seiten)
ISBN 978-3-411-71752-1

Die GPI e. V. hat die Reihe „Basiswissen Schule" von 2002 bis 2006 jährlich mit der Comenius Medaille für exemplarische Bildungsmedien ausgezeichnet.

Der Software-Preis GIGA-MAUS der Zeitschrift „Eltern for family" wird verliehen für empfehlenswerte Familiensoftware und Onlineangebote.

Der deutsche Bildungssoftware-Preis „digita" wird verliehen für E-Learning-Produkte, die didaktisch und technisch herausragend sind.

Das Internetportal von „Basiswissen Schule" www.schuelerlexikon.de erhielt 2004 das Pädi-Gütesiegel als empfehlenswertes Internet-Angebot für Jugendliche.

Detallierte Informationen zu den einzelnen Bänden unter **www.schuelerlexikon.de**

Duden
Basiswissen Schule

Chemie

3., aktualisierte Auflage

Dudenverlag Mannheim · Leipzig · Wien · Zürich

DUDEN PAETEC Schulbuchverlag Berlin · Frankfurt a. M.

Herausgeber
Dr. Christine Ernst
Claudia Puhlfürst
Dr. Martin Schönherr

Autoren
Dr. Christine Ernst
Dr. Lutz Grubert
Dr. Annett Hartmann
Dr. Horst Hennig
Dr. Günther Kauschka
Dr. Andreas Link
Claudia Puhlfürst
Dr. Ulrich Riederer
Dr. Gerd-Dietrich Schmidt
Helga Simon
Holger Steps
Dr. Hartmut Vogt

Die Autoren der Inhalte der beigefügten CD-ROM sind im elektronischen Impressum auf der CD-ROM aufgeführt.

Bibliografische Information der Deutschen Nationalbibliothek
Die Deutsche Nationalbibliothek verzeichnet diese Publikation in der Deutschen Nationalbibliografie; detaillierte bibliografische Daten sind im Internet über http://dnb.ddb.de abrufbar.

Redaktion Claudia Puhlfürst
Gestaltungskonzept Britta Scharffenberg
Umschlaggestaltung Hans Helfersdorfer
Umschlagabbildung Gerhard Beneken, picture-alliance/Sander, Frankfurt
Layout Andreas Biedermann, Nina Geist, Manuela Liesenberg, Britta Scharffenberg
Grafik Marco Eichler, Karin Mall, Walther-Maria Scheid
Druck und Bindung Těšínská tiskárna, Český Těšín
Printed in Czech Republic

F E D C B A

ISBN-13: 978-3-89818-027-6 (DUDEN PAETEC Schulbuchverlag)
ISBN-10: 3-89818-027-1 (DUDEN PAETEC Schulbuchverlag)
ISBN-13: 978-3-411-71473-5 (Dudenverlag)
ISBN-10: 3-411-71473-5 (Dudenverlag)

Inhaltsverzeichnis

1 DIE CHEMIE – EINE NATURWISSENSCHAFT

1.1 Gegenstand und Teilgebiete der Chemie

1.1.1 Chemie als Naturwissenschaft

Überall in Natur und Technik, ob auf der Erde, im Weltall oder in den Lebewesen, finden chemische Reaktionen statt. Bei einem Gewitter treten elektrische Entladungen auf. Die Blitze bewirken durch elektrische Energie chemische Reaktionen der Luftbestandteile miteinander.

Anfangs waren die Urmenschen noch nicht in der Lage, Feuer selbst zu erzeugen. Sie waren darauf angewiesen, die kostbare Flamme Tag und Nacht zu erhalten und zu bewachen. Wahrscheinlich holten sie sich das Feuer von natürlich entstandenen Bränden.

Schon seit Jahrtausenden sind den Menschen verschiedenste chemische Erscheinungen bekannt. Durch Blitzeinschläge, z. B. in hohe Bäume, kann Feuer entstehen. Bei der Verbrennung von Holz wird Energie in Form von Wärme und Licht frei. Schon die Urmenschen kannten und nutzten das Feuer, ohne dass ihnen bewusst war, dass es sich bei der Verbrennung um eine chemische Reaktion, eine Oxidation, handelt.

Zuerst nutzten die Menschen bestimmte chemische Erscheinungen nur aus. Da sie die Ursachen nicht kannten, waren sie jedoch nicht in der Lage, chemische Reaktionen herbeizuführen und zu steuern. Wann es dem ersten Menschen gelang, selbst Feuer zu erzeugen, ist heute nicht mehr genau feststellbar, da es keine Dokumente aus jener Zeit gibt. Die Menschen der Eiszeit konnten das Feuer schon entzünden. Erst mit überlieferten Aufzeichnungen kann man die Geschichte der Chemie nachvollziehen. So verwendete der Mensch anorganische Pigmente zum Färben schon vor mehr als 25000 Jahren. Das beweisen Höhlenzeichnungen, z.B. bei Lascaux in Frankreich.

Die Frage nach der Herkunft des Wortes Chemie ist nicht eindeutig zu beantworten. Die Griechen verwendeten die Begriffe „chylos" und „chymos" (Saft), abgeleitet von „chein" für schütten, gießen. Das ägyptische „ch'mi" und das arabische „chemi" für schwarz könnten auch Pate für „Chemie" gestanden haben.
Die griechischen Wörter „chyma" (Metallguss) oder „chyta" (schmelzbar) könnten ebenfalls eine Rolle gespielt haben.

Die Ägypter balsamierten ihre Toten ein und verhinderten damit ihre Verwesung. Verwesung ist ein chemischer Vorgang, bei dem organische Stoffe, z.B. Eiweiße, zersetzt werden.
Nicht nur die Ägypter, auch die Chinesen, Babylonier und Inder konnten schon vor vielen Jahrtausenden zuckerhaltige Flüssigkeiten zu alkoholischen Getränken vergären oder Speiseessig herstellen.

Die Technik des Einbalsamierens war so hervorragend entwickelt, dass sich die Mumien Jahrtausende gehalten haben. In manchen Museen kann man ägyptische Mumien auch heute noch bewundern.

Die dazu benötigten Gefäße stellten sie aus Ton her. Das keramische Material wurde gebrannt, glasiert und farbig bemalt, wobei man chemische Prozesse unbewusst ausnutzte. Auch Metalle wurden schon frühzeitig gewonnen. Zuerst fand, verarbeitete und verwendete man edle Metalle (↗ S. 136), da diese gediegen, also elementar, auf der Erde vorkommen. Funde von Schmuckgegenständen aus Gold und Silber reichen bis 7000 Jahre zurück. Die Ägypter waren schon um 3000 v. Chr. in der Lage, Tinte und Papyrus als Schreibmaterial herzustellen.

Auch Legierungen (↗ S. 137) werden schon seit Jahrtausenden hergestellt. Die Sumerer in Mesopotamien gebrauchten schon etwa 3500 vor Christus Gegenstände aus Bronze. Seit 2000 Jahren stellt man Messing her.

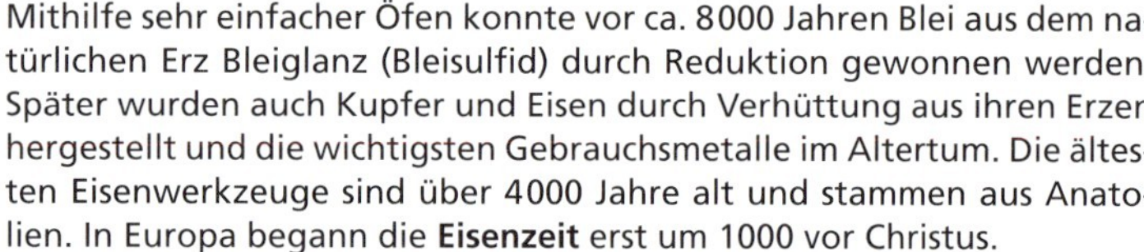

Mithilfe sehr einfacher Öfen konnte vor ca. 8000 Jahren Blei aus dem natürlichen Erz Bleiglanz (Bleisulfid) durch Reduktion gewonnen werden. Später wurden auch Kupfer und Eisen durch Verhüttung aus ihren Erzen hergestellt und die wichtigsten Gebrauchsmetalle im Altertum. Die ältesten Eisenwerkzeuge sind über 4000 Jahre alt und stammen aus Anatolien. In Europa begann die **Eisenzeit** erst um 1000 vor Christus.

Nicht nur die Metalle, sondern auch Glas gehören zu den ersten durch bewusste Ausnutzung chemischer Reaktionen hergestellten Produkten.
In den Ländern der Erde entwickelte sich die Lehre von den Stoffen und deren Umwandlungen nicht unabhängig voneinander. Doch hielten viele Herrscher ihre Gelehrten gefangen, um deren Geheimnisse nicht preiszugeben. Das Zeitalter der **Alchemisten** begann schon zu Beginn unserer Zeitrechnung und dauerte insgesamt etwa 1500 Jahre.

Der Begriff **„Alchemie“** oder „Alchimie“ kommt aus dem Arabischen von *„al kimyia“* für Chemie. Alchemisten gab es nicht nur in Europa, sondern auch in China, Ägypten und Indien.

Die Alchemisten suchten nach dem **Stein der Weisen.** Damit, so glaubten sie, sei es möglich, Stoffe beliebig ineinander umwandeln zu können, um z.B. Gold aus irgendeinem billigen, unedlen Metall zu gewinnen. Auch Kranke sollten ihre Gesundheit wiedererlangen und dem Besitzer des Steins der Weisen sollte ein hohes Alter beschieden sein.

Paracelsus (1493 bis 1551) begründete die **Iatrochemie** (griech. *iatros* = Arzt), in der er durch chemisches Experimentieren neue Arzneimittel fand.

Im Mittelalter begann im europäischen Raum eine allmähliche Weiterentwicklung der Alchemie. Bergleute, Metallurgen, Handwerker und Heilkundige beobachteten, experimentierten und probierten neue Technologien aus. Der deutsche Arzt THEOPHRASTUS BOMBASTUS VON HOHENHEIM, genannt **PARACELSUS** (1493–1551), war der Ansicht, dass es keinen Stein der Weisen gäbe. Er entdeckte die schmerzlindernde Wirkung des Opiums und gebrauchte Quecksilberpräparate zur Heilung.

Im 16. und 17. Jahrhundert entstand nach und nach die Wissenschaft Chemie. Berühmte Forscher und Gelehrte trugen ihren Teil dazu bei, dass die unwissenschaftliche Lehre vom Stein der Weisen allmählich aus den Köpfen verschwand.

Die Lehre vom Stein der Weisen hielt sich z. T. noch Jahrhunderte. Zu Beginn des 18. Jahrhunderts erforschte der junge J. F. BÖTTGER in Meißen (Sachsen) im Auftrag August des Starken die Erzeugung von Gold. Dabei fand er 1708 ein Rezept zur Herstellung von Porzellan.

GEORGIUS AGRICOLA (1494–1555), ein deutscher Forscher (↗ Abb.), veröffentlichte sein auch heute noch bekanntes Werk „De re metallica"(„Über die metallischen Dinge" oder „Vom Wesen der Metalle") im Jahre 1556. Darin behandelte er die Grundlagen der Metallurgie. In seinem Lehrbuch „Alchemica" beschreibt der Alchemist ANDREAS LIBAVIUS (1550–1616) u. a. die Herstellung von Salpeter- und Schwefelsäure sowie einer Reihe von Salzen.

JOHN DALTON (1766–1844), Lehrer für Mathematik und Naturwissenschaften in Manchester, entwickelte das später nach ihm benannte daltonsche Atommodell. Er verwendete zur Darstellung größtenteils noch bildhafte Symbole.

DANIEL SENNERT (1572–1637) beobachtete und beschrieb die Vorgänge beim Lösen, Verdampfen, Ausfällen (↗ S. 122) und Sublimieren von Stoffen. Mit seinen daraus resultierenden Schlussfolgerungen begründete er die Atomtheorie.

JOACHIM JUNGIUS (1587–1657) und **ROBERT BOYLE** (1627–1691) begründeten Mitte des 17. Jahrhunderts den modernen Elementbegriff. **J. J. BERZELIUS** (1779–1848) gab später den chemischen Elementen statt der Zeichen Elementsymbole (↗ S. 85). Dass sich die Chemie zu einer exakten Wissenschaft entwickelte, ist **M. W. LOMONOSSOW** (1711–1765) und **A. LAVOISIER** (1743–1794) zu verdanken, die vor allem mittels genauer quantitativer Methoden Masse- und Volumenänderungen feststellten und auswerteten. Durch diese Elementaranalysen konnte LAVOISIER als Erster die Vorgänge bei Verbrennungen richtig erklären.

Im 19. Jahrhundert wurden innerhalb kurzer Zeit viele bahnbrechende Entdeckungen gemacht. Der Engländer **SIR H. DAVY** (1778–1829) zerlegte Alkali- und Erdalkaliverbindungen mit elektrischem Strom in ihre Bestandteile. Der Deutsche **F. WÖHLER** (1800–1882) synthetisierte den ersten organischen Stoff – Harnstoff – im Labor und widerlegte damit die Theorie vom Vitalismus. **J. W. DÖBEREINER** (1780–1849) stellte die Triaden von Elementen (↗ S. 69) auf. **R. W. BUNSEN** (1811–1899) und **G. R. KIRCHHOFF** (1824–1887) entdeckten die Spektroskopie. **F. A. KEKULÉ VON STRADONITZ** (1829–1896) fand die Formel von Benzen (Benzol). **J. L. MEYER** (1830–1897) und **D. I. MENDELEJEW** (1834–1907) stellten das Periodensystem der Elemente (↗ S. 69) auf.
Im 20. Jahrhundert wurde von **MAX PLANCK** (1859–1947) und **ALBERT EINSTEIN** (1879–1955) die Quantentheorie entwickelt.

Die chemische Industrie entwickelte sich mit Beginn des 20. Jahrhunderts. Fabriken entstanden, Kunststoffe, Dünger, Arzneimittel, Schädlingsbekämpfungsmittel u. v. m. wurden synthetisch hergestellt. Gleichzeitig traten aber auch zunehmend Umweltschädigungen durch chemische Stoffe auf.

Die **Chemie** ist eine Naturwissenschaft. Sie beschäftigt sich mit dem Aufbau, den Eigenschaften und der Umwandlung von Stoffen durch chemische Reaktionen.

1.1.2 Teilgebiete der Chemie

Die Chemie wird in verschiedene Teilgebiete untergliedert. Sie unterscheiden sich in Aufgabenbereichen und Arbeitsmethoden. Zwischen den Teilgebieten gibt es vielfältige Verknüpfungen. Auch mit anderen Wissenschaften ist die Chemie eng verknüpft.

Teilgebiet	Untersuchungsgegenstand	
Allgemeine theoretische Chemie	– Grundlagen der Chemie – Aufbau von Stoffen – chemische Zeichensprache – chemische Bindungen – chemische Reaktionen und Reaktionsarten	
Analytische Chemie	– qualitative Bestimmung (Nachweise) von chemischen Elementen und Verbindungen – quantitative Bestimmung (Mengenanteile)	
Umweltchemie	– Untersuchung des Verhaltens chemischer Stoffe in der Umwelt – Vermeidung und Regulierung von Umweltschäden durch chemische Reaktionen	
Physikalische Chemie	– Energieumwandlungen bei chemischen Reaktionen (chemische Thermodynamik) – zeitlicher Verlauf chemischer Reaktionen (Reaktionskinetik)	Exotherme chemische Reaktion Ausgangsstoffe → Reaktionsprodukte Energie Ausgangsstoffe Aktivierungsenergie frei werdende Energie Reaktionsprodukte Reaktionsverlauf
Anorganische Chemie	– Elementsubstanzen – anorganische Stoffe und Stoffgruppen – Aufbau und Reaktionen dieser Stoffe	
Technische Chemie	– chemisch- technische Prozesse, deren Reaktionen, Vorgänge und Verfahrenstechnik – Bedeutung und Verwendung der hergestellten Stoffe	

Organische Chemie	– organische Stoffe und Stoffgruppen (Kohlenwasserstoffe und Derivate) – Aufbau und Reaktionen von organischen Stoffen	
Biochemie (physiologische Chemie)	– chemische Reaktionen und Vorgänge aus der Biologie, z. B. im Stoffwechsel	

1.1.3 Verflechtung der Chemie mit anderen Naturwissenschaften

Chemie und Physik

Die **Physik** ist eine Naturwissenschaft. Sie beschäftigt sich mit den grundlegenden Erscheinungen und Gesetzen in der natürlichen Umwelt und erklärt viele Erscheinungen in Natur und Technik.

Auch die Leitung des elektrischen Stroms in Metallen kann mit physikalischen und chemischen Gesetzmäßigkeiten erklärt werden. In den Metallen liegt Metallbindung vor (↗ S. 68). Frei bewegliche Elektronen können durch das Gitter wandern. Legt man ein elektrisches Feld an, wandern die Elektronen gerichtet.

Die Wissenschaft Physik wird in verschiedene Teilgebiete unterteilt. In der Wärmelehre werden Temperaturen von Körpern, Veränderungen durch Zufuhr und Abgabe von Wärme, Aggregatzustände und ihre Übergänge sowie Wärmeübertragungen untersucht. Das Teilgebiet Energie beschäftigt sich u. a. mit der Umwandlung von Energieformen ineinander.

Die Chemie befasst sich in der **physikalischen Chemie** u. a. mit den Energieumwandlungen bei chemischen Reaktionen. Dabei nutzt sie physikalische Erkenntnisse und Gesetzmäßigkeiten zur Beschreibung und Erklärung der Vorgänge.
Bei exothermen Reaktionen (↗ S. 99) wird Energie freigesetzt. Das können thermische Energie, z. B. bei der Verbrennung von Kohle, Lichtenergie, z. B. bei der Verbrennung von Kerzenwachs, oder mechanische Energie, z. B. bei Knallgasreaktionen, sein.
Bei endothermen Reaktionen (↗ S. 99) wird Energie zugeführt, z. B. bei der Bildung von Stickstoffoxiden aus Stickstoff und Sauerstoff der Luft bei Gewittern.
Die **allgemeine und theoretische Chemie** erklärt den Aufbau der Stoffe. Alle Stoffe bestehen aus kleinsten Teilchen. Diese Teilchen sind Atome, Ionen oder Moleküle. Ein Atom besitzt einen Atomkern und eine Atomhülle. Die Atom- und Kernphysik erklärt den Aufbau von Atomen, das Zustandekommen radioaktiver Strahlung oder die Erzeugung von Kernenergie. Die Erkenntnisse der Physik werden in der allgemeinen Chemie verwendet, z. B. um Stoffumwandlungen zu erklären.

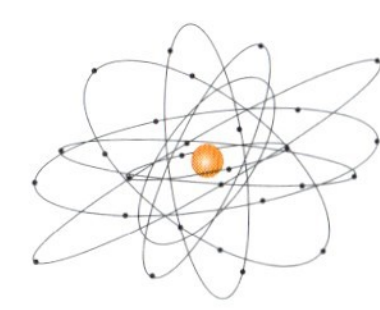

Biologie und Chemie

Für viele Pflanzen ist der pH-Wert (↗ S. 182) des Bodens ein wichtiger Umweltfaktor. Er wird durch verschiedene Ionen beeinflusst. Durch Düngung mit in der chemischen Industrie hergestellten Düngemitteln können Erträge in der Landwirtschaft gesteigert werden.

Die Biologie ist eine Naturwissenschaft. Als Wissenschaft vom Leben erforscht sie die Entstehung des Lebens, seine Gesetzmäßigkeiten, die Entwicklung des Lebens und seine Erscheinungsformen.

Die Wissenschaft Biologie wird in verschiedene Teilgebiete unterteilt. In der **Ökologie** werden die Wechselwirkungen von Lebewesen untereinander und mit ihrer Umwelt untersucht. Die Umwelt setzt sich aus biotischen (belebten) und abiotischen (unbelebten) Faktoren zusammen. Die unbelebte Umwelt eines Lebewesens wird auch durch chemische Einflüsse geprägt. Die Zellen der Lebewesen selbst bestehen aus organischen Stoffen, z.B. Eiweißen.
Die Chemie befasst sich in der **anorganischen** und **organischen Chemie** mit dem Aufbau und den Reaktionen anorganischer und organischer Stoffe.

Die **Biochemie** erklärt chemische Reaktionen und Vorgänge im Stoffwechsel aller Lebewesen. Die **Physiologie,** ein Teilgebiet der Biologie, beschäftigt sich mit Funktionen und Leistungen des Organismus und seiner Teile.

Die Fotosynthese ist ein Stoffwechselprozess, bei dem grüne Pflanzen mithilfe ihres Chlorophylls und unter Ausnutzung der Lichtenergie aus den anorganischen Stoffen Wasser und Kohlenstoffdioxid organische Stoffe wie Glucose (und daraus Stärke) herstellen.

Schema der Fotosynthese

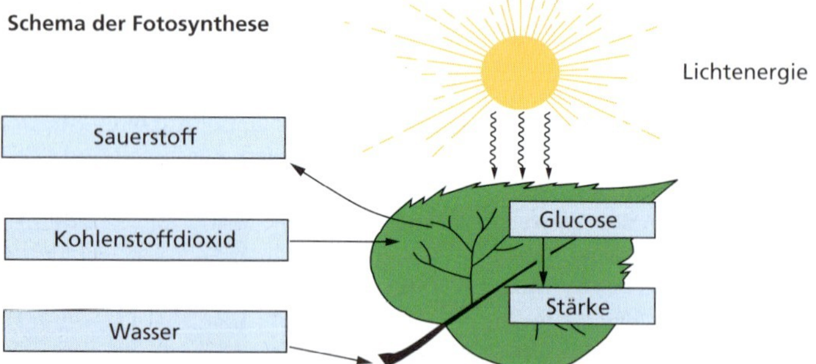

In der **präparativen Chemie** werden die verschiedensten Stoffe hergestellt. Kunststoffe, Medikamente, Schädlingsbekämpfungsmittel, Waschmittel oder Düngemittel sind für Mensch, Tiere und Pflanzen bedeutsam.

Auch mit der **Geografie** ist die Chemie verflochten. Stoffkreisläufe (↗ S. 275), z.B. der Kreislauf des Wassers, können sowohl von chemischer Seite als auch von geografischer (geologischer) und sogar von physikalischer Seite betrachtet werden.
Gesteine und Mineralien bestehen aus anorganischen Stoffen. Bei der Verwitterung finden nicht nur physikalische Vorgänge, sondern auch chemische Reaktionen statt.

1.2 Denk- und Arbeitsweisen in der Chemie

1.2.1 Begriffe und Größen in der Chemie

Begriffe

Ein Ziel der Chemie besteht darin, in der Natur Zusammenhänge und Gesetze zu erkennen und mithilfe der Gesetze Erscheinungen zu *erklären* oder *vorherzusagen*, die man in der belebten oder unbelebten Natur beobachten kann. Die gewonnenen Erkenntnisse werden genutzt, um Stoffe mit gewünschten Eigenschaften herzustellen, Energie zu erzeugen, die Umwelt zu beeinflussen oder Krankheiten zu heilen. Dazu werden in der Chemie chemische Reaktionen und Prozesse genau beobachtet und Experimente durchgeführt. Stoffe und Vorgänge in der Natur werden miteinander verglichen, um Gemeinsamkeiten und Unterschiede zu erkennen und sie zu Klassen oder Gruppen zusammenzufassen. Die Zuordnung einer Gruppe von Objekten zu einem Wort nennt man Begriff.

Manchmal wird einfach festgelegt, was unter einem Begriff zu verstehen ist, z.B. beim Begriff „Geschwindigkeit". In einigen Fällen kann man einen Begriff definieren, indem man alle Objekte aufzählt, die zu diesem Begriff gehören. Dies ist z.B. beim Begriff „Teilchen" der Fall. Auch im Alltag werden Begriffe benutzt, um sich zu verständigen. Alltagsbegriffe werden nicht exakt definiert, sondern auf der Grundlage von Erfahrungen im Umgang mit Objekten und Wörtern gebildet. Deshalb stimmen Alltagsbegriffe und naturwissenschaftliche Fachbegriffe häufig nicht bzw. nicht vollständig überein.

Ein **Begriff** ist eine logische Grundform zum Ordnen von Objekten. Er ist das Ergebnis von Verallgemeinerung und Abstraktion und beinhaltet eine Klasse von Objekten (Körper, Stoffe oder Vorgänge) mit gemeinsamen unveränderlichen Merkmalen.

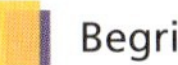

Begriffe:
1. Chemisches Element: Ein chemisches Element ist eine Atomart, deren Atome die gleiche Anzahl Protonen im Kern enthalten. Magnesium und Kohlenstoff sind chemische Elemente. Alle Magnesiumatome enthalten 12 Protonen im Atomkern. Alle Kohlenstoffatome enthalten immer 6 Protonen im Atomkern.
2. Teilchen: Teilchen sind Atome, Ionen und Moleküle. Ein Kohlenstoffatom, ein Magnesium-Ion oder ein Wassermolekül sind Teilchen.

Damit in der Wissenschaft jeder unter einem Begriff dieselben Objekte versteht, werden Begriffe in den Naturwissenschaften eindeutig definiert.
Fachbegriffe knüpfen oft an Alltagsbegriffe an, werden aber exakt definiert und schränken die Anwendbarkeit des Begriffs oft ein. Deshalb muss man bei der Anwendung von Begriffen stets beachten, ob es sich um naturwissenschaftliche Fachbegriffe oder um Alltagsbegriffe handelt.

Größen

Ein Teil der naturwissenschaftlichen Fachbegriffe wird auch als Größen bezeichnet. Dabei handelt es sich um Begriffe, die messbare Eigenschaften von Objekten beschreiben.

Eine **Größe** beschreibt eine messbare Eigenschaft von Objekten.

Die Bedeutung einer Größe gibt an, welche Eigenschaft der Objekte beschrieben wird. Für ein konkretes Objekt kann der Ausprägungsgrad dieser Eigenschaft gemessen und angegeben werden. Dieser Ausprägungsgrad wird auch Wert einer Größe genannt.

Um den Wert einer Größe anzugeben, muss eine Einheit festgelegt sein. Der Wert der Größe ist dann das Produkt aus Zahlenwert und Einheit (ohne den Malpunkt). Für jede Größe ist mindestens ein Formelzeichen als Abkürzung festgelegt. Mithilfe von Formelzeichen kann man naturwissenschaftliche Gesetze schneller und einfacher in mathematischer Form formulieren und anwenden.

Stoffkennzeichnende Größen in der Chemie

Größe	Berechnung	Beispiele
molare Masse M	$M = \frac{m}{n}$	$M_{NaOH} = 40$ g/mol $M_{H_2SO_4} = 98$ g/mol
molares Volumen V_m	$V_m = \frac{V}{n}$	bei Normbedingungen $V_m \approx 22{,}4$ l/mol
Dichte ρ	$\rho = \frac{M}{V_m}$ $\rho = \frac{m}{V}$	$\rho_{NaCl} = 2{,}2$ g/cm³ $\rho_{SO_2} = 2{,}93$ g/l

Wichtige Größen und Einheiten in der Chemie
Basiseinheiten des Internationalen Einheitensystems sind farbig hervorgehoben.

Größe	Formelzeichen	Einheiten		Beziehungen zwischen den Größen und Einheiten
relative Atommasse	A_r	1		$A_r = \frac{m_A}{u}$ m_A = Masse des Atoms u = atomare Masseneinheit
Dichte	ρ	Gramm je Kubikzentimeter Kilogramm je Kubikmeter	$\frac{g}{cm^3}$ $\frac{kg}{m^3}$	$1\,\frac{g}{cm^3} = 1\,000\,\frac{kg}{m^3}$ $1\,\frac{g}{l} = 1\,\frac{mg}{cm^3}$ (speziell für Gase)
Druck	p	Pascal Bar	Pa bar	$1\ \text{Pa} = 1\,\frac{N}{m^2}$ $1\ \text{bar} = 100\,000\ \text{Pa}$
Energie	E	Joule Newtonmeter Wattsekunde	J Nm Ws	$1\ \text{J} = 1\,\frac{kg \cdot m^2}{s^2} = 1\ \text{Nm} = 1\ \text{Ws}$
Halbwertszeit	$t_{1/2}$	Sekunden	s	
elektrische Ladung	Q	Coulomb	C	1 C = 1 As
Masse	m	Kilogramm Tonne	kg t	1 kg = 1 000 g 1 t = 1 000 kg

Größe	Formelzeichen	Einheiten		Beziehungen zwischen allgemeinen Größen und Einheiten
Temperatur	T ϑ	Kelvin Grad Celsius	K °C	0 K = −273,15 °C 0 °C = 273,15 K
Volumen	V	Kubikmeter Liter	m^3 l	1 l = 1 dm^3
Wärme	Q	Joule	J	1 J = 1 Nm = 1 Ws
Stöchiometrische Größen (stöchiometrisches Rechnen ↗ S. 131)				
Stoffmenge	n	mol		$n = \frac{m}{M} = \frac{V}{V_m}$
molare Masse	M	g/mol		$M = \frac{m}{n}$
molares Volumen	V_m	l/mol		$V_m = \frac{V}{n}$

Stöchiometrische Verhältnisse			
Größe	**Formelzeichen**	**Größengleichung**	**Erläuterungen**
Masse/Masse	m_1/m_2	$\frac{m_1}{m_2} = \frac{M_1 \cdot n_1}{M_2 \cdot n_2}$	m_1, m_2 Massen der Stoffe 1 und 2 n_1, n_2 Stoffmengen der Stoffe 1 und 2 M_1, M_2 molare Massen der Stoffe 1 und 2
Masse/Volumen	m/V	$\frac{m_1}{V_2} = \frac{M_1 \cdot n_1}{V_m \cdot n_2}$	V_1, V_2 Volumen der gasförmigen Stoffe 1 und 2; bei 0 °C und 1013,25 hPa V_m molares Normvolumen des gasförmigen Stoffs 2
Volumen/Volumen	V_1/V_2	$\frac{V_1}{V_2} = \frac{n_1}{n_2}$	
Ausbeute	η	$\eta = \frac{n_{real}}{n_{theor}}$	n_{real} real erhaltene Stoffmenge n_{theor} theoretisch mögliche Stoffmenge
Massenanteil	ω_i	$\omega_i = \frac{m_i}{m}$	m_i Masse der Komponente i m Summe der Masse aller Komponenten
Volumenanteil	φ_i	$\varphi_i = \frac{V_i}{V_0}$	V_i Volumen der Komponente i V_0 Gesamtvolumen vor dem Mischvorgang V Gesamtvolumen der Lösung nach dem Mischvorgang n_i Stoffmenge der Komponente i n Gesamtstoffmenge des Stoffgemischs
Massenkonzentration	β_i	$\beta_i = \frac{m_i}{V}$	
Volumenkonzentration	σ_i	$\sigma_i = \frac{V_i}{V}$	
Stoffmengenkonzentration	c_i	$c_i = \frac{n_i}{V}$	

1.2.2 Gesetze, Modelle und Theorien in der Chemie

Gesetze

In den Naturerscheinungen können durch Beobachtungen und Experimente Zusammenhänge erkannt werden.

So lässt sich im Periodensystem der Elemente feststellen, dass sich mit steigender Ordnungszahl (Kernladungszahl) der Aufbau und damit die Eigenschaften der Atome regelmäßig wiederholen.

Die Bedingungen, unter denen ein Zusammenhang stets wirkt, werden auch Gültigkeitsbedingungen genannt.

Wenn sich Zusammenhänge in der Natur unter bestimmten Bedingungen immer wieder einstellen und damit für eine ganze Gruppe oder Klasse von Objekten gelten, dann spricht man von gesetzmäßigen Zusammenhängen.

Gesetze in den Naturwissenschaften sind allgemeine und wesentliche Zusammenhänge in der Natur, die unter bestimmten Bedingungen stets wirken.

Die regelmäßig wiederkehrenden ähnlichen Eigenschaften der Elemente sind auf einen ähnlichen Atombau zurückzuführen. Innerhalb einer Hauptgruppe besitzen alle Elemente die gleiche Anzahl an Außenelektronen.
Innerhalb einer Periode nimmt mit steigender Ordnungszahl die Anzahl der Außenelektronen zu. Da die Außenelektronen die chemischen Reaktionen des Elements bestimmen, reagieren Elemente mit gleicher Anzahl Außenelektronen chemisch ähnlich.
Dies wird als „Gesetz der Periodizität" (↗ S. 75) bezeichnet.

Eine wichtige Aufgabe der Chemie besteht darin, Erscheinungen in der Natur und die entsprechenden **Gesetze** zu erkennen und mithilfe geeigneter **Modelle** und **Theorien** zu beschreiben.

Da naturwissenschaftliche Gesetze stets für eine Klasse von Objekten gelten, werden zu ihrer Formulierung naturwissenschaftliche Begriffe und Größen genutzt. Oft können naturwissenschaftliche Begriffe auch erst im Zusammenhang mit erkannten Gesetzen exakt definiert werden.
Naturwissenschaftliche Gesetze existieren unabhängig vom Willen und von den Wünschen des Menschen.

Das Gesetz von der Erhaltung der Masse (↗ S. 97) wirkt bei allen chemischen Reaktionen, ob wir es wollen oder nicht. Der Mensch kann Gesetze erkennen und zu seinem Vorteil nutzen. So kann man in der Industrie und im Labor das Gesetz von der Erhaltung der Masse nutzen, um die entstehenden Massen der Reaktionsprodukte oder die benötigten Massen der Ausgangsstoffe zu berechnen.

Naturwissenschaftliche Gesetze können unterschiedlich genau erkannt und unterschiedlich in der Art dargestellt sein.
Es gibt Gesetze, die lediglich beschreiben, unter welchen Bedingungen bestimmte Erscheinungen in der Natur auftreten. Diese Gesetze enthalten eine qualitative Gesetzesaussage, die mit Worten beschrieben wird.

Modelle

Zum Erklären und Voraussagen werden in der Chemie auch Modelle genutzt.

Ein Modell stellt eine Vereinfachung der Wirklichkeit dar. In einigen wesentlichen Punkten stimmt das Modell mit der Wirklichkeit überein, in anderen nicht.

Mit einem Modell können nur bestimmte, nie alle Erscheinungen vorausgesagt werden. Ein Modell ist nur innerhalb bestimmter Grenzen gültig und sinnvoll anwendbar.
Modelle sind keine Naturgesetze.

Teilchenmodell
Das Teilchenmodell beinhaltet folgende Aussagen:
1. Alle Stoffe bestehen aus kleinsten Teilchen. Die Teilchen eines Stoffs sind untereinander gleich.
2. Zwischen den Teilchen herrschen Anziehungskräfte mit sehr geringer Reichweite.
3. Zwischen diesen Teilchen ist leerer Raum.
4. Die Teilchen bewegen sich ständig.

Mit dem Teilchenmodell können z. B. die Aggregatzustände eines Stoffs gut erklärt werden:
1. Teilchen in einem Feststoff:

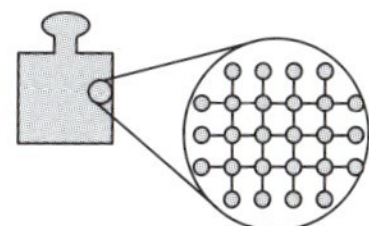

2. Teilchen in einer Flüssigkeit:

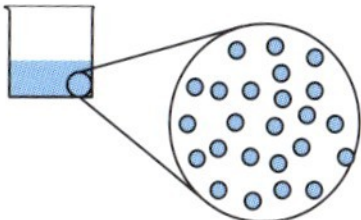

3. Teilchen in einem Gas:

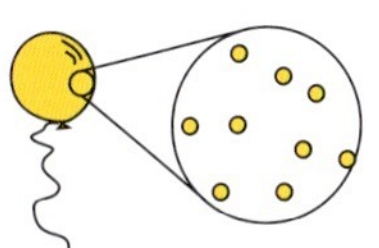

Ein gedankliches Modell kann auch materiell umgesetzt werden. Im Teilchenmodell können die einzelnen Teilchen mit Kugeln dargestellt werden. Dabei werden die Anziehungskräfte und die Bewegung der Teilchen nicht berücksichtigt.

Theorien

Nicht alle Modelle und Gesetze lassen sich in der gesamten Naturwissenschaft anwenden.
Für jeden Teilbereich der Chemie gibt es z. T. verschiedene Gesetze und auch unterschiedliche Modelle. Mehrere Modelle, Gesetze und Begriffe fasst man als Theorie zusammen.

Ein System von Gesetzen, Modellen und anderen Aussagen, z. B. über einen Teilbereich einer Naturwissenschaft, wird als **Theorie** bezeichnet.

Quantentheorie
Die Quantentheorie geht davon aus, dass die Elektronen in der Atomhülle nur bestimmte Energiezustände besitzen können. Diese Energiezustände werden mit Quantenzahlen bezeichnet. Die bekannten Elektronenschalen (Energieniveaus) entsprechen der Hauptquantenzahl.
Die Quantentheorie vereint verschiedene Gesetze des Atombaus mit Modellvorstellungen vom Atom und seinen Elementarteilchen.

Die Quantentheorie stammt von MAX PLANCK (1858–1947) und wurde von A. J. W. SOMMERFELD (1868–1951) und W. PAULI (1900–1958) erweitert.

1.2.3 Erkenntnisgewinnung in der Chemie

Erkennen naturwissenschaftlicher Gesetze

Manchmal führt die Anwendung eines Gesetzes zu der Erkenntnis, dass das **Gesetz** nicht in allen Fällen so wirkt, wie es vorausgesagt wurde. Dann müssen die Gültigkeitsbedingungen eingeschränkt oder der Zusammenhang und die Bedingungen noch genauer untersucht werden.

Das Erkennen und Anwenden von Gesetzen in Naturwissenschaften und Technik ist ein äußerst komplexer, oft langwieriger Vorgang. Wichtige Naturgesetze und deren Gültigkeitsbedingungen sind in langen, wechselvollen historischen Prozessen entdeckt worden. Diese Entdeckungen waren oft von Irrtümern und Irrwegen begleitet.
Auch heute noch ist das Erkennen von Naturgesetzen trotz modernster Experimentier- und Computertechnik ein komplizierter Prozess, bei dem oft ganze Gruppen von Wissenschaftlern in aller Welt zusammenarbeiten. Unabhängig vom Thema, den eingesetzten Apparaturen oder den beteiligten Wissenschaftlern, wird in den Naturwissenschaften oft nach ähnlichen Methoden vorgegangen. In der Chemie wird oft mit Experimenten gearbeitet (↗ S. 28), um Naturgesetze zu erkennen oder zu beweisen.

Weg der Erkenntnis

Vorgehen	Beispiel
1. Beobachten von Erscheinungen in der Natur	– Magnesium verbrennt mit greller Flamme zu Magnesiumoxid. – Die Masse des Magnesiumoxids ist größer als die Masse des Magnesiums.
2. Vergleichen und Erkennen von Gemeinsamkeiten, Unterschieden und Regelmäßigkeiten	– Aluminium verbrennt zu Aluminiumoxid. – Die Masse des Aluminiumoxids ist größer als die Masse des Aluminiums. – Die Metalle haben vor der Reaktion eine geringere Masse als die Metalloxide nach der Reaktion.
3. Aufstellen von Vermutungen	– Die Metalle haben sich mit einem unsichtbaren Stoff verbunden, dessen Masse in das Reaktionsprodukt eingegangen ist. – Der unsichtbare Stoff könnte Sauerstoff sein.
4. Überprüfen der Vermutungen mit weiteren Experimenten	– Die Verbrennung verschiedener Metalle und Nichtmetalle findet unter gleichen Bedingungen z.B im abgeschlossenen Gefäß statt. – Die Massen aller Stoffe werden festgestellt.
5. Aufstellen einer Gesetzesaussage	– Bei der Verbrennung von Stoffen ist die Masse der Reaktionsprodukte gleich der Masse der Ausgangsstoffe.
6. Verallgemeinern und Formulieren des Gesetzes	– Bei chemischen Reaktionen entspricht die Masse der Ausgangsstoffe der Masse der Reaktionsprodukte (Gesetz von der Erhaltung der Masse).

Das entdeckte Gesetz kann nun zur Erklärung von weiteren Naturerscheinungen genutzt werden. Jede erfolgreiche Anwendung eines Gesetzes in der Praxis ist ein Beweis für die Richtigkeit des Gesetzes unter den gegebenen Bedingungen.

Tätigkeiten in der Chemie

Vor allem im Zusammenhang mit dem Erkennen und Anwenden naturwissenschaftlicher Gesetze, mit dem Definieren von Begriffen und dem Arbeiten mit Größen gibt es eine Reihe von wichtigen Tätigkeiten, die in den Naturwissenschaften immer wieder durchgeführt werden.
Mithilfe dieser Tätigkeiten können Erkenntnisse über Vorgänge, Zusammenhänge oder Gesetzmäßigkeiten leichter gewonnen werden.
In der Chemie werden sowohl praktische Tätigkeiten, wie das Experimentieren (↗ S. 36), als auch geistige Tätigkeiten, wie Beobachten, Beschreiben, Vergleichen, Erläutern, Begründen, Definieren, Erklären oder Voraussagen, gebraucht.

Beobachten

Beobachten ist eine Form des Erkundens. Dabei werden mit Sinnesorganen oder mit Hilfsmitteln Eigenschaften, Abläufe oder Beziehungen festgestellt. Die beobachteten Objekte oder Prozesse werden dabei nicht grundlegend verändert.

Beobachten allein reicht meist nicht. Um später die gemachten Beobachtungen auswerten zu können, müssen sie möglichst genau beschrieben werden (↗ S. 22).

Bei vielen Beobachtungen geht man systematisch vor. Vor dem Beginn der Beobachtung muss ein Beobachtungsziel oder eine Fragestellung formuliert werden. Nach der Durchführung der Beobachtung werden Aussagen zur Auswertung formuliert, die sich auf das Beobachtungsziel oder die Fragestellung beziehen.

Beobachte die Reaktion von Chlorwasserstoffsäure (Salzsäure) mit Magnesium.

1. *Beobachtungsziel:* Verändern sich die Eigenschaften der Ausgangsstoffe während der Reaktion? Zeigen sich besondere Erscheinungen, z.B. Farben, Gerüche, Geräusche oder Ähnliches?
2. *Durchführung:* Etwas verdünnte Chlorwasserstoffsäure (Salzsäure) wird in ein Reagenzglas gegeben. Ein Span Magnesium (Vorsicht!) wird hinzugefügt.
3. *Beobachtung:* Magnesium ist ein fester Stoff und besitzt einen silbrigen Glanz. Chlorwasserstoffsäure (Salzsäure) ist eine farblose, stechend riechende Flüssigkeit. Die Flüssigkeit schäumt auf. Der Magnesiumspan wird kleiner und verschwindet allmählich. Das Gefäß erwärmt sich. Ein Gas entsteht. Das entstehende Gas ist farblos und brennbar (Vorsicht: Knallgasbildung möglich!).
4. *Auswertung:* Die Eigenschaften von Magnesium und Chlorwasserstoffsäure verändern sich während der Reaktion. Der metallische Glanz verschwindet. Der feste Stoff löst sich auf. Neue Stoffe mit neuen Eigenschaften sind entstanden. Eine chemische Reaktion hat stattgefunden.

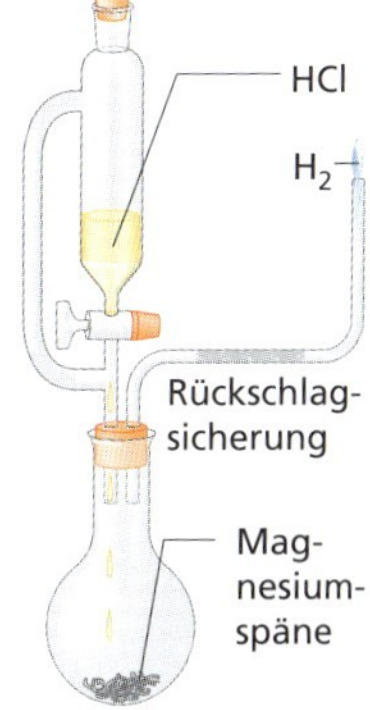

Messen

Beim **Messen** wird der Wert einer Größe, d.h. der Ausprägungsgrad einer Eigenschaft, mithilfe eines Messgeräts bestimmt. Die zu messende Größe wird dabei mit einer festgelegten Einheit verglichen. Dazu wird in der Regel eine Messvorschrift festgelegt.

Messen ist immer mit Beobachten und Beschreiben verbunden.

Bei der Bestimmung einer Größe, z. B. der **Masse** oder dem **Volumen**, werden oft mehrere Messungen durchgeführt und aus den Messwerten ein Mittelwert gebildet.

Messen des Volumens einer Flüssigkeit

1. *Aufgabe*:
   Miss das Volumen einer Flüssigkeit mit einem Messzylinder.
2. *Durchführung*:
   Zuerst wird das Volumen des Körpers geschätzt, danach ein geeigneter Messzylinder ausgewählt. Die Flüssigkeit wird in den Messzylinder, der auf einer waagerechten Unterlage steht, gefüllt. Das Ablesen erfolgt, indem man die Augen in Höhe der Flüssigkeitsoberfläche bringt und den Stand an der tiefsten Stelle der Oberfläche abliest.
3. *Beobachtung und Auswertung:*
   Das Volumen der Flüssigkeit beträgt … l.

Durch verschiedene Fehler beim Messen ergeben sich Messunsicherheiten. Zur Abschätzung der Unsicherheit eines Messwerts werden **Fehlerbetrachtungen** durchgeführt.

Beschreiben

Beschreiben ist die zusammenhängende und geordnete Darstellung von Erscheinungen mit sprachlichen Mitteln. Äußerlich wahrnehmbare Eigenschaften der Erscheinung, z.B. die Eigenschaften eines Stoffs, der Ablauf eines Vorgangs oder der Aufbau eines technischen Geräts, werden wiedergegeben.

Im Unterschied zur Erklärung einer Erscheinung beschränkt sich die Beschreibung häufig auf die Darstellung von wesentlichen Seiten einer Erscheinung.

Verbrennen von Magnesium

1. *Aufgabe:* Beschreibe die Vorgänge beim Verbrennen von Magnesium an der Luft.
2. *Beschreibung:* Ein Magnesiumspan wird erhitzt. Nach kurzer Zeit flammt das Magnesium grell auf. Es brennt an der Luft unter sehr heller Lichterscheinung und Wärmeentwicklung weiter. Nach Beendigung des Vorgangs bleibt ein weißer, fester Stoff übrig.

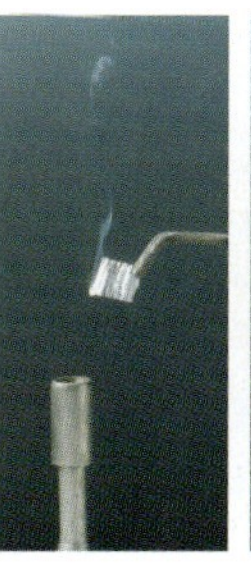
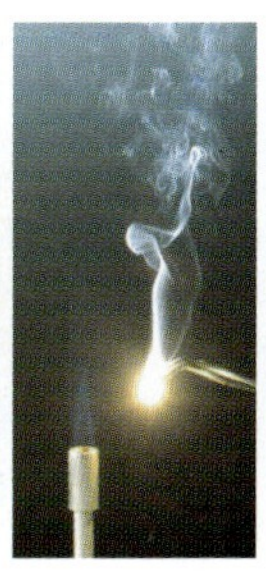
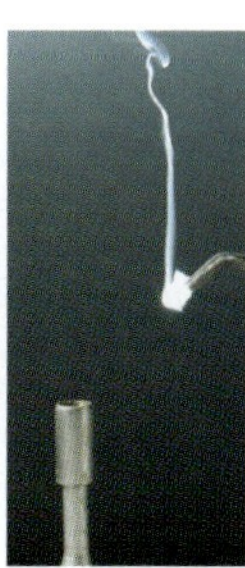

Vergleichen

Beim **Vergleichen** werden Gemeinsamkeiten und Unterschiede von Vergleichsobjekten nach bestimmten Kriterien ermittelt und dargestellt.

Gehe beim Voraussagen folgendermaßen vor:
- Beschreiben wesentlicher Seiten der Erscheinung
- Nennen von Gesetzen und Modellen, die der Erscheinung zugrunde liegen
- Ableiten von Folgerungen für die Erscheinung

Ein Vergleich sollte mit einer oder mehreren Schlussfolgerungen abgeschlossen werden, die sich auf die Vergleichskriterien beziehen. Vergleichen ist meist mit anderen Tätigkeiten wie Beobachten, Beschreiben oder Messen verbunden.

Vergleich *von Methanol und Ethanol*

1. *Aufgabe:* Vergleiche Methanol und Ethanol miteinander.
2. *Vergleich:* Kriterien: Aufbau und Eigenschaften

Gemeinsamkeiten von Methanol und Ethanol		
Aufbau	– Sie bestehen aus Kohlenstoff-, Wasserstoff- und Sauerstoffatomen. – Die Atome sind durch Einfachbindungen verbunden. – Die Moleküle besitzen eine Hydroxylgruppe.	
Eigenschaften	– farblos, flüssig, stechend riechend, brennbar, wasserlöslich, giftig	
Unterschiede		
	Methanol	**Ethanol**
Aufbau	– Anzahl der Atome: Summenformel: CH_4O	– Anzahl der Atome: Summenformel: C_2H_6O
Eigenschaften	– Siedetemperatur: 64,5 °C – Schmelztemperatur: −97,7 °C	– Siedetemperatur: 78,3 °C – Schmelztemperatur: −114,1 °C

Methanol
CH_3OH

Ethanol
C_2H_5OH

3. *Schlussfolgerung:* Methanol und Ethanol sind verwandte organische Verbindungen.

Erläutern

Beim **Erläutern** wird ein naturwissenschaftlicher Sachverhalt, z.B. ein Begriff, ein Modell oder ein Gesetz, anschaulich und verständlich dargelegt.

Das Erläutern erfolgt oft anhand von Beispielen, die den Sachverhalt illustrieren. Andere Menschen sind dadurch in der Lage, den erläuterten Sachverhalt besser zu verstehen.

Beim Erläutern sollte nach folgender Schrittfolge vorgegangen werden:

1. Nenne den zu erläuternden Sachverhalt oder Begriff.
2. Lege den Sachverhalt einfach und anschaulich dar.
3. Verwende gegebenenfalls ein geeignetes Beispiel zur Illustration.

Zusammenhang zwischen Konzentrationen der Ausgangsstoffe und Reaktionsprodukte und der Zeit

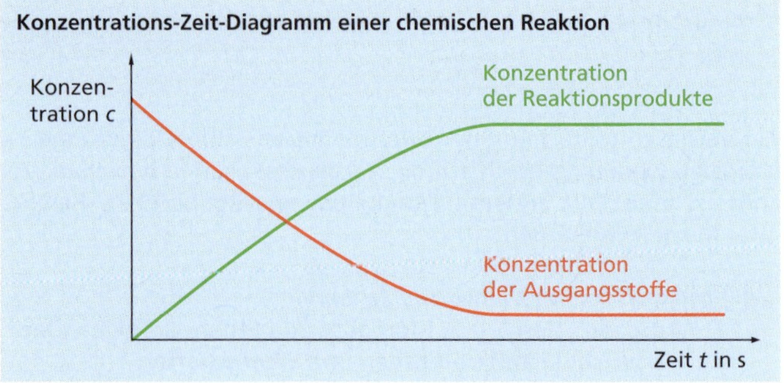

1. *Aufgabe:*
   Erläutere den Zusammenhang zwischen den Konzentrationen der reagierenden Stoffe und der Zeit bei einer chemischen Reaktion.
2. *Erläuterung:*
   Das Diagramm zeigt, dass zu Beginn der chemischen Reaktion die Konzentration der Ausgangsstoffe hoch ist. Da sich noch keine Reaktionsprodukte gebildet haben, ist die Konzentration der Reaktionsprodukte null. Mit fortschreitender Zeit reagieren immer mehr Teilchen der Ausgangsstoffe miteinander, ihre Konzentration nimmt ab.
   Gleichzeitig entstehen immer mehr Teilchen der Reaktionsprodukte, ihre Konzentration nimmt zu. Gegen Ende der chemischen Reaktion sind kaum noch Ausgangsstoffe vorhanden, ihre Konzentration geht gegen null. Die Konzentration der Reaktionsprodukte ist nun sehr hoch.

Erklären

Beim **Erklären** wird die Ursache von Erscheinungen dargelegt. Dabei wird die Erscheinung auf das Wirken von Naturgesetzen zurückgeführt. Diese Wirkungsbedingungen sind wesentliche Seiten der Erscheinung.

Eine Erklärung enthält eine logische Ableitung des Sachverhalts aus bekannten Gesetzmäßigkeiten. Sie sollte zusammenhängend und geordnet formuliert werden. Mithilfe von Modellen lassen sich Erklärungen oft anschaulich darlegen.

Erklärung eines Sachverhalts mit dem Teilchenmodell

1. *Aufgabe:*
   Erkläre, warum beim Mischen von 50 ml Wasser mit 50 ml Ethanol (Alkohol) nur 96 ml und nicht 100 ml Flüssigkeit entstehen.
2. *Erklärung:*
   Die Teilchen der gemischten Stoffe sind unterschiedlich groß. Wasserteilchen sind kleiner als Ethanolteilchen. Stellt man sich die Teilchen als Kugeln vor, befinden sich zwischen den großen Ethanolteilchen große Zwischenräume. In diese Zwischenräume können sich die viel kleineren Wasserteilchen einlagern. Dadurch beanspruchen die Teilchen im Gemisch insgesamt weniger Raum als getrennt. Das Volumen des Stoffgemischs ist geringer als das Volumen der einzelnen Flüssigkeiten.

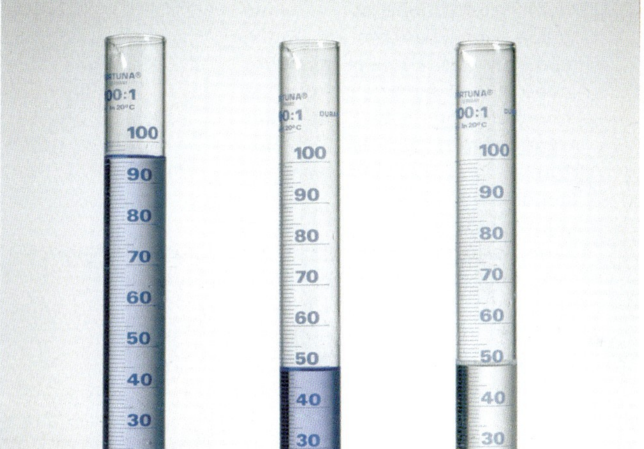

Ein Modellexperiment mit Erbsen und Reis (oder Senfkörnern) unterstützt die Theorie.

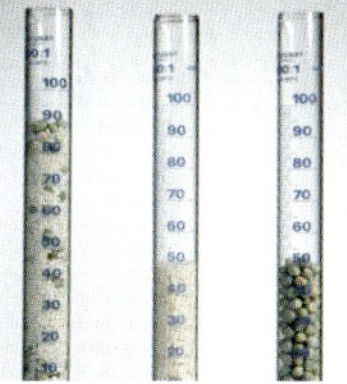

Voraussagen

Beim **Voraussagen** wird eine wahrscheinlich auftretende Folgerung, die sich aus einer Erscheinung ableitet, vorhergesagt. Die Voraussage wird aus Naturgesetzen unter Berücksichtigung der entsprechenden Bedingungen abgeleitet.

Voraussagen sind bei chemischen Experimenten (↗ S. 36) von besonderer Bedeutung. Mithilfe der Kenntnisse vom Aufbau der Stoffe und dem Verlauf einer chemischen Reaktion ist man in der Lage, eintretende Erscheinungen im Voraus zu formulieren.
In der Praxis wird anschließend die Voraussage geprüft und eventuell korrigiert.

Beim Voraussagen sollte nach folgender Schrittfolge vorgegangen werden:

1. Beschreibe zuerst die wesentlichen Merkmale der vorherzusagenden Erscheinung.
2. Beschreibe dazugehörige Gesetzmäßigkeiten oder Modelle.
3. Leite Schlussfolgerungen aus den Gesetzmäßigkeiten ab. Formuliere die Voraussage mit „Wenn, … dann“.

Wissenschaftliche Voraussagen beruhen immer auf Gesetzen und Modellen und haben nichts mit Spekulationen zu tun. Trotzdem muss eine Voraussage nicht immer eintreffen, wenn z. B. bestimmte Bedingungen nicht beachtet wurden, oder vorher bekannt waren. Chlor und Natrium müssen z. B. erst aktiviert werden, bevor sie heftig miteinander reagieren.

Ähnliche Reaktionen wie zwischen Natrium und Chlor sind auch bei der Umsetzung anderer **Metalle** mit **Halogenen** zu erwarten.

Voraussagen von chemischen Reaktionen

1. *Aufgabe:* Formuliere eine Voraussage über den Verlauf und das Ergebnis der Reaktion von Natrium mit Chlor.

2. *Voraussage:*
Chlor ist ein gelbgrünes, stechend riechendes, giftiges Gas.
Es gehört zu den molekular vorkommenden Elementsubstanzen der VII. Hauptgruppe.
Wie das verwandte Fluor ist es ein äußerst reaktionsfreudiges Element. Das Chloratom besitzt sieben Außenelektronen und muss, um ein Elektronenoktett und damit Stabilität zu erreichen, noch ein Elektron aufnehmen.

Natrium gehört zu den Metallen der I. Hauptgruppe, den Alkalimetallen. Diese besitzen ein Außenelektron und können durch Abgabe dieses Außenelektrons stabile Kationen bilden. Das Natriumatom gibt demnach ein Elektron ab, das vom Chloratom aufgenommen wird.

Wenn Natrium mit Chlor in Verbindung gebracht wird, findet eine heftige Reaktion statt. Dabei entsteht ein neuer Stoff mit neuen Eigenschaften. Natriumchlorid ist eine weiße, kristalline Substanz. Im Kristallgitter der salzartigen Verbindung sind die Natrium- und die Chlorid-Ionen durch Ionenbeziehung miteinander verbunden.

Begründen

Beim **Begründen** wird ein Nachweis geführt, dass eine Aussage richtig ist. Dazu müssen aussagekräftige Argumente angeführt werden, z. B. Beobachtungen, Gesetze oder Eigenschaften von Körpern und Stoffen.

Im Unterschied zum Erklären (↗ S. 24) werden Aussagen immer begründet. Beim Erklären wird sich auf Gesetze und Modelle bezogen. Begründungen können dagegen sowohl objektiv als auch subjektiv sein.

Begründen eines Sachverhalts

1. *Aufgabe:* Begründe, dass bei der Reaktion von Eisen mit Kupfer(II)-oxid Eisen als Reduktionsmittel wirkt.
2. *Begründung:* Reduktionsmittel (↗ S. 110) geben Elektronen ab. Eisen ist ein unedles Metall. Unedle Metalle sind dadurch gekennzeichnet, dass sie leicht Elektronen abgeben. Kupfer ist ein edles Metall. Edle Metalle sind dadurch gekennzeichnet, dass sie Elektronen aufnehmen. Das Eisen gibt demnach Elektronen an das Kupfer im Kupfer(II)-oxid ab. Eisen ist ein Reduktionsmittel, es wird selbst oxidiert. Kupfer wird durch die Aufnahme der Elektronen reduziert.

$$Fe + CuO \longrightarrow Cu + FeO$$

Bei der Reaktion von Eisen mit Kupfer(II)-oxid findet eine Reaktion mit Elektronenübergang (↗ S. 108), eine Redoxreaktion, statt.

Definieren

Beim **Definieren** wird die kurze Fassung eines Begriffsinhaltes formuliert. Aus sämtlichen bekannten Merkmalen werden die für *diesen* Begriff wesentlichen Kennzeichen genannt, die ihn gleichzeitig von anderen Begriffen eindeutig abgrenzen.

Oft wird beim Definieren zuerst ein Oberbegriff angegeben.

Definition eines Begriffs

1. *Aufgabe:* Definiere den Begriff Redoxreaktion.
2. *Definition:* Redoxreaktionen gehören zu den chemischen Reaktionen. Sie sind dadurch gekennzeichnet, dass ein Elektronenübergang stattfindet. Ein Reaktionspartner gibt Elektronen ab und wird dabei oxidiert. Ein anderer Reaktionspartner nimmt Elektronen auf und wird dabei reduziert. Bei einer Redoxreaktion laufen Reduktion (Elektronenaufnahme) und Oxidation (Elektronenabgabe) immer gleichzeitig ab.

Begriffe und Größen lassen sich auf verschiedene Weise **definieren.** So kann eine Größe durch eine mathematische Gleichung (z. B. $M = m/n$) definiert werden. Eine Begriffsdefinition kann auch eine Aufzählung aller untergeordneten Begriffe sein.

Weitere Tätigkeiten

Tätigkeit	Vorgehen
Auswerten Messwerte, Tabellen oder grafische Darstellungen sprachlich wiedergeben	1. Informationen über den Inhalt verschaffen 2. Werte/Ergebnisse vergleichen 3. Werte/Ergebnisse formulieren 4. Schlussfolgerungen ziehen
Interpretieren Aussagen, grafische Darstellungen, Gleichungen mit einer inhaltlichen Bedeutung versehen	1. Gesetze, Größen, Begriffe, Gültigkeitsbedingungen nennen 2. Zusammenhänge ableiten 3. praktische Schlussfolgerungen ableiten

1.3 Das Experiment

1.3.1 Grundlagen

Das Experimentieren ist eine sehr komplexe Tätigkeit, die beim Erkennen und Anwenden von Naturgesetzen auftritt. Das Ziel eines Experiments besteht darin, eine Frage an die Natur zu beantworten. Dazu wird eine Erscheinung der Natur unter *ausgewählten*, *konkreten*, *kontrollierten* und *veränderbaren* Bedingungen beobachtet und ausgewertet. Die Bedingungen und das gesamte Experiment müssen wiederholbar sein.

Beim **Experimentieren** werden theoretische Überlegungen und Voraussagen, z.B. über Stoffumwandlungen oder energetische Erscheinungen, unter ausgewählten, wiederholbaren Bedingungen praktisch überprüft. Der Ablauf und die Ergebnisse des Experiments werden beobachtet und ausgewertet.

Mit Experimenten werden z.B. Zusammenhänge untersucht. Dies dient dem Erkennen von Naturgesetzen. Andererseits können bei Experimenten Gesetze angewendet werden, um z.B. den Wert von Größen zu bestimmen.

Geräte und Apparaturen

Viele Geräte sind aus **Glas,** denn es ist ein sehr beständiger Stoff. Nur sehr wenige Chemikalien vermögen es, Glas anzugreifen. Laborglas ist z.B. hitzebeständiger als **Normalglas,** weil es eine andere Zusammensetzung aufweist. Laborgeräte können auch aus Metallen (↗ S. 30) oder **Kunststoffen** bestehen.

Geräte
In der Chemie werden Stoffe untersucht. Stoffe müssen sicher aufbewahrt und gelagert werden.
Viele dieser Stoffe sind gefährlich. Sie dürfen nicht mit der Haut in Berührung kommen, in die Luft oder ins Abwasser gelangen oder mit anderen Stoffen in Kontakt kommen.
Zur Untersuchung von Stoffen und ihren chemischen Reaktionen werden verschiedene Geräte und Hilfsmittel verwendet.

Die in der Chemie benötigten **Laborgeräte** werden häufig aus Glas oder Keramik hergestellt.

In einigen Laborgeräten werden Chemikalien aufbewahrt, bestimmte Größen (↗ S. 15) von Stoffen gemessen, Stoffe gemischt, erhitzt oder verteilt. In den Geräten finden die chemischen Reaktionen statt.

Hilfsmittel sind alle zur Untersuchung von Stoffen zusätzlich, neben den Laborgeräten, benötigten Geräte. Sie können aus verschiedenen Materialien sein.

Geräte und Hilfsmittel
Laborgeräte: Reagenzglas, Becherglas, Messzylinder
Hilfsmittel: Filterpapier, Schutzbrille, Streichhölzer

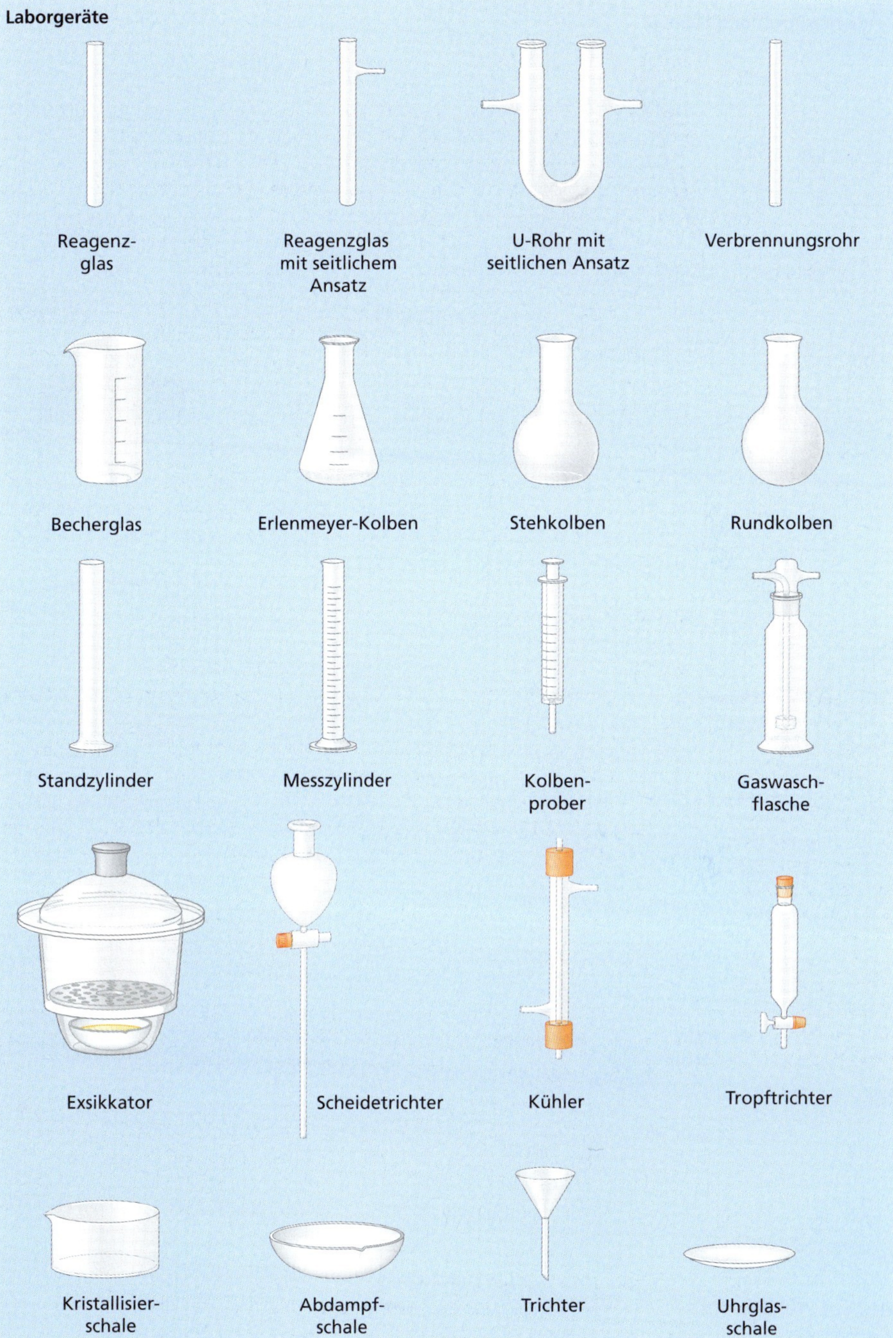
Laborgeräte
Reagenzglas
Reagenzglas mit seitlichem Ansatz
U-Rohr mit seitlichen Ansatz
Verbrennungsrohr
Becherglas
Erlenmeyer-Kolben
Stehkolben
Rundkolben
Standzylinder
Messzylinder
Kolbenprober
Gaswaschflasche
Exsikkator
Scheidetrichter
Kühler
Tropftrichter
Kristallisierschale
Abdampfschale
Trichter
Uhrglasschale

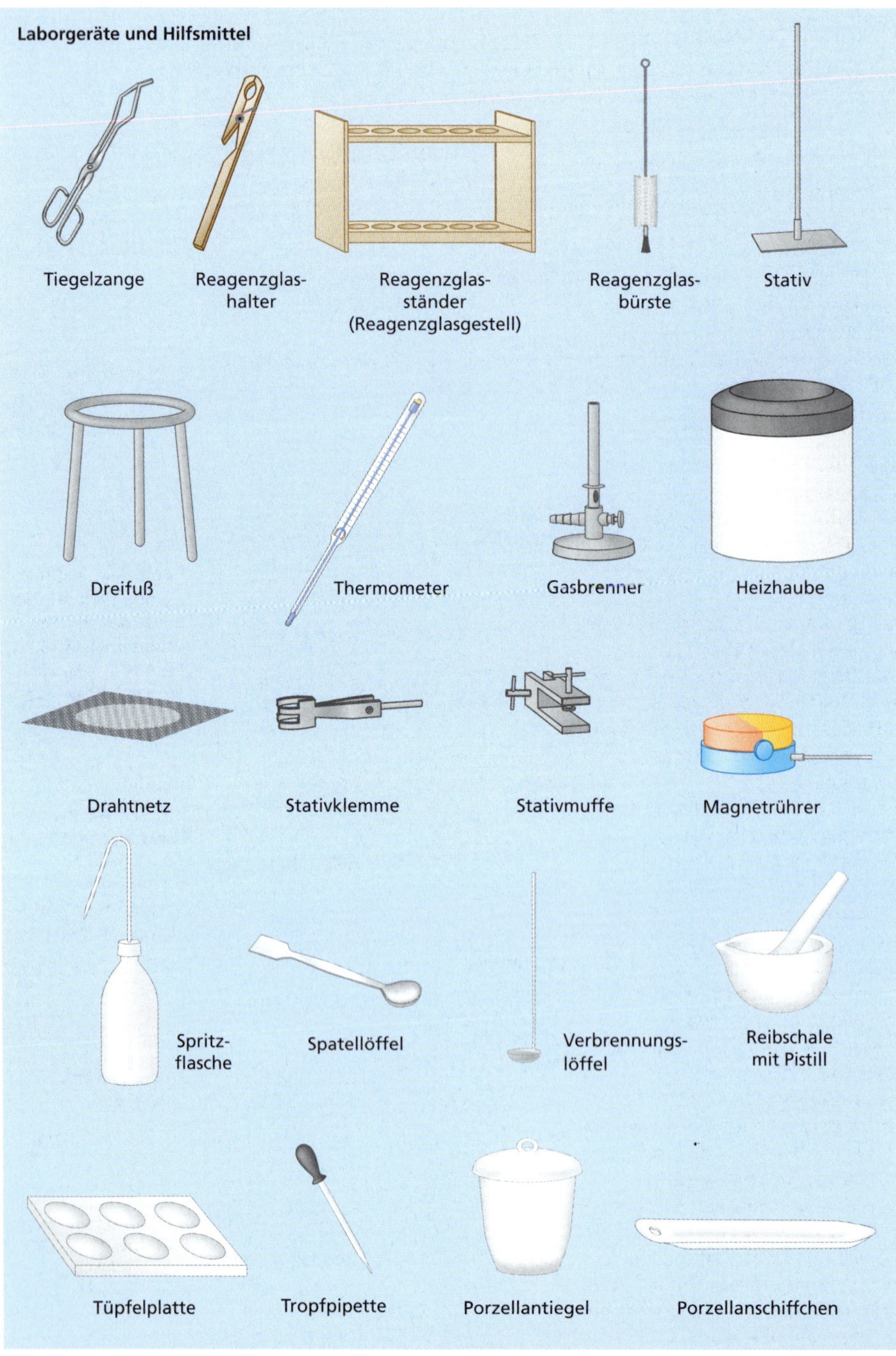
Laborgeräte und Hilfsmittel
Tiegelzange
Reagenzglas-
halter
Reagenzglas-
ständer
(Reagenzglasgestell)
Reagenzglas-
bürste
Stativ
Dreifuß
Thermometer
Gasbrenner
Heizhaube
Drahtnetz
Stativklemme
Stativmuffe
Magnetrührer
Spritz-
flasche
Spatellöffel
Verbrennungs-
löffel
Reibschale
mit Pistill
Tüpfelplatte
Tropfpipette
Porzellantiegel
Porzellanschiffchen

Apparaturen

Für bestimmte Tätigkeiten, immer wiederkehrende Reaktionen oder Vorgänge im Labor gibt es vorgeschriebene Arbeitsmethoden. Zu diesen Methoden gehören meist bestimmte vorgegebene Apparaturen.

Eine **Apparatur** besteht aus mehreren miteinander verbundenen Geräten und Hilfsmitteln. Mit Apparaturen werden häufig wiederkehrende Reaktionen im Labor durchgeführt.

Es gibt zum einen Apparaturen zur Trennung von Stoffgemischen, z. B. zum Eindampfen, Filtrieren, Destillieren, Reinigen, Trocknen und Auffangen von Gasen.
Zum anderen gibt es Apparaturen zur Durchführung bestimmter, oft benötigter Reaktionen, z. B. zur Gasentwicklung, zur Elektrolyse oder zur Neutralisation.

Apparaturen zur Stofftrennung

1. Eindampfen

Das Eindampfen einer wässrigen Lösung kann im Reagenzglas über dem Brenner (↗ S. 35) durchgeführt werden.
Bei größeren Flüssigkeitsmengen wird eine Abdampfschale verwendet. Diese wird höchstens bis zur Hälfte mit der Lösung gefüllt und mithilfe von Dreifuß und Drahtnetz mit dem Brenner mit kleiner Flamme erwärmt.
Wenn das Lösungsmittel fast vollständig verdampft ist, wird der Brenner ausgemacht.

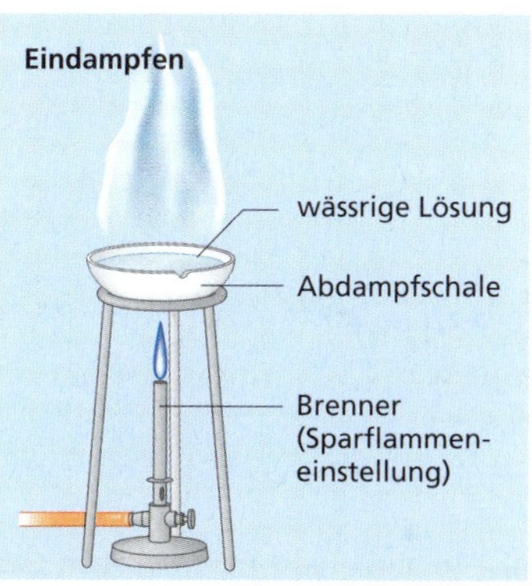

2. Filtrieren

Ein Rundfilter aus Papier wird gefaltet und in einen Glastrichter eingelegt. Mit destilliertem Wasser wird das Filterpapier angefeuchtet, damit die Flüssigkeit besser durchläuft.
Die zu filtrierende Flüssigkeit wird mit angelegtem Glasstab vorsichtig bis höchstens 1 cm unter den Rand in den Trichter gefüllt.
Die durchgelaufene Flüssigkeit heißt Filtrat. Im Trichter bleibt ein Rückstand, ein Feststoff, zurück.
Außer Rundfiltern kennt man noch weitere Filterarten, z. B. Faltenfilter oder Fritten.

Es gibt verschiedene Brennerflammen. Bei der Arbeit mit dem Gasbrenner müssen bestimmte Verhaltensregeln beachtet werden.

Beim Falten des Rundfilters wird folgendermaßen vorgegangen:

1. Falten des Rundfilters in der Mitte:

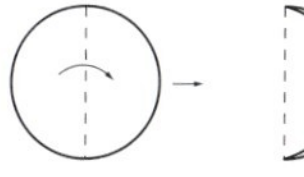

2. Nochmaliges Falten:

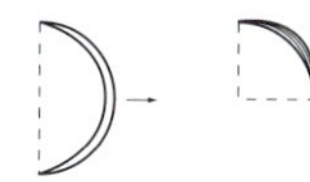

3. Öffnen des Filters:

Vor dem Destillieren muss man sich über die zu erwartenden Siedetemperaturen der Stoffe im Klaren sein. Danach wird das Thermometer ausgewählt. Manche Flüssigkeiten können beim Erhitzen schlagartig herausspritzen (Siedeverzug). Das wird durch die Zugabe von kleinen Siedesteinchen verhindert.

3. Destillieren

Die zu destillierende Flüssigkeit wird in einen Rundkolben oder Destillierkolben mit seitlichem Ansatzrohr höchstens bis zur Hälfte gefüllt. Ein Thermometer wird im Hals des Destillationsaufsatzes so befestigt, dass sein Ende sich beim Ansatzrohr befindet.
Die Flüssigkeit im Rundkolben wird nun vorsichtig bis zum Sieden erwärmt. Im Kühler fließt Wasser im Gegenstrom, das den entstehenden Dampf kühlt, sodass die Gase kondensieren.
Das Kondensat fließt in ein Glasgefäß, z. B. einen Kolben. Dieses Kondensat wird auch als Destillat bezeichnet.
Die gesamte Appasratur wird mit Stativen und entsprechenden Klemmen gehalten.

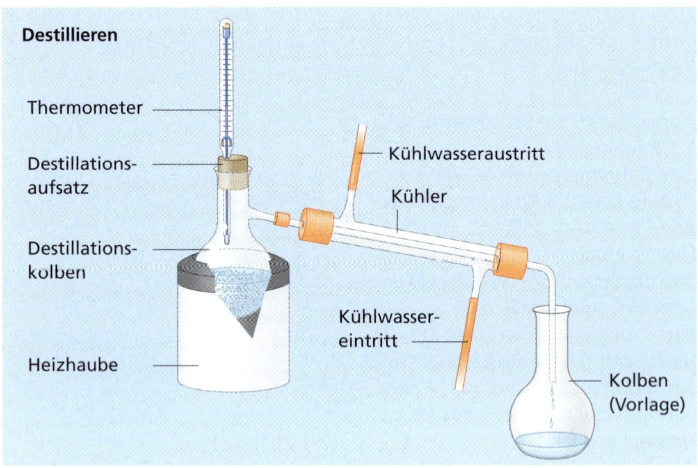

Brennbare Stoffe dürfen nie mit offener Flamme erwärmt werden!

Für manche oft benötigte Apparaturen gibt es vorgefertigte Glasgeräte, deren Verbindungsstellen genormt sind und genau ineinanderpassen. Durch einen bestimmten Glasschliff sind diese Verbindungsstellen (die manchmal noch eingefettet werden müssen) vollkommen dicht. Solche Apparaturen heißen „Schliffapparaturen".

4. Reinigen und Trocknen von Gasen

Das zu reinigende oder zu trocknende Gas wird in eine oder mehrere hintereinander geschaltete Gaswaschflaschen eingeleitet.
Am Ende der Apparatur wird das gereinigte Gas aufgefangen. Überschüssige Gase, die giftig sind, müssen in den Abzug geleitet werden, brennbare oder explosive Gase dürfen jedoch *nicht* in den Abzug gelangen.

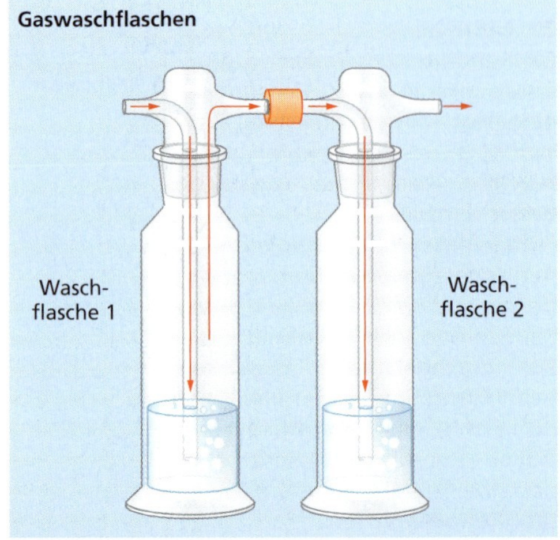

5. Pneumatisches Auffangen von Gasen

Das entstehende Gas wird in ein Auffanggefäß eingeleitet.
Dort verdrängt es eine Flüssigkeit, eine Sperrflüssigkeit, meist Wasser. Das Gas sollte in der Flüssigkeit nur gering löslich sein.
Die Flüssigkeitsmenge in der pneumatischen Wanne darf nur so hoch sein, dass die verdrängte Flüssigkeit aus dem Auffanggefäß noch hineinpasst.
Nachdem das Auffanggefäß mit Gas gefüllt ist, wird es verschlossen. (Stopfen vorher in die pneumatische Wanne legen!)
Das Ableitungsrohr muss vorher aus der Flüssigkeit entfernt werden, damit keine Sperrflüssigkeit in das Gasentwicklungsgerät zurückgesaugt wird.

Ungiftige, ungefährliche Gase können auch ganz einfach durch Luftverdrängung aufgefangen werden. Hat das Gas eine geringere Dichte als Luft, z. B. **Helium** wird die Öffnung des Auffanggefäßes nach unten gehalten.
Ist es schwerer als Luft, z.B. Kohlenstoffdioxid, wird es einfach in das senkrecht stehende Gefäß (Öffnung oben) eingeleitet.

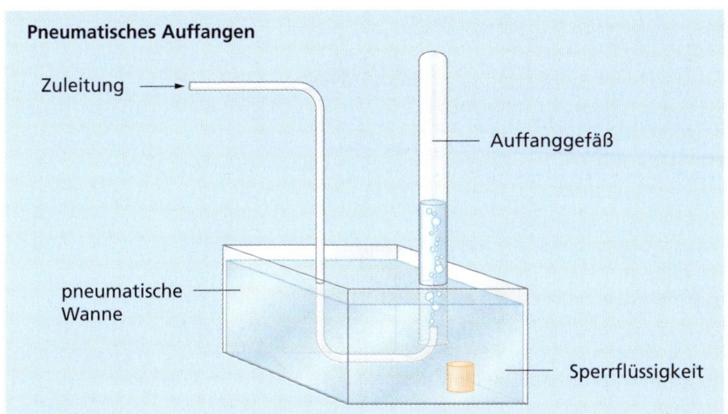

Apparaturen zur Durchführung von Reaktionen

1. Apparatur zur Gasentwicklung

Gase entstehen oft bei der Reaktion von festen Stoffen mit Flüssigkeiten.
In einem Rundkolben befindet sich ein fester Stoff.
Mit einem Tropftrichter wird die darin befindliche Flüssigkeit langsam auf den Feststoff getropft. Ein Gas entsteht. Das sich bildende Gas wird entweder pneumatisch aufgefangen oder in Gaswaschflaschen (↗ S. 32) eingeleitet und weiterverarbeitet.

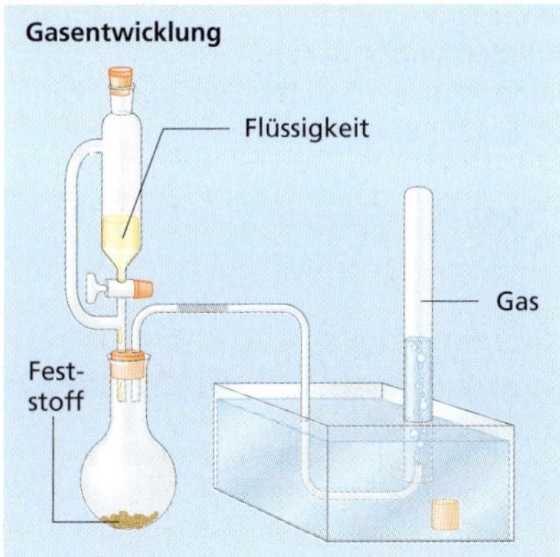

Gase können auch durch Zersetzung von Feststoffen entwickelt werden. Dazu wird der feste Stoff in einem Verbrennungsrohr unter Luftabschluss erhitzt und das Gas aufgefangen.

Entstehung eines gasförmigen Stoffs

CaC_2	+	$2\,H_2O$	⟶	$Ca(OH)_2$	+	C_2H_2
Calciumcarbid	+	Wasser	⟶	Calciumhydroxid	+	Ethin

Die Reaktion von Gasen mit Flüssigkeiten kann in Gaswaschflaschen durchgeführt werden.

2. Apparatur zur Reaktion von Gasen mit festen Stoffen

Der Feststoff befindet sich in einem Verbrennungsrohr, je nach seiner Beschaffenheit noch zusätzlich in einem Porzellanschiffchen.

Die Enden des Verbrennungsrohrs werden meist noch mit Glaswolle locker verschlossen.

Das Gas wird aus der Gasentwicklungsapparatur über den Feststoff geleitet. Oft muss das Verbrennungsrohr erhitzt werden, um die Reaktion zu ermöglichen.

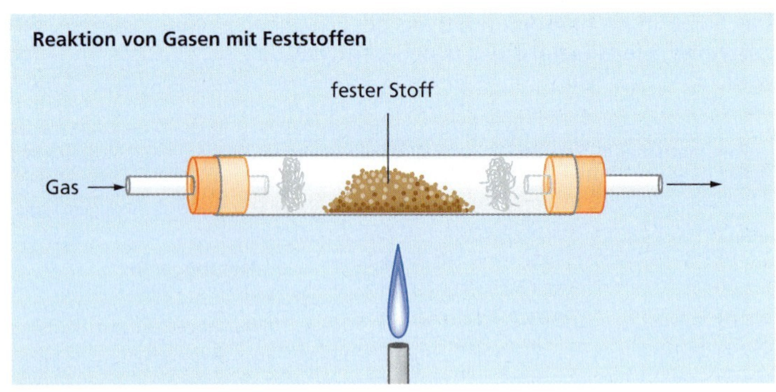

Reaktion von Gasen mit Feststoffen

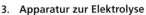

C (fest)	+	CO_2 (gasförmig)	⟶	2 CO (gasförmig)
Kohlenstoff	+	Kohlenstoffdioxid	⟶	Kohlenstoffmonooxid

Will man gasförmige Elektrolyseprodukte auffangen, so verwendet man ein U-Rohr mit je einem Ansatzrohr an jeder Seite. Von diesen aus können die Gase dann pneumatisch aufgefangen werden.

3. Apparatur zur Elektrolyse

Die Flüssigkeit oder Lösung, welche der Elektrolyse (↗ S. 119) unterzogen werden soll, befindet sich in einem Gefäß.

In die Flüssigkeit tauchen zwei Elektroden, die mit einer Stromquelle verbunden sind.

Durch Anlegen einer Spannung wird die elektrochemische Reaktion (↗ S. 119) ausgelöst.

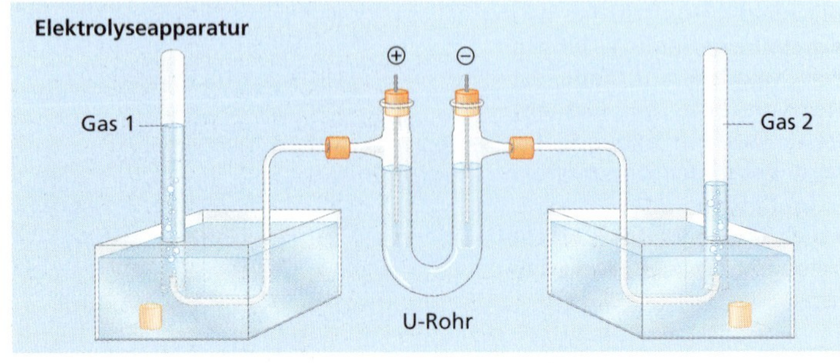

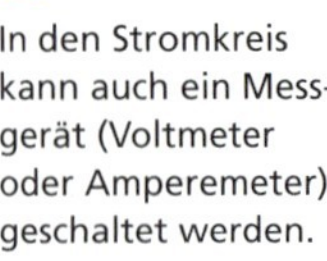
In den Stromkreis kann auch ein Messgerät (Voltmeter oder Amperemeter) geschaltet werden.

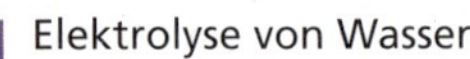
Elektrolyse von Wasser

$$2\,H_2O \xrightarrow{\text{elektrische Energie}} 2\,H_2 + O_2$$

Arbeit mit dem Gasbrenner

Der **Gasbrenner** wird auch **Bunsenbrenner** genannt. Er ist für viele chemische Reaktionen ein unverzichtbares Gerät. Mit seiner Hilfe können Stoffe erhitzt oder chemische Reaktionen aktiviert werden.

Gasbrenner funktionieren mit Stadtgas oder Erdgas. Mit Erdgas können aufgrund seiner Zusammensetzung höhere Temperaturen erreicht werden. Unabhängig von der Gasversorgung funktionieren Spiritusbrenner und Kartuschenbrenner. Im Spiritusbrenner befindet sich eine brennbare Flüssigkeit – Brennspiritus. Der Kartuschenbrenner enthält in der Kartusche ein brennbares Gas, z.B. Propan.

Aufbau des Brenners

Der Gasbrenner besitzt einen Metallfuß (1). Am oberen Ende des Fußes befindet sich ein Schlauch zur Gaszufuhr (2). Manche Brenner besitzen an dieser Gaszufuhr noch eine Stellschraube oder einen Hahn (3), um die Gasmenge zu regulieren. Das Gas strömt durch das Brennerrohr (4) nach oben. Im unteren Bereich des Brennerrohrs befindet sich eine Öffnung, der Luftzutritt. Mit einem Stellring (5) kann diese Öffnung verschlossen werden. Dadurch können die Anteile von brennbarem Gas und Luft und damit die Temperaturen verändert werden.

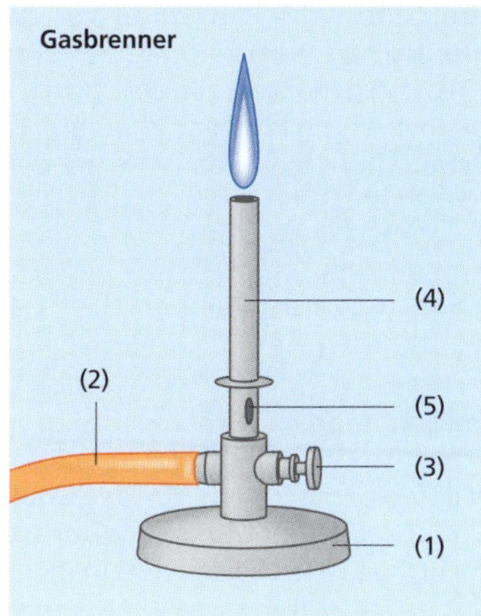

Umgang mit dem Brenner

Damit der Gasbrenner richtig funktioniert, müssen beim Entzünden einige Regeln beachtet werden:
- Streichhölzer oder Gasanzünder bereitlegen
- Prüfen, ob Gas- und Luftzufuhr geschlossen sind
- Streichholz entzünden
- Gaszufuhr am Brenner öffnen, Flamme entzünden

Die Flammenhöhe wird durch die zuströmende Gasmenge reguliert. Soll vorsichtig erhitzt werden, muss die Gaszufuhr gedrosselt werden.

Brennerflamme und Flammenzonen

Wurde der Brenner nach der beschriebenen Schrittfolge entzündet, erhält man eine **leuchtende Flamme.** Sie wird auch Leuchtflamme genannt, brennt lautlos, flackernd und ist gelb gefärbt. Durch Öffnen der Luftzufuhr am Brennerrohr wird dem Gas mehr Sauerstoff zugeführt. Ein deutliches Rauschen ist zu hören. Diese Flamme ist schwach blau und wird als **nicht leuchtende** oder **rauschende Flamme** bezeichnet. Die nicht leuchtende Flamme besitzt zwei Zonen, einen inneren Kegel und einen äußeren Mantel, in denen unterschiedliche Temperaturen herrschen.

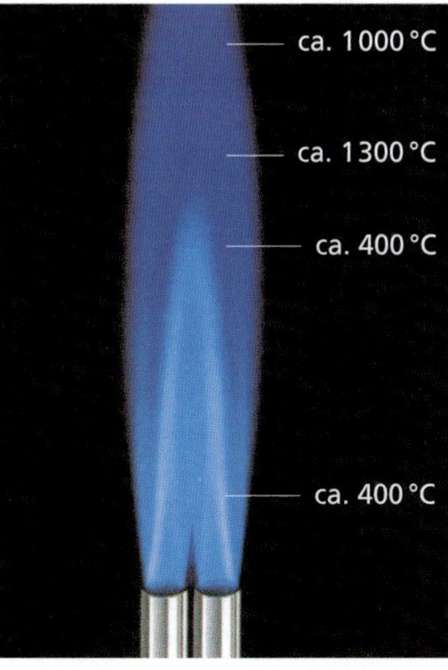

Im Chemieunterricht wird häufig der Teclubrenner als Gasbrenner verwendet. Mit der entleuchteten Flamme werden Temperaturen von etwa 1000 °C erreicht. Im Mantel der rauschenden Flamme können Temperaturen von bis zu 1500 °C erreicht werden.

1.3.2 Vorgehen beim Experimentieren

Alle chemischen Experimente werden mit dem Ziel durchgeführt, theoretische Zusammenhänge zu erkennen, Überlegungen oder Voraussagen zu überprüfen.
Da oft mit gefährlichen, giftigen oder gesundheitsschädlichen Stoffen gearbeitet wird, bedarf es vor der eigentlichen Durchführung einer gründlichen Vorbereitung. Bei allen Experimenten muss sicherheitsbewusst vorgegangen werden. Durch umfassende Information vor dem Experimentieren können Gefahren vermieden werden.
Beim Experimentieren ist immer die folgende Schrittfolge einzuhalten:

1. Vorbereitung
2. Durchführung
3. Beobachtung (wird oft mit Durchführung zusammengefasst)
4. Auswertung

Gibt der Lehrer im Unterricht ein Protokoll vor, so enthält dieses oft Vorüberlegungen. Die Beantwortung dieser Aufgaben trägt zum Erfassen der chemischen Grundlagen und zur optimalen Durchführung des Experimentes bei.

Vorbereitung des Experiments

Jedes Experiment hat ein Ziel. Entweder wird mit dem Experiment eine Voraussage bestätigt oder widerlegt. Manchmal ist es auch erforderlich, mehrere Experimente nacheinander durchzuführen.
Oft ergibt sich das Experiment aus einer Aufgabenstellung. Zur Durchführung und gedanklichen Gliederung von Experimenten hat sich das Protokoll (↗ S. 38) bewährt.
Die Planung eines Experiments erfolgt in folgenden Teilschritten:

1. Erfassen und Durchdenken der Aufgabe
   - Überlegen, welches Ziel mit dem Experiment erreicht werden soll
   - Herausfinden der Gesetzmäßigkeiten, die bei dem geplanten Experiment wirken
   - Ergründen möglicher Gefahren und Vorsichtsmaßnahmen, Beachten des Arbeitsschutzes (↗ S. 39)

2. Planen der Apparatur (↗ S. 31)
   - gedankliches Auswählen der nötigen Geräte und Hilfsmittel
   - Anfertigen einer Skizze zum Versuchsaufbau
   - Durchdenken des Ablaufs anhand der Skizze

3. Vorbereiten der experimentellen Durchführung
   - Bereitstellen der benötigten Geräte und Hilfsmittel
   - Bereitstellen der benötigten Chemikalien
   - Aufbau und Überprüfung der Apparatur

4. Durchdenken des Ablaufs:
   - gedankliches Durchführen des Experiments,
   - Prüfen möglicher Gefahrenquellen

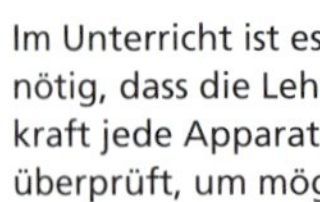

Im Unterricht ist es nötig, dass die Lehrkraft jede Apparatur überprüft, um mögliche Gefahren auszuschließen.

Nach diesen Vorbereitungen kann mit der Durchführung des Experiments begonnen werden.
Der Arbeitsschutz (↗ S. 39) darf dabei nie vernachlässigt werden.

Durchführung des Experiments mit Beobachtungen

Oft ist es günstig, wenn zwei oder mehr Schüler gemeinsam ein Experiment durchführen. So kann z.B. gleichzeitig eine Reaktion durchgeführt und protokolliert werden.

Nach der erfolgten Vorbereitung und dem Aufbau der Apparatur beginnt die Durchführung. Manchmal ist es notwendig, bestimmte Geräte und Chemikalien erst anzufordern.
In einem vorgegebenen Protokoll oder einer Versuchsanleitung sind oft schon die einzelnen Arbeitsschritte der Durchführung aufgelistet.
Bei der Durchführung wird folgendermaßen vorgegangen:

1. Durchlesen und Erfassen der Experimentieranleitung
2. schrittweises und planmäßiges Ausführen des Experimentes unter Beachtung der Sicherheitsvorschriften
3. Beobachten (↗ S. 21) aller Veränderungen
4. sorgfältiges Protokollieren der Beobachtungen und Messwerte
5. Stilllegung der Apparatur nach Ablauf der chemischen Reaktion
6. sichere Aufbewahrung oder Entsorgung (↗ S. 42) der Reaktionsprodukte

Um mögliche Veränderungen bei chemischen Reaktionen erkennen zu können, ist es nötig, die Eigenschaften der Ausgangsstoffe und Reaktionsprodukte und die Bedingungen vor der Reaktion genau festzuhalten.
Bei der Auswertung wird dann ein Vergleich (↗ S. 23) durchgeführt.

Auswertung

Nach dem Experiment erfolgt die Auswertung. Dabei werden die im Protokoll festgehaltenen Beobachtungen und Messwerte interpretiert.
Bei der Auswertung wird folgendermaßen vorgegangen:

Die Teilschritte der Auswertung können je nach Aufgabe und Experiment variieren.

1. Vergleichen von Eigenschaften, Größen, Zuständen vor und nach der Reaktion
2. Auswerten der Messgrößen
3. Deuten der Ereignisse während der Reaktion,
4. Aufstellen von Reaktionsgleichungen (↗ S. 90)
5. Schlussfolgern, Herstellen von Zusammenhängen
6. Beantworten der Aufgabenstellung

Manchmal, wenn das geplante Beobachtungsergebnis nicht erreicht wurde, ist es erforderlich, das Experiment zu wiederholen. Die Vorgehensweise bleibt dabei gleich.
Nach Beendigung des Experiments sollte der Arbeitsplatz aufgeräumt werden. Die benötigten Geräte müssen nach der Zerlegung der Apparatur gereinigt werden.

Am Ende jedes Experiments müssen auch die Hände gründlich gereinigt werden, um sie von anhaftenden Chemikalien zu befreien.

1.3.3 Anfertigen eines Protokolls

Protokolle werden meist nach einem vorgegebenen Schema angelegt. Damit sind die Arbeitsschritte, die Beobachtungen und die Auswertung nachvollziehbar und wiederholbar. Das folgende Protokollschema wird bei der Durchführung von Experimenten in der Chemie oft verwendet.

<table>
<tr><th colspan="3">Schema eines Protokolls</th></tr>
<tr><th>Teile</th><th colspan="2">Beispiel</th></tr>
<tr><td>1. Aufgabe:
– Fragestellung und Ziel des Experimentes</td><td colspan="2">Prüfe, ob eine Basenlösung entsteht, wenn Calciumoxid und Magnesiumoxid (nicht geglüht!) mit Wasser reagieren.</td></tr>
<tr><td>2. Vorbetrachtungen:
– Wiederholung benötigter Kenntnisse
– Sicherstellung des Arbeitsschutzes</td><td colspan="2">1. Gib Namen und Formeln einiger Basen an. Nenne die in den Basenlösungen vorliegenden Ionen.
2. Erläutere den Begriff Suspension.
3. Beschreibe das Vorgehen beim Trennen der Bestandteile einer Suspension.
4. Beschreibe den Nachweis von Hydroxid- Ionen.</td></tr>
<tr><td>3. Geräte und Chemikalien:
– Auflistung aller benötigten Laborgeräte und Hilfsmittel
– Auflistung aller benötigten Chemikalien</td><td>Geräte:
– Reagenzgläser
– Reagenzglasständer
– Reagenzglashalter
– Trichter
– Rundfilter (Filterpapier)
– Spatel
– Brenner
– Spritzflasche
– Streichhölzer
– Schutzbrille</td><td>Chemikalien:
– destilliertes Wasser
– Calciumoxid
– Magnesiumoxid
– Indikatorlösung oder Indikatorpapier, z. B. Unitest</td></tr>
<tr><td>4. Durchführung mit Beobachtungen:
– Arbeitsschritte zur Durchführung des Experiments
– Sicherheitshinweise
– beobachtete Veränderungen</td><td>Durchführung:
1. Gib mit dem Spatel etwas Calciumoxid in ein Reagenzglas. Füge etwa 5 ml destilliertes Wasser hinzu.
2. Erhitze vorsichtig.
3. Filtriere die abgekühlte Lösung. Prüfe das Filtrat mit Unitest.
4. Wiederhole den Versuch mit Magnesiumoxid.</td><td>Beobachtungen:
1. Calciumoxid ist ein weißes, geruchloses Pulver. Es löst sich nicht vollständig auf.
2. Das Calciumoxid löst sich vollständig auf.
3. Unitest färbt sich blau.
4. Auch bei Magnesiumoxid färbt sich Unitest blau.</td></tr>
<tr><td>5. Auswertung:
– Deuten der beobachteten Erscheinungen
– Schlussfolgern
– Aufstellen von Reaktionsgleichungen
– Berechnen von Größen
– Beantworten von Aufgaben, Bezug zur Aufgabenstellung herstellen</td><td colspan="2">Auswertung:
1. Die wässrigen Lösungen zeigen eine basische Reaktion. Es sind Hydroxid-Ionen entstanden.
2. $CaO + H_2O \longrightarrow Ca(OH)_2$
$MgO + H_2O \longrightarrow Mg(OH)_2$
3. Bei der Reaktion von Calciumoxid und Magnesiumoxid mit Wasser entstehen Basenlösungen.
Wenn Metalloxide der Elemente der II. Hauptgruppe mit Wasser reagieren, entstehen Basenlösungen.</td></tr>
</table>

1.3.4 Sicherheit beim Experimentieren

Verhaltensregeln

Experimente erfordern besondere Aufmerksamkeit und Sorgfalt.
Zum einen wird teilweise mit gefährlichen Stoffen, sogenannten Gefahrstoffen (↗ S. 41), gearbeitet, zum anderen können durch unsachgemäßen Umgang mit Chemikalien und Geräten Unfälle oder Verletzungen geschehen.

Erste-Hilfe-Maßnahmen bei Schädigungen durch Chemikalien sollten jedem Teilnehmer vorher genau bekannt sein.

Beim Experimentieren sollten folgende **Verhaltensregeln** beachtet werden:

1. Der Arbeitsbereich muss ordentlich und sauber sein.
   Lehrbücher oder Kleidung sollten nicht im unmittelbaren Experimentierumfeld aufbewahrt werden.
   Auf dem Arbeitsplatz sollten nur die notwendigen Arbeitsmittel liegen.
2. Alle Geräte sind sorgsam und pfleglich zu behandeln.
   Die für das Experiment benötigten Geräte sollten auf dem Arbeitsplatz bereitgestellt und geprüft werden.
   Beschädigungen und Verluste sind sofort zu melden.
3. Den Anweisungen des Lehrers oder des Leiters des Experiments ist unbedingt Folge zu leisten.
   Schriftliche Versuchsanleitungen müssen vor dem Experiment gelesen und durchdacht werden.
4. Zum Schutz der Kleidung empfiehlt sich das Tragen eines Kittels.
   Längere Haare sollten nicht offen getragen werden, da sie sonst in die Flamme eines Brenners geraten können.
   Weitere Schutzvorrichtungen, z.B. Schutzbrille, Schutzscheibe oder Abzug, sind wenn nötig zu verwenden.
5. Über die Eigenschaften der für das Experiment benötigten Stoffe und über mögliche Gefahren, die von diesen Stoffen ausgehen, sollte man sich vor der Durchführung informieren.
6. Über Feuerlöschgeräte, deren Handhabung, den Verlauf von Fluchtwegen und Erste-Hilfe-Maßnahmen muss Klarheit herrschen.
7. Die Apparaturen sind exakt nach Anleitung aufzubauen.
   Das Experiment darf erst beginnen, wenn Sicherheit über die Abläufe herrscht!
8. Beim Experimentieren ist die Versuchsdurchführung genauestens einzuhalten.
9. Gasbrenner, Chemikalien und Geräte dürfen nicht zu nah an die Tischkante gestellt werden!
   Einen entzündeten Brenner muss man immer im Auge behalten!
10. Bei außergewöhnlichen Zwischenfällen Ruhe bewahren.
    Anweisungen der beaufsichtigenden Personen sind generell zu beachten.

Auch das **Verhalten bei Bränden** und Maßnahmen des **Brandschutzes** müssen vor dem Experiment geklärt und besprochen werden.

Viele Chemikalien sind gefährlich. Auch ungiftige oder ungefährliche Chemikalien können jedoch bei unsachgemäßem Umgang Schäden verursachen.

Auch im Haushalt wird mit ätzenden oder gesundheitsschädlichen Stoffen, z.B. Rohrreiniger, gearbeitet. Oft treten Verletzungen auf, weil diese Chemikalien vorschriftswidrig in Lebensmittelgefäßen aufbewahrt werden.

Stoffe, die sich in nicht eindeutig gekennzeichneten Gefäßen befinden, dürfen nicht zum Experimentieren verwendet werden.

Vorsichtsmaßnahmen für den Umgang mit Chemikalien

Bestimmte Vorsichtsmaßnahmen beim Umgang mit Chemikalien sind immer zu beachten:

1. Chemikalien dürfen nie in Flaschen oder Gläser gefüllt werden, die auch für Lebensmittel verwendet werden.
2. Vorratsgefäße, in denen Chemikalien aufbewahrt werden, sind vorschriftsmäßig zu kennzeichnen.
   Dabei muss die Gefahrstoffverordnung (↗ S. 41) beachtet werden.
3. Immer nur geringe Stoffmengen verwenden. Nie mit größeren Mengen arbeiten, als in der Versuchsanleitung angegeben sind.
4. Nach der Entnahme von Chemikalien sind die Vorratsgefäße sofort wieder zu verschließen.
   Einmal entnommene Chemikalien dürfen nicht wieder in das Vorratsgefäß zurückgegeben werden, da sie die Stoffe verunreinigen könnten.
5. Chemikalien gehören nicht in den Ausguss!
6. Chemikalien nicht mit den Fingern berühren.
   Nach dem Experimentieren die Hände gründlich säubern.
7. Geschmacksproben sind grundsätzlich verboten, auch wenn man annimmt, dass der Stoff ungiftig ist. Der Stoff könnte verunreinigt sein.
8. Im Arbeitsraum dürfen keine Speisen oder Getränke eingenommen und aufbewahrt werden.
9. Geruchsproben werden durchgeführt, indem Gase oder Dämpfe aus ausreichender Entfernung mit der Hand zur Nase gefächelt werden.
10. Flüssigkeiten können beim Erhitzen leicht herausspritzen. Das Reagenzglas ist deshalb höchstens bis zu einem Drittel zu füllen.
    Das Erwärmen der Flüssigkeit sollte vorsichtig bei leichtem Schütteln erfolgen.
    Die Öffnung eines Reagenzglases darf nie auf eine Person gerichtet werden!
11. Pipettieren mit dem Mund ist im Chemieunterricht grundsätzlich verboten.
12. Das Gesicht darf man nie über ein Gefäß halten, in dem eine Reaktion abläuft!
13. Beim Arbeiten mit feuergefährlichen Stoffen dürfen sich in der Nähe keine Zündquellen oder Wärmequellen wie offene Flammen oder Heizplatten befinden.
14. Nach Beendigung des Experiments sind Chemikalienreste in die vom Lehrer bereitgestellten Abfallgefäße zu geben.
15. Gebrauchte Gefäße sind sorgfältig zu säubern, zu trocknen und wegzuräumen.
16. Der Arbeitsplatz und die benutzten Geräte sind zu säubern.
17. Es ist zu prüfen, ob Gas- und Wasserhähne geschlossen sind!

Jeder Klassenraum, in dem experimentiert wird, besitzt mehrere „Not-Aus-Schalter".
Werden diese „Not- Aus- Schalter" betätigt, so wird die Gaszufuhr unterbrochen und der Strom abgeschaltet. Die Beleuchtung ist natürlich davon nicht betroffen.

Gefahrstoffverordnung

Die **Gefahrstoffverordnung** legt fest, dass gefährliche Stoffe durch Gefahrsymbole zu kennzeichnen sind. Gefahrsymbole sind leicht verständlich und international üblich.

Der Grundsatz „Vorsicht ist keine Feigheit und Leichtsinn ist kein Mut" schützt vor Gesundheitsschäden.

Umgang mit Gefahrstoffen

Die Regelungen der Gefahrstoffverordnung sind für die Anwendung im Unterricht abgewandelt und konkretisiert. Es gibt eine Betriebsanweisung für die Hand des Lehrers. Schüler werden vor der Arbeit mit Gefahrstoffen belehrt und im richtigen Gebrauch unterwiesen.
Alle gefährlichen Stoffe müssen entsprechend der Gefahrstoffverordnung gekennzeichnet sein.
Viele Säuren wirken ätzend. Sie zerstören Geräte und Stoffe. Beim Kontakt mit der Haut treten Verätzungen auf.

Kennzeichnung von Säuren

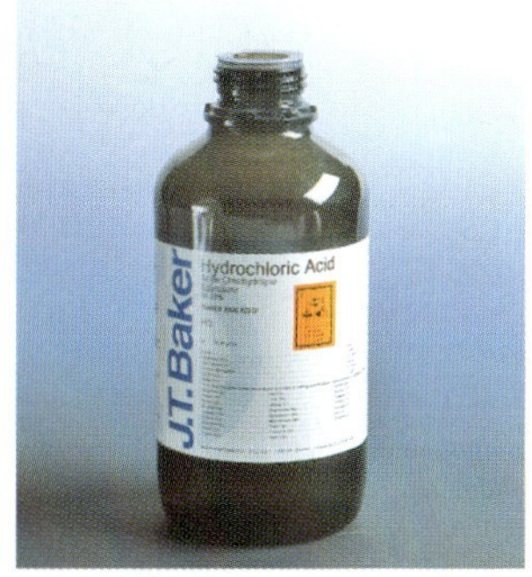

Brennbare Flüssigkeiten dürfen im Schulbereich nur in Gefäßen von maximal 1 l Fassungsvermögen aufbewahrt werden. Beim Umgang mit **leicht entzündlichen** und **explosionsgefährlichen Stoffen** müssen besondere Vorsichtsmaßnahmen beachtet werden.
Auch im Haushalt werden z. T. gefährliche, brennbare oder giftige Stoffe verwendet. Auch dort sind sie mit den entsprechenden Symbolen gekennzeichnet.

Benzen (↗ S. 199) (Benzol) ist leicht entzündlich und gleichzeitig giftig. Es wirkt krebserregend.

Rohrreiniger enthält feste Basen, z. B. Natriumhydroxid. Beim Lösen in Wasser entsteht eine stark ätzende Lösung. Gleichzeitig erhitzt sich die Lösung sehr stark, sodass sogar heiße Lauge herausspritzen kann. Deshalb ist beim Umgang mit Rohrreiniger große Vorsicht geboten.

Verursacht schwere Verätzungen. Darf nicht in die Hände von Kindern gelangen. Bei Berührung mit den Augen gründlich mit Wasser abspülen und Arzt konsultieren. Bei der Arbeit geeignete Schutzhandschuhe und Schutzbrille/Gesichtsschutz tragen. Bei Berührung mit der Haut mit Wasser abwaschen. Verschmutzte Kleider sofort ausziehen. Flasche fest verschlossen halten. Niemals Wasser hinzugießen. Nach versehentlichem Einnehmen sofort große Mengen Wasser trinken, sofort Arzt aufsuchen und Packung mitnehmen. Verschüttetes Produkt sofort zusammenkehren und mit viel Wasser im Spülbecken wegspülen. Keinesfalls in den Papierkorb oder Abfalleimer werfen. Gegenstände, die mit Rohrreiniger in Berührung gekommen sind, gründlich spülen.

Ätzend!

Gefahrsymbole zeigen schematisch die für die Gefährlichkeit relevante Eigenschaft. Die dazugehörigen Kennbuchstaben machen auf die Gefahren zusätzlich aufmerksam.

Zusätzlich zu den Gefahrsymbolen gibt es noch Gefahrenhinweise. Diese werden als **R-Sätze** bezeichnet. Mit den **S-Sätzen** sind Sicherheitsratschläge für den sachgemäßen Umgang mit gefährlichen Stoffen verbunden. R- und S-Sätze können auch kombiniert werden. Die **E-Sätze** schließlich regeln die Entsorgung von Chemikalien.

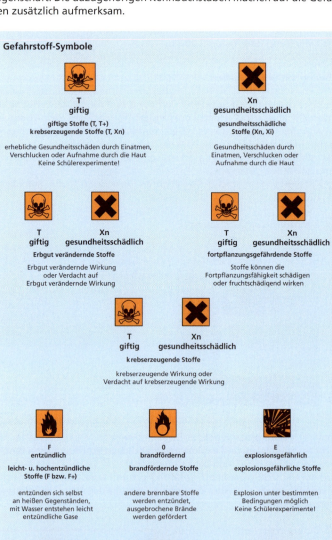

Gefahrstoff-Symbole

T
giftig

giftige Stoffe (T, T+)
krebserzeugende Stoffe (T, Xn)

erhebliche Gesundheitsschäden durch Einatmen, Verschlucken oder Aufnahme durch die Haut
Keine Schülerexperimente!

Xn
gesundheitsschädlich

gesundheitsschädliche Stoffe (Xn, Xi)

Gesundheitsschäden durch Einatmen, Verschlucken oder Aufnahme durch die Haut

T **giftig** – **Xn** **gesundheitsschädlich**

Erbgut verändernde Stoffe

Erbgut verändernde Wirkung oder Verdacht auf Erbgut verändernde Wirkung

T **giftig** – **Xn** **gesundheitsschädlich**

fortpflanzungsgefährdende Stoffe

Stoffe können die Fortpflanzungsfähigkeit schädigen oder fruchtschädigend wirken

T **giftig** – **Xn** **gesundheitsschädlich**

krebserzeugende Stoffe

krebserzeugende Wirkung oder Verdacht auf krebserzeugende Wirkung

F
entzündlich

leicht- u. hochentzündliche Stoffe (F bzw. F+)

entzünden sich selbst an heißen Gegenständen, mit Wasser entstehen leicht entzündliche Gase

0
brandfördernd

brandfördernde Stoffe

andere brennbare Stoffe werden entzündet, ausgebrochene Brände werden gefördert

E
explosionsgefährlich

explosionsgefährliche Stoffe

Explosion unter bestimmten Bedingungen möglich
Keine Schülerexperimente!

Xi
reizend

reizende Stoffe (Xn, Xi)

Reizwirkung auf die Haut, die Atmungsorgane und die Augen

N
umweltgefährlich

umweltgefährliche Stoffe

sehr giftig, giftig oder schädlich für Wasserorganismen, Pflanzen, Tiere und Bodenorganismen, schädliche Wirkung auf die Umwelt

C
ätzend

ätzende Stoffe

Hautgewebe und Geräte werden nach Kontakt zerstört

BAU UND EIGENSCHAFTEN VON STOFFEN 2

2.1 Teilchen

2.1.1 Grundlagen

Alle Stoffe bestehen aus **Teilchen.** Dazu gehören Atome, Ionen und Moleküle.

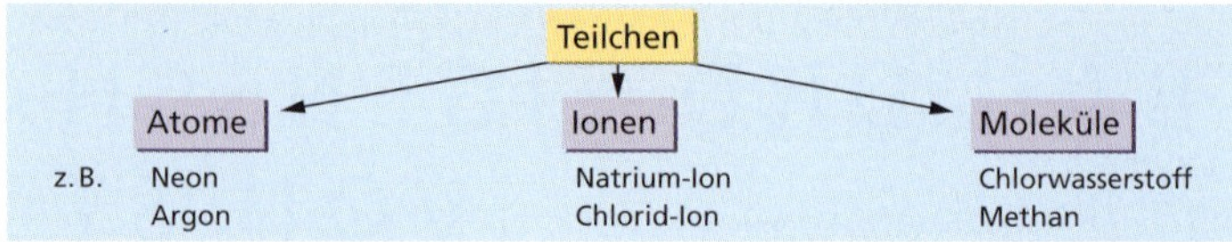

Die Teilchenvorstellung

Alle Teilchen haben eine Eigenbewegung, die sich nicht direkt messen lässt. Der britische Botaniker ROBERT BROWN beschrieb die nach ihm benannte **brownsche Molekularbewegung** im Jahre 1827.

Die kleinsten Teilchen, aus denen die Stoffe (↗ S. 54) bestehen, sind nur mit Hilfsmitteln wahrnehmbar. Ihre Darstellung ist daher nur mithilfe von Modellen oder vereinfacht möglich.
Für Teilchen, aus denen Stoffe bestehen, wird das Kugelteilchenmodell verwendet. Es geht von einer kugelförmigen Gestalt dieser Teilchen aus und gibt die statische Anordnung wieder. In diesem Modell wird die Eigenbewegung der Teilchen nicht berücksichtigt.

Das Teilchenmodell

Im **Teilchenmodell** werden die wichtigsten Erkenntnisse über den Aufbau, die Anordnung und das Verhalten der Teilchen zueinander vereinfacht dargestellt.

Mit dem Teilchenmodell lassen sich die Eigenschaften der Stoffe, besonders der Reinstoffe (↗ S. 54), z. B. Aggregatzustände, Löslichkeit, und Verformbarkeit, erklären.

Folgende Aussagen geben die wesentlichen Merkmale des Teilchenmodells wieder:

1. Alle Stoffe bestehen aus kleinsten Teilchen.
2. Zwischen diesen Teilchen ist leerer Raum.
3. Die Teilchen befinden sich in ständiger Bewegung.
4. Zwischen den Teilchen wirken Kräfte.

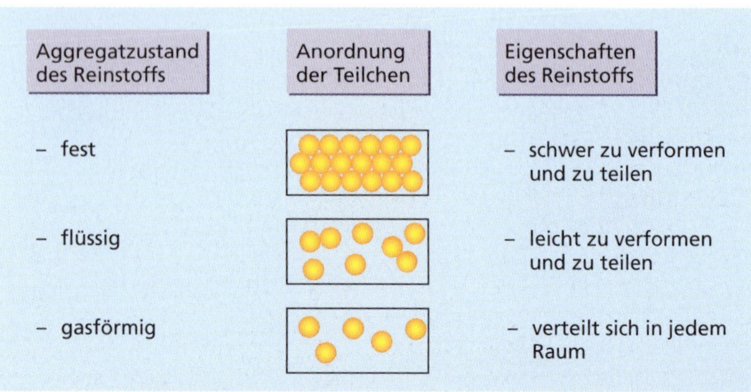

2.1.2 Atome

Atome sind die kleinsten Bausteine der Stoffe. Sie lassen sich mithilfe chemischer Mittel nicht weiter zerlegen. Ein Atom besteht aus Atomkern und Atomhülle.

Im Atomkern befinden sich Protonen und Neutronen. Die Atomhülle wird von den Elektronen gebildet. Das Atom ist nach außen elektrisch neutral.

Atommodelle

Da Atome unvorstellbar klein sind, können sie nur mithilfe von Modellen beschrieben werden. Durch Atommodelle wird die wissenschaftliche Erkenntnis erleichtert bzw. überhaupt erst möglich. Im Verlauf der Zeit entstanden unterschiedliche Atommodelle, bedingt durch den jeweiligen Stand der Wissenschaft.

Zur Klärung eines chemischen Sachverhalts muss nicht immer das modernste (und damit oft auch komplizierteste) Atommodell herangezogen werden.

Die Atomhypothese von DEMOKRIT

Der Grieche DEMOKRIT VON ABDERA (um 460–375 v. Chr.) war einer der größten Philosophen des Altertums. Er kam zu der Feststellung, dass die Stoffe nicht unendlich teilbar, sondern aus kleinsten, unteilbaren Einheiten, den Atomen (atomos), aufgebaut sein müssten. Diese Atome sind „der Qualität nach gleich“, aber in Form und Gewicht verschieden. Seine Hypothese konnte jedoch noch nicht experimentell bestätigt werden.

Im Laufe der Jahrhunderte geriet die Vorstellung von den Atomen als unteilbare Einheiten der Stoffe in Vergessenheit und wurde erst wieder aktuell, als durch Experimente neue Erkenntnisse in der Chemie und Physik gewonnen wurden.

Die Atomhypothese nach DALTON

DALTON kam auf der Grundlage des Gesetzes von der Erhaltung der Masse und der Gesetze von den konstanten und den multiplen Massenverhältnissen (↗ S. 97) zu seiner Atomhypothese (1808):

1. Alle Atome desselben Elements sind untereinander gleich.
2. Atome verschiedener Elemente haben unterschiedliche Massen.
3. Atome sind unveränderlich.

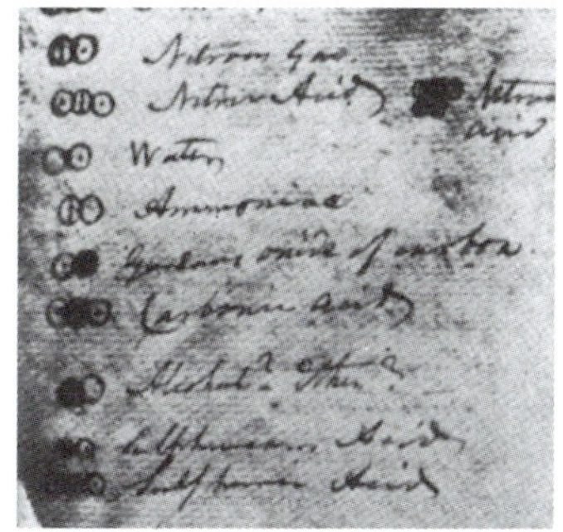

JOHN DALTON (1766 bis 1844) bestimmte die Atomgewichte von einigen Elementen und erkannte, dass diese mit chemischen Mitteln nicht weiter zerlegt werden können.

Ernest Rutherford (1871–1937) führte als Erster künstliche Kernreaktionen aus und erhielt als Physiker 1908 den Nobelpreis für Chemie.

Bei der Spektralanalyse beobachtet man das von einem Stoff ausgesandte Licht in farbigen Linien durch ein Spektroskop. Demnach können Elektronen nur bestimmte Energiebeträge aufnehmen oder wieder abgeben. Aus diesen Linienspektren ergab sich die Erkenntnis, dass ein Elektron nur in bestimmten Energieniveaus existieren kann.

Das rutherfordsche Atommodell

Rutherford führte 1911 die nach ihm benannten rutherfordschen Streuversuche durch. Dabei bestrahlte er eine dünne Goldfolie mit positiven Heliumkernen (α-Strahlen), weil diese sehr klein sind. Er konnte dabei feststellen, dass fast alle α-Strahlen die Folie ungehindert durchdrangen. Er hatte jedoch erwartet, dass die Teilchen von den kompakten Atomen reflektiert würden. Da die kleinen Teilchen hindurchtreten konnten, mussten Atome leere Räume haben.

Rutherford schloss aus seinen Experimenten, dass fast die gesamte Masse des Atoms im sehr kleinen Kern lokalisiert sein muss und die Hülle fast leeren Raum darstellt.

Die Ladung des Kerns ist positiv. Zur Neutralisation dieser positiven Ladung bedarf es jedoch negativ geladener Elektronen in der Atomhülle, denn das Atom ist nach außen hin elektrisch neutral. Es entstand ein einfaches Kern-Hülle-Modell.
Obwohl der massereiche Kern genauso viele Protonen enthält wie die Hülle Elektronen, ist die Hülle 100 000-mal größer als der Atomkern. Dieses Modell gilt in der Physik als erstes wissenschaftliches Atommodell.

Atommodell nach Rutherford

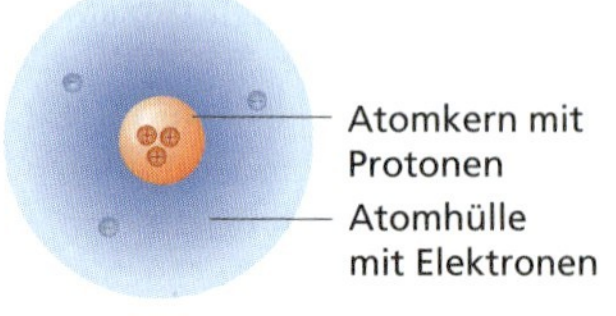

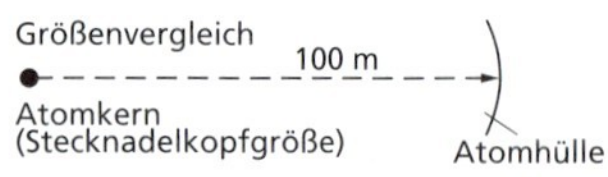

Das bohr-sommerfeldsche Atommodell

In Auswertung der Atomspektren entwickelten Niels Bohr und Arnold Sommerfeld ein modernes **Atommodell.** Nach Bohr umkreisen die Elektronen den Atomkern auf vorgegebenen Bahnen bzw. Schalen. Den einzelnen Bahnen des bohrschen Atommodells werden Energieniveaus zugeordnet. Nach dem Aussehen wird dieses Schalenmodell auch „Schießscheibenmodell" genannt.

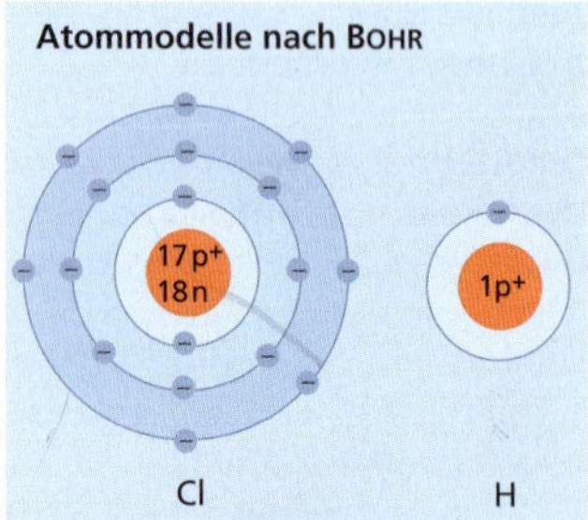

1913 stellte Bohr sein Schalenmodell für ein Wasserstoffatom auf. Sommerfeld erweiterte das Atommodell dahin gehend, dass Elektronen sich außer auf Kreisbahnen auch auf Ellipsenbahnen bewegen können.

Niels Bohr (1885 bis 1962) und **Arnold Sommerfeld** (1868 bis 1951) entwickelten das Schalenmodell der Atomhülle.

Der Atomkern

Der Atomkern befindet sich im Innern des Atoms und ist elektrisch positiv geladen. Er enthält Protonen und Neutronen.

Protonen

Protonen sind elektrisch positiv geladene Elementarteilchen. Sie besitzen eine relative Masse von 1.

Atome eines Elements können bei gleicher Protonenanzahl unterschiedlich viele Neutronen und damit auch verschiedene Massenzahlen besitzen. Sie werden **Isotope** genannt.
Da bei vielen Elementen mehrere Isotope gemischt vorliegen, ergeben sich oft keine ganzzahligen Massenzahlen für das Element.

Für Protonen wird das Symbol p^+ verwendet. Da sie im Gegensatz zu den nicht geladenen Neutronen elektrisch positiv sind, ergibt sich aus ihrer Summe die Kernladung.
Die Anzahl der Protonen ist charakteristisch für ein Element. Alle Atome eines Elements besitzen immer die gleiche Protonenanzahl. Daraus ergibt sich die **Ordnungszahl** des Elements, unter der es im Periodensystem (↗ S. 69) zu finden ist.

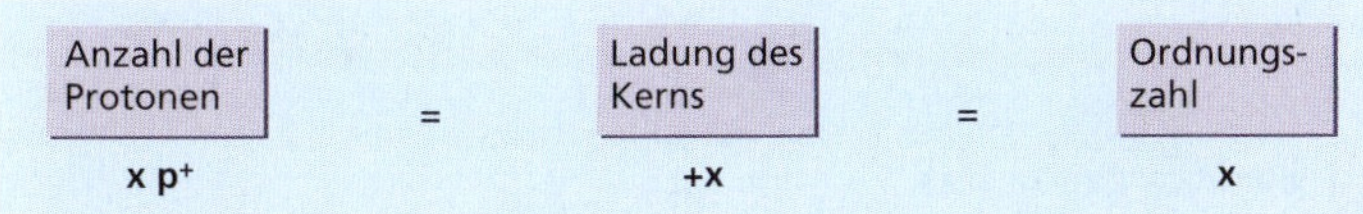

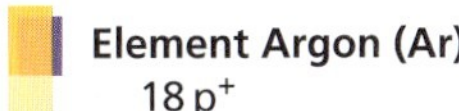

Element Argon (Ar)
$18\,p^+$ | +18 | 18

Neutronen

Neutronen sind nicht geladene, neutrale Elementarteilchen. Sie besitzen eine relative Masse von 1.

Die Anzahl der Neutronen im Atomkern kann bei einem Element unterschiedlich sein.
Protonen und Neutronen sind dicht gepackt. Gemeinsam machen sie fast die gesamte Masse des Atoms aus. Die sich aus Protonen und Neutronen ergebende relative Masse wird Massenzahl genannt. Man kann also aus der **Massenzahl** des Atoms und der Ordnungszahl (Protonenanzahl) die Anzahl der Neutronen im Kern berechnen.

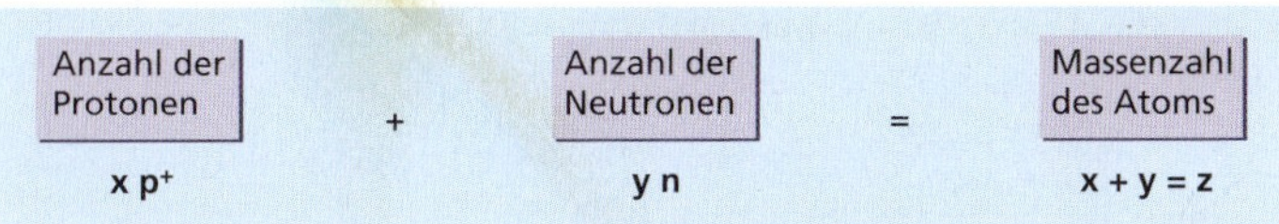

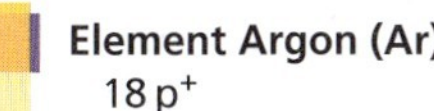

Element Argon (Ar)
$18\,p^+$ | 22 n | 18 + 22 = 40

Massenzahl und Protonenzahl werden vor das Elementsymbol geschrieben. Die Massenzahl steht oben, die Protonenanzahl unten.
Isotope des Kohlenstoffs:

1. Isotop
„normaler" Kohlenstoff 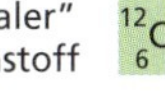 $^{12}_{6}C$

2. Isotop
Kohlenstoff-Isotop 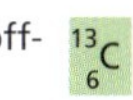 $^{13}_{6}C$

3. Isotop
Kohlenstoff-Isotop  $^{14}_{6}C$

Nach dem **wellenmechanischen Atommodell** halten sich die Elektronen in bestimmten Aufenthaltsräumen in der Atomhülle auf, die **Orbitale** genannt werden.

Die Atomhülle

Die **Atomhülle** umgibt den positiv geladenen Kern. Sie enthält die Elektronen und ist daher negativ geladen.

Elektronen

Elektronen sind elektrisch negativ geladene Elementarteilchen. Ihre Masse beträgt nur $\frac{1}{1836}$ der Masse eines Protons.

Für Elektronen wird das Symbol e^- verwendet. Aus ihrer Gesamtheit ergibt sich die Ladung der Atomhülle.
Da Atome nach außen elektrisch neutral sind, muss die Anzahl der Elektronen der Anzahl der Protonen entsprechen.

Für die (theoretische) Maximalbesetzung der einzelnen Elektronenschalen kann eine einfache Formel verwendet werden.

Maximale Anzahl der Elektronen auf einem Energieniveau = $2n^2$

n = Nummer des Energieniveaus (der Elektronenschale)

Die maximale Anzahl der Elektronen auf den Energieniveaus beträgt:
1. Niveau: $2 \cdot 1^2 = 2$
2. Niveau: $2 \cdot 2^2 = 8$
3. Niveau: $2 \cdot 3^2 = 18$
4. Niveau: $2 \cdot 4^2 = 32$
usw.

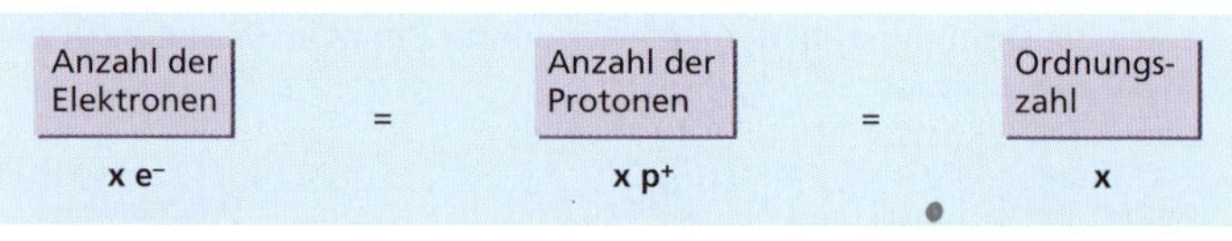

Element Argon (Ar)

$18\,e^-$	$18\,p^+$	18

Elektronen sind in ständiger Bewegung. Mit sehr großer Geschwindigkeit bewegen sie sich um den Kern.
Nicht alle Elektronen besitzen die gleiche Energie. Elektronen mit ähnlichem Energiegehalt befinden sich etwa in gleichem Abstand zum Kern. Jedes Energieniveau kann nur eine bestimmte Anzahl an Elektronen aufnehmen. Die Elektronen des ersten Energieniveaus (der ersten Schale) sind am energieärmsten. Die Elektronen auf dem äußersten Niveau besitzen die höchste Energie.

Die auf den Schalen befindlichen Elektronen können entweder kreisförmig um das Atom herum oder in einem Diagramm, dem **Energieniveauschema,** angegeben werden.

Die manchmal noch verwendete Benennung der Energieniveaus (Schalen) mit den Buchstaben K, L, M, N usw. ist heute veraltet.

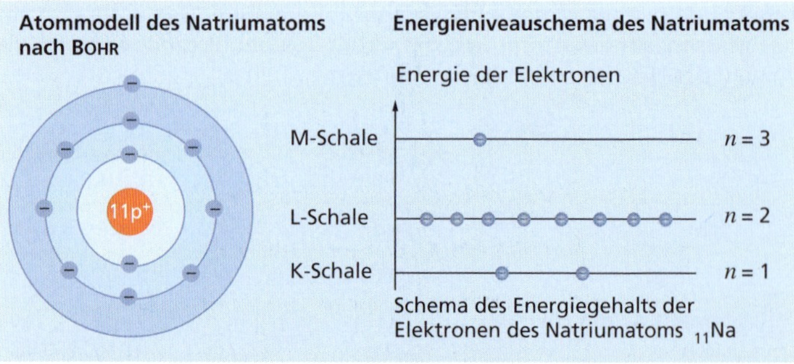

Schema des Energiegehalts der Elektronen des Natriumatoms $_{11}Na$

Die wichtigsten **Besetzungsregeln** für Elektronenschalen lauten:

1. Die Besetzung der Elektronenschalen beginnt mit dem niedrigsten Energieniveau, also mit der Besetzung der ersten Elektronenschale (K-Schale).
2. Für Hauptgruppenelemente (↗ S. 73) gilt, dass sich in der äußersten Elektronenschale maximal 8 Elektronen aufhalten.

Nicht alle Elektronen eines Energieniveaus besitzen die gleiche Energie. Es gibt feine Unterschiede. Daher können Energieniveaus auch noch in Unterniveaus unterteilt werden, die mit kleinen Buchstaben bezeichnet werden. Es gibt z. B. s-, p-, d- und f-Unterniveaus.

Eine Gruppe von 8 Elektronen wird als **Elektronenoktett** oder **Achterschale** bezeichnet. Solch ein Elektronenoktett in der äußersten Elektronenschale stellt einen stabilen, energiearmen Zustand dar. Ein Atom mit acht Elektronen auf dem äußersten Energieniveau, z. B. das Edelgas Argon, ist sehr stabil und reaktionsträge.

Die Elektronen auf dem äußersten Energieniveau des Atoms werden als **Außenelektronen** bezeichnet.

Die Oktettregel besagt, dass die meisten Atome in Molekülen durch Ausbildung von Bindungen den stabilen Zustand der Achterschale erreichen. Sie verfügen dann über insgesamt vier bindende und/oder freie Elektronenpaare (↗ S. 63 f.).

Die Außenelektronen bestimmen die chemischen Eigenschaften eines Atoms. Alle Atome streben eine voll besetzte äußerste Elektronenschale an, weil diese **Edelgaskonfiguration** einen stabilen Zustand darstellt. Dieser entspricht bei den meisten Elementen der Achterschale, die auf unterschiedlichen Wegen erreicht werden kann.

1. durch Abgabe von Außenelektronen (wenn weniger als vier vorhanden sind) oder durch Aufnahme anderer Elektronen (meist, wenn schon mehr als vier vorhanden sind), dabei entstehen Ionen (↗ S. 50)
2. durch die Bildung gemeinsamer Elektronenpaare mit anderen Atomen (unpolare und polare Atombindung, ↗ S. 63 f.)

Das Atom und seine Elementarteilchen

Bereich	**Teilchen**	**Eigenschaften**
Atomkern elektrisch positiv geladen	– Protonen: p^+	– elektrisch positiv geladen – relative Masse = 1
	– Neutronen: n	– elektrisch neutral (keine Ladung) – relative Masse = 1
Atomhülle elektrisch negativ geladen	– Elektronen: e^-	– elektrisch negativ geladen – relative Masse = 0,00054
Positive Ladungen = negative Ladungen = Gesamtladung = 0		
Protonenanzahl = Elektronenanzahl = Ordnungszahl		
Massenzahl = Anzahl der Protonen + Anzahl der Neutronen		

Nach Einführung der modernen Quantentheorie wurde das **wellenmechanische Atommodell** verwendet. Darin wird die Bewegung eines Elektrons als Wellenfunktion beschrieben.

2.1.3 Ionen

Ionen sind elektrisch geladene Teilchen. Positiv geladene Ionen heißen Kationen, negativ geladene werden Anionen genannt.

Formen von Ionen

Nach ihrer Zusammensetzung und der Entstehung können einfache Ionen, zusammengesetzte Ionen, Zwitterionen und Komplexionen unterschieden werden.

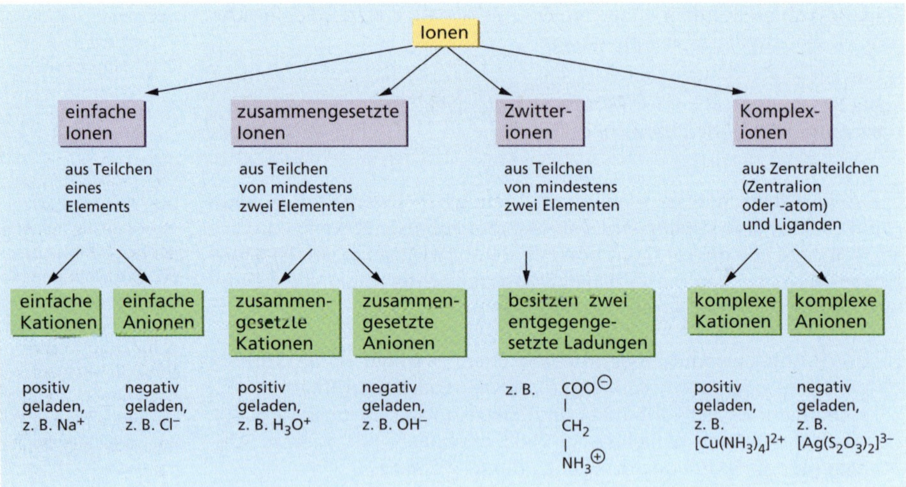

Einfache Ionen

Einfache Ionen entstehen aus einem Atom eines chemischen Elements durch Aufnahme oder Abgabe von Elektronen. Gibt ein Atom Elektronen ab, wird ein Kation gebildet. Bei Elektronenaufnahme entsteht ein Anion.

Aus dem Atombau lassen sich Grundregeln über die Ladung der Ionen ableiten. Dabei gilt die Oktettregel (↗ S. 49). Ein chemisches Element wird nach der Oktettregel so viele Elektronen abgeben oder aufnehmen, dass es dabei eine stabile Achterschale erreicht.

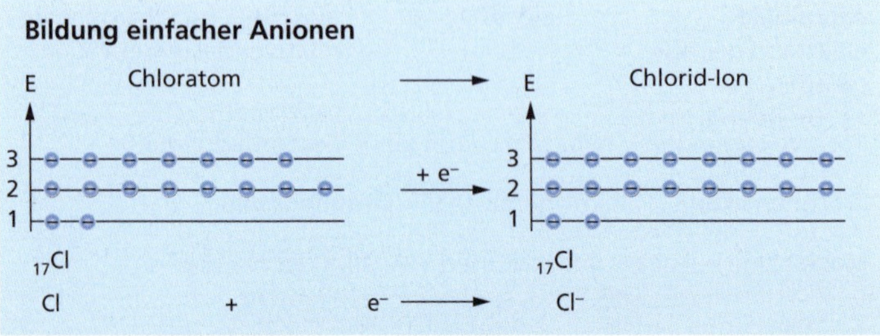

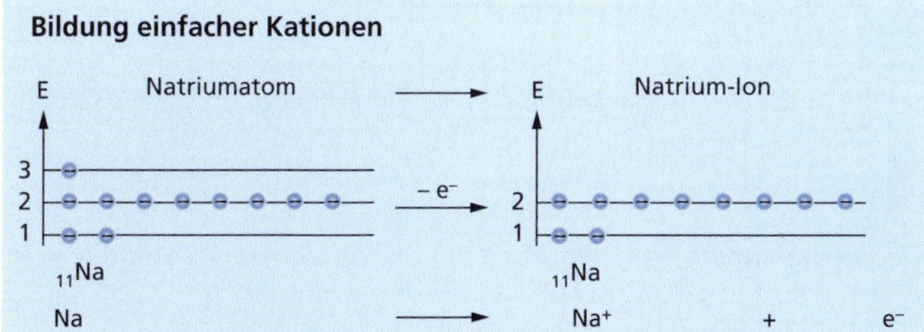

Zusammenhang zwischen dem Atombau und der Bildung einfacher Ionen

Hauptgruppe	Anzahl der Außenelektronen	Anzahl der abgegebenen Elektronen	Anzahl der aufgenommenen Elektronen	Ladung des Ions
I	1	1		+1
II	2	2		+2
III	3	3		+3
IV	4	4	4	+4 oder –4
V	5		3	–3
VI	6		2	–2
VII	7		1	–1

Diese Zusammenhänge stellen eine starke Vereinfachung dar. Vor allem die Elemente der IV.–VII. Hauptgruppe bilden auch Ionen mit anderen Ladungen.
Die Elemente der VIII. Hauptgruppe bilden im Normalfall keine Ionen, da sie schon ein Oktett (Achterschale) besitzen.

Aus dieser Übersicht ergibt sich, dass die Metalle der I.–III. Hauptgruppe nur positiv geladene Ionen bilden. Dabei stimmt die Ladung der Ionen mit der Hauptgruppennummer überein. Elemente der V.–VII. Hauptgruppe bilden bevorzugt negativ geladene Ionen, wobei sich der Zahlenwert der Ladung dieser Ionen nach der einfachen Formel: „Ladung des Ions = acht minus Hauptgruppennummer" berechnen lässt.

Ionenbildung durch Elektronenabgabe

Element der I.–III. Hauptgruppe ⟶ Kation + Elektron(en)

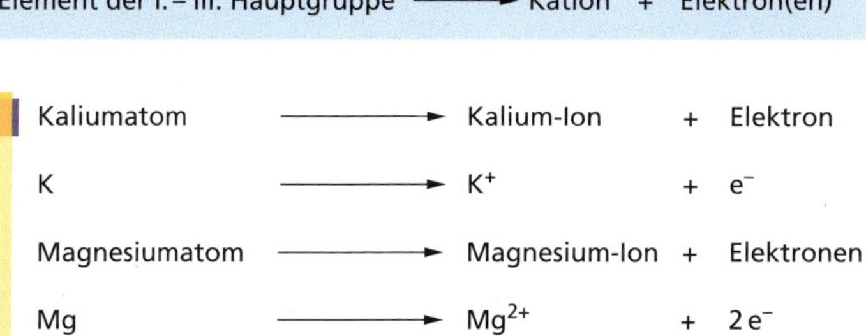

Ionenbildung durch Elektronenaufnahme

Die Gleichung der Bildung von Chlorid-Ionen ist vereinfacht. Da Chlor nur molekular vorkommt, müsste es heißen:

$Cl_2 + 2e^- \longrightarrow 2Cl^-$

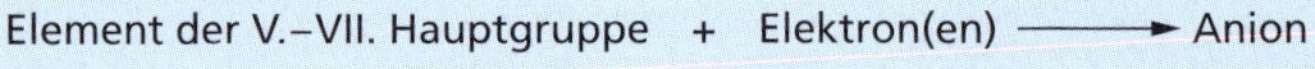

Elemente der IV. Hauptgruppe können sowohl Elektronen aufnehmen als auch abgeben, um ein Oktett (eine stabile Achterschale) zu erreichen.

Die Ziffer Eins wird bei der Angabe der Ionenladung üblicherweise weggelassen.

Benennung und chemische Zeichen von Ionen

Einfache Ionen sind aus Teilchen von Atomen eines Elements aufgebaut. Man verwendet daher zu ihrer Kennzeichnung das jeweilige Elementsymbol und gibt die Ladung oben rechts neben dem Symbol an. Ist das Ion mehrfach geladen, wird dies mit einer Ziffer gekennzeichnet.

Um Kationen und Anionen auch vom Namen her zu unterscheiden, werden Anionen mit einer Endung versehen. Alle einatomigen Anionen erhalten die Endung -id.

Benennung und Symbole von Ionen

Bromid-Ion: Br^-
Sulfid-Ion: S^{2-}
Lithium-Ion: Li^+
Calcium-Ion: Ca^{2+}

Vergleich von Atomen und Ionen

Teilchen	Atom	Einfaches Ion
Verhältnis von Protonen und Elektronen	Anzahl der Protonen = Anzahl der Elektronen	Anzahl der Protonen ≠ Anzahl der Elektronen
– Magnesium – Schwefel	$12\,p^+ = 12\,e^-$ $16\,p^+ = 16\,e^-$	$12\,p^+ \neq 10\,e^-$ $16\,p^+ \neq 18\,e^-$
Schematische Darstellung (am Beispiel des Magnesiums)	12p+	12p+
Ladung des Teilchens	neutral	positiv oder negativ

Atome und Ionen eines chemischen Elements besitzen die gleiche Anzahl an Protonen und Neutronen. Sie unterscheiden sich nur in der Elektronenanzahl.

2.1.4 Moleküle

Moleküle sind Teilchen, die aus mindestens zwei Atomen aufgebaut sind. Die Atome sind in den Molekülen durch Atombindungen miteinander verbunden. Moleküle können im Gegensatz zu Atomen mit chemischen Methoden in ihre Bestandteile zerlegt werden.

Ein Molekül ist nach außen elektrisch neutral. Es besitzt also im Vergleich zu den Ionen keine elektrische Ladung.

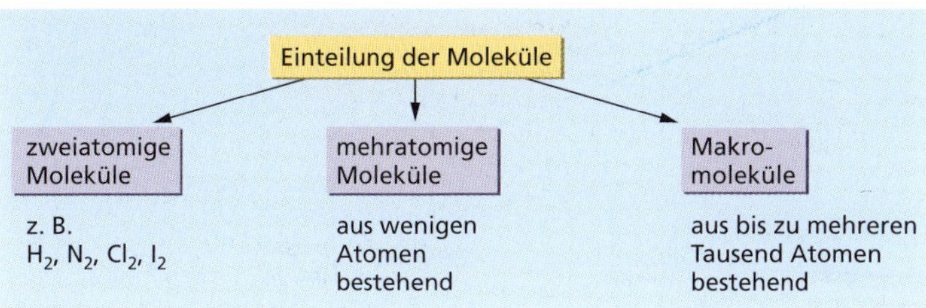

Kleinere Moleküle bestehen oft nur aus zwei oder drei Atomen.
- Wasserstoff: H_2
- Sauerstoff: O_2
- Kohlenstoffdioxid: CO_2
- Wasser: H_2O

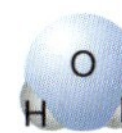

Mehratomige Moleküle

Kohlenstoff, Schwefel und Phosphor gehören zu den Elementsubstanzen (↗ S. 54), deren Moleküle aus mehreren bis vielen Atomen des gleichen Elements bestehen. Zwischen diesen gleichen Atomen bilden sich unpolare Atombindungen (↗ S. 63) aus.
Die Anordnung der Atome im Molekül kann bei ein und derselben Elementsubstanz verschieden sein. Je nach Anordnung ergeben sich für die jeweilige Elementsubstanz unterschiedliche Eigenschaften. Man spricht von **Modifikationen.**
Auch mehrere verschiedene Elemente können Moleküle bilden. Zwischen den verschiedenen Atomen bestehen polare Atombindungen.

Mehratomige Moleküle
- Schwefel: S_8 (vereinfacht: S)
- Kohlenstoff (Diamant und Grafit): C_n (vereinfacht: C)
- Octan (Summenformel): C_8H_{18}
- Glucose (Summenformel): $C_6H_{12}O_6$

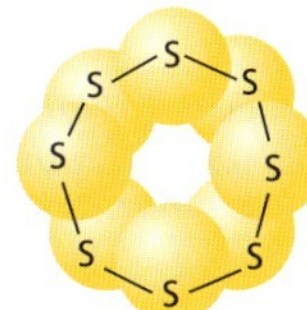

Moleküle, die aus sehr vielen Atomen aufgebaut sind, werden **Makromoleküle** genannt. Dazu gehören z.B. Stärke und Cellulose (↗ S. 225/226).

Stoffe, die aus Molekülen bestehen, werden **Molekülsubstanzen** genannt. Zwischen den Atomen herrschen Atombindungen.

2.2 Stoffe

2.2.1 Grundlagen

Für die Einteilung der Stoffe gibt es verschiedene Möglichkeiten. Nach den Teilchen, die der Stoff enthält, werden reine Stoffe (Reinstoffe) und Stoffgemische unterschieden. Diese können nun wieder nach der Art der enthaltenen Teilchen untergliedert werden. Viele Nichtmetalle sind aus Molekülen aufgebaut. Sie sind also gleichzeitig Molekülsubstanzen und Elementsubstanzen.

Die Materialien, aus denen alle Körper aufgebaut sind, bezeichnet der Chemiker als **Stoffe.** Jeder Stoff hat bestimmte Eigenschaften, die ihn charakterisieren. Stoffe bestehen aus Teilchen.

Einteilung der Stoffe

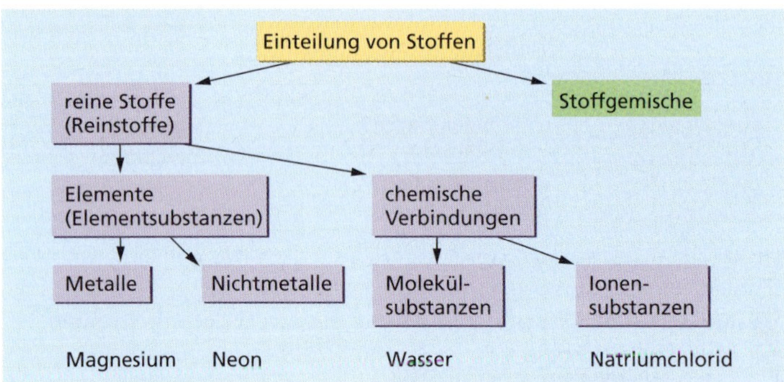

2.2.2 Reinstoffe

Stoffe können verschiedene **Aggregatzustände** einnehmen. Sie nehmen Raum ein. Einzelne Portionen eines Stoffs besitzen eine bestimmte **Masse, Dichte** und ein **Volumen.**

Reine Stoffe (Reinstoffe) sind nur aus Teilchen einer Art aufgebaut.

Reinstoffe
Sauerstoff besteht nur aus Sauerstoffmolekülen, Natriumchlorid besteht nur aus Natriumchloridbaueinheiten.

Die Reinstoffe unterteilen sich in Elementsubstanzen und chemische Verbindungen.

Elementsubstanzen

Alle Reinstoffe haben eine charakteristische Schmelz- und Siedetemperatur und weitere stoffspezifische physikalische und chemische Eigenschaften. Sie sind durch Methoden der physikalischen Stofftrennung nicht weiter zerlegbar.

Chemische **Elementsubstanzen** sind Reinstoffe, die nur aus einer Atomsorte bestehen.

Für die Elementsubstanzen wird immer das jeweilige Elementsymbol aus dem Periodensystem der Elemente (↗ S. 74) verwendet.

Elementsubstanzen (Metalle und Nichtmetalle)
Aluminium besteht nur aus Aluminiumatomen.
Helium ist nur aus Heliumatomen aufgebaut.

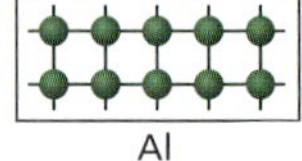

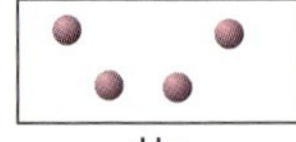

Chemische Verbindungen

Nach Stoffgruppen können chemische Verbindungen auch in anorganische und organische Verbindungen eingeteilt werden.
Zu den anorganischen Verbindungen gehören z. B.:
- Oxide (↗ S. 172)
- Säuren (↗ S. 180)
- Basen (↗ S. 182)
- Salze (↗ S. 184)

Zu den organischen Verbindungen gehören z. B.:
- Alkane (↗ S. 191)
- Alkohole (↗ S. 202)
- Carbonsäuren (↗ S. 211)
- Kohlenhydrate (↗ S. 221)

Chemische Verbindungen bestehen aus mindestens zwei miteinander verbundenen Teilchen. Das können Atome oder Ionen sein.

Molekülsubstanzen und Ionensubstanzen gehören zu den chemischen Verbindungen.

Chemische Verbindungen
Wasser, Ethanol, Calciumchlorid, Salpetersäure, Natriumhydroxid, Glucose (Traubenzucker)

Molekülsubstanzen

Molekülsubstanzen sind chemische Verbindungen, die aus Molekülen aufgebaut sind.

Die Moleküle der Molekülsubstanzen können aus Atomen eines einzigen Elements bestehen.

Molekülsubstanzen aus nur einer Atomsorte:
1. Das Wasserstoffmolekül besteht aus zwei Wasserstoffatomen.
2. Das Phosphormolekül des weißen Phosphors (↗ S. 159) besteht aus vier Phosphoratomen.

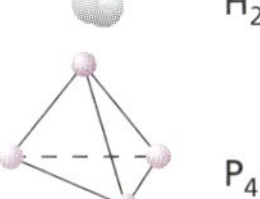

H_2

P_4

Die Moleküle der Molekülsubstanzen können auch aus Atomen mehrerer Elemente (mindestens zwei verschiedenen) bestehen.

Molekülsubstanzen mit verschiedenen Atomen:
1. Das Wassermolekül besteht aus einem Sauerstoff- und zwei Wasserstoffatomen.
2. Das Ethanolmolekül besteht aus zwei Kohlenstoff-, sechs Wasserstoff- und einem Sauerstoffatom.

H_2O

$CH_3 - CH_2 - OH$

Ionensubstanzen

Ionensubstanzen sind chemische Verbindungen, die aus unterschiedlich geladenen Ionen aufgebaut sind.

Die Ionensubstanzen können zum einen aus einfachen Ionen (↗ S. 50) aufgebaut sein.

Ionensubstanzen aus einfachen Ionen:
Natriumchlorid besteht aus Natrium-Ionen und Chlorid-Ionen.

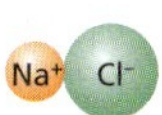

NaCl

Die kleinste Baueinheit von Natriumchlorid besteht aus einem Natrium-Ion und einem Chlorid-Ion. Viele dieser Baueinheiten ergeben die Ionensubstanz Natriumchlorid. Jedes einzelne Chlorid-Ion ist im Gitter von sechs Natrium-Ionen umgeben und jedes einzelne Natrium-Ion von sechs Chlorid-Ionen.

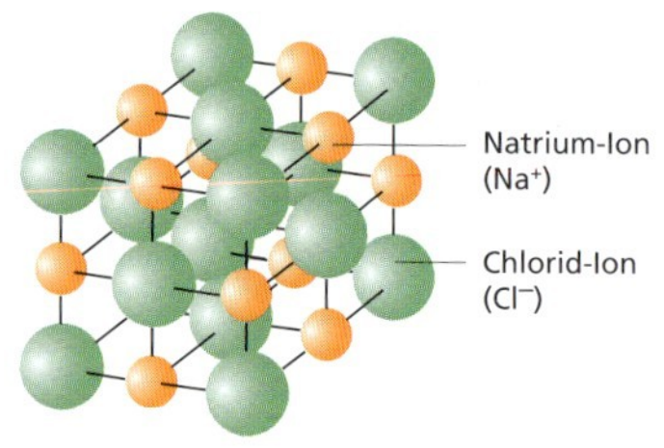

Ionensubstanzen können zum anderen aus zusammengesetzten Ionen aufgebaut sein.

Ionensubstanzen aus zusammengesetzten Ionen:
1. Natriumhydroxid besteht aus einem Natrium-Ion und einem Hydroxid-Ion.
2. Calciumcarbonat besteht aus einem Calcium-Ion und einem Carbonat-Ion.

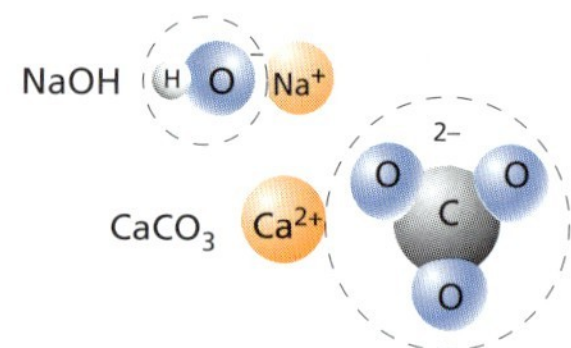

2.2.3 Stoffgemische

Stoffgemische sind aus Teilchen unterschiedlicher reiner Stoffe zusammengesetzt. Stoffgemische bestehen aus mindestens zwei verschiedenen Reinstoffen.

Stoffgemische und ihre Bestandteile
1. Luft: Sauerstoff, Stickstoff, Kohlenstoffdioxid, Edelgase u.a.
2. Benzin: verschiedene Kohlenwasserstoffe

Stoffgemische können durch physikalische Methoden voneinander getrennt werden. Die Eigenschaften der Stoffgemische werden von ihren einzelnen Bestandteilen bestimmt. Daher richtet sich auch die Einteilung der Stoffgemische nach den Eigenschaften.

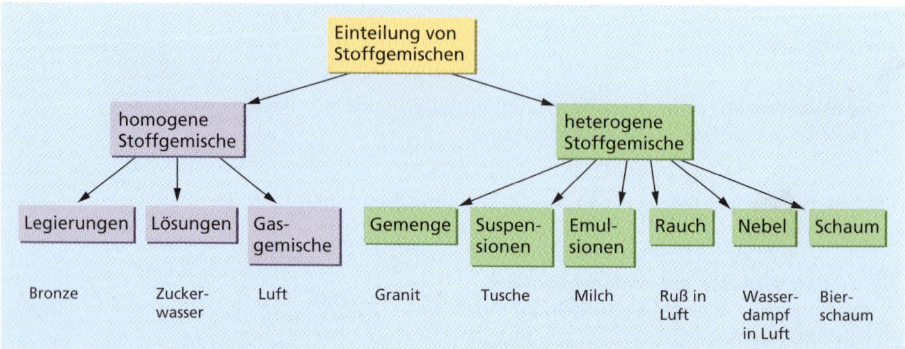

Homogene Stoffgemische

In **homogenen Stoffgemischen** sind die beteiligten Stoffe bis zu den kleinsten Teilchen miteinander vermischt.

Die einzelnen Teilchen der gemischten Stoffe lassen sich nicht mehr voneinander unterscheiden. Je nach Aggregatzustand der Stoffe werden verschiedene homogene Stoffgemische unterschieden.

Arten homogener Stoffgemische

Bezeichnung	Zusammensetzung Beispiele	Modell
Legierung	aus mindestens zwei festen Stoffen: – Bronze – Messing – Rotgold – Weißgold – Amalgam	
Lösung	a) aus mindestens einem festen und mindestens einem flüssigen Stoff: – Zuckerwasser b) aus zwei flüssigen Stoffen: – Speiseessig c) aus einem flüssigen und einem gasförmigen Stoff: – Wasser mit Kohlenstoffdioxid	
Gasgemisch	aus mindestens zwei gasförmigen Stoffen: – Luft – Knallgas – Stadtgas	

Lösungen und Gasgemische, die zu den homogenen Stoffgemischen gehören, kann man leicht von den Suspensionen und Emulsionen unterscheiden. Sie sind, auch wenn sie farbig sind, immer klar und durchsichtig.

Heterogene Stoffgemische

In **heterogenen Stoffgemischen** sind die beteiligten Stoffe nicht bis zu den kleinsten Teilchen miteinander vermischt. Die verschiedenen Teilchen können mit bloßem Auge oder mit optischen Hilfsmitteln wahrgenommen werden.

Die einzelnen Teilchen heterogener Stoffgemische können z.B. mit der Lupe oder, bei feiner Vermischung, mit dem Mikroskop deutlich abgegrenzt werden. Je nach Aggregatzustand der Stoffe werden verschiedene heterogene Stoffgemische unterschieden.

Suspensionen und Emulsionen, die zu den heterogenen Stoffgemischen gehören, sind im Unterschied zu den homogenen Lösungen immer trübe und undurchsichtig.

Arten heterogener Stoffgemische

Bezeichnung	**Zusammensetzung Beispiele**	**Modell**
Gemenge	aus mindestens zwei festen Stoffen: – Granit – Gartenerde	
Suspension	aus mindestens einem festen Stoff und einem flüssigen Stoff: – Tusche – naturtrüber Saft – Wasserfarbe	
Schaumstoff	aus mindestens einem festen Stoff und einem gasförmigen Stoff: – Schaum-Polystyrol – Bauschaum	
Emulsion	aus mindestens zwei flüssigen Stoffen: – Milch – Handcreme	
Rauch	aus mindestens einem festen Stoff und einem gasförmigen Stoff: – Ruß in Luft	
Nebel oder Schaum	aus mindestens einem flüssigen Stoff und einem gasförmigen Stoff: – Nebel, mit größerem Gasanteil: Wasserdampf in Luft – Schaum, mit größerem Flüssigkeitsanteil: Bierschaum	

Trennen von Stoffgemischen

Da in den Gemischen die typischen Eigenschaften der einzelnen Reinstoffe erhalten bleiben, können Stoffgemische leicht getrennt werden, wenn sich die vermischten Stoffe in ihren Eigenschaften ausreichend unterscheiden. Eine dieser unterschiedlichen Eigenschaften wird dann zur **Trennung der Gemische** genutzt.

Auch die Adsorptionsfähigkeit kann zum Trennen, z. B. von Gasgemischen, genutzt werden.

Trennen von Stoffgemischen			
unterschiedliche Eigenschaften	**getrenntes Stoffgemisch**	**Trennverfahren**	**Beispiele**
Siedetemperatur	Lösungen Suspensionen	**Eindampfen** **Verdunsten** **Destillieren**	Eindampfen
Teilchengröße	Gemenge Suspensionen Rauch	**Sieben** **Filtrieren**	Filtrieren
Dichte	Suspensionen Emulsionen	**Zentrifugieren** **Dekantieren** **Sedimentieren**	Dekantieren
Löslichkeit	Gemenge Lösungen	**Extrahieren** **Chromatografieren**	Extrahieren
magnetische Eigenschaften	Gemenge Suspensionen	**Magnetscheiden**	Magnetscheiden

2.3 Chemische Bindungen

2.3.1 Überblick

Als **chemische Bindung** bezeichnet man den Zusammenhalt der Teilchen in Verbindungen. Zwischen diesen Teilchen wirken Kräfte.

Die meisten Atome streben eine mit 8 Außenelektronen besetzte Achterschale (Elektronenoktett) an. Aber auch die Edelgaskonfiguration des Heliums und des Argons stellen stabile Zustände dar.

Alle Atome streben nach einem energiearmen und damit besonders stabilen Zustand. Ein solcher Zustand wird durch die vollständige Besetzung der äußersten Elektronenschale erreicht. Von allen Elementen im Periodensystem besitzen nur die Atome der Edelgase eine derart stabile Elektronenbesetzung.
Alle anderen Atome müssen die vollständige **Edelgaskonfiguration** durch Ausbildung von chemischen Bindungen erreichen. Je nach Anzahl der vorhandenen Außenelektronen und nach Art des Elements können Atombindungen, Ionenbindungen oder Metallbindungen auftreten.

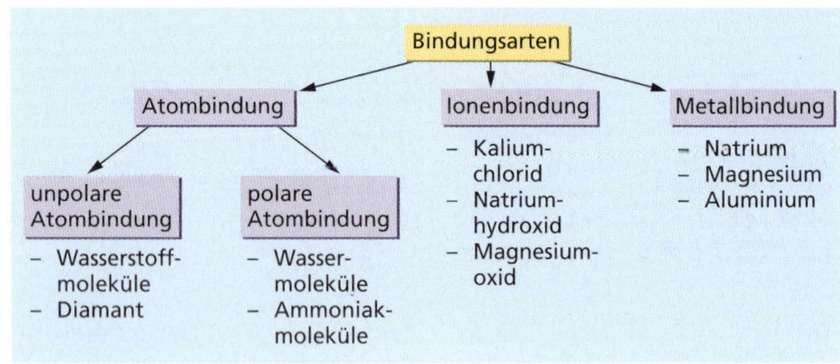

2.3.2 Ionenbindung

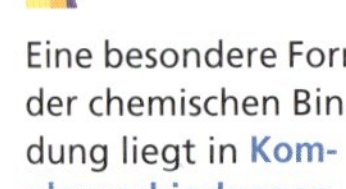
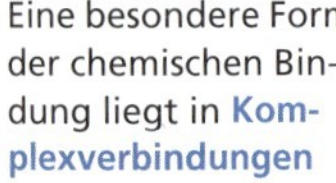
Eine besondere Form der chemischen Bindung liegt in **Komplexverbindungen** vor.

Die **Ionenbindung** ist eine Art der chemischen Bindung, die durch elektrostatische Anziehungskräfte zwischen elektrisch entgegengesetzt geladenen Ionen hervorgerufen wird.

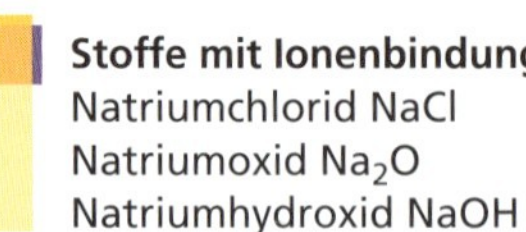
Stoffe mit Ionenbindung
Natriumchlorid NaCl
Natriumoxid Na_2O
Natriumhydroxid NaOH

Das Zustandekommen einer Ionenbindung

Die Ionenbindung kann am Beispiel des Stoffs Natriumchlorid erklärt werden. In einem Natriumchloridkristall befinden sich unzählige Natrium- und Chlorid-Ionen im Verhältnis 1:1.
Die Einheit aus einem Natrium-Ion und einem Chlorid-Ion ist die kleinste Baueinheit des Stoffs Natriumchlorid. In einer solchen kleinsten Baueinheit sind ein Natrium-Ion und ein Chlorid-Ion durch starke elektrostatische Anziehungskräfte miteinander verbunden.

Bildung der Ionen

Das Natrium-Ion und das Chlorid-Ion sind einfache Ionen (↗ S. 50). Sie entstehen durch Elektronenabgabe und -aufnahme.
Das Natriumatom gibt, um eine stabile Achterschale zu erreichen, ein Außenelektron ab, ein Natrium-Ion entsteht.
Das Chloratom nimmt, um eine stabile Achterschale zu erreichen, ein Elektron auf, ein Chlorid-Ion entsteht.

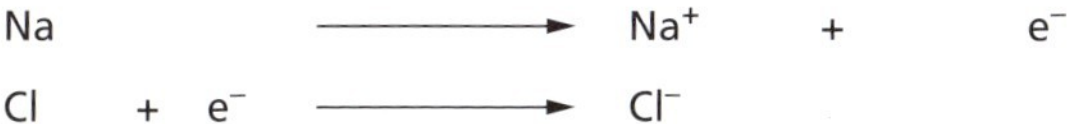

Da Chlor fast immer aus zweiatomigen Molekülen besteht, müsste die Gleichung zur Ionenbildung eigentlich lauten:

$$Cl_2 + 2\,e^{-} \longrightarrow 2\,Cl^{-}$$

Daran angepasst ergibt sich die Gleichung:

$$2\,Na \longrightarrow 2\,Na^{+} + 2\,e^{-}$$

Positiv geladene Natrium-Ionen und negativ geladene Chlorid-Ionen ziehen sich elektrostatisch an. Die kleinste Baueinheit des Natriumchlorids, eine Natriumchlorid-Einheit, ist entstanden. Sie besteht aus *einem* Natrium-Ion und *einem* Chlorid-Ion.

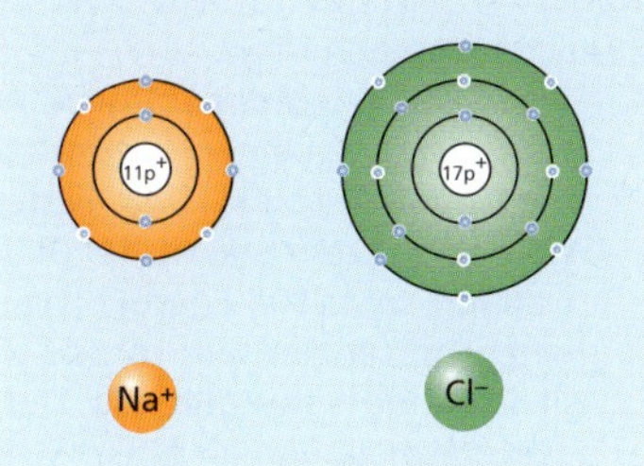

Anordnung der Ionen

Zwischen den einzelnen kleinsten Baueinheiten wirken ebenfalls Anziehungskräfte, die zu einer regelmäßigen Anordnung führen. Man nennt die daraus resultierende sichtbare Form **Ionenkristall.**

Ein Ionenkristall kann mithilfe eines **Gittermodells** dargestellt werden. Dabei werden die Abstände zwischen den Ionen größer dargestellt, als sie sind. Die räumliche Struktur des **Ionengitters** wird deutlicher sichtbar, obwohl meist alle Ionen vereinfacht gleich groß dargestellt werden.

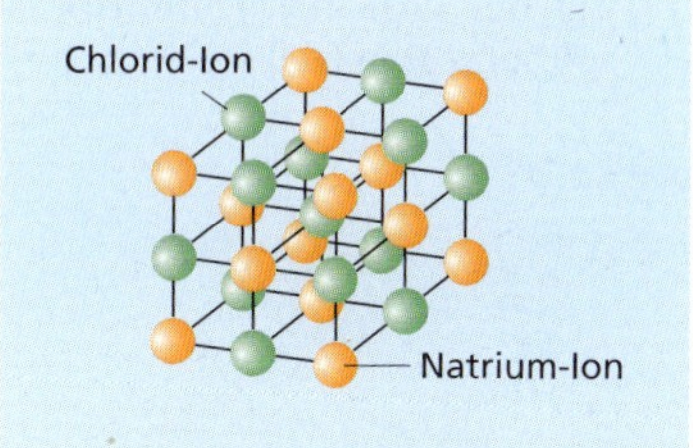

Ein Ionenkristall kann auch mithilfe eines **Packungsmodells** dargestellt werden. Dabei geht man von einer Anordnung der Ionen in einer dichten Kugelpackung (Teilchenmodell, ↗ S. 44) aus und berücksichtigt auch deren unterschiedliche Größe.

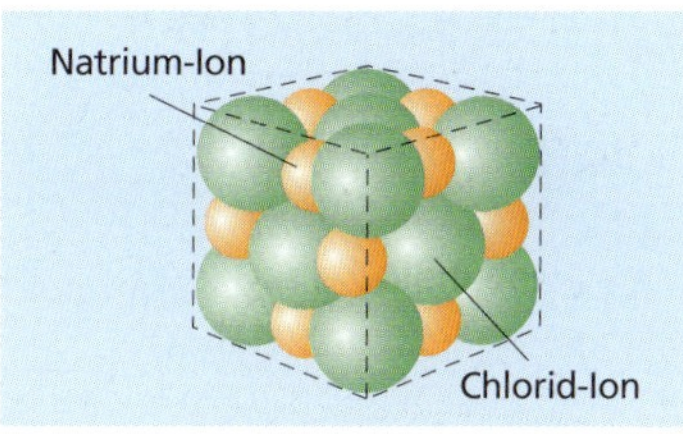

Ein Modell gibt immer nur Teilaspekte der Wirklichkeit wieder, z.B. die Anordnung der Ionen im Gittermodell oder die Größe und Anordnung der Ionen im Packungsmodell. Die Farbe oder die Anzahl der Ionen entsprechen nicht der Realität.

Bei zusammengesetzten Ionen (↗ S. 50) sind die Verhältnisse ähnlich. Jedes zusammengesetzte Ion besitzt eine Ladung.

Ammonium-Ion NH_4^{+} und Nitrat-Ion NO_3^{-}

Wenn beide Ionen unterschiedliche Ladungen besitzen, ist die räumliche Anordnung der Ionen im Gitter komplizierter, z.B. bei:
- Magnesiumchlorid ($1 Mg^{2+}$ zu $2 Cl^-$)
- Natriumsulfat ($2 Na^+$ zu $1 SO_4^{2-}$)
- Magnesiumphosphat ($3 Mg^{2+}$ zu $2 PO_4^{3-}$)

Bei den zusammengesetzten Ionen kann die räumliche Anordnung ähnlich der einfacher Ionen sein. Sind beide Ionen einfach positiv und negativ geladen, ordnen sich die Ionen auch hier im Verhältnis 1:1 an, genau wie bei Ionenkristallen aus einfachen Ionen.

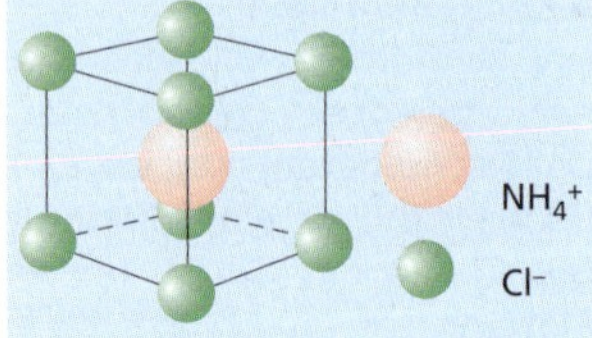

Eigenschaften von Stoffen mit Ionenbindung

Weil sich die Ionen in einem Gitter anordnen und zwischen ihnen immer starke Anziehungskräfte wirken, besitzen alle Stoffe mit Ionenbindung ähnliche Eigenschaften.

1. Durch starke elektrostatische Anziehungskräfte im Gitter haben Ionensubstanzen einen festen Aggregatzustand und sind kristallin.
2. Die hohen Schmelz- und Siedetemperaturen ergeben sich aus dem starken Zusammenhalt der Teilchen. Um die Ionen voneinander zu trennen, muss viel Energie (Wärme) aufgewandt werden.
3. Ionensubstanzen sind spröde. Bei mechanischer Belastung zerfallen sie in kleinere Bestandteile. Durch mechanische Einwirkung verschieben sich die Ionen im Gitter. So können gleich geladene Ionen nebeneinander geraten. Durch deren Abstoßung zerfällt das Gitter.
4. Die Schmelzen der Ionensubstanzen leiten den elektrischen Strom. Bei genügender Energiezufuhr zerfällt der Kristall in einzelne, frei bewegliche Ionen, die den Ladungstransport ermöglichen.
5. Ionensubstanzen dissoziieren in Wasser. Da Wassermoleküle kleine Dipole (↗ S. 174) sind, können sie mit den elektrisch geladenen Ionen der Salze in Wechselwirkung treten und diese aus dem Ionengitter herauslösen.

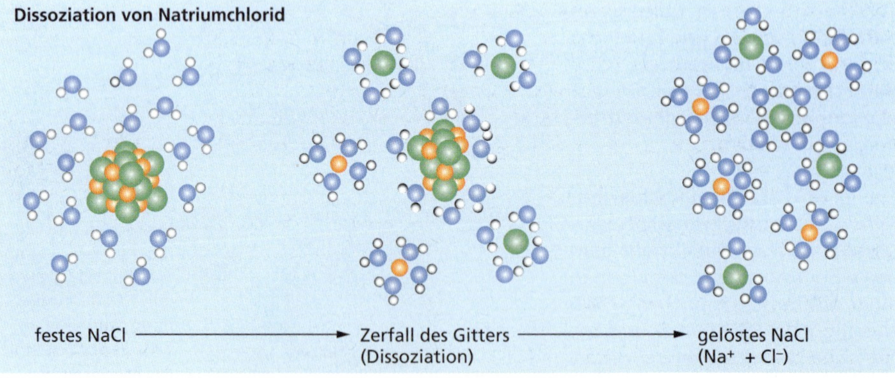

Ein **Ionenkristall** ist ein fester, aus elektrisch positiv und elektrisch negativ geladenen Ionen aufgebauter Stoff, in dem die Ionen durch ihre regelmäßige Anordnung ein Ionengitter bilden. Ionenkristalle besitzen hohe Schmelz- und Siedetemperaturen und sind spröde. Ihre Schmelzen und Lösungen leiten den elektrischen Strom.

2.3.3 Atombindung

Die **Atombindung** ist eine Art der chemischen Bindung, die durch die Ausbildung gemeinsamer Elektronenpaare zwischen Atomen hervorgerufen wird. Sie wird auch als **Elektronenpaarbindung** bezeichnet.

Je nach der Elektronegativität (↗ S. 65) der beteiligten Atome kann zwischen polarer und unpolarer Atombindung unterschieden werden.

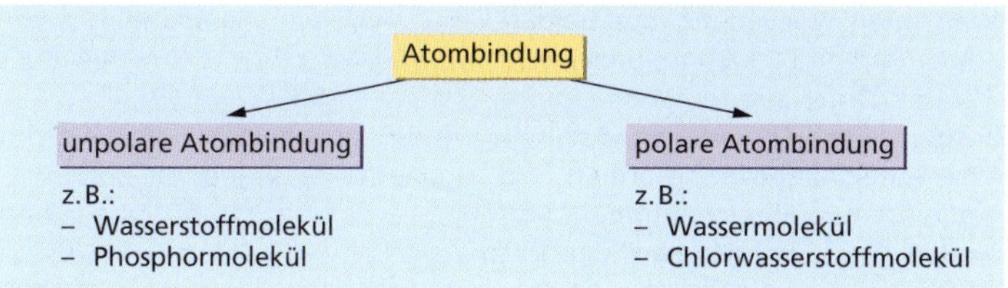

Unpolare Atombindungen

Das Wasserstoffmolekül besitzt kein Oktett. Hier reicht zur Stabilität die voll besetzte erste Schale (erstes Energieniveau) mit zwei Elektronen aus.

Bei einer **unpolaren Atombindung** werden gemeinsame Elektronenpaare zwischen Atomen gleichberechtigt genutzt.

Unpolare Atombindungen treten vor allem bei Nichtmetallatomen auf. Nichtmetalle können als Moleküle mit wenigen Atomen, z. B. bei gasförmigen Nichtmetallen wie Wasserstoff H_2, oder auch als Atomgitter, z. B. bei Elementsubstanzen wie Kohlenstoff (↗ S. 145 f.), vorkommen.

Atombindungen in gasförmigen Nichtmetallen
Atome, die nicht wie die Elemente der VIII. Hauptgruppe (Edelgase) schon acht Außenelektronen besitzen, können nicht nur durch Elektronenaufnahme oder -abgabe eine stabile Achterschale (Oktett) erreichen. Durch die teilweise Durchdringung der Atomhüllen zweier neutraler Atome können auch gemeinsame Elektronenpaare gebildet werden. Die Atome erreichen Stabilität.
Die Elektronen der Elektronenpaare werden von den Atomen im Molekül gleichermaßen beansprucht. Die dadurch entstehenden Moleküle sind sehr stabil.

H_2

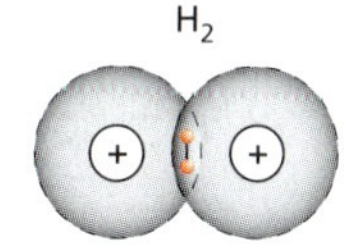

1. Die Bindung im Chlormolekül
Das Chlormolekül besteht aus zwei Chloratomen. Jedes Chloratom besitzt sieben Außenelektronen. Je eines dieser Außenelektronen geht in das gemeinsame Elektronenpaar ein. Durch die teilweise Durchdringung der Atomhüllen der beiden Chloratome kann das gemeinsame Elektronenpaar von beiden Chloratomen genutzt werden, sodass jeweils eine stabile Achterschale entsteht.

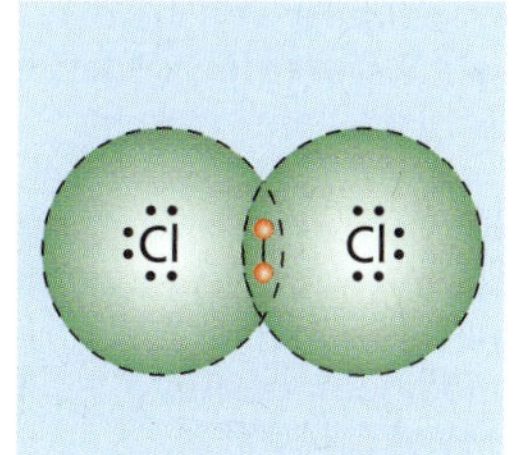

Formeln, in denen (freie oder bindende) Elektronenpaare durch Striche gekennzeichnet werden, nennt man nach dem amerikanischen Physikochemiker G. N. LEWIS (1875 bis 1946) LEWIS-Formeln.

Betrachtet man die Elektronenanordnung eines Chloratoms im Molekül, so gleicht diese Anordnung der eines Argonatoms. Auch in anderen Molekülen streben die Atome danach, durch Ausbildung gemeinsamer Elektronenpaare eine stabile Edelgaskonfiguration zu erreichen.

Auch drei gemeinsame Elektronenpaare sind möglich, z. B. beim Stickstoffmolekül.

|N≡N|

N_2

2. Die Bindung im Sauerstoffmolekül

Das Sauerstoffmolekül besteht aus zwei Sauerstoffatomen. Jedes Sauerstoffatom besitzt sechs Außenelektronen. Je zwei dieser Außenelektronen werden für die beiden gemeinsamen Elektronenpaare verwendet. Durch die teilweise Durchdringung der Atomhüllen der beiden Sauerstoffatome können die gemeinsamen Elektronenpaare von beiden Sauerstoffatomen genutzt werden, sodass eine stabile Achterschale entsteht.

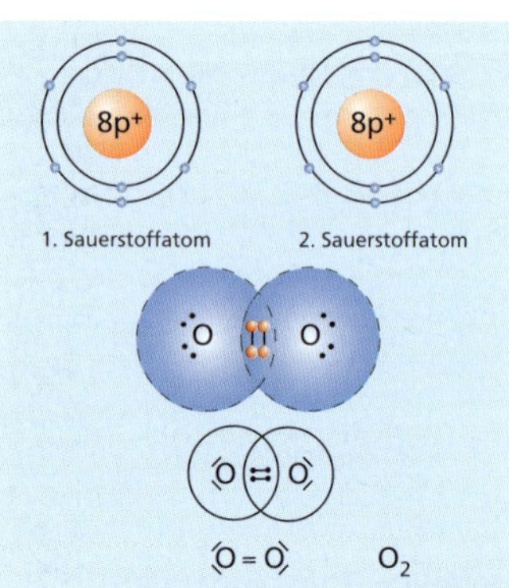

Da sich bei vielen Nichtmetallen nur jeweils zwei Atome zu einem Molekül vereinigen, haben sie immer dann einen gasförmigen Aggregatzustand, wenn die einzelnen Moleküle untereinander äußerst geringe Anziehungskräfte besitzen, sich also frei bewegen können.

Atombindung in festen Nichtmetallen

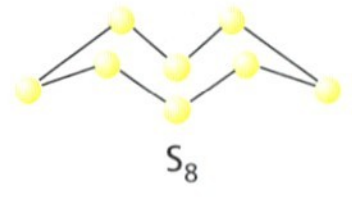

S_8

Auch in festen Nichtmetallen sind die Atome der Moleküle durch Atombindungen miteinander verbunden. Jedoch variiert die Anzahl der Atome im Molekül sehr stark.

So besteht Schwefel aus achtatomigen Molekülen, im Iod sind jeweils zwei Atome miteinander verbunden, und die Kohlenstoffatome im Diamant bilden große dreidimensionale **Atomgitter.**

Die Stärke von **Atombindungen** und **Ionenbindungen** hängt von vielen Faktoren ab und kann durch die Bindungsenergie quantitativ beschrieben werden. Werte für Bindungsenergien findet man in Tabellen und Formelsammlungen, z.B. unter *www.tafelwerk.de.*

Die Bindung im Iodmolekül

Jedes Iodatom besitzt sieben Außenelektronen. Je eins dieser Außenelektronen wird für das gemeinsame Elektronenpaar verwendet. Durch die teilweise Durchdringung der Atomhüllen der beiden Iodatome kann das gemeinsame Elektronenpaar von beiden Iodatomen genutzt werden, sodass eine stabile Achterschale entsteht.

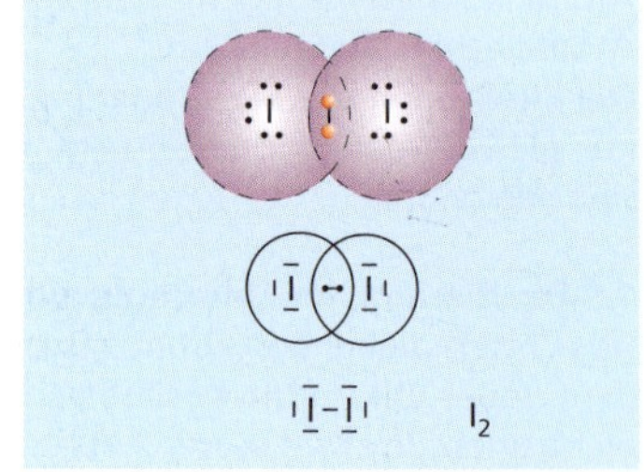

Im Gegensatz zum Chlor sind die einzelnen Iodmoleküle jedoch durch stärkere Anziehungskräfte (Van-der-Waals-Kräfte, ↗ S. 67) untereinander verbunden. Deshalb ist Iod fest und Chlor gasförmig. Durch die regelmäßige Anordnung der Iodmoleküle entsteht ein Molekülgitter bzw. ein **Molekülkristall.**

Polare Atombindungen

Bei einer **polaren Atombindung** werden gemeinsame Elektronenpaare von verschiedenartigen Atomen nicht gleichberechtigt genutzt. Es entstehen Ladungsschwerpunkte.

Je nach ihrer Elektronegativität ziehen die beteiligten Atome die gemeinsamen Elektronen unterschiedlich stark an.

Elektronegativitätswerte der Elemente

Die Elektronegativitätswerte (↗ S. 76) der Elemente dienen als Vergleichsmaß für die Fähigkeit der Atome des Elements, bindende Elektronen an sich zu ziehen. Elemente mit einem hohen Elektronegativitätswert üben eine stärkere Anziehungskraft auf bindende Elektronenpaare aus.

Elektronegativitätswerte von Elementen:

Sauerstoff:	3,5
Chlor:	3,0
Wasserstoff:	2,1

Die Bindung im Chlorwasserstoffmolekül

Das gemeinsame Elektronenpaar zwischen dem Wasserstoff- und dem Chloratom ist in Richtung des Chloratoms verschoben. Dadurch entstehen am Chloratom ein negativer Ladungsschwerpunkt und am Wasserstoffatom ein positiver Ladungsschwerpunkt, eine Partialladung.

Ein solches Molekül mit zwei entgegengesetzten Ladungsschwerpunkten besitzt ein elektrisches Dipolmoment und wird Dipolmolekül oder Dipol genannt.

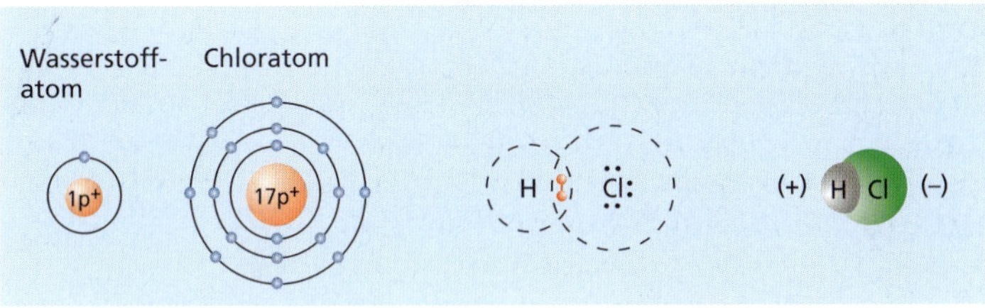

Im Gegensatz zum Wasserstoffmolekül, in dem zwei Atome mit gleicher Elektronegativität durch ein Elektronenpaar verbunden sind, werden beim Chlorwasserstoffmolekül ein positiver und ein negativer Ladungsschwerpunkt ausgebildet, es ist demzufolge polar gebaut.

Für die Kennzeichnung von polaren Atombindungen in Formeln gibt es mehrere Möglichkeiten:

1. H ◂ $\overline{\underline{Cl}}|$
2. H → $\overline{\underline{Cl}}|$
3. $^{(+)}$H ↔ $\overline{\underline{Cl}}|^{(-)}$
4. $^{\delta+}$H – $\overline{\underline{Cl}}|^{\delta-}$

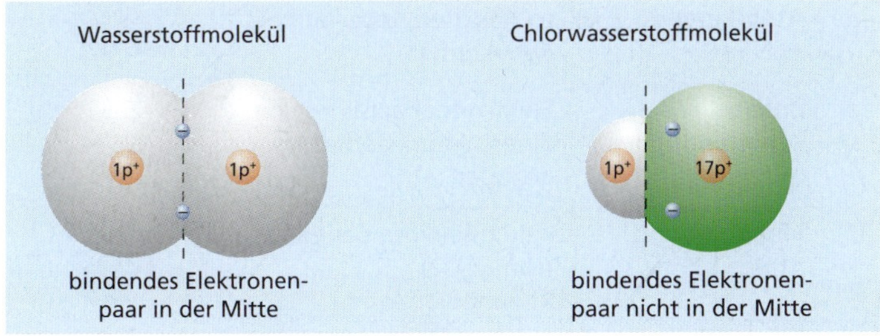

Die Bindung im Wassermolekül

Das Wassermolekül (↗ S. 174) besitzt zwei polare Atombindungen, da zwei Wasserstoffatome mit einem Sauerstoffatom verbunden sind. Die gemeinsamen Elektronenpaare zwischen Wasserstoff- und Sauerstoffatom sind in Richtung des Sauerstoffatoms verschoben, sodass sich ein negativer Ladungsschwerpunkt bildet. Zwischen den Wasserstoffatomen bildet sich dagegen ein positiver Ladungsschwerpunkt im Molekül heraus.

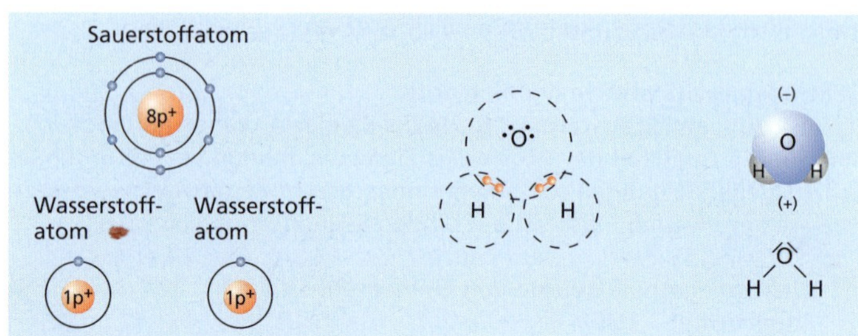

Polarität chemischer Bindungen

Die **Polarität** chemischer Bindungen ergibt sich aus der Lage des gemeinsamen Elektronenpaares.

Aus der Differenz der Elektronegativitätswerte kann man Aussagen über die Art der chemischen Bindung und deren Polarität ableiten. Einem Vorschlag von **Linus Pauling** (1901 bis 1904) folgend, orientiert man sich an einer EN-Differenz von 1,7 als Grenzwert zwischen **Atombindung** und **Ionenbindung.**

Ein Maß für die Polarität der chemischen Bindung ist die Differenz der **Elektronegativitätswerte** (↗ S. 76) der an der Bindung beteiligten Elemente.

ΔEN Differenz der Elektronegativitätswerte	= 0	0,1 – 1,7	ab 1,7
Bindungsart	unpolare Atombindung	polare Atombindung	Ionenbindung

Bindungsarten

chemische Bindungen	Kennzeichen der Bindung	Beispiele
unpolare Atombindung ΔEN = 0	– Elektronenpaar gehört zu gleichen Anteilen beiden Atomen	Cl – Cl
polare Atombindung ΔEN < 1,7	– Elektronenpaar wird von einem Atom stärker angezogen	H – Cl
Ionenbindung ΔEN > 1,7	– kein gemeinsames Elektronenpaar – Bildung von Ionen	Na^+ Cl

Zwischenmolekulare Kräfte

Zwischenmolekulare Kräfte wirken zwischen einzelnen Molekülen gleicher oder verschiedener Art. Diese Kräfte bestimmen die Eigenschaften des Stoffes wesentlich.

Zwischenmolekulare Kräfte sind schwächer als Atombindungen. Dabei unterscheidet man grundsätzlich zwischen folgenden Arten:

Zwischenmolekulare Kräfte

Van-der-Waals-Kräfte	Wasserstoffbrückenbindung
– Dipol-Dipol-Kräfte, z. B. zwischen Wassermolekülen – Ionen-Dipol-Kräfte, z. B. Metall-Ionen in Wasser – Kräfte zwischen ungeladenen Atomen und Molekülen, z. B. zwischen Methanmolekülen	– gerichtete Wechselwirkungen zwischen Wasserstoffatomen und stark elektronegativen Atomen – können zwischen mehreren Molekülen, z. B. Wasser, oder innerhalb eines Moleküls, z. B. DNA, auftreten

Zwischenmolekulare Kräfte sind besondere Wechselwirkungen zwischen Molekülen, die streng genommen nicht zu den **Atombindungen** zählen. Sie werden häufig – ebenfalls nicht ganz korrekt – mit **Van-der-Waals-Kräften** gleichgesetzt.

Die Wasserstoffbrückenbindung

Wasserstoffbrückenbindungen entstehen zwischen Molekülen, in denen Wasserstoffatome an besonders stark elektronegative Atome (z. B. Fluor, Sauerstoff oder Stickstoff) gebunden sind.

Die Atombindung zwischen *stark elektronegativen Elementatomen* und Wasserstoffatomen ist stark polarisiert, da z. B. Fluor- oder Sauerstoffatome das bindende Elektronenpaar besonders stark anziehen. An den Wasserstoffatomen herrscht dadurch Elektronenmangel, d. h. sie sind positiviert und treten mit den *freien Elektronenpaaren eines anderen elektronegativen Atoms* in Wechselwirkung. Die Aggregatzustände des Wassers lassen sich mithilfe der Wasserstoffbrückenbindungen erklären.

Wasserstoffbrückenbindungen spielen eine wichtige Rolle in der Natur, z. B. bei Eiweißen und Nucleinsäuren. Auch die besonderen Eigenschaften des Wassers sind zum großen Teil auf die Wasserstoffbrückenbindung zurückzuführen.

Die Ausbildung von Wasserstoffbrücken zwischen den H_2O-Dipolen ist die Ursache dafür, dass Wasser unter Normalbedingungen flüssig ist. Beim Gefrieren verbinden sich die Wassermoleküle zu einem regelmäßigen Molekülgitter mit Hohlräumen. Dadurch nimmt Eis ein größeres Volumen als flüssiges Wasser ein und schwimmt auf dem Wasser (**Anomalie des Wassers,** ↗ S. 174).

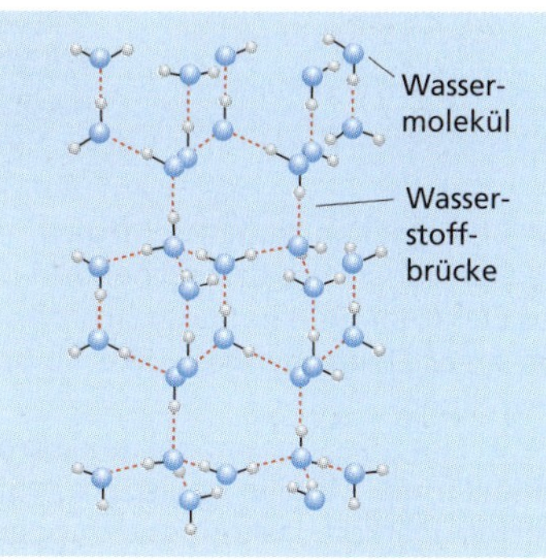

Beim Erhitzen des Eises werden die Wasserstoffbrücken abgeschwächt und es geht in den flüssigen oder gasförmigen Aggregatzustand über.

2.3.4 Metallbindung

Die **Metallbindung** ist eine Art der chemischen Bindung, die durch elektrostatische Anziehungskräfte zwischen Metall-Ionen und frei beweglichen Elektronen verursacht wird.

Auch alle **Nebengruppenelemente** sind Metalle mit Metallbindungen.

Die meisten Metalle der Hauptgruppen besitzen nur wenige Außenelektronen, oft 1 bis 3. Die Außenelektronen der Metalle können leicht vom Metallatom abgegeben werden, da die Atomkerne auf die Außenelektronen nur geringfügige Anziehungskräfte ausüben. Dadurch entstehen positiv geladene Metall-Ionen und nahezu frei bewegliche Elektronen.

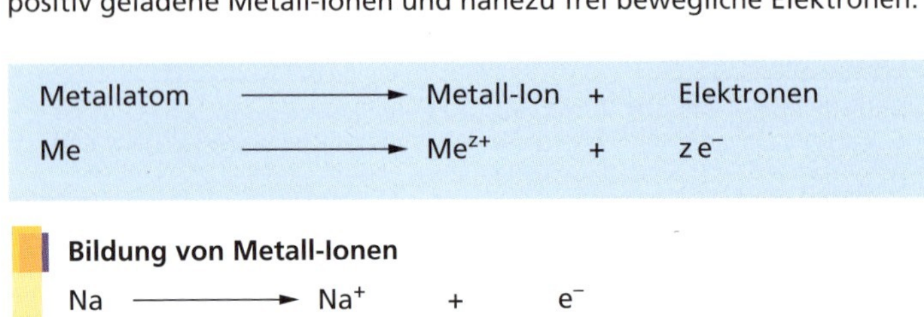

Bildung von Metall-Ionen

$Na \longrightarrow Na^+ + e^-$

$Mg \longrightarrow Mg^{2+} + 2\,e^-$

$Al \longrightarrow Al^{3+} + 3\,e^-$

$Pb \longrightarrow Pb^{4+} + 4\,e^-$

Die positiv geladenen Metall-Ionen (Atomrümpfe) und Metallatome sind in einem Gitter regelmäßig angeordnet. Die abgespaltenen Elektronen können sich in den Zwischenräumen frei und ungeordnet bewegen.

Nicht alle Metallatome liegen gleichzeitig als Ionen vor. Die positiv geladenen Metall-Ionen ziehen frei bewegliche Außenelektronen stärker an, sodass sie kurzzeitig wieder zum Atom werden. Dann können die Elektronen wieder abgegeben werden usw.

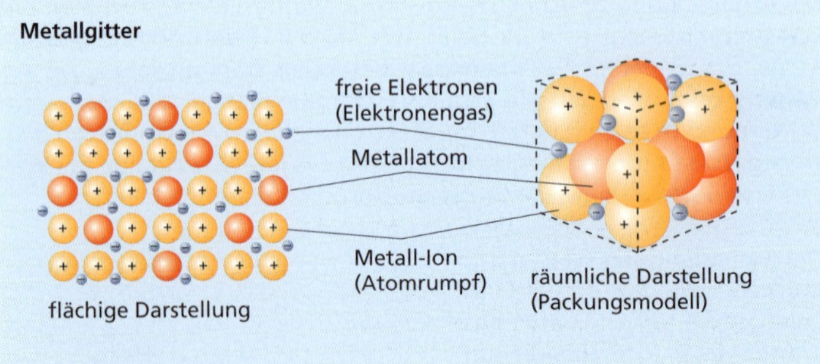

Die beweglichen Außenelektronen nennt man **Elektronengas,** weil sich die Elektronen wie Gasteilchen frei bewegen können.
Das Elektronengas befindet sich zwischen den Metall-Ionen. Man spricht von einer Elektronengaswolke. Es handelt sich hierbei um eine Modellvorstellung.
Dieses Elektronengasmodell erklärt die hohe elektrische und Wärmeleitfähigkeit der Metalle sowie ihre typischen mechanischen Eigenschaften (Verformbarkeit, Dehnungsvermögen usw.).

2.4 Periodensystem der Elemente

2.4.1 Grundlagen

Das **Periodensystem** der Elemente (PSE) ist eine Anordnung der chemischen Elemente nach ihrem Atombau und ihren Eigenschaften.

Elemente

Ein **chemisches Element** ist ein Stoff, dessen Atome alle die gleiche Anzahl von Protonen im Kern enthalten.

Elemente werden in der chemischen Zeichensprache mit **Elementsymbolen** gekennzeichnet, die sich aus dem lateinischen oder griechischem Namen des Elements ableiten.

Bezeichnungen und Symbole chemischer Elemente

deutsche Bezeichnung	lateinische/griechische Bezeichnung	Elementsymbol
Wasserstoff	Hydrogenium	H
Schwefel	Sulfur	S
Gold	Aurum	Au
Quecksilber	Hydrargyrum	Hg

Das **Elementsymbol** kann mehrere Bedeutungen haben:
1. Es ist das Zeichen für ein Atom des Elements.
2. Es ist das Zeichen für das Element bzw. die Elementsubstanz (↗ S. 54).
3. Es handelt sich um die Stoffmenge von 1 mol des Elements.

2 Ag kann bedeuten:
1. Es sind zwei Atome Silber.
2. Es handelt sich um das Element Silber.
3. Es liegen 2 mol Silber vor.

2.4.2 Historische Entwicklung des Periodensystems

Im 19. Jahrhundert gab es verschiedene Versuche, die damals bekannten chemischen Elemente systematisch zu ordnen.

1816: **Johann Wolfgang Döbereiner** wies nach, dass sich bestimmte Elemente nach ihrem chemischen Verhalten zu Gruppen von je drei Elementen („Triade") zusammenfassen lassen. 1816 erfolgte die erste Mitteilung über die Triade Calcium – Strontium – Barium. Döbereiner bildete weitere Dreiergruppen chemischer Elemente mit ähnlichen Eigenschaften.

„Triaden" sind Dreiergruppen chemischer Elemente, die von J. W. Döbereiner (1780 bis 1849) nach ihrer Analogie aufgestellt wurden, z. B.:
- Ca-Sr-Ba
- Cl-Br-I
- Li-Na-K

Er nutzte die Dreiteilung als allgemeines Ordnungsprinzip und stellte dabei fest, dass die Atommassendifferenzen jeweils nahezu gleich waren oder dass die Atommasse des zweiten Elements etwa dem arithmetischen Mittel aus den Atommassen des ersten und dritten Elements entsprach.
Seine Ergebnisse veröffentlichte DÖBEREINER 1829 unter dem Titel „Versuch einer Gruppierung der elementaren Stoffe nach ihrer Analogie". Das Verdienst DÖBEREINERS besteht darin, als Erster zahlenmäßige Beziehungen zwischen chemisch ähnlichen Elementen gefunden zu haben.

1850: MAX VON PETTENKOFER stellte größere Gruppen chemischer Elemente als DÖBEREINER zusammen, z. B. Stickstoff – Arsen – Antimon – Bismut. Diese Elementgruppen verglich er mit homologen Reihen organischer Verbindungen.

1862: BEGUYERDE CHANCOURTOIS entwarf ein Modell, bei dem die Elemente nach ihrer steigenden Atommasse auf einer Schraubenlinie um einen Zylinder angeordnet waren.

Zu NEWLANDS Zeiten waren z. B. die **Edelgase** noch unbekannt. Auch andere in der Natur selten vorkommende Elemente wurden erst später entdeckt.

1863–1866: JOHN ALEXANDER NEWLAND ordnete die damals bekannten 62 Elemente nach steigender Atommasse so an, dass nach jeweils sieben Elementen ein achtes Element folgte, das dem ersten in der Reihe chemisch ähnlich ist (Gesetz der Oktaven).

Anordnung der Elemente in Oktaven nach NEWLANDS 1865

H 1	F 8	Cl 15	Co/Ni 22	Br 29	Pd 36
Li 2	Na 9	K 16	Cu 23	Rb 30	Ag 37
G 3	Mg 10	Ca 17	Zn 24	Sr 31	Cd 38
Bo 4	Al 11	Cr 18	Y 25	Ce & La 33	U 39
C 5	Si 12	Ti 19	In 26	Zr 32	Sn 40
N 6	P 13	Mn 20	As 27	Di & Mo 34	Sb 41
O 7	S 14	Fe 21	Se 28	Ro & Ru 35	Te 42

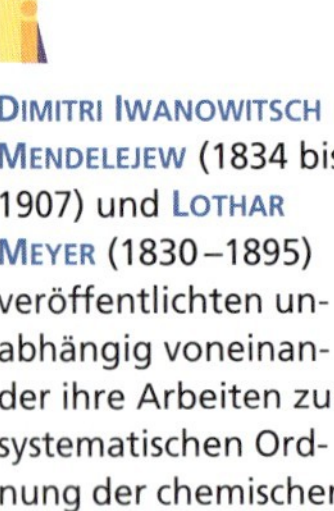

DIMITRI IWANOWITSCH MENDELEJEW (1834 bis 1907) und **LOTHAR MEYER** (1830–1895) veröffentlichten unabhängig voneinander ihre Arbeiten zur systematischen Ordnung der chemischen Elemente.

1869: LOTHAR MEYER benutzte für seine Anordnung der Elemente die von ihm entdeckte Beziehung zwischen Atommassen und Atomvolumina. Das Atomvolumen ist danach eine periodische Funktion der Atommasse.
Es gelang ihm bereits, Gruppen von Elementen mit chemisch ähnlichen Eigenschaften zusammenzustellen. Schon 1864 führte er die Periodizität in den Differenzen von DÖBEREINERS Triaden auf Unterschiede im Atombau zurück.

1869: Dimitri Mendelejew ordnete die Elemente ebenfalls nach steigenden Atommassen und stellte dabei Elemente mit ähnlichen chemischen Eigenschaften konsequent untereinander.
Diese Betrachtung ermöglichte die Entdeckung des Gesetzes der Periodizität. Die entstandene Anordnung der Elemente wurde als **Periodensystem der Elemente** bezeichnet.

Das **Gesetz der Periodizität** sagt aus, dass die Eigenschaften der Elemente periodisch von den Atommassen der Elemente abhängen.

Im Gegensatz zu Meyer benutzte Mendelejew sein Periodensystem für Voraussagen von Elementen, die zur damaligen Zeit noch unbekannt waren. Dies wurde möglich, weil Mendelejew beim Untereinanderstellen von Elementen mit ähnlichen Eigenschaften Lücken lassen musste. An diesen Stellen vermutete er noch unentdeckte Elemente, für die er die Eigenschaften voraussagte.
Folgende später entdeckte Elemente sagte Mendelejew voraus:

1. Eka-Aluminium: Entdeckung 1875 durch den Franzosen **Boisbaudran** (Gallium)
2. Eka-Bor: Entdeckung 1879 durch den Schweden **L. F. Nilson** (Scandium)
3. Eka-Silicium: Entdeckung 1886 durch den Deutschen **C. A. Winkler** (Germanium)

Gallium ist ein glänzend weißes, weiches und dehnbares Metall. Schmelztemperatur: 29,78 °C, Siedetemperatur: über 2300 °C.

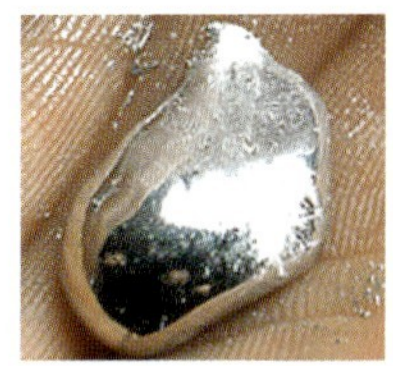

Eigenschaften von Germanium

	Voraussage von Mendelejew	Ermittlung durch Winkler
Atommasse	etwa 72 u	72,59 u
Aussehen	dunkelgrau, metallisch	weißlich grau, metallisch
Schmelzpunkt	hoch	958 °C
Dichte	5,5 g/cm^3	5,36 g/cm^3
Oxid	XO_2	GeO_2

Der deutsche Chemiker Clemens Winkler (1838–1904) benannte das Halbmetall Germanium nach seinem Heimatland.

1894–1904: Das Periodensystem der Elemente wird durch die Entdeckungen der Edelgase komplettiert.
Die nach steigenden Atommassen geordneten Elemente zeigen eine deutliche Periodizität ihrer Eigenschaften.

2.4.3 Struktur des Periodensystems

Das heutige Periodensystem der Elemente ist eine Übersicht der chemischen Elemente auf der Grundlage ihres Atombaus.
Es zeigte sich mit der Entwicklung physikalischer Untersuchungsmethoden, dass die Protonen im Atomkern ausschlaggebend sind. Je nach ihrer Anzahl wurde jedem Element eine Ordnungszahl zugeteilt.

Die Ordnungszahl

Die Reihenfolge der Ordnungszahlen wurde 1913 von MOSELEY experimentell aus den Röntgenspektren der Elemente abgeleitet.

Die **Ordnungszahl** bestimmt die Reihenfolge der Elemente. Sie entspricht der Anzahl der Protonen im Atomkern eines Elementes (Kernladungszahl) und gibt zugleich die Anzahl der Elektronen in der Atomhülle an.

Atommodell
Nach dem rutherfordschen Atommodell (↗ S. 46) besitzt ein Aluminiumatom 13 Protonen im Atomkern und 13 Elektronen in der Atomhülle. Aus der Protonenzahl ergibt sich die Kernladungszahl und damit die Ordnungszahl 13 für das Element Aluminium.

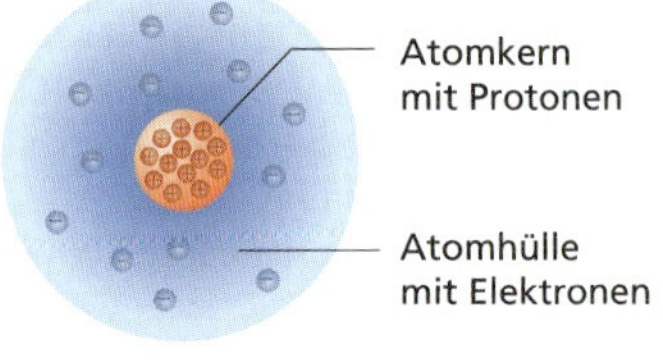

Ordnungszahl des Elements	=	Anzahl der Protonen (Kernladungszahl)	=	Anzahl der Elektronen

Perioden

Die bei der Anordnung der Elemente im Periodensystem entstehenden waagerechten Reihen nennt man **Perioden.**

Je höher die Periodennummer, desto instabiler und damit seltener werden die Elemente. Im Jahre 2003 gelang es einem russisch-amerikanischen Forscherteam, einige Atome des Elements mit der Kernladungszahl 115 herzustellen.

Die Perioden werden von oben nach unten mit arabischen Ziffern nummeriert. Eine Periode beginnt immer dann, wenn hinzukommende Elektronen ein höheres Energieniveau einnehmen. So beginnt in der Atomhülle eine neue Elektronenschale.
Die Nummer der Periode entspricht der Anzahl der besetzten Elektronenschalen in der Atomhülle.

Nummer der Periode	=	Anzahl der besetzten Elektronenschalen (Energieniveaus)	=	Nummer der äußersten (besetzten) Elektronenschale

Elemente, deren Atome die gleiche Anzahl besetzter Elektronenschalen besitzen, werden der gleichen Periode zugeordnet.

Daraus ergibt sich, dass die Atome aller Elemente einer Periode die gleiche Anzahl von Energieniveaus (Elektronenschalen) besitzen, z. B. in der 1. Periode eine Schale, in der 2. Periode zwei Schalen usw.
Die Atome der bisher bekannten Elemente weisen höchstens sieben Elektronenschalen auf.
Innerhalb einer Periode nimmt die Anzahl der Außenelektronen mit steigender Ordnungszahl zu, die Anzahl der Außenelektronen steigt von 1 bis 8 (Ausnahme: 1. Periode).

2. Periode des Periodensystems

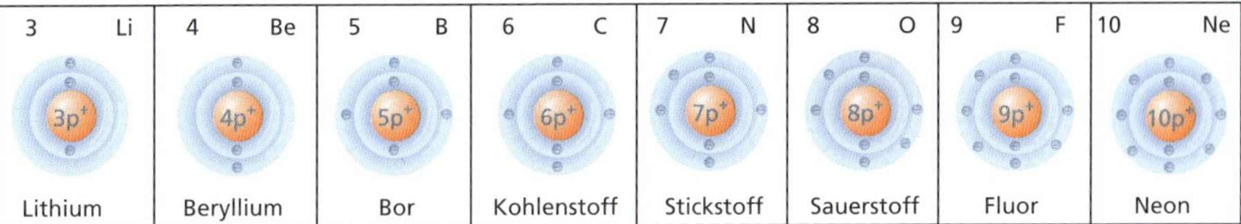

Gruppen

Die bei der Anordnung der Elemente im Periodensystem entstehenden senkrechten Reihen nennt man **Gruppen.** Es gibt **Hauptgruppen** und **Nebengruppen.**

Bei den auf Calcium folgenden Elementen werden die Elektronen nicht weiter auf der 4. Schale positioniert, sondern die 3. Schale wird weiter aufgefüllt.
Alle Elemente nach dem Calcium bis zum Zink (30), aber auch die auf Strontium, Barium und Radium folgenden Elemente füllen Innenschalen auf. Diese Elemente werden **Nebengruppenelemente** genannt. Alle Nebengruppenelemente sind Metalle.

Die Anordnung der Elemente nach steigender Protonenanzahl in den Perioden ergibt, dass Atomsorten mit der gleichen Anzahl an Außenelektronen untereinanderstehen (Ausnahme: Helium). Diese Elemente bilden **Elementgruppen** mit ähnlichen Eigenschaften.
Im Periodensystem gibt es acht Hauptgruppen und acht Nebengruppen.

In der I. Hauptgruppe stehen Elemente mit einem Außenelektron, in der II. Hauptgruppe Elemente mit zwei Außenelektronen usw. Die Anzahl der Außenelektronen eines Atoms bestimmt die Zuordnung zu einer Hauptgruppe.
Die Hauptgruppennummer entspricht der Außenelektronenzahl der Atome aller in dieser Gruppe stehenden Elemente. Nur das Element Helium besitzt nicht acht, sondern nur zwei Außenelektronen.

Hauptgruppennummer = Anzahl der Außenelektronen

Innerhalb der Hauptgruppe nimmt die Anzahl der besetzten Energieniveaus (Elektronenschalen) mit steigender Ordnungszahl zu.

Die Zahl der besetzten Elektronenschalen n entspricht der Periodennummer. Eine Elektronenschale kann maximal $2n^2$ Elektronen aufnehmen.

Aus dem Periodensystem können die Anzahl der Protonen, Elektronen und Außenelektronen sowie die Anzahl der Elektronenschalen abgelesen werden.
Jedes Feld im Periodensystem enthält für das betreffende Element wesentliche Angaben zum Atombau.

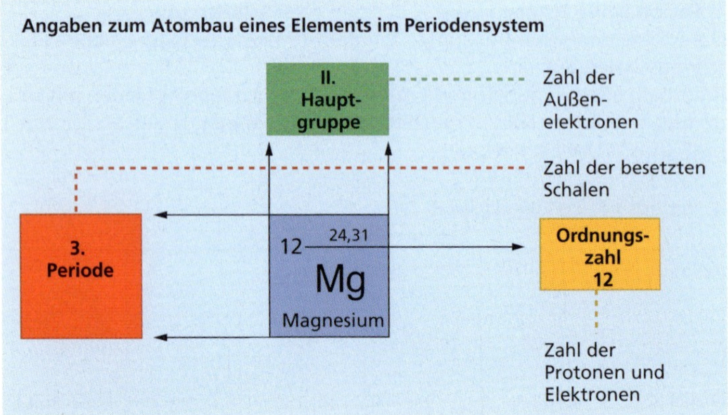

Stellung des Elements im Periodensystems	Aussagen zum Atombau
Ordnungszahl	– Anzahl der Protonen (Kernladungszahl) – Anzahl der Elektronen
Periode	– Anzahl der besetzten Energieniveaus (Elektronenschalen)
Hauptgruppennummer	– Anzahl der Außenelektronen

Stellung im PSE und Atombau

- Stickstoff: Ordnungszahl 7 = 7 Protonen, 7 Elektronen
  2. Periode = 2 besetzte Energieniveaus (Schalen)
  V. Hauptgruppe = 5 Außenelektronen
- Argon: Ordnungszahl 18 = 18 Protonen, 18 Elektronen
  3. Periode = 3 besetzte Energieniveaus (Schalen)
  VIII. Hauptgruppe = 8 Außenelektronen

Die Farbe der Felder im **Periodensystem** gibt Auskunft über den Metallcharakter der Elemente. Metalle sind blau, **Nichtmetalle** rosa und **Halbmetalle** grün unterlegt (↗ S. 310).

Aus den Feldern im Periodensystem können für das entsprechende Element verschiedene Angaben entnommen werden.

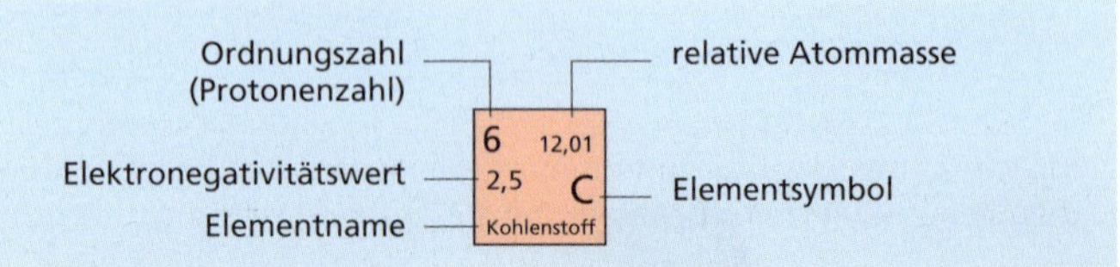

Hauptgruppe I	Hauptgruppe II	Nebengruppe III	IV	V	VI	VII	VIII	VIII	VIII	I	II	Hauptgruppe III	IV	V	VI	VII	VIII
1 H																	2 He
3 Li	4 Be											5 B	6 C	7 N	8 O	9 F	10 Ne
11 Na	12 Mg											13 Al	14 Si	15 P	16 S	17 Cl	18 Ar
19 K	20 Ca	21 Sc	22 Ti	23 V	24 Cr	25 Mn	26 Fe	27 Co	28 Ni	29 Cu	30 Zn	31 Ga	32 Ge	33 As	34 Se	35 Br	36 Kr
37 Rb	38 Sr	39 Y	40 Zr	41 Nb	42 Mo	43 Tc*	44 Ru	45 Rh	46 Pd	47 Ag	48 Cd	49 In	50 Sn	51 Sb	52 Te	53 I	54 Xe
55 Cs	56 Ba	57–71	72 Hf	73 Ta	74 W	75 Re	76 Os	77 Ir	78 Pt	79 Au	80 Hg	81 Tl	82 Pb	83 Bi	84 Po*	85 At*	86 Rn*
87 Fr*	88 Ra*	89–103	104 Rf*	105 Db*	106 Sg*	107 Bh*	108 Hs*	109 Mt*	110 Ds*	111 Rg*							

Actinoide — Lanthanoide

Die Struktur des Periodensystems (s. Abb.) ergibt sich aus der Kernladungszahl der Atome und der unterschiedlichen Besetzung der Energieniveaus mit Elektronen.

Umgekehrt lassen sich deshalb aus der Stellung eines Elements im Periodensystem Informationen zum Atombau entnehmen. Daraus leiten sich die Eigenschaften der Elementsubstanzen ab.

Die chemischen Eigenschaften werden hauptsächlich von der Zahl der Elektronenschalen (Periodennummer) und der Anzahl der **Außenelektronen** (Hauptgruppennummer) bestimmt. Davon hängt die Reaktivität des Elements ab und welche chemischen Bindungen (↗ S. 60 ff.) gebildet werden.

Die Besetzung der Elektronenschalen bezeichnet man auch als **Elektronenkonfiguration** der Elemente.

Fluor ist ein Element der 2. Periode und der VII. Hauptgruppe. Da das Atom 7 Außenelektronen besitzt, muss es ein Elektron aufnehmen, um eine **Edelgaskonfiguration** zu erreichen. Deshalb neigt Fluor sehr stark dazu, Anionen zu bilden und mit Metallen zu Salzen zu reagieren.

Mit manchen Atomen bilden Fluoratome ein **gemeinsames Elektronenpaar** aus. Als Atome eines Elemente der 2. Periode ist das Fluoratom relativ klein. Dadurch wird bei der Bindungsbildung sehr viel Energie frei, sodass Fluor ein sehr reaktives Element ist.

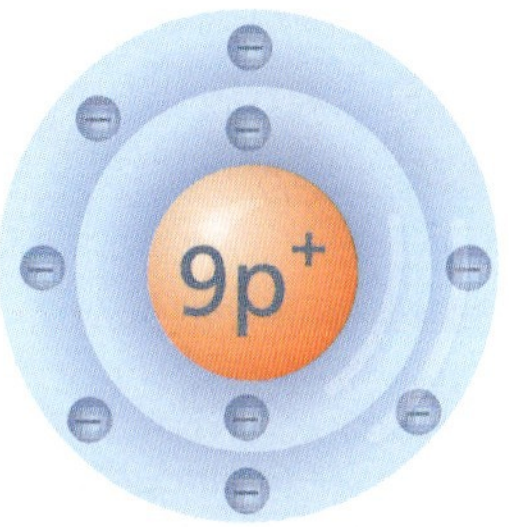

Ionenbildung:

$F\cdot + e^- \longrightarrow F^-$

Molekülbildung:

$F\cdot + F\cdot \longrightarrow F-F$

Die Gemeinsamkeiten im Atombau der Elemente innerhalb einer Periode bzw. innerhalb einer Hauptgruppe des Periodensystems führen zu ähnlichen Eigenschaften der Elemente. Daraus ergibt sich die von MENDELEJEW entdeckte **Periodizität der Eigenschaften.**

2.4.4 Periodizität der Eigenschaften bei Hauptgruppenelementen

Periodensystem und Atomradius

Der **Atomradius** der Hauptgruppenelemente nimmt innerhalb einer Periode von links nach rechts ab.

Werden die Elektronen vom Kern stark angezogen, ist der Atomradius klein.

Mit steigender Protonenzahl werden die Anziehungskräfte des Atomkerns auf die Elektronenhülle größer, die Kontraktion nimmt zu – der Atomradius nimmt ab.
Innerhalb einer Hauptgruppe steigt der Atomradius von oben nach unten, weil mit Beginn jeder neuen Periode eine Elektronenschale hinzukommt.

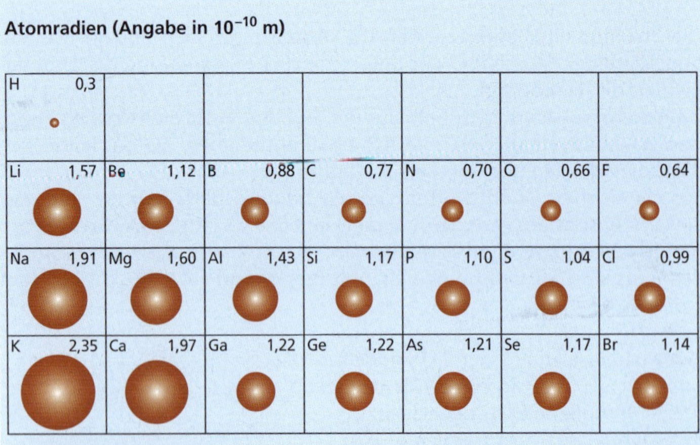

Atomradien (Angabe in 10^{-10} m)

H 0,3						
Li 1,57	Be 1,12	B 0,88	C 0,77	N 0,70	O 0,66	F 0,64
Na 1,91	Mg 1,60	Al 1,43	Si 1,17	P 1,10	S 1,04	Cl 0,99
K 2,35	Ca 1,97	Ga 1,22	Ge 1,22	As 1,21	Se 1,17	Br 1,14

Periodensystem und Elektronegativität

Die **Elektronegativität** (EN, ↗ S. 66) ist ein Maß für das Bestreben der Atome, in Atombindungen gemeinsame Elektronenpaare anzuziehen. Die Atombindung wird dadurch polarisiert.
Der Begriff der Elektronegativität wurde 1932 von **LINUS PAULING** eingeführt. PAULING war ein amerikanischer Chemiker, der 1954 den Nobelpreis für Chemie erhielt.

Die Elektronegativität ist abhängig von der Kernladung eines Atoms und vom Atomradius. Je größer bei gleichem Bau der Elektronenhülle die Kernladung (Protonenzahl) eines Atoms ist, desto größer ist die Elektronegativität und umso stärker wird ein bindendes Elektronenpaar angezogen.
Nimmt die Anzahl der Elektronenschalen zu, wird die Anziehungskraft des Atomkerns auf die äußeren Elektronen aufgrund des abschirmenden Effekts der inneren Elektronenschalen schwächer.

Innerhalb einer Periode nimmt die **Elektronegativität** von links nach rechts zu. Innerhalb einer Hauptgruppe nimmt die Elektronegativität von oben nach unten ab. Beim Übergang in eine neue Periode nimmt die Elektronegativität „periodisch" ab.

Elektronegativität und Atomradius bei Elementen der 2. und 3. Periode

Li	Be	B	C	N	O	F	Atomradius
1,0	1,5	2,0	2,5	3,0	3,5	4,0	Elektronegativität
Na	Mg	Al	Si	P	S	Cl	Atomradius
0,9	1,2	1,5	1,8	2,1	2,5	3,0	Elektronegativität

Aus der Kenntnis der Elektronegativitätswerte von chemischen Elementen lässt sich auf ihr chemisches Verhalten und die entstehenden Reaktionsprodukte schließen.
Die Differenz der Elektronegativitätswerte von Atomen, die miteinander eine Reaktion eingehen, wird genutzt, um zwischen unpolarer Atombindung (↗ S. 63), polarer Atombindung (↗ S. 65) und Ionenbindung (↗ S. 60) zu unterscheiden.

Das chemische Element Fluor hat den höchsten Elektronegativitätswert (4) von allen Elementen des Periodensystems.

Periodensystem und Metallcharakter

Im Periodensystem findet man auf der linken Seite die Metalle, auf der rechten die Nichtmetalle.

Nach ihren chemischen Eigenschaften werden die Elemente in Metalle (↗ S. 134) und Nichtmetalle (↗ S. 138) unterteilt. Als wichtigstes unterscheidendes Merkmal gilt die elektrische Leitfähigkeit.

Innerhalb einer Periode nehmen die metallischen Eigenschaften bei Hauptgruppenelementen von links nach rechts ab. Die nichtmetallischen Eigenschaften nehmen bei den Hauptgruppenelementen innerhalb einer Periode zu.

Die Ursache für die abnehmenden metallischen Eigenschaften liegt im größer werdenden Einfluss der Atomkerne. Die Außenelektronen werden stärker angezogen.

Metalle besitzen relativ wenig Außenelektronen, die leicht den Anziehungsbereich des Atomkerns verlassen und sich innerhalb eines dicht gepackten Gitters von Metall-Ionen (Atomrümpfen) frei bewegen können. Durch diese frei beweglichen Elektronen leiten Metalle den elektrischen Strom.

Bei **Nichtmetallen** treten keine frei beweglichen Elektronen innerhalb von Atomverbänden auf. Nichtmetalle leiten in der Regel den elektrischen Strom nicht.

In einer Hauptgruppe wächst die Kernladung mit steigender Ordnungszahl von oben nach unten. Der Abstand zwischen Atomkern und Außenschale wird in der Hauptgruppe nach unten hin größer, weil je eine neue Schale hinzukommt. Gleichzeitig wird die Anziehungskraft des Atomkerns durch die „Innenschalen" abgeschirmt. In der Folge können sich die Außenelektronen relativ leicht aus der Atomhülle lösen.

> Der **Metallcharakter** nimmt in den Hauptgruppen von oben nach unten zu, der **Nichtmetallcharakter** ab.

Zwischen Metallen und Nichtmetallen stehen im PSE Elemente, die weder eindeutig metallische noch nichtmetallische Eigenschaften zeigen. Diese werden als **Halbmetalle** (↗ S. 141) bezeichnet. So besitzt z.B. Silicium ↗ S. 151) sowohl nichtmetallische als auch metallische Eigenschaften. Es steht zwischen dem Metall Aluminium und dem Nichtmetall Phosphor.

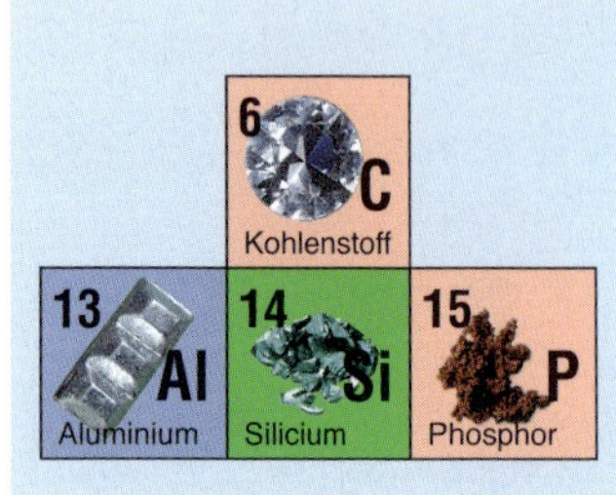

Periodensystem und basische oder saure Eigenschaften der Oxide

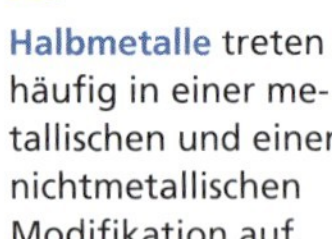

Halbmetalle treten häufig in einer metallischen und einer nichtmetallischen Modifikation auf.

> Aus dem Periodensystem können Aussagen zur Reaktion der Oxide der Elemente mit Wasser abgeleitet werden. Die Oxide reagieren periodisch wiederkehrend basisch oder sauer.

Die Oxide der Elemente der I. bis III. Hauptgruppe reagieren mit Wasser zu Hydroxiden.

Reaktion von Metalloxiden mit Wasser

Metalloxid	+	Wasser	⟶	Metallhydroxid
Na_2O	+	H_2O	⟶	$2\,NaOH$
CaO	+	H_2O	⟶	$Ca(OH)_2$

Die Oxide der Elemente der IV. bis VII. Hauptgruppe bilden in der Reaktion mit Wasser Säuren.

Reaktion von Nichtmetalloxiden mit Wasser

Nichtmetalloxid	+	Wasser	⟶	Säure
CO_2	+	H_2O	⟶	H_2CO_3
P_2O_5	+	$3\,H_2O$	⟶	$2\,H_3PO_4$

> Oxide der Elemente der Hauptgruppen I bis III reagieren basisch, Nichtmetalloxide der IV. bis VII. Hauptgruppe reagieren sauer.

Die basischen Eigenschaften der Hydroxidlösungen nehmen in den Perioden von der I. bis zur III. Hauptgruppe ab.
Die sauren Eigenschaften nehmen innerhalb einer Periode von der IV. bis zur VII. Hauptgruppe zu.

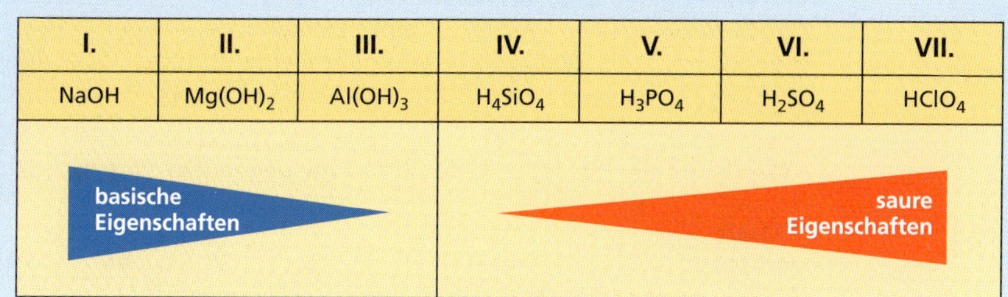

Stärke von Säuren und Basen

I.	II.	III.	IV.	V.	VI.	VII.
NaOH	$Mg(OH)_2$	$Al(OH)_3$	H_4SiO_4	H_3PO_4	H_2SO_4	$HClO_4$

In der Mitte des Periodensystems stehen Elemente, deren Oxide bei der Reaktion mit Wasser ein zweiseitiges Verhalten zeigen. Diese Elemente bezeichnet man als **amphoter.**
Zu den amphoteren Elementen gehören z. B. Aluminium, Arsen und Blei. Die Oxide dieser Elemente bilden in Reaktionen mit Wasser zunächst Hydroxide, reagieren also basisch.

Nur mit wasserhaltigem Aluminiumoxid lässt sich die basische Reaktion mit Wasser beobachten.

Reaktion des Oxids mit Wasser

$$Al_2O_3 + 3\,H_2O \longrightarrow 2\,Al(OH)_3$$
$$PbO + H_2O \longrightarrow Pb(OH)_2$$

Mit Säuren reagieren diese Hydroxide wie andere Basen, sie bilden Salze.

Reaktion des Hydroxids mit Schwefelsäure

$$2\,Al(OH)_3 + 3\,H_2SO_4 \longrightarrow Al_2(SO_4)_3 + 6\,H_2O$$
$$Pb(OH)_2 + H_2SO_4 \longrightarrow PbSO_4 + 2\,H_2O$$

Komplexverbindungen sind eine besondere Stoffklasse, die sich aufgrund spezieller Bindungseigenschaften von einfachen Salzen und Molekülverbindungen unterscheiden.

Mit starken Basen reagieren amphotere Hydroxide jedoch wie Säuren. Es bilden sich Komplexverbindungen.

Reaktion des Hydroxids mit Natriumhydroxid

$$Al(OH)_3 + NaOH \longrightarrow Na[Al(OH)_4]$$
$$Pb(OH)_2 + 2\,NaOH \longrightarrow Na_2[Pb(OH)_4]$$

Amphotere Verbindungen können von den Elementen der Hauptgruppen II bis VI gebildet werden.

Magnesiumhydroxidlösung ist eine schwächere Lauge als Natriumhydroxidlösung. Perchlorsäure $HClO_4$ ist eine stärkere Säure als Schwefelsäure.

Amphotere Verbindungen bzw. Ampholyte können entweder als Säuren oder als Basen reagieren, je nachdem, wie stark sauer bzw. basisch ihr jeweiliger Reaktionspartner ist.

Periodensystem und Wertigkeit

Die **Wertigkeit** der Elemente gegenüber Wasserstoff und Sauerstoff unterliegt dem Gesetz der Periodizität.

Wertigkeit gegenüber Wasserstoff

Die stöchiometrische Wertigkeit eines Elements gegenüber Wasserstoff gibt an, wie viele Wasserstoffatome das Element binden oder in einer Verbindung ersetzen kann. Wasserstoff selbst ist immer einwertig.

Wertigkeit der Elemente in der 2. Periode gegenüber Wasserstoff

Hauptgruppe	**I**	**II**	**III**	**IV**	**V**	**VI**	**VII**
Wasserstoffverbindungen	LiH	BeH_2	BH_3	CH_4	NH_3	H_2O	HF
Wertigkeit	I	II	III	IV	III	II	I

Die maximale Wertigkeit der Elemente der V. bis VII. Hauptgruppe kann berechnet werden, indem man die Hauptgruppennummer von acht abzieht.

Die Höchstwertigkeit der Hauptgruppenelemente gegenüber Wasserstoff nimmt von der I. bis zur IV. Hauptgruppe innerhalb der Periode zu, sie entspricht der Hauptgruppennummer.
Die Höchstwertigkeit der Hauptgruppenelemente gegenüber Wasserstoff nimmt von der V. bis zur VII. Hauptgruppe ab.

Wertigkeit gegenüber Sauerstoff

Da sich ein Sauerstoffatom mit zwei Wasserstoffatomen verbindet und Wasserstoff einwertig ist, wurde festgelegt, dass Sauerstoff zweiwertig ist. Mit steigender Ordnungszahl nimmt innerhalb einer Periode die höchstmögliche Wertigkeit eines Elements gegenüber Sauerstoff von der I. bis zur VII. Hauptgruppe zu.

Innerhalb der Hauptgruppen bleibt die maximale Wertigkeit immer gleich.

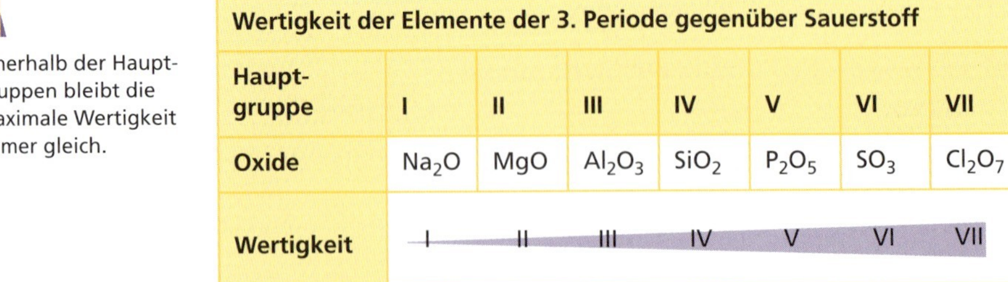

Wertigkeit der Elemente der 3. Periode gegenüber Sauerstoff

Hauptgruppe	**I**	**II**	**III**	**IV**	**V**	**VI**	**VII**
Oxide	Na_2O	MgO	Al_2O_3	SiO_2	P_2O_5	SO_3	Cl_2O_7
Wertigkeit	I	II	III	IV	V	VI	VII

Die Höchstwertigkeit der Elemente gegenüber Sauerstoff entspricht der Hauptgruppennummer.

2.4.5 Gruppeneigenschaften

I. Hauptgruppe

Die Elemente der I. Hauptgruppe (außer Wasserstoff) sind Metalle. Diese Metalle werden als **Alkalimetalle** bezeichnet.

Atombau

Die Atome der Elemente der I. Hauptgruppe besitzen alle ein Elektron auf dem äußersten Energieniveau (der äußeren Schale), das relativ leicht abgegeben werden kann. Diese bei den Alkalimetallen besonders leicht herauslösbaren Elektronen bewegen sich frei zwischen den Atomrümpfen und sind die Grundlage der Metallbindungen (↗ S. 68) im Atomverband. Außer Wasserstoff besitzen die Elemente der I. Hauptgruppe metallische Eigenschaften.

Das einzige Außenelektron befindet sich in relativ großem Abstand zum Atomkern. Der Abstand nimmt innerhalb der Hauptgruppe in Richtung Francium noch zu, da weitere Elektronenschalen hinzukommen. Deshalb sind die Elemente der I. Hauptgruppe leicht ionisierbar.

Je größer die Entfernung des Außenelektrons zum Kern, desto größer ist die Reaktionsfähigkeit.

Das gemeinsame Merkmal der Alkalimetalle, der Besitz eines Außenelektrons, führt zu übereinstimmenden Eigenschaften.

Die unterschiedliche Anzahl der besetzten Elektronenschalen führt zu abgestuften Eigenschaften innerhalb der Hauptgruppe.

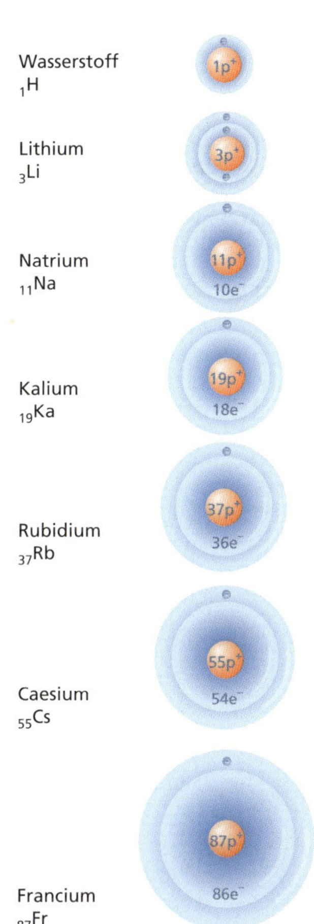

Wasserstoff bildet eine Ausnahme, denn das Atom besitzt nur ein einziges Proton und ein einziges Elektron. Das Element bildet zweiatomige Moleküle und gehört damit nicht zu den Alkalimetallen.

Eigenschaften der Alkalimetalle

1. Elektrische Leitfähigkeit
   Die Alkalimetalle leiten den elektrischen Strom gut, weil durch die Metallbindung (↗ S. 68) frei bewegliche Elektronen als Ladungsträger vorhanden sind.
   Wird an das Metall eine elektrische Spannung angelegt, so wandern die frei beweglichen Elektronen durch das Gitter.

Aufgrund ihrer hohen Reaktionsfreudigkeit sind die Alkalimetalle sehr unedle Metalle (↗ S. 111). Sie müssen unter Luftabschluss aufbewahrt werden, da sie schon bei Raumtemperatur mit der Luftfeuchte reagieren.

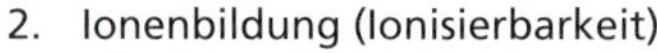

2. Ionenbildung (Ionisierbarkeit)
   Alkalimetalle sind leicht ionisierbar. Sie geben das eine Außenelektron ab, sodass einfach positiv geladene Ionen entstehen.

Ionenbildung bei Alkalimetallen

$$Na \longrightarrow Na^{+} + e^{-}$$

$$K \longrightarrow K^{+} + e^{-}$$

3. Chemische Reaktionen
   Die leichte Ionisierbarkeit führt dazu, dass die Alkalimetalle sehr reaktionsfreudig sind. Mit Wasser reagieren die Alkalimetalle zu basischen Lösungen und Wasserstoff. Die Heftigkeit der Reaktion nimmt innerhalb der Hauptgruppe zu. Die wässrigen Lösungen der Alkalimetallhydroxide sind starke Laugen.

Reaktion von Alkalimetallen mit Wasser

$$2\,Na + 2\,H_2O \longrightarrow 2\,NaOH + H_2$$

$$2\,K + 2\,H_2O \longrightarrow 2\,KOH + H_2$$

Bei der Verbrennung von Alkalimetallen bzw. beim Einbringen ihrer Salze in die Brennerflamme treten Flammenfärbungen (↗ S. 304) auf, die zum Nachweis genutzt werden.

Beim Erhitzen verbrennen Lithium, Natrium und Kalium mit charakteristisch gefärbten Flammen zu Oxiden oder Peroxiden.

Reaktion von Alkalimetallen mit Luftsauerstoff

$$Li + O_2 \longrightarrow Li_2O$$

$$2\,Na + O_2 \longrightarrow Na_2O_2$$

Alkalimetalle im Vergleich

Periode	Element	Flammenfärbung	Schmelztemperatur (in °C)	Siedetemperatur (in °C)	Dichte (in $g \cdot cm^{-3}$)	Atomradius (in pm)	Elektronegativität	metallische Eigenschaften	Reaktionsfähigkeit	Basencharakter	Löslichkeit von Salzen	Wertigkeit
2	Li	karminrot	180	1330	0,53	133	1,0					
3	Na	gelb	97,5	892	0,97	157	0,9					
4	K	rotviolett	63,7	760	0,86	203	0,8					
5	Rb	rot	39,0	700	1,53	216	0,8					
6	Cs	blau	29,0	690	1,90	235	0,7					
7	Fr		27,0	680	2,20	282	0,7					

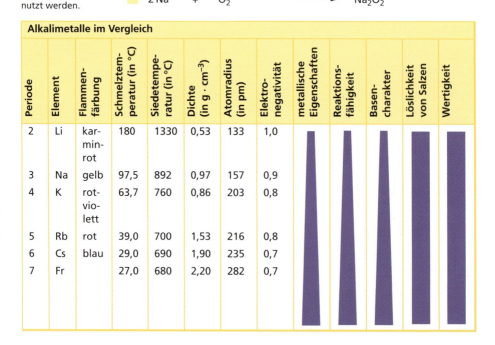

VII. Hauptgruppe

Die Elemente der VII. Hauptgruppe sind Nichtmetalle. Sie werden als **Halogene** bezeichnet.

Atombau der Halogene

Die Bezeichnung Halogene für die Elemente Fluor, Chlor, Brom, Iod und Astat stammt aus dem Griechischen (griech. *halo* = Salz, *gennan* = bilden). Das gemeinsame Merkmal der Halogene im Atombau ist das Vorhandensein von sieben Elektronen auf der Außenschale. Eine stabile Elektronenkonfiguration (Achterschale) kann durch Aufnahme eines Elektrons oder durch Ausbildung einer unpolaren Atombindung erreicht werden. Dieses Merkmal führt zu einer Reihe gemeinsamer Gruppeneigenschaften, die aber durch die Anzahl der besetzten Elektronenschalen abgestuft auftreten. Halogene sind Molekülsubstanzen. Je zwei Atome bilden eine unpolare Atombindung.

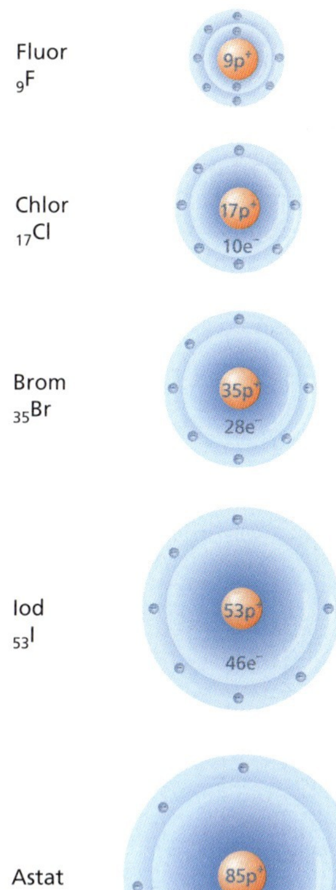

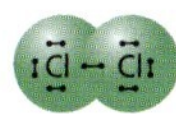

Die Elemente der VII. Hauptgruppe besitzen nichtmetallische Eigenschaften. Astat kann schon teilweise metallische Eigenschaften aufweisen und wird deshalb zu den Halbmetallen (↗ S. 141) gerechnet. Es ist ein radioaktives Element.

Eigenschaften der Halogene

1. Ionenbildung
   Halogene können ein Elektron aufnehmen, sodass einfach negativ geladene Ionen, die **Halogenid-Ionen** (z. B. Chlorid-Ionen, Cl^-, oder Iodid-Ionen, I^-), entstehen.

Ionenbildung bei Halogenen

$Cl + e^- \longrightarrow Cl^-$

$Br + e^- \longrightarrow Br^-$

2. Chemische Reaktionen
   Halogene sind sehr reaktionsfreudig. Die Reaktionsfähigkeit nimmt in Richtung Astat ab. Die Reaktionen der Halogene mit unedlen Metallen verlaufen im Allgemeinen heftig.

Fluor ist das reaktionsfähigste Element. Es hat den höchsten Elektronegativitätswert von 4.0.

Reaktion von Halogenen mit Metallen

$$Cl_2 + 2\,Na \longrightarrow 2\,NaCl$$

$$Br_2 + 2\,K \longrightarrow 2\,KBr$$

$$3\,I_2 + 2\,Al \longrightarrow 2\,AlI_3$$

Mit Wasserstoff bilden Halogene Halogenwasserstoffe. Auch hier nimmt die Heftigkeit der Reaktion mit steigender Periodennummer ab. Während Fluor und Chlor explosionsartig mit Wasserstoff reagieren (Knallgasbildung), erfolgt die Umsetzung von Iod mit Wasserstoff langsam.

Oxidationszahlen sind formale Größen und kennzeichnen den Ladungszustand von Atomen oder Ionen in Verbindungen.

Reaktion von Halogenen mit Natrium

$$F_2 + H_2 \longrightarrow 2\,HF$$

$$Br_2 + H_2 \longrightarrow 2\,HBr$$

Halogene im Vergleich

Periode	Element	häufige Oxidationszahlen	Schmelztemperatur (in °C)	Siedetemperatur (in °C)	Atomradius (in pm)	Elektronegativität	Nichtmetallcharakter	Farbtiefe	Reaktionsfähigkeit	Säurestärken der H-Verbindungen
2	F	−1	−223	−188	72	4,0				
3	Cl	−1; +1, +3, +5, +7	−101	−34	99	3,0				
4	Br	−1; +1, +5, +7	−7	59	114	2,8				
5	I	−1; +1, +5, +7	114	185	133	2,5				
6	At	−1; +1, +5, +7	302	335	227	2,2				

Halogene sind leicht flüchtige Nichtmetalle. Die Flüchtigkeit und der Nichtmetallcharakter nehmen zum Iod hin ab. Fluor und Chlor sind Gase, Brom ist eine Flüssigkeit und Iod ist bereits fest, aber beim Erwärmen leicht flüchtig. Astat ist ein radioaktives Halbmetall. Mit vielen Metallen reagieren die Halogene direkt unter Bildung von Salzen. Daraus resultiert auch der Name Halogene (griech.: Salzbildner).

2.5 Chemische Zeichensprache

2.5.1 Grundlagen

Mithilfe der **chemischen Zeichensprache** lassen sich weltweit Stoffe und chemische Reaktionen kurz, übersichtlich und vor allem einheitlich darstellen.

Schon im Altertum waren einige Metalle, z. B. die Edelmetalle Gold und Silber, aber auch unedle Metalle wie Zinn und Eisen, bekannt. Da noch keine Erkenntnisse über den Aufbau der Stoffe vorhanden waren, unterschied man weder Elemente noch Verbindungen noch Stoffgemische voneinander. Nach ihrem Aussehen oder ihren Eigenschaften verwendete man Symbole und Zeichen zur Darstellung der sieben Metalle, die von der Astrologie entlehnt waren.
Die **Alchemisten** werden auch als „Chemiker des Mittelalters" bezeichnet.

☉ Gold (Sonne) ☽ Silber (Mond)

☿ Quecksilber (Merkur) ♀ Kupfer (Venus)

♂ Eisen (Mars) ♃ Zinn (Jupiter) ♄ Blei (Saturn)

Im Altertum waren sieben Metalle bekannt, die mit sieben Himmelskörpern gleichgesetzt wurden:
- Gold = Sonne
- Silber = Mond
- Kupfer = Venus
- Eisen = Mars
- Zinn = Jupiter
- Quecksilber = Merkur
- Blei = Saturn

Die Blütezeit der **Alchemie** war zwischen 1200 und 1500. Die Alchemisten forschten im Dienste von Fürsten nach dem Stein der Weisen, mit dessen Hilfe sie Gold aus minderwertigen Metallen herstellen wollten. Jeder Alchemist hatte seine eigene Geheimsprache und Geheimzeichen für die Stoffe, damit seine Konkurrenten mit den Aufzeichnungen nichts anfangen konnten.

Im Mittelalter verwendeten die Alchemisten verschiedene Zeichen, um bestimmte Stoffe symbolhaft darzustellen. Jedoch dienten diese Zeichen eher der Geheimhaltung der Erkenntnisse als einer Verständigung untereinander.

Zeichen und Symbole aus dem 17. Jahrhundert

Stoff	Zeichen/Symbol	Stoff	Zeichen/Symbol	Stoff	Zeichen/Symbol
Feuer	△	Seife	◇	Grünspan	⊕
Urin	⊡	Salpeter	⦶	Asche	·Ɛ
Wachs	⌖	Salmiak	✳	Essig	✕ oder +

2.5.2 Chemische Symbole

Alle Stoffe bestehen aus chemischen Elementen. Jedem chemischen Element wird genau ein **Symbol** zugeordnet.

Historische Entwicklung der Symbole

Die sieben Metalle des Altertums sind chemische Elemente. Sie wurden anfangs, abhängig von ihren Eigenschaften, sieben Himmelskörpern zugeordnet. Die für die Himmelskörper verwendeten Zeichen wurden auch für die entsprechenden Metalle eingesetzt.
Im Verlauf der Jahrhunderte erfuhren die Zeichen Vereinfachungen und Wandlungen. Andere Stoffe, Elemente, aber auch Verbindungen kamen hinzu.

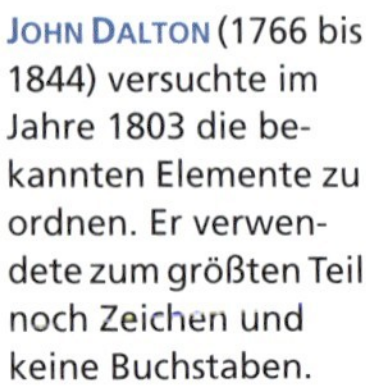

JOHN DALTON (1766 bis 1844) versuchte im Jahre 1803 die bekannten Elemente zu ordnen. Er verwendete zum größten Teil noch Zeichen und keine Buchstaben.

Chemische Symbole von Metallen im Verlauf der Jahrhunderte

Bezeichnung des Metalls		Symbol/Zeichen			
deutsch	**lateinisch/ griechisch**	**15. Jh.**	**18. Jh.**	**DALTON**	**Heute**
Gold	Aurum	☼	☉	❂	Au
Silber	Argentum	☽	☽	Ⓢ	Ag
Kupfer	Cuprum		♀	Ⓒ	Cu
Eisen	Ferrum		♂	Ⓘ	Fe
Zinn	Stannum	♃			Sn
Queck-silber	Hydrar-gyrum		☿		Hg
Blei	Plumbum		♄	Ⓛ	Pb

JÖNS JACOB BERZELIUS (1799–1848) war ein schwedischer Chemiker. Er begründete im 19. Jh. die chemische Zeichensprache, die wir auch heute noch verwenden.

Erst der Chemiker J. J. BERZELIUS schlug im Jahre 1814 ein System aus Buchstaben vor, um die chemischen Elemente und damit auch die Elementsubstanzen zu kennzeichnen. Ein Symbol besteht entweder aus einem Großbuchstaben oder einem Groß- und einem Kleinbuchstaben.

Chemische Elemente werden mit einem **Elementsymbol** gekennzeichnet. Das Elementsymbol leitet sich häufig vom lateinischen oder griechischen Namen des Elements ab.

Symbole können sowohl die Elementsubstanz insgesamt, aber auch ein Element kennzeichnen.

Einige Elemente und ihre Symbole		
deutsche Bezeichnung	**lateinische/griechische Bezeichnung**	**Elementsymbol**
Helium	Helium	He
Sauerstoff	Oxygenium	O
Stickstoff	Nitrogenium	N
Antimon	Stibium	Sb
Silber	Argentum	Ag
Kupfer	Cuprum	Cu

Für Symbole gibt es mehrere verschiedene Schreibweisen, die bestimmte Eigenschaften des Elements wiedergeben, z.B. die Elektronenschreibweise (↗ S. 94).

2.5.3 Chemische Formeln

Chemische Formeln kennzeichnen chemische Elemente und chemische Verbindungen, bei denen mindestens zwei Atome oder Ionen verbunden sind.

Bei den meisten chemischen Stoffen sind entweder Atome oder Ionen miteinander verbunden. Solche chemischen Verbindungen werden in der chemischen Zeichensprache mit Formeln charakterisiert. Die Formel leitet sich aus dem Aufbau der Verbindung ab.

Am Beispiel des Wasserstoffs lässt sich leicht die Ableitung einer Formel aus dem Bau des Stoffs erklären.
Ein Wasserstoffmolekül besteht aus zwei miteinander verbundenen Wasserstoffatomen. Ein Wasserstoffatom wird durch das Symbol H gekennzeichnet. Zwei miteinander verbundene Wasserstoffatome werden dadurch gekennzeichnet, dass die Anzahl der Atome als tiefgestellte Zahl (Index) hinter dem Symbol erscheint.

Wasserstoffatom

H H

Wasserstoffmolekül

H H H_2

Immer dann, wenn mehrere Atome oder Ionen miteinander verbunden sind, wird die Anzahl der Atome oder Ionen in dieser chemischen Verbindung jeweils als tiefgestellte Zahl hinter der Formel oder hinter dem Ion angegeben, z.B. Cl_2, Na_2O, H_2CO_3.
Steht keine tiefgestellte Zahl hinter dem jeweiligen chemischen Zeichen, so bedeutet dies, dass das Teilchen nur einmal in dieser Verbindung vorkommt, z.B. NaCl, HCl, CO, NO.

Arten von Formeln

Je nach Art der beteiligten Teilchen kann zwischen **Molekülformeln** und **Ionenformeln** unterschieden werden. Bei den Molekülformeln organischer Stoffe (↗ S. 188) gibt es Struktur- und Summenformeln.

Interpretation chemischer Formeln

Ob es sich bei den beteiligten Teilchen um Atome oder einfache Ionen handelt, findet man heraus, wenn man die Differenz der Elektronegativitätswerte (↗ S. 66) berechnet. Liegt diese über 1,7, so sind die Teilchen Ionen. Das funktioniert aber nur bei einfachen und nicht bei zusammengesetzten Ionen.

Interpretation von Formeln der Molekülsubstanzen	**Beispiel H_2O**	**Beispiel NH_3**
1. Stoff	Wasser	Ammoniak
2. Teilchen	Wassermoleküle, bestehend aus zwei Wasserstoffatomen und einem Sauerstoffatom	Ammoniakmoleküle, bestehend aus einem Stickstoffatom und drei Wasserstoffatomen
3. Elemente	Wasserstoff und Sauerstoff	Stickstoff und Wasserstoff

Aus chemischen Formeln der Molekülsubstanzen können der Name des Stoffs, die beteiligten Teilchen und die Elemente abgeleitet werden.

Aussagen von Formeln:

Das Calciumphosphat besteht aus zusammengesetzten Ionen. Bei diesen wird in der Formel nur das Verhältnis der Ionen zueinander angegeben.

Interpretation von Formeln der Ionensubstanzen	**Beispiel NaCl**	**Beispiel $Ca_3(PO_4)_2$**
1. Stoff	Natriumchlorid	Calciumphosphat
2. Teilchen (Ionen)	Natrium-Ionen Chlorid-Ionen	Calcium-Ionen Phosphat-Ionen
3. Verhältnis der Ionen	1 : 1	3 : 2
4. Elemente	Natrium und Chlor	Calcium, Phosphor, Sauerstoff
5. Die Formel kennzeichnet die kleinste Baueinheit des jeweiligen Stoffs	eine kleinste Baueinheit Natriumchlorid	eine kleinste Baueinheit Calciumphosphat

Aus **chemischen Formeln** der Ionensubstanzen können der Name des Stoffs, die beteiligten Teilchen und deren Zahlenverhältnisse sowie die Elemente abgeleitet werden. Die Formel der Ionensubstanz kennzeichnet gleichzeitig eine kleinste Baueinheit dieser Ionensubstanz.

Aufstellen von Formeln

Die Formeln der Nichtmetalloxide lassen sich direkt aus dem Namen ableiten.

Aufstellen der Formeln der Molekülsubstanzen

Wenn der Name einer Verbindung bekannt ist, kann die Formel nach der folgenden Schrittfolge aufgestellt werden. Dieses System ist jedoch nur für Formeln einfacher Verbindungen möglich.

Schrittfolge zum Aufstellen der Formel einer einfachen Molekülsubstanz	Beispiel: Schwefelwasserstoff
1. Angabe der Symbole für die beteiligten Elemente	H S
2. Ermitteln der Wertigkeit der beteiligten Elemente (hier gegenüber Wasserstoff) aus dem Periodensystem	1 2
3. Bilden des kleinsten gemeinsamen Vielfachen der Wertigkeiten	2
4. Kleinstes gemeinsames Vielfaches durch Wertigkeit teilen	2 : 1 = 2 : 2 = 2 : 1
5. Angeben des Zahlenverhältnisses als tiefgestellte Zahl in der Formel	H_2S

Aufstellen der Formeln von Ionensubstanzen

Das Zahlenverhältnis der Ionen in den Ionensubstanzen wird durch die elektrischen Ladungen der Ionen bestimmt. Positive und negative elektrische Ladungen müssen sich ausgleichen.

Schrittfolge zum Aufstellen der Formel einer Ionensubstanz	Beispiel: Aluminiumoxid
1. Angabe der Elementsymbole für die beteiligten Ionen	Al O
2. Ermitteln der Ionenwertigkeiten der beteiligten Ionen und die daraus resultierenden Ionenladungen	3 2 Al^{3+} O^{2-}
3. Bilden des kleinsten gemeinsamen Vielfachen der Wertigkeiten	6
4. Kleinstes gemeinsames Vielfaches durch Wertigkeit teilen	6 : 3 6 : 2 2 : 3
5. Angeben des Zahlenverhältnisses als tiefgestellte Zahl in der Formel	Al_2O_3

Namen und Formeln von Ionensubstanzen				
Name	**Ionen**	**Zeichen**	**Zahlenverhältnis**	**Formel**
Kaliumbromid	Kalium-Ion Bromid-Ion	K^+ Br^-	1:1	KBr

Die Ladungen der Ionen lassen sich häufig aus der Stellung der Elemente im Periodensystem ableiten.

2.5.4 Chemische Reaktionsgleichungen

Eine **chemische Reaktionsgleichung** veranschaulicht mit Formeln, Symbolen und Zeichen die Vorgänge bei einer chemischen Reaktion.

Reaktionsgleichungen sagen nichts über die Vollständigkeit einer Reaktion aus. In vielen Fällen erfolgt ein unvollständiger Stoffumsatz. Dann kann sich ein chemisches Gleichgewicht einstellen, das mit einem Doppelpfeil gekennzeichnet wird (↗ S. 105).

Die Umwandlung von Ausgangsstoffen in Reaktionsprodukte und die Umordnung der Teilchen (↗ S. 96 ff.) kann durch verschiedene Reaktionsgleichungen beschrieben werden.
Zur kurzen Charakterisierung der chemischen Reaktionen verwendet am Wortgleichungen oder Formelgleichungen. Ausführlichere Informationen enthalten Formelgleichungen in Ionen- oder Elektronenschreibweise. Alle chemischen Reaktionsgleichungen sind nach dem gleichen Schema aufgebaut.

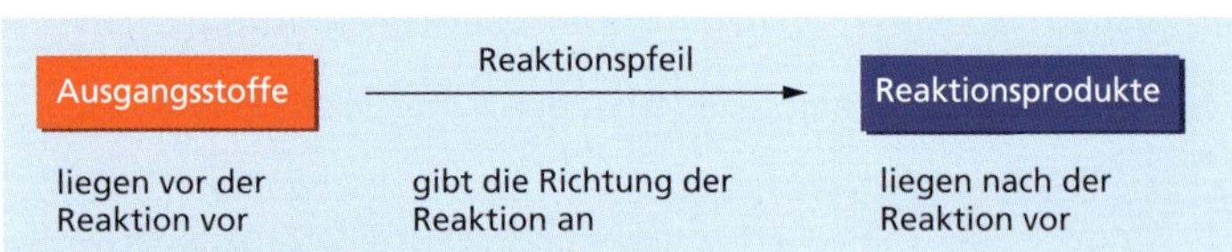

Wortgleichungen

In einer **Wortgleichung** werden die reagierenden Stoffe mit ihren systematischen Namen angegeben.

Wasserstoff kann in einem Standzylinder mit Sauerstoff zur Reaktion gebracht werden. Das Reaktionsprodukt Wasser ist durch Wassertropfen an der Glaswand erkennbar.
Die Wortgleichung für diese chemische Reaktion lautet:

Sie wird wie folgt gelesen:
Wasserstoff und Sauerstoff reagieren zu Wasser.

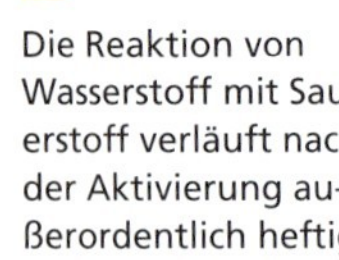

Die Reaktion von Wasserstoff mit Sauerstoff verläuft nach der Aktivierung außerordentlich heftig, es ist eine Knallgasreaktion.

Wortgleichungen für chemische Reaktionen

1. Aluminium + Sauerstoff ⟶ Aluminiumoxid
   Aluminium und Sauerstoff reagieren zu Aluminiumoxid.
2. Salzsäure + Natronlauge ⟶ Natriumchlorid + Wasser
   Salzsäure und Natronlauge reagieren zu Natriumchlorid und Wasser.

Aus einer Wortgleichung können nur die Ausgangsstoffe und die Reaktionsprodukte abgelesen werden. Die Stoffmengen und daraus resultierend die Massen der beteiligten Stoffe können aus ihr nicht abgeleitet werden. Eine Wortgleichung kann in eine Formelgleichung umgewandelt werden.

Formelgleichungen

In einer **Formelgleichung** werden die reagierenden Stoffe mit ihren Formeln oder Symbolen angegeben. Die Stoffmengen der reagierenden Stoffe sind ablesbar.

Bei chemischen Reaktionen reagieren die Teilchen immer in einem festen Zahlenverhältnis miteinander, worüber Wortgleichungen nichts aussagen. Deshalb verwendet der Chemiker chemische Reaktionsgleichungen, in denen die reagierenden Teilchen mithilfe der chemischen Zeichensprache ausgedrückt werden. Zahlen vor den Zeichen oder als Fußnote lassen qualitative und quantitative Aussagen zu.

Da Messungen ergeben haben, dass ein Wassermolekül immer aus zwei Wasserstoffatomen und einem Sauerstoffatom besteht, muss bei der Reaktion von Wasserstoff und Sauerstoff zu Wasser das Verhältnis der reagierenden Teilchen folgendermaßen sein:

$$H_2 : O_2 : H_2O$$
$$2 : 1 : 2$$

Ein anderes Zahlenverhältnis würde gegen das Gesetz von der Erhaltung der Masse (↗ S. 97) verstoßen.

Folgende modellhafte Darstellung spiegelt die Entstehung der Reaktionsgleichung für die Bildung von Wasser aus Wasserstoff und Sauerstoff wider. Die Darstellung geht von der Bildung von 6 Wassermolekülen aus.

Bei der Elektrolyse (↗ S. 34) von Wasser, also dessen Zerlegung durch Strom, erhält man das doppelte Volumen an Wasserstoff im Vergleich zu Sauerstoff.

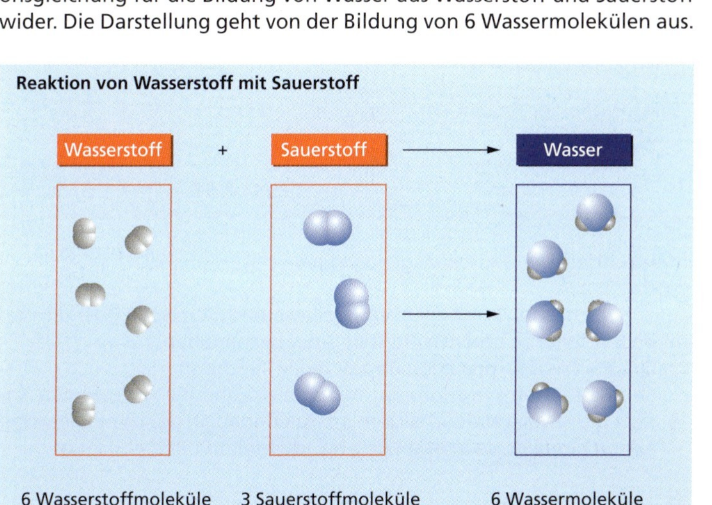

Es reagieren also immer zwei Wasserstoffmoleküle mit einem Sauerstoffmolekül. Daraus bilden sich zwei Wassermoleküle.

Demnach kann man die Wortgleichung, die das kleinste ganzzahlige Verhältnis wiedergibt, folgendermaßen erweitern:

2 Wasserstoffmoleküle + 1 Sauerstoffmolekül ⟶ 2 Wassermoleküle

Für die Reaktionspartner werden nun die Formeln oder Elementsymbole eingesetzt. Die Formelgleichung spiegelt das Zahlenverhältnis der reagierenden Teilchen wider:

$$2\,H_2 + O_2 \longrightarrow 2\,H_2O$$

Diese Methode ist nur für einfache Reaktionsgleichungen möglich. In der Reaktionsgleichung steht für jedes Teilchen ein chemisches Zeichen. Die Zahl vor dem Zeichen wird als Faktor bezeichnet.

Schrittfolge zum Aufstellen einer Formelgleichung (Reaktionsgleichung)	Beispiel: Reaktion von Aluminium mit Sauerstoff
1. Formulieren der Wortgleichung	Aluminium + Sauerstoff → Aluminiumoxid
2. Einsetzen der chemischen Zeichen für die Reaktionspartner	$Al + O_2 \longrightarrow Al_2O_3$
3. Faktoren ermitteln: – Bilden des kleinsten gemeinsamen Vielfachen (kgV) der Stoffmengen – Dividieren des kgV durch die jeweilige Atomanzahl	① $Al + O_2 \longrightarrow Al_2O_3$ kgV:6 6:2 = 3 6:3 = 2 ② $Al + 3O_2 \longrightarrow 2Al_2O_3$ kgV:4 6:2 = 3 6:3 = 2 4:1 = 4 4:4 = 1
4. Einsetzen in die Reaktionsgleichung	$4\,Al + 3\,O_2 \longrightarrow 2\,Al_2O_3$
5. Kontrolle der Anzahl der Atome: – Aluminiumatome – Sauerstoffatome	$4\,Al + 3\,O_2 \longrightarrow 2\,Al_2O_3$ 4 2 · 2 = 4 3 · 2 = 6 2 · 3 = 6

Bei der Formelgleichung sind Stoff- und Ladungsbilanz der Ausgangsstoffe und Produkte ausgeglichen. D. h., die Summe der Atome jedes beteiligten Elements und die Summe der Ladungen ist auf der rechten und der linken Seite der Reaktionsgleichung gleich.

Interpretation von Reaktionsgleichungen

Aus chemischen Reaktionsgleichungen lassen sich Aussagen über die reagierenden Teilchen und quantitative Angaben ableiten.

1. **Qualitative Interpretation** (reagierende Teilchen):
   Bei dieser Interpretation gibt man die Anzahl, die Art und den Namen der reagierenden Teilchen an. Sind Ionen an der chemischen Reaktion beteiligt, so werden deren Ladungen mit berücksichtigt.

Zur Ergänzung können mit der Reaktionsgleichung auch die Bedingungen chemischer Reaktionen oder die Energiebilanz (↗ S. 100) angegeben werden.

Qualitative Interpretation von Reaktionsgleichungen

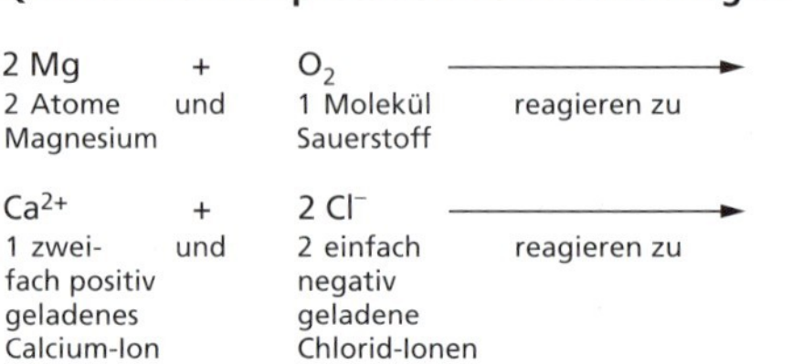

2 Mg	+	O_2	→	2 MgO
2 Atome Magnesium	und	1 Molekül Sauerstoff	reagieren zu	2 kleinsten Baueinheiten Magnesiumoxid.
Ca^{2+}	+	$2\,Cl^-$	→	$CaCl_2$
1 zweifach positiv geladenes Calcium-Ion	und	2 einfach negativ geladene Chlorid-Ionen	reagieren zu	1 kleinste Baueinheit Calciumchlorid.

2. **Quantitative Interpretation** (Stoffmengen):
   Bei der quantitativen Interpretation werden den Faktoren in der Reaktionsgleichung die entsprechenden Stoffmengen (Molzahlen, ↗ S. 127) zugeordnet.

Die **Stoffmenge** *n* (↗ S. 127) ist eine Größe, die die Teilchenmenge angibt. Zur Kennzeichnung von quantitativen Umsätzen sind auch gebrochene Zahlen üblich, z.B.:

$H_2 + \frac{1}{2} O_2 \rightarrow H_2O$

Quantitative Interpretation von Reaktionsgleichungen

2 Mg	+	O_2	⟶	2 MgO		
2 mol Magnesium	und	1 mol Sauerstoff	reagieren zu	2 mol Magnesiumoxid.		
$6\ CO_2$	+	$6\ H_2O$	⟶	$C_6H_{12}O_6$	+	$6\ O_2$
6 mol Kohlenstoffdioxid	und	6 mol Wasser	reagieren zu	1 mol Glucose		6 mol Sauerstoff.

Reaktionsgleichungen in Ionenschreibweise

Bei vielen chemischen Reaktionen sind alle oder einige der beteiligten Teilchen Ionen, die häufig in wässriger Lösung vorliegen.

Bei **Gleichungen in Ionenschreibweise** werden alle dissoziierten Teilchen als Ionen angegeben.

Die Reaktion von Salzsäure mit Natronlauge kann mit folgender Reaktionsgleichung wiedergegeben werden:

$$NaOH + HCl \longrightarrow NaCl + H_2O$$

Diese Reaktionsgleichung gibt jedoch den wahren Sachverhalt dieser Reaktion nur vereinfacht wieder. Die reagierenden Ausgangsstoffe sind in Wasser gelöst, also dissoziiert. Auch das Reaktionsprodukt Natriumchlorid liegt dissoziiert, also in frei beweglichen Ionen, vor. Alle dissoziiert vorliegenden Teilchen werden in der Gleichung in Ionenschreibweise wiedergegeben:

$$\underbrace{H^+ + Cl^-}_{HCl} + \underbrace{Na^+ + OH^-}_{NaOH} \longrightarrow \underbrace{Na^+ + Cl^-}_{NaCl} + H_2O$$

Wasser dissoziiert unter Normbedingungen sehr gering. Deshalb schreibt man es auch nicht in Ionenschreibweise.

Unter Verwendung der Hydronium-Ionen ergibt sich:

$$\underbrace{H_3O^+ + Cl^-}_{HCl} + \underbrace{Na^+ + OH^-}_{NaOH} \longrightarrow \underbrace{Na^+ + Cl^-}_{NaCl} + 2\,H_2O$$

Aus den Gleichungen in Ionenschreibweise ist ersichtlich, dass die Natrium-Ionen und die Chlorid-Ionen sich während der Reaktion nicht verändern, sie nehmen nicht an der Reaktion teil. Solche Teilchen werden bei den **verkürzten Ionengleichungen** oder vereinfachten Ionengleichungen weggelassen. Es ergibt sich die verkürzte Ionengleichung für die Reaktion von Natronlauge mit Salzsäure:

$$H_3O^+ + OH^- \longrightarrow 2\,H_2O$$

Die Elektronenschreibweise

Die Elektronenschreibweise geht auf den Chemiker **G. N. Lewis** (1875–1946) zurück. Er gab die Außenelektronen um ein Elementsymbol herum an. Diese Schreibweise nennt man Lewis-Formel.

Bei **Gleichungen in Elektronenschreibweise** werden die Außenelektronen der Teilchen mit angegeben.

Die chemischen Zeichen können ebenfalls zur Kennzeichnung der jeweiligen Außenelektronen der entsprechenden chemischen Elemente benutzt werden.
Auch die chemischen Bindungen zwischen den Teilchen können mithilfe der **Elektronenschreibweise** sichtbar gemacht werden.
Die Außenelektronen haben bei chemischen Reaktionen eine besondere Bedeutung, deshalb werden sie oft hervorgehoben.

Elektronenschreibweise von Elementen								
Elementsymbol	Na	Mg	Al	Si	P	S	Cl	Ar
Anzahl der Außenelektronen	1	2	3	4	5	6	7	8
Elektronenschreibweise	Na •	• Mg •	• Al • (1 Punkt oben)	• Si • (je 1 Punkt oben und unten)	: P • (je 1 Punkt oben und unten)	: S : (je 1 Punkt oben und unten)	: Cl • (je 2 Punkte oben und unten)	: Ar : (je 2 Punkte oben und unten)

Atombindungen in Molekülen können mit der Elektronenschreibweise gekennzeichnet werden. Zur Vereinfachung werden gemeinsame Elektronenpaare mit einem Strich zusammengefasst.

Darstellung von Atombindungen in Elektronenschreibweise

- Chlormolekül: Cl_2 :Cl•• Cl: |Cl–Cl|
- Sauerstoffmolekül: O_2 :O:: O: ⟨O=O⟩
- Ammoniakmolekül: NH_3 H••N••H (H unten) H – N – H (H unten)

Der Umbau chemischer Bindungen kann mithilfe der Elektronenschreibweise in Reaktionsgleichungen deutlich gemacht werden.

Reaktion von Wasserstoff mit Chlor
Bei der Reaktion von Wasserstoffmolekülen mit Chlormolekülen zu Chlorwasserstoffmolekülen entsteht zwischen den Atomen ein gemeinsames Elektronenpaar, welches zum Chloratom verschoben ist.

:Cl•• Cl: + H••H ⟶ 2 H••Cl:

CHEMISCHE REAKTION 3

3.1 Grundlagen chemischer Reaktionen

3.1.1 Überblick

Chemische Reaktionen sind Vorgänge der **Stoffumwandlung.** Es entstehen neue Stoffe mit neuen Eigenschaften.

Aus einem oder mehreren Ausgangsstoffen (Edukte) werden im Verlauf einer chemischen Reaktion ein oder mehrere neue Stoffe (Reaktionsprodukte) mit anderen physikalischen und chemischen Eigenschaften gebildet.

Ausgangsstoffe (Edukte) ⟶ **Reaktionsprodukte (Produkte)**

Die Stoffumwandlung erfolgt durch Umordnung von Teilchen und von chemischen Bindungen. Gleichzeitig findet bei jeder chemischen Reaktion eine **Energieumwandlung** statt.

Stoffumwandlungen bei chemischen Reaktionen anorganischer Stoffe

	Ausgangsstoffe			**Reaktionsprodukte**
Wortgleichung	Kohlenstoff	+	Sauerstoff	Kohlenstoffmonooxid
Formelgleichung	2 C	+	O_2	2 CO
Eigenschaften der reagierenden Stoffe	fest schwarz ungiftig		gasförmig farblos ungiftig	gasförmig farblos stark giftig
Bindungen	unpolare Atombindungen			polare Atombindung

Stoffumwandlungen bei chemischen Reaktionen organischer Stoffe

	Ausgangsstoffe			**Reaktionsprodukte**
Wortgleichung	Ethen	+	Brom	1,2-Dibromethan
Formelgleichung	$H_2C{=}CH_2$ (H, H \ C=C / H, H)	+	Br_2	Br–CH₂–CH₂–Br (Br–C(H)(H)–C(H)(H)–Br)
Eigenschaften der reagierenden Stoffe	gasförmig farblos süßlich riechend schwach giftig		flüssig braun stechend riechend giftig	flüssig farblos angenehm riechend giftig
Bindungen	Doppel- und Einfachbindungen		unpolare Atombindung	Einfachbindungen

Stoffumwandlungen

Gesetz von der Erhaltung der Masse

Bei einer chemischen Reaktion ist die Summe der Massen der Ausgangsstoffe gleich der Summe der Massen der Reaktionsprodukte.

Das Gesetz von der Erhaltung der Masse gründet sich auf die wissenschaftlichen Erkenntnisse von M. W. LOMONOSSOW (1758) und A. L. LAVOISIER (1759). Voraussetzung für ihre Entdeckungen war die Einführung der Waage in die Chemie.

Chemische Reaktionen verlaufen ohne Änderung der Masse, die Gesamtmasse der beteiligten Stoffe bleibt gleich.

$$\Delta m = m_{\text{(Reaktionsprodukte)}} - m_{\text{(Ausgangsstoffe)}} = 0$$

1.	C	+	O = O	⟶	O = C = O	
	12 g		32 g		44 g	
2.	$CH_2 = CH_2$	+	Br – Br	⟶	$CH_2Br – CH_2Br$	
	28 g		160 g		188 g	
3.	H – H	+	Br – Br	⟶	H – Br +	H – Br
	2 g		160 g		81 g	81 g

Gesetz von den konstanten Proportionen

Der französische Chemiker und Apotheker J. L. PROUST ergründete die Gesetze der Stöchiometrie und formulierte 1797 als Erster das Gesetz von den konstanten Proportionen. Nach ihm wird es auch als proustsches Gesetz benannt.

In jeder chemischen Verbindung sind die Elemente, aus denen die Verbindung besteht, in konstanten Proportionen (Massenverhältnissen) enthalten.

Massenverhältnis von Wasserstoff und Sauerstoff im Wasser H_2O:

Masse des Sauerstoffs	Masse des Wasserstoffs	Masse des Wassers
16 g	2 g	18 g
1,6 t	0,2 t	1,8 t
8 kg	1 kg	9 kg

Die Masse Wasserstoff zur Masse Sauerstoff verhält sich unabhängig von der betrachteten Masse an Wasser wie 1 zu 8 ($m_H : m_O = 1 : 8$)

Gesetz von den multiplen Proportionen

JOHN DALTON, ein britischer Chemiker und Physiker, fand 1804 bei der Untersuchung des Verhältnisses zwischen Kohlenstoff und Wasserstoff im Methan und Ethin das Gesetz der multiplen Proportionen (daltonsches Gesetz).

Bilden zwei Elemente verschiedene Verbindungen miteinander, so stehen die Massen dieser Elemente im Verhältnis kleiner ganzer Zahlen. Das Verhältnis der relativen Atommassen (↗ S. 124) findet sich in der chemischen Formel (Summenformel) der Verbindung wieder.

Energieumwandlungen

Unter einer **Verbrennung** wird eine rasche, mit Flammenerscheinungen verbundene Oxidation verstanden. Meist ist Sauerstoff das Oxidationsmittel.

Bei allen chemischen Reaktionen finden **Energieumwandlungen** statt. Energieformen werden ineinander umgewandelt.

Die Änderungen der physikalischen und chemischen Eigenschaften der Stoffe sowie die Energieumwandlungen im Verlauf einer chemischen Reaktion sind auf unterschiedliche Bindungen der Teilchen in den Ausgangsstoffen und in den Reaktionsprodukten zurückzuführen.
Die wichtigsten Energieformen bei chemischen Reaktionen sind die thermische Energie (Wärmeenergie) und die chemische Energie. Letztere kann auch in elektrische oder mechanische Energie umgewandelt werden.

Energieabgabe

Die bei der Verbrennung von Kohle, Erdgas, Erdöl oder Heizöl frei werdende Wärme wird zur Erzeugung von Elektroenergie, zum Heizen und teilweise auch zum Kochen (Erdgas) eingesetzt.

Wenn durch chemische Reaktionen angeregte Moleküle entstehen, welche Licht aussenden, bezeichnet man dies als **Chemolumineszenz.** Auch Tiere, vor allem Wirbellose, können Licht erzeugen. Diese Fähigkeit wird **Biolumineszenz** genannt.

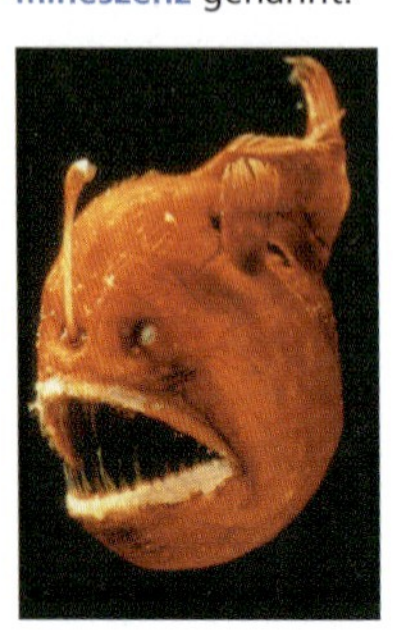

Bei einigen chemischen Reaktionen wird neben der Wärme auch Energie in Form von Licht abgegeben. So brennen eine Kerze, ein Gasfeuerzeug oder ein Lagerfeuer unter Ausstrahlung von Licht. In diesen Fällen werden in der Flamme Kohlenstoffatome zum Leuchten angeregt.
Bei Höhenfeuerwerken werden Metallatome zum Leuchten angeregt.

Durch chemische Reaktionen kann direkt Elektroenergie freigesetzt werden, z.B. in Batterien, Akkumulatoren oder Brennstoffzellen.

Energieaufnahme

Einige Reaktionen verlaufen unter Energieaufnahme, z.B. in Form von Wärme, Lichtenergie oder anderer elektromagnetischer Strahlung. So spielt die Zersetzung von Silberbromid unter Lichteinfluss eine große Rolle bei der Fotografie. Auch die Bildung von Ozon in der Atmosphäre ist auf die Einwirkung der Sonnenstrahlung zurückzuführen (↗ S. 293).

Verlauf chemischer Reaktionen

Der Ablauf chemischer Reaktionen und die Reaktionsgeschwindigkeit sind von verschiedenen Faktoren abhängig, die als Reaktionsbedingungen bezeichnet werden.

Der Verlauf chemischer Reaktionen hängt von den physikalischen Größen Temperatur, Druck und Konzentration ab.

3.1.2 Exotherme und endotherme Reaktionen

Reaktionswärme

Nach der erfolgten Aktivierung (↗ S. 101) werden im Verlauf chemischer Reaktionen Bindungen bei den Ausgangsstoffen gelöst und bei den Reaktionsprodukten wieder neu geknüpft. Dabei können sich auch die Bindungsart oder der Aggregatzustand und somit der gesamte Energieinhalt der beteiligten Stoffe ändern. Die chemische Energie wird während der Reaktion zumeist in Wärme umgewandelt, die **Reaktionswärme** *Q*.

Die **Energieumwandlungen** bei chemischen Reaktionen sind vielfältig. So kann z. B. chemische Energie nicht nur in Wärmeenergie, sondern auch in mechanische oder elektrische Energie umgewandelt werden.

2 Na (s)	+	Cl_2 (g)	⟶	2 NaCl (s)	$Q = -822\ kJ \cdot mol^{-1}$
Metallbindung		Atombindung		Ionenbindung	

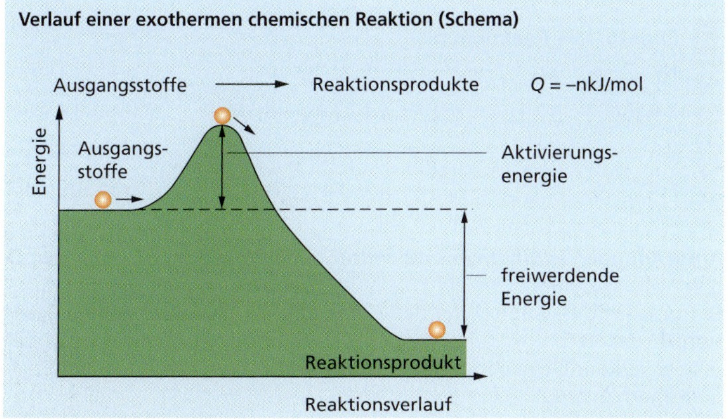

Verlauf einer exothermen chemischen Reaktion (Schema)

Bei vielen Reaktionen ist der Energieinhalt der Reaktionsprodukte niedriger als der Energieinhalt der Ausgangsstoffe, z. B. weil die neu gebildeten chemischen Bindungen stärker als die gelösten Bindungen sind. Die frei werdende Energie wird bei **exothermen Reaktionen** in Form von Wärme abgegeben. Die Reaktionswärme Q erhält ein negatives Vorzeichen.

Exotherme Reaktionen

2 Mg	+	O_2	⟶	2 MgO	$Q = -1201$ kJ/mol
H_2	+	Cl_2	⟶	2 HCl	$Q = -184$ kJ/mol

Als Bindungsenergie wird die Energie, die bei der Bildung einer Atombindung freigesetzt wird, bezeichnet. Bei der Spaltung einer Atombindung muss Energie aufgewendet werden. Bei einfachen Reaktionen, bei denen ausschließlich Atombindungen gelöst und neu geknüpft werden, kann die Reaktionswärme **(Reaktionsenthalpie)** direkt aus den Bindungsenergien berechnet werden.

Die Reaktionsprodukte können auch einen höheren Energieinhalt als die Ausgangsstoffe haben, z. B. weil aus Feststoffen energiereichere, gasförmige Produkte entstehen. In diesem Fall muss den Reaktionspartnern Wärme zugeführt werden und die Reaktionswärme wird positiv.

Bei einer **exothermen chemischen Reaktion** wird Wärme abgegeben, während im umgekehrten Fall bei einer **endothermen chemischen Reaktion** Wärme aufgenommen wird.

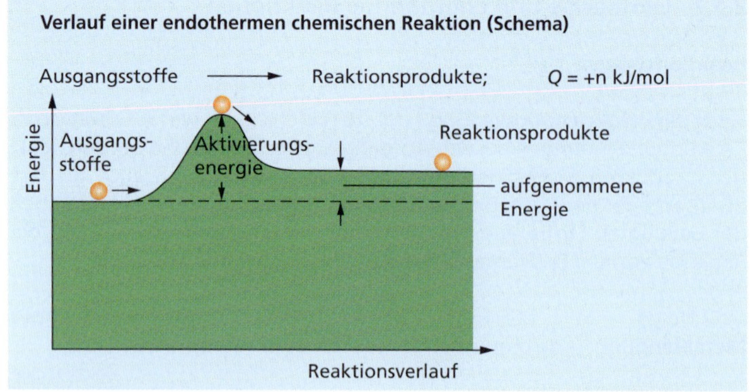

Endotherme Reaktionen

N_2	+	O_2	⟶	$2\,NO$		$Q = +181$ kJ/mol
$2\,AgBr$			⟶	$2\,Ag$	+ Br_2	$Q = +198$ kJ/mol
$2\,C$	+	$2\,H_2$	⟶	C_2H_4		$Q = +52$ kJ/mol
FeO	+	C	⟶	Fe	+ CO	$Q = +156$ kJ/mol

Anwendungen exothermer und endothermer Reaktionen

Die geschichtlich älteste von den Menschen genutzte exotherme Reaktion ist das Verbrennen von Holz. Auch heute noch wird weltweit der größte Teil der Elektroenergie durch die Verbrennung von fossilen Energieträgern erzeugt.

Exotherme Reaktionen zur Energieerzeugung

C	+	O_2	⟶	CO_2		$Q = -393$ kJ/mol
CH_4	+	$2\,O_2$	⟶	CO_2	+ $2\,H_2O$	$Q = -890$ kJ/mol

Wichtige exotherme Reaktionen sind auch die Oxidation von Schwefeldioxid zu Schwefeltrioxid bei der Produktion von Schwefelsäure und die Ammoniaksynthese aus Wasserstoff und Stickstoff.

Exotherme Reaktionen in der chemischen Industrie

$2\,SO_2$	+	O_2	⟶	$2\,SO_3$	$Q = -99$ kJ/mol
N_2	+	$3\,H_2$	⟶	$2\,NH_3$	$Q = -92{,}2$ kJ/mol

In der chemischen Industrie und in der Metallurgie werden endotherme Reaktionen genutzt, z. B. Wasserstoffsynthese und Eisenherstellung.

Endotherme Reaktionen in der chemischen Industrie

CH_4	+	$2\,H_2O$	⟶	CO_2	+ $4\,H_2$	$Q = +165$ kJ/mol
C	+	CO_2	⟶	$2\,CO$		$Q = +172$ kJ/mol

Die Reaktionswärme, die bei der Bildung eines Stoffes aus den Elementen frei bzw. verbraucht wird, nennt man Bildungswärme. Die Werte von Bildungswärmen sind in einschlägigen Formelsammlungen zu finden, z. B. unter *www.schuelerlexikon.de*.

Bei Gleichgewichtsreaktionen gilt die nach der Gleichung angegebene Reaktionswärme *Q* immer für die Hinreaktion.

3.1.3 Aktivierungsenergie und Reaktionsgeschwindigkeit

Damit chemische Reaktionen überhaupt stattfinden können, muss den Ausgangsstoffen zuerst eine **Aktivierungsenergie** zugeführt werden, um sie in einen reaktionsfähigen Zustand zu versetzen.

Der schwedische Physiker und Chemiker S. A. ARRHENIUS (1859–1927) gilt als Mitbegründer der Reaktionskinetik.

Selbst stark exotherme Prozesse wie die Knallgasreaktion (↗ S. 90) werden erst durch Zufuhr von Energie, z. B. eines Zündfunkens, ausgelöst. Die Notwendigkeit der Aktivierung der Ausgangsstoffe bei allen chemischen Reaktionen lässt sich mithilfe der **Stoßtheorie** erklären.

Aktivierung und wirksamer Zusammenstoß

Damit zwei Teilchen miteinander reagieren können, müssen sie wirksam zusammenstoßen. Dazu müssen sie über eine **Mindestenergie** verfügen und in der richtigen räumlichen Position zusammenstoßen.

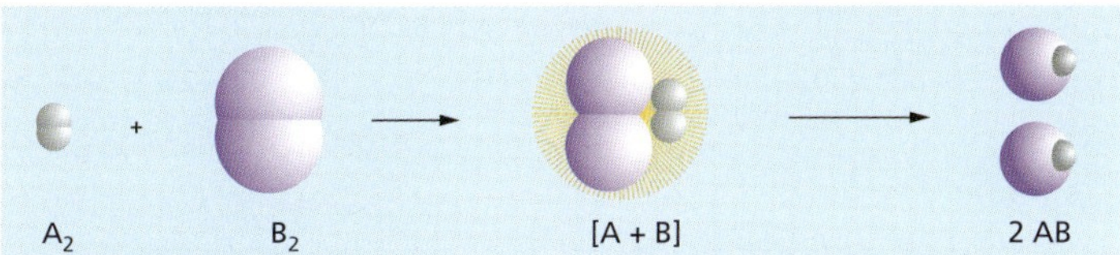

Die Bewegungsenergie aller Teilchen ist im zeitlichen Mittel gleich. Bei einer Momentaufnahme gibt es also energiereiche und energiearme Teilchen gleichzeitig. Es können aber nur die Teilchen reagieren, die über die notwendige Mindestenergie verfügen.

Ist eine der beiden Voraussetzungen nicht erfüllt, läuft keine chemische Reaktion ab. Erst durch Zufuhr von Energie (z. B. Licht, Wärme, mechanische oder elektrische Energie) werden die Teilchen der Ausgangsstoffe **aktiviert,** d. h. in einen reaktionsfähigen Zustand versetzt. Dieser wird häufig auch als Übergangszustand bezeichnet. Bei einigen chemischen Reaktionen reicht bereits die Wärme der Umgebung bei Raumtemperatur aus, um die Teilchen zu aktivieren.

Die Energieumwandlung im Verlauf chemischer Reaktionen lässt sich anhand von **Energiediagrammen** (s. Abb. unten) veranschaulichen.

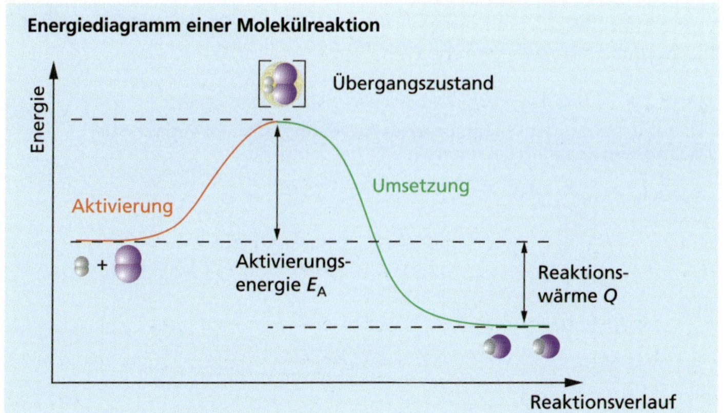

Die Aktivierungsenergie E_A ist immer positiv und von der Reaktionswärme Q (↗ S. 99) unbedingt zu unterscheiden.

Die **Reaktionsgeschwindigkeit** hängt nach der Arrhenius-Gleichung mit der Aktivierungsenergie zusammen. Je kleiner die Aktivierungsenergie, umso schneller erfolgt die Reaktion.

Reaktionsgeschwindigkeit

> Die **Reaktionsgeschwindigkeit** kennzeichnet den zeitlichen Verlauf einer chemischen Reaktion, d.h. wie schnell die Umwandlung der Ausgangsstoffe in die Reaktionsprodukte erfolgt.

Im zeitlichen Verlauf einer Reaktion ändern sich die Konzentrationen der an der Reaktion beteiligten Stoffe. Die Konzentrationen der Ausgangsstoffe nehmen ab und die der Endprodukte zu.
Den Quotienten aus der Konzentrationsänderung Δc in der dazugehörigen Zeitspanne Δt bezeichnet man als mittlere **Reaktionsgeschwindigkeit.**

Die Reaktionsgeschwindigkeit kann aus den Konzentrationsänderungen sowohl der Ausgangsstoffe als auch der Reaktionsprodukte berechnet werden.

Konzentrations-Zeit-Diagramm eines Ausgangsstoffes im Verlauf einer chemischen Reaktion

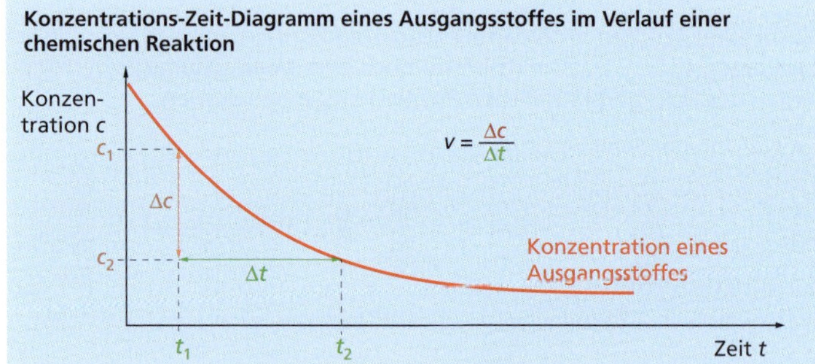

Beeinflussung der Reaktionsgeschwindigkeit

Die Reaktionsgeschwindigkeit einer chemischen Reaktion wird von der Temperatur, den Konzentrationen der beteiligten Stoffe (dem Druck bei Gasen), der Oberfläche der reagierenden Stoffe (z.B. bei Reaktionen fester Stoffe) und der Anwesenheit von Katalysatoren beeinflusst.

Abhängigkeit von der Temperatur

Mit steigender Temperatur bewegen sich die Teilchen schneller, ihre Bewegungsenergie nimmt zu. Dadurch erhöht sich die Teilchenanzahl, die über die nötige Aktivierungsenergie verfügt. Außerdem wächst auch die Anzahl der Zusammenstöße zwischen den Teilchen.

Der Niederländer J. H. VAN'T HOFF (1852 bis 1911) befasste sich mit der Reaktionsgeschwindigkeit. Die Formulierung der **Reaktionsgeschwindigkeits-Temperatur-Regel** (RGT-Regel) stammt von ihm.

Konzentrations-Zeit-Diagramm eines Ausgangsstoffes im Verlauf einer chemischen Reaktion bei unterschiedlicher Temperatur

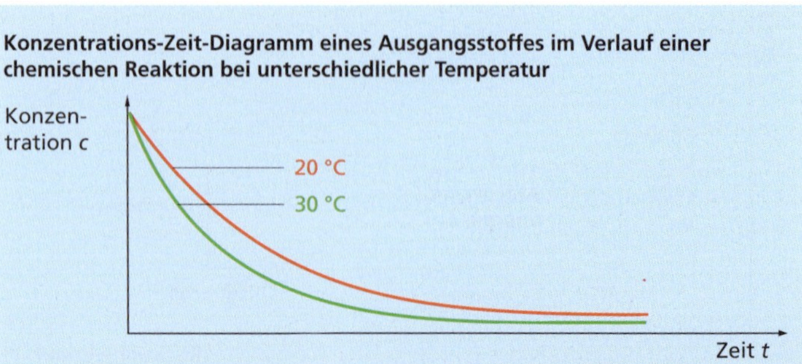

Temperaturerhöhungen bewirken also immer eine Erhöhung der Reaktionsgeschwindigkeit, weil dadurch die Energie der Teilchen zunimmt.

Abhängigkeit von der Konzentration
Eine höhere Konzentration bedeutet eine höhere Teilchendichte. Dadurch steigt auch die Wahrscheinlichkeit wirksamer Zusammenstöße. Die Reaktionsgeschwindigkeit nimmt demnach bei Erhöhung der Konzentration der Ausgangsstoffe zu.

Die **Reaktionsgeschwindigkeit** ist abhängig von der Temperatur und der Konzentration. Je höher die Temperatur und die Konzentrationen der reagierenden Stoffe, umso schneller verläuft die chemische Reaktion.

Katalysatoren

Katalysatoren verringern die Aktivierungsenergie und erhöhen dadurch die Reaktionsgeschwindigkeit. Der Verlauf der katalysierten chemischen Reaktion wird als **Katalyse** bezeichnet.

Katalysatoren werden nicht in der Reaktionsgleichung berücksichtigt, da sie nach Beendigung der Reaktion unverändert vorliegen.

Durch die Erniedrigung der Aktivierungsenergie (↗ S. 101) verfügt bei gleichbleibender Temperatur eine größere Anzahl von Teilchen über die erforderliche Energie für wirksame Zusammenstöße. Die Reaktionsgeschwindigkeit wird erhöht.

Ablauf einer exothermen chemischen Reaktion mit und ohne Katalysator

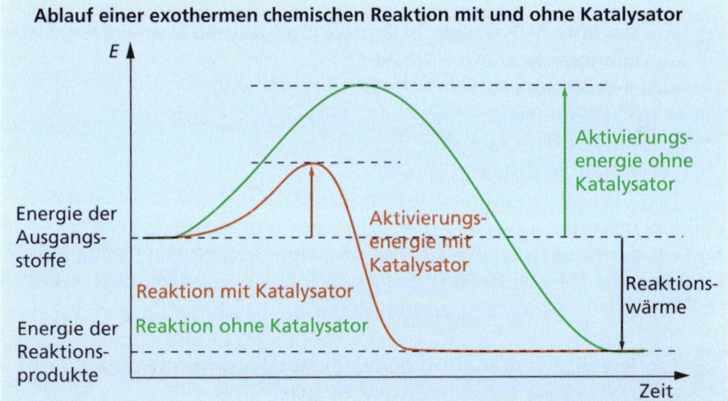

Je nach Aggregatzustand von reagierenden Stoffen und Katalysator unterscheidet man homogene und heterogene Katalyse.

1. **Homogene Katalyse:** Katalysator und reagierende Stoffe bilden ein homogenes Stoffgemisch (↗ S. 57).

Der **Abgaskatalysator** für OTTO-Motoren besteht aus Platin und Rhodium auf einer Trägersubstanz. Er ermöglicht die Umwandlung der bei der Benzinverbrennung entstehenden Giftstoffe in unschädliche Reaktionsprodukte. Er verringert so die Umweltbelastung durch Benzinmotoren.

Herstellung von Ethanal durch Oxidation von Ethen (in Wasser):
- Katalysator Palladium(II)-chlorid, gelöst
- Ethen und Ethanal in Wasser gelöst

2. **Heterogene Katalyse (Kontaktkatalyse):** Katalysator und reagierende Stoffe bilden verschiedene Phasen, die Katalyse findet an der Oberfläche des Katalysators (Phasengrenze) statt.

Schwefelsäureherstellung (Kontaktverfahren):
- Katalysator Vanadium(V)-oxid, fest
- Schwefeldioxid und Schwefeltrioxid gasförmig

Wirkung des Katalysators

1. Bildung von Zwischenprodukten:
   Katalysatoren bilden mit den Ausgangsstoffen mehr oder weniger instabile Zwischenverbindungen, die im Verlauf der Reaktion zu den Reaktionsprodukten zerfallen. Der Katalysator selbst liegt nach der Reaktion unverändert vor.
2. Spezifische Wirkung:
   Katalysatoren beeinflussen chemische Reaktionen unterschiedlich stark. So kann man in der Industrie bei verschiedenen möglichen Reaktionswegen nur den gewünschten ablaufen lassen.

Im engeren Sinne sind Biokatalysatoren nur die **Enzyme.** Oft jedoch werden auch **Hormone, Vitamine** oder Pflanzenwuchsstoffe dazugerechnet. Auch diese Verbindungen ermöglichen bestimmte Reaktionen.

Katalytische Reaktionen

Als Katalysatoren werden unterschiedliche chemische Stoffe, z.B. Metalle, ihre Oxide, Nichtmetalloxide, Säuren und Basen oder Komplexverbindungen, eingesetzt. Die Katalysatoren können sowohl organischer als auch anorganischer Natur sein.
Bilden unterschiedliche Stoffe einen Katalysator, spricht man von Mischkatalysatoren.
In der chemischen Industrie wird häufig mit Katalysatoren gearbeitet.

Großtechnische Prozesse, in denen Katalysatoren eingesetzt werden
- Ammoniaksynthese (↗ S. 245)
- Schwefelsäure-Kontakt-Verfahren (↗ S. 249)
- Reformieren von Benzin (↗ S. 267)
- Katalytisches Cracken (↗ S. 266)
- Methanolsynthese (↗ S. 270)

Biokatalysatoren

Auch in der Natur spielen Katalysatoren eine große Rolle. Die **Biokatalysatoren** sind Wirkstoffe (oft Enzyme), welche in geringsten Mengen Stoffwechselvorgänge erst ermöglichen oder beschleunigen.

Ein Beispiel für die selten vorkommenden negativen Katalysen sind die gesteuerten Knallgasreaktionen bei der biologischen Zellatmung (Endoxidation). Hier wird die Reaktion zwischen Sauerstoff und Wasserstoff durch Biokatalysatoren (Enzyme) stark verlangsamt.

Stoffwechselvorgänge, in denen Biokatalysatoren wirken:
- Fotosynthese
- Zellatmung
- Verdauungsvorgänge
- Fixierung von Luftstickstoff durch Knöllchenbakterien

Positive Katalyse wird das Beschleunigen der Reaktion genannt. **Negative Katalyse** ist eine Verzögerung des Ablaufs. Katalysatoren, die eine chemische Reaktion verlangsamen, werden auch als **Inhibitoren** bezeichnet.

3.1.4 Chemisches Gleichgewicht

Grundlagen

Gleichgewichtsreaktionen werden mit einem Doppelpfeil gekennzeichnet. Die Hinreaktion verläuft von links nach rechts, die Rückreaktion von rechts nach links.

Wenige chemische Reaktionen laufen nur in einer Richtung ab. Die meisten chemischen Reaktionen sind umkehrbar, bei ihnen können aus den gebildeten Reaktionsprodukten wieder die entsprechenden Ausgangsstoffe entstehen.

allgemeines Schema einer umkehrbaren chemischen Reaktion:

$$\text{Ausgangsstoffe} \underset{\text{Rückreaktion}}{\overset{\text{Hinreaktion}}{\rightleftharpoons}} \text{Reaktionsprodukte}$$

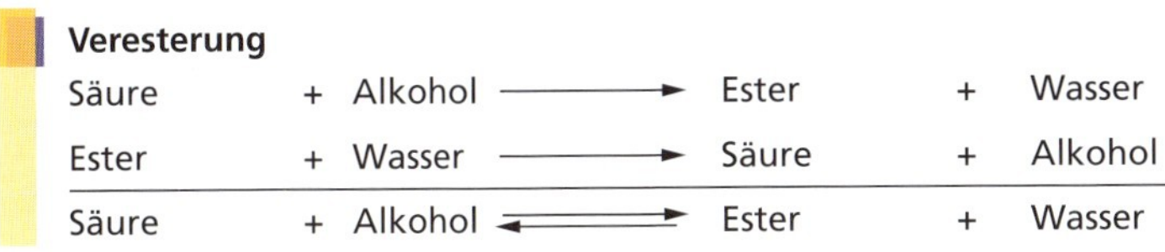

Veresterung

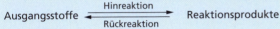

Säure	+ Alkohol	⟶	Ester	+	Wasser
Ester	+ Wasser	⟶	Säure	+	Alkohol
Säure	+ Alkohol	⇌	Ester	+	Wasser

Die Richtung, in welche die chemische Reaktion abläuft, hängt von den Bedingungen Druck, Temperatur und Konzentration ab.

Ein **chemisches Gleichgewicht** liegt dann vor, wenn bei einer umkehrbaren chemischen Reaktion Hin- und Rückreaktion mit gleicher Geschwindigkeit ablaufen.

Das chemische Gleichgewicht ist sowohl von seiten der Ausgangsstoffe aus auch von seiten der Reaktionsprodukte einstellbar.
Reaktion von Iod mit Wasserstoff

Iod	+	Wasserstoff	⇌	Iodwasserstoff
I_2	+	H_2	⇌	$2\,HI$

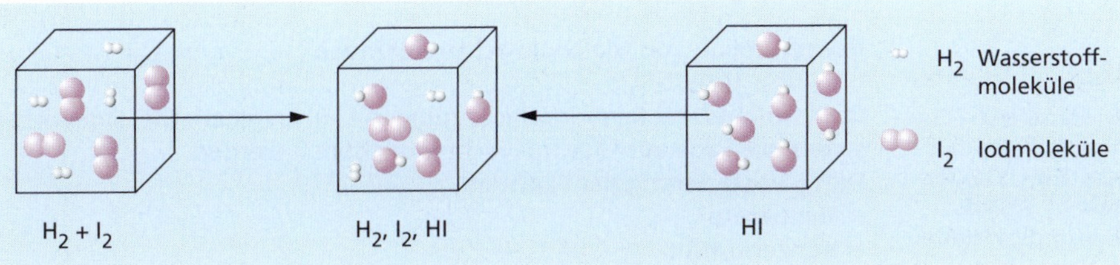

Einstellzeit: Das ist die Zeit, die vom Beginn der umkehrbaren chemischen Reaktion bis zum Erreichen des Gleichgewichtszustands notwendig ist.
Gleichgewichtszustand: Das ist der dynamische Zustand des reagierenden Systems, in dem Hin- und Rückreaktion mit gleicher Geschwindigkeit ablaufen.

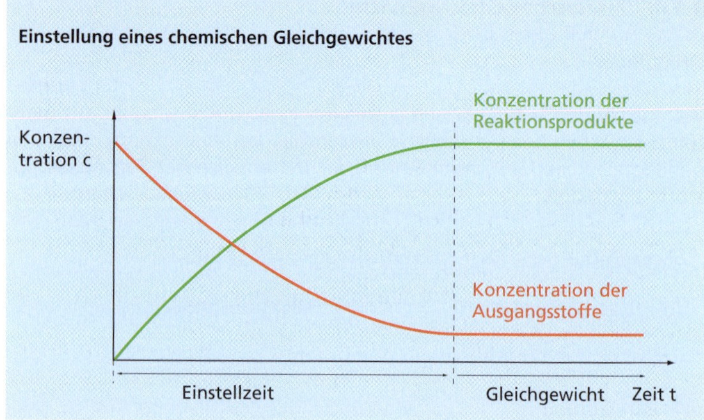

Quantitativ lässt sich die Lage des chemischen Gleichgewichts durch das **Massenwirkungsgesetz (MWG)** beschreiben.

Kennzeichen der Einstellzeit	Kennzeichen des Gleichgewichts
– Konzentration der Ausgangsstoffe nimmt ab – Konzentration der Reaktionsprodukte nimmt zu	– Konzentrationen von Ausgangsstoffen und Reaktionsprodukten ändern sich nicht mehr
– Reaktionsgeschwindigkeit der Hinreaktion nimmt ab – Reaktionsgeschwindigkeit der Rückreaktion nimmt zu	– Reaktionsgeschwindigkeiten von Hin- und Rückreaktion sind gleich

Nach der Einstellung des chemischen Gleichgewichts ändern sich die Konzentrationen der reagierenden Stoffe nicht mehr. Die Geschwindigkeiten von Hin- und Rückreaktion sind gleich.

Beeinflussung von Gleichgewichtsreaktionen

Der französische Chemiker **H. L. Le Chatelier** (1850–1936) formulierte 1884 das „Prinzip des kleinsten Zwanges“, in dem er den Einfluss äußerer Bedingungen auf chemische Gleichgewichte darlegte. Nach ihm wurde es auch als **Prinzip von Le Chatelier** benannt.

Durch veränderte Reaktionsbedingungen kann in einem Gleichgewichtssystem die Lage des Gleichgewichts verschoben werden.
Durch Veränderung der Faktoren
- Temperatur,
- Konzentration,
- Druck (bei Gasen)

kann das Gleichgewicht beeinflusst werden.

Katalysatoren verringern die Einstellzeit, da die Reaktionsgeschwindigkeit durch Herabsetzung der Aktivierungsenergie erhöht wird. Katalysatoren verändern jedoch *nicht* die Lage des Gleichgewichts. Sie beschleunigen Hin- und die Rückreaktion gleichermaßen.

Beeinflussung durch die Temperatur
Durch Temperaturerhöhung wird die Reaktion begünstigt, die unter Energieverbrauch abläuft, also die endotherme Reaktion.
Durch Temperaturerniedrigung wird die Reaktion begünstigt, die unter Energieabgabe abläuft, also die exotherme Reaktion.

LE CHATELIER formulierte die Verschiebung eines Gleichgewichts so, dass dieses vor dem äußeren Zwang ausweicht. Durch die Lageverschiebung verkleinert sich der äußere Zwang. Daher stammt auch die Bezeichnung „Prinzip vom kleinsten Zwang".

Beeinflussung durch die Konzentration
Die Erhöhung der Konzentration eines Stoffs begünstigt die Reaktion, bei der dieser Stoff verbraucht wird. Wird also die Konzentration eines Ausgangsstoffs erhöht, so wird die Hinreaktion, bei der dieser Ausgangsstoff verbraucht wird, gefördert.
Wird die Konzentration eines Stoffs, z.B. durch Entnahme aus dem System, erniedrigt, so wird die Reaktion begünstigt, bei der dieser Stoff gebildet wird. Durch Abführung von Reaktionsprodukten kann so ebenfalls die Hinreaktion, bei der diese Reaktionsprodukte entstehen, gefördert werden.

Beeinflussung durch den Druck
Der Druck hat nur Einfluss auf chemische Gleichgewichtsreaktionen, wenn Gase beteiligt sind und sich die Volumina der Ausgangsstoffe von den Volumina der Reaktionsprodukte unterscheiden.
Druckerhöhung fördert die Reaktion, die unter Volumenabnahme verläuft. Druckerniedrigung fördert die Reaktion, die unter Volumenzunahme verläuft.

Bei sehr vielen chemischen Reaktionen spielen mehrere Gleichgewichte eine Rolle. Man spricht dann von gekoppelten Gleichgewichten.

Volumenänderung bei chemischen Reaktionen

$$N_2 + 3\,H_2 \underset{\text{Volumen nimmt zu}}{\overset{\text{Volumen nimmt ab}}{\rightleftharpoons}} 2\,NH_3$$

$$\underbrace{22{,}4\ \text{l/mol} \quad 3 \cdot 22{,}4\ \text{l/mol}}_{89{,}6\ \text{l/mol}} \quad > \quad \underbrace{2 \cdot 22{,}4\ \text{l/mol}}_{44{,}8\ \text{l/mol}}$$

Veränderte Bedingungen	Wirkungen auf das Gleichgewicht
Temperatur: – Erhöhung – Erniedrigung	 – fördert die endotherme Reaktion – fördert die exotherme Reaktion
Konzentration: – Erhöhung – Erniedrigung	 – fördert die den Stoff verbrauchende Reaktion – fördert die den Stoff bildende Reaktion
Druck: – Erhöhung – Erniedrigung	 – fördert die Reaktion mit Volumenabnahme – fördert die Reaktion mit Volumenzunahme

Jede Beeinflussung des Gleichgewichts durch Temperatur, Konzentration oder Druck führt zu einer solchen Änderung des Gleichgewichtszustands, die den störenden Einfluss verringert.

3.2 Arten der chemischen Reaktionen

3.2.1 Überblick

Chemische Reaktionen können nach verschiedenen Prinzipien eingeteilt werden. Nach dem Aggregatzustand der reagierenden Stoffe können Gasreaktionen, Reaktionen in wässrigen Lösungen und Reaktionen von Feststoffen unterschieden werden. In Abhängigkeit von der Art der miteinander reagierenden Teilchen bezeichnet man Stoffumwandlungen als Molekülreaktionen, Ionenreaktionen oder Radikalreaktionen.
In der organischen Chemie betrachtet man hauptsächlich die Änderung des Bindungszustands der Kohlenstoffatome und unterscheidet zwischen Addition, Substitution und Eliminierung (↗ S. 229).
Als sehr sinnvoll hat sich die nachfolgende Einteilung erwiesen, bei der man Reaktionstypen danach unterscheidet, welche Teilchen zwischen den Ausgangsstoffen ausgetauscht werden:

Elektrochemische Reaktionen (↗ S. 112) sind Spezialfälle der Redoxreaktion.

1. Redoxreaktionen (Reaktionen mit Elektronenübergang, ↗ S. 108)
2. Säure-Base-Reaktionen (Reaktionen mit Protonenübergang, ↗ S. 120)
3. Fällungsreaktionen (↗ S. 122)
4. Komplexreaktionen

3.2.2 Redoxreaktionen – Reaktionen mit Elektronenübergang

Nachdem der Sauerstoff von J. Priestley (1733–1804) und gleichzeitig und unabhängig von C. W. Scheele (1742 bis 1786) entdeckt worden war, konnte A. L. Lavoisier (1749–1794) mit seiner Sauerstofftheorie die **Phlogistontheorie** widerlegen. Er bewies in seinen Versuchen, dass Verbrennung Sauerstoffaufnahme und damit Massenzunahme bedeutet.

Der Begriff Redoxreaktion stammt ursprünglich von Reduktions-Oxidationsreaktionen. Nach der Aufklärung von Verbrennunsvorgängen durch Lavoisier wurde die Reaktion mit Sauerstoff (oxygenium) als **Oxidation** bezeichnet. Der Entzug von Sauerstoff aus einer Verbindung wurde **Reduktion** genannt. Daraus ergab sich die Definition der Redoxreaktionen im engeren Sinn.

Redoxreaktionen im engeren Sinn	
Oxidation im engeren Sinn	**Reduktion im engeren Sinn**
– Aufnahme von Sauerstoff	– Abgabe von Sauerstoff
– Bildung von Oxiden	– Zerfall von Oxiden
Beispiel: Bildung von Schwefeldioxid	Beispiel: Zerfall von Stickstoffmonooxid
Gleichung: $S + O_2 \longrightarrow SO_2$	Gleichung: $2\,NO \longrightarrow N_2 + O_2$

Außer dem Element Sauerstoff können auch Verbindungen, die Sauerstoff abgeben, eine Oxidation hervorrufen. Stoffe, die eine Oxidation bewirken, werden als **Oxidationsmittel** bezeichnet. Sie selbst werden dabei reduziert. Der Stoff, der den Sauerstoff aufnimmt, also selbst oxidiert wird, ist das **Reduktionsmittel.**

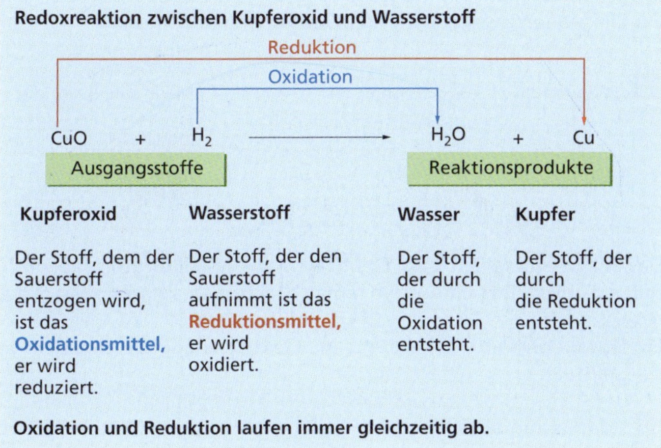

Allgemeines Schema einer Redoxreaktion im engeren Sinne:

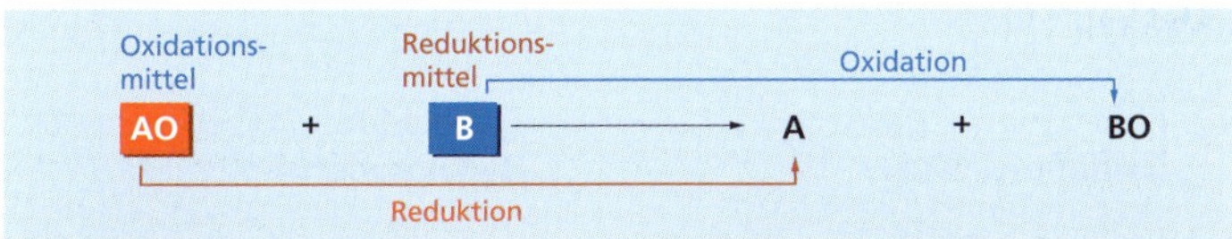

Bei **Redoxreaktionen** im engeren Sinne laufen Oxidation und Reduktion gleichzeitig ab. Das Oxidationsmittel gibt Sauerstoff ab und wird dabei selbst reduziert. Das Reduktionsmittel nimmt Sauerstoff auf und wird dabei selbst oxidiert.

Nach der Aufklärung des Atombaus wurde erkannt, dass einer Oxidationsreaktion stets eine Abgabe von Elektronen zugrunde liegt. Die von einem Atom abgegebenen Elektronen werden von einem anderen Atom aufgenommen. Diese Elektronenaufnahme ist die Reduktion. Aus diesen Erkenntnissen entwickelte sich die Theorie von der Redoxreaktion im erweiterten Sinn.

Redoxreaktionen laufen genauso bei organischen Verbindungen ab. Reagiert Methan bei hohen Temperaturen mit Wasser, so gibt Wasser den Sauerstoff an den Kohlenstoff des Methans ab. Es entstehen Kohlenstoffmonooxid und Wasserstoff. Auch viele biochemische Prozesse wie der Abbau von **Kohlenhydraten** zu Kohlenstoffdioxid und Wasser sind Redoxreaktionen.

Redoxreaktion im erweiterten Sinn	
Oxidation im erweiterten Sinn	**Reduktion im erweiterten Sinn**
– Abgabe von Elektronen	– Aufnahme von Elektronen
– Beispiel: Bildung von Magnesium-Ionen	– Beispiel: Bildung von Chlorid-Ionen
Gleichung: $Mg \longrightarrow Mg^{2+} + 2\,e^-$	Gleichung: $Cl_2 + 2\,e^- \longrightarrow 2\,Cl^-$

Die Elektronendonatoren sind Reduktionsmittel, sie werden durch die Elektronenabgabe gleichzeitig oxidiert.
Die Elektronenakzeptoren sind Oxidationsmittel, sie werden durch die Elektronenaufnahme reduziert.
Elektronenaufnahme und -abgabe laufen immer gleichzeitig ab, sodass keine Elektronen erzeugt oder vernichtet werden.

Teilchen, die Elektronen abgeben, sind **Elektronendonatoren.** Teilchen, die Elektronen aufnehmen, sind **Elektronenakzeptoren.**

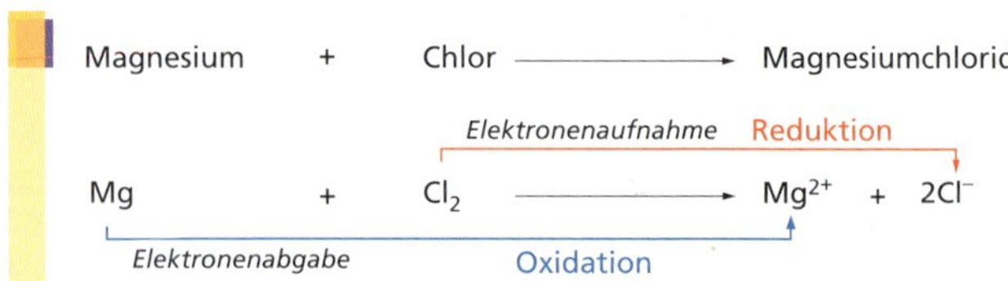

Das Magnesiumatom gibt Elektronen an das Chloratom ab und wird selbst oxidiert. Das Chloratom nimmt Elektronen auf und wird reduziert.

Ein Reduktionsmittel wird durch die Elektronenabgabe zu einem Oxidationsmittel.

Die Änderung der **Oxidationszahlen** ist ein charakteristisches Merkmal für Redoxreaktionen.

Ein Oxidationsmittel wird durch Elektronenaufnahme zu einem Reduktionsmittel.

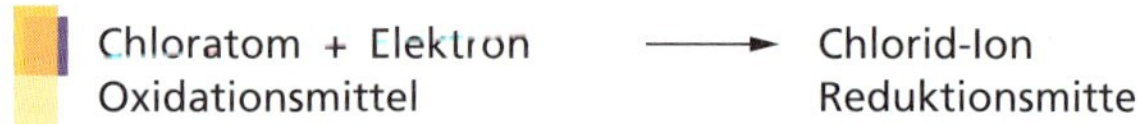

Jedem Oxidationsmittel entspricht ein dazugehöriges Reduktionsmittel. Man nennt diese ein Redoxpaar.

Redoxpaar

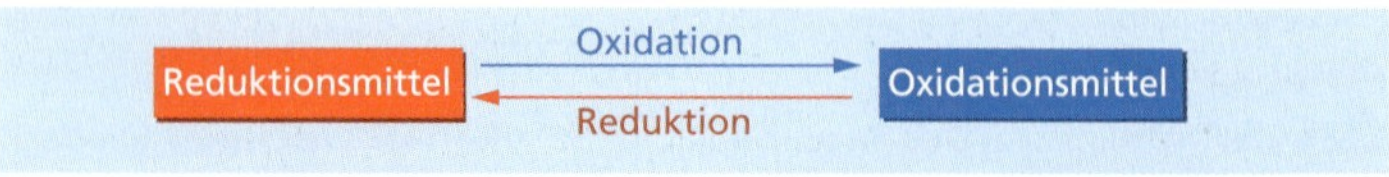

Zwischen zwei Redoxpaaren bildet sich durch die Elektronenaustauschreaktion ein chemisches Gleichgewicht aus. Dieses wird als Redoxgleichgewicht bezeichnet.

Bei einer Redoxreaktion reagieren immer zwei Redoxpaare miteinander. Die reagierenden Teilchen werden als **Redoxsystem** zusammengefasst.

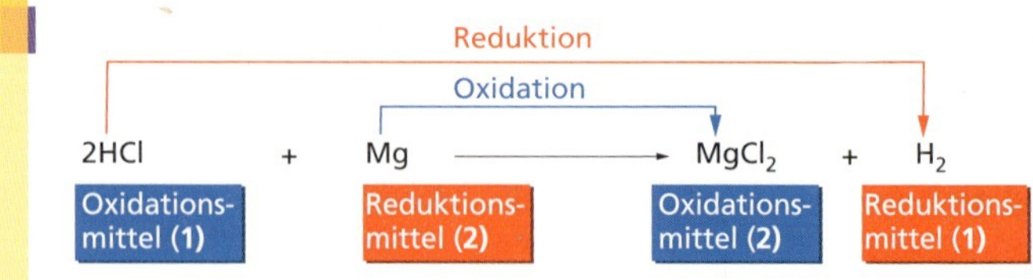

Redoxreaktionen sind chemische Reaktionen mit Elektronenübertragung. Bei der Teilreaktion **Oxidation** werden von dem Reduktionsmittel (2) Elektronen abgegeben. Bei der Teilreaktion **Reduktion** werden vom Oxidationsmittel (1) Elektronen aufgenommen. Beide Teilreaktionen finden gleichzeitig statt.

Die Redoxreihe der Metalle

Entsprechend ihrer Stellung im Periodensystem haben die Metalle ein unterschiedliches Bestreben, Elektronen abzugeben oder aufzunehmen. Nach der Tendenz, Elektronen abzugeben, können die Metalle in einer Reihe (Redoxreihe) angeordnet werden:

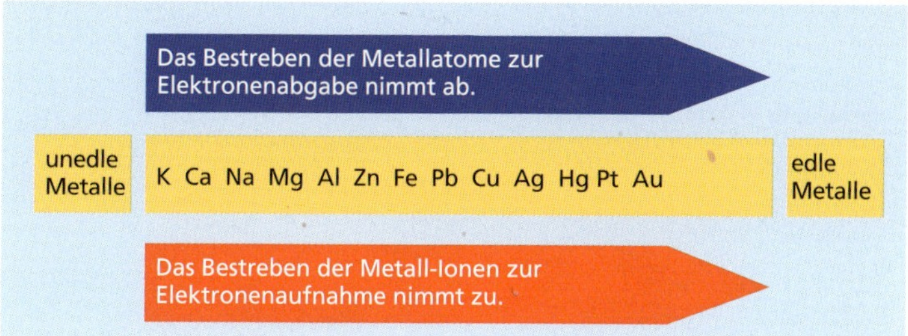

Metalle, die ihre Valenzelektronen leicht abgeben, bezeichnet man als unedle Metalle. Die unedlen Metalle sind gute Reduktionsmittel (Elektronendonatoren) und werden deshalb leicht oxidiert. Zu den unedlen Metallen zählen die Alkali- und Erdalkalimetalle, Aluminium, Zink und Eisen.

Wird ein unedles Metall in eine wässrige Lösung eines Salzes eines edleren Metalls getaucht, so scheidet sich das edlere Metall auf dem unedleren ab. Es nimmt Elektronen auf (wird reduziert). Das unedlere geht in Lösung, es gibt Elektronen ab (wird oxidiert).

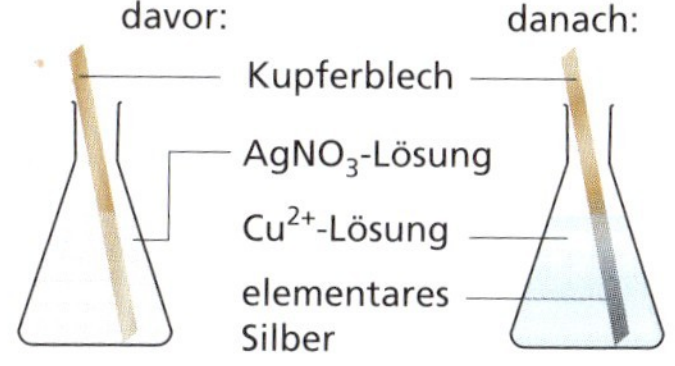

$$Cu + 2\,Ag^+ \rightleftharpoons Cu^{2+} + 2\,Ag$$

Eine einfaches Experiment beweist die unterschiedliche Oxidierbarkeit der verschiedenen Metalle. Taucht ein Eisennagel in eine Kupfer(II)-sulfatlösung (I), so wird nach einiger Zeit das Eisen als unedles Metall in Lösung gehen, es bildet Eisen(II)-Ionen und gibt Elektronen an die Kupfer(II)-Ionen ab. Diese werden zu Kupfer reduziert. Das Kupfer scheidet sich am Eisennagel ab.

Metalle, die ihre Valenzelektronen nur schwer abgeben, bezeichnet man als edle Metalle. Die edlen Metalle sind nur schwer zu oxidieren, ihre Ionen aber sind sehr gute Oxidationsmittel (Elektronenakzeptoren). Beispiele für edle Metalle sind Kupfer, Quecksilber, Silber, Platin und Gold.

$$Cu^{2+} + Fe \rightleftharpoons Fe^{2+} + Cu$$

Eine technische Anwendung dieser Redoxreihe ist die Zementation (Abscheidung) von Kupfer durch Eisenschrott. Durch Zugabe von Eisenschrott zu einer Kupfersulfatlösung, die man beim Auslaugen kupferarmer Erze erhält, wird das Kupfer ausgefällt und Eisen geht als Eisensulfat in Lösung.
Die Redoxreihe hat auch große Bedeutung beim Korrosionsschutz und bei Batterien.

3.2.3 Elektrochemische Reaktionen

Grundlagen

Bei allen elektrochemischen Reaktionen erfolgt der Stromtransport durch die Wanderung von Ladungsträgern. Das sind Kationen oder Anionen. Bei der Leitung in Metallen wandern Elektronen als Ladungsträger.

Elektrochemische Reaktionen gehören zu den Reaktionen mit Elektronenübergang (Redoxreaktionen). Es findet eine Umwandlung von chemischer Energie in elektrische Energie oder umgekehrt statt.

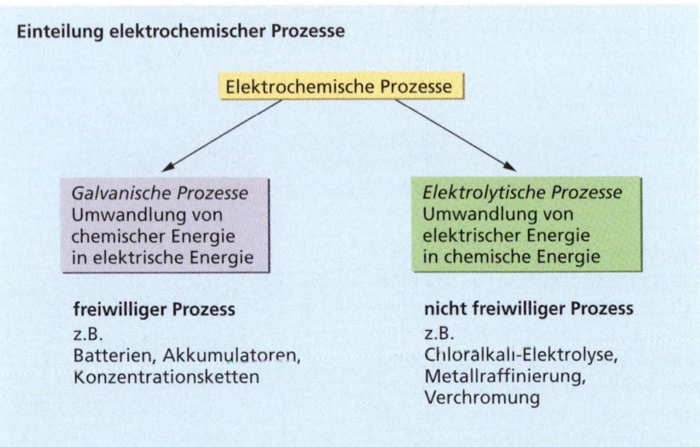

Elektrochemische Reaktionen finden an Elektroden und damit an unterschiedlichen Orten innerhalb des Reaktionsgefäßes statt.

Elektroden

Als **Elektrode** wird der Teil eines metallischen Leiters bezeichnet, der den elektrischen Strom auf in Gasen, Flüssigkeiten oder in Festkörpern vorhandene Ladungsträger (Ionen) überträgt.

Bei den **Elektrolyten** unterscheidet man zwischen echten Elektrolyten und potenziellen Elektrolyten. Echte Elektrolyte enthalten bereits im Kristallgitter Ionen. Die potenziellen Elektrolyte bilden erst durch Reaktion mit Wassermolekülen Ionen.

Im einfachsten Fall besteht eine Elektrode aus einem Metall, das in eine wässrige Lösung eines Elektrolyten taucht. Das Metall steht dadurch mit der Elektrolytlösung in Kontakt.

Echte **Elektrolyte** sind chemische Verbindungen, die im festen, flüssigen oder gelösten Zustand Ionen enthalten.

Bei einer **Metallelektrode** befindet sich das Metall im Kontakt mit einer wässrigen Lösung seines leichtlöslichen Salzes.

Metallelektroden
Silber mit Silbernitratlösung, Kupfer mit Kupfer(II)-sulfatlösung, Eisen mit Eisen(II)-chloridlösung

Leicht lösliche Metallsalze dissoziieren in Wasser vollständig in ihre Ionen (Metall-Kationen und Anionen).

Dissoziation von Zink(II)-sulfat

$$ZnSO_4 \rightleftharpoons Zn^{2+} + SO_4^{2-}$$

Zwischen dem Metall, das in die Lösung seines Salzes eintaucht, und den Metall-Ionen in der Lösung stellt sich ein (elektrochemisches) Gleichgewicht ein.

Zink/Zink(II)-Ionen-Elektrode

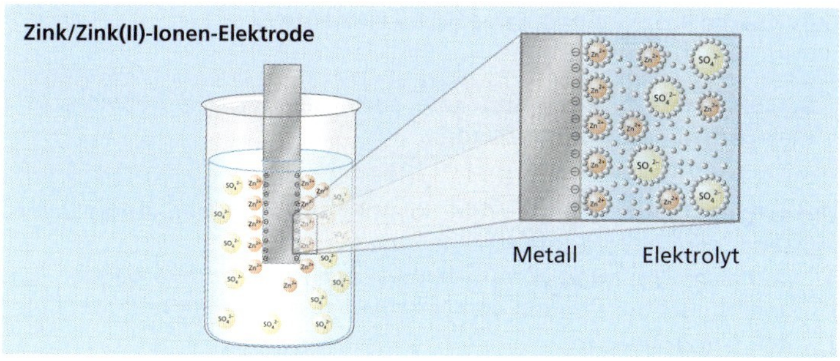

Die Teilchen symbolisieren Wassermoleküle, die die Hydrathülle der Ionen bilden. ⊖ sind Elektronen in der metallischen Phase. Zwischen Elektrolytlösung und metallischer Phase stellt sich eine elektrochemische Doppelschicht ein.

Diese Metallelektrode wird mit dem Elektrodensymbol Zn/Zn^{2+} gekennzeichnet.

Kennzeichnung einer Metallelektrode

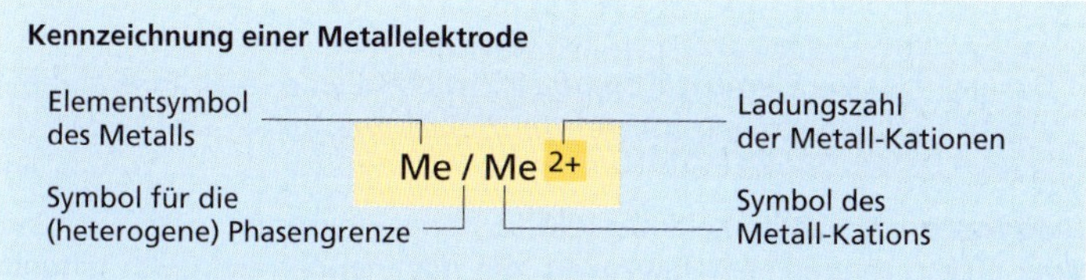

Zwischen dem Metall in der festen Phase und den Metall-Ionen in der wässrigen, flüssigen Phase bildet sich eine Potenzialdifferenz ρ aus.
Man nennt diese **Potenzialdifferenz** auch **Elektrodenpotenzial *E*** oder elektrochemisches Potenzial.
Das elektrochemische Potenzial stellt sich unter konstanten äußeren Bedingungen (Druck, Temperatur) in einem Gleichgewichtsprozess ein.

Die Potenzialdifferenz *E* kann für sich allein nicht experimentell bestimmt werden, da nur ein Pol existiert. Nach dem deutschen Physiker und Physikochemiker W. H. NERNST (1864–1941) kann man die Potenzialdifferenz jedoch theoretisch berechnen (nernstsche Gleichung).

Gleichung für die Bildung des elektrochemischen Potenzials

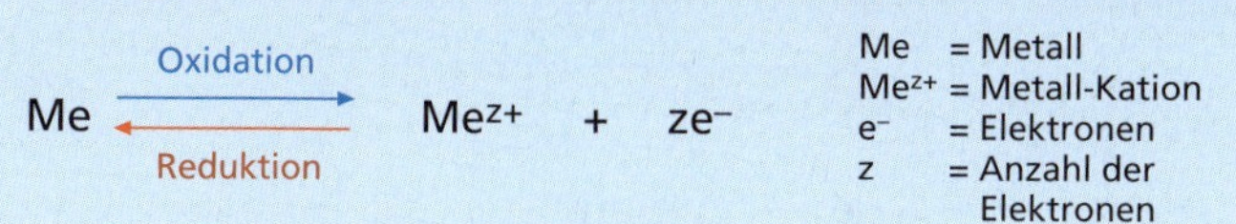

Die Potenzialdifferenz zwischen der festen Phase und der elektrolytischen Phase hängt von der Art des Metalls und von der Konzentration der Metall-Ionen in der Lösung ab. Elektrodenpotenziale sind temperaturabhängig und konzentrationsabhängig.

Die elektrochemische Spannungsreihe der Metalle ordnet die Metalle nach ihrer Oxidierbarkeit (↗ S. 111), also nach ihrer Tendenz, positiv geladene Ionen zu bilden.

Der italienische Arzt und Naturforscher LUIGI GALVANI (1737 bis 1798) wurde durch seine an Froschschenkeln durchgeführten elektrochemischen Versuche berühmt. Nach ihm sind zahlreiche Prozesse mit dem Wortstamm „galvan" benannt.

J. F. DANIELL (1790 bis 1845) ein englischer Chemiker und Physiker, entwickelte 1836 als Erster ein galvanisches Element. Es bestand aus einer Kupferelektrode in Kupfersulfatlösung und einer Zinkelektrode in einer Zinksulfatlösung. Es lieferte etwa eine Spannung von 1,05 V. In den Anfängen der Elektrotechnik spielte es eine große Rolle.

Edle Metalle (↗ S. 111) lassen sich leicht elektrochemisch aus ihren Lösungen abscheiden. An der Elektrode läuft ein Reduktionsprozess ab. Unedle Metalle (↗ S. 111) gehen dagegen leicht in Lösung; das bedeutet, das Metall löst sich auf. An der Elektrode läuft ein Oxidationsprozess ab.

Unedle Metalle lassen sich leicht oxidieren, edle Metalle schwer. Bei elektrochemischen Prozessen scheiden sich edle Metalle freiwillig leichter ab, während unedlere Metalle leichter in Lösung gehen.

Galvanische Prozesse und galvanische Elemente

Bei **galvanischen Prozessen** wird chemische Energie freiwillig in elektrische Energie umgewandelt.

Um nutzbare elektrische Energie durch Redoxreaktionen zu erzeugen, müssen folgende Voraussetzungen gegeben sein:

1. räumliche Trennung von Oxidations- und Reduktionsvorgängen, um unerwünschten Kontakt von verschiedenen Metallen und Metall-Ionen zu verhindern
2. Verbindung der getrennt ablaufenden Vorgänge durch einen elektrischen Leiter

Zur Realisierung dieser Voraussetzungen verwendet man das galvanische Element.

Das **galvanische Element** ist eine elektrochemische Zelle. Es besteht aus zwei miteinander kombinierten Elektroden.

Jede elektrochemische Zelle besteht aus zwei Elektroden oder auch aus zwei elektrochemischen Halbzellen, die miteinander elektrisch leitend, z. B. über einem Stromschlüssel, verbunden sind. Der Stromschlüssel enthält eine Elektrolytlösung, z. B. Kaliumchloridlösung KCl oder Kaliumnitratlösung KNO_3 und ermöglicht den Ladungstransport zwischen den Halbzellen.

Das DANIELL-Element

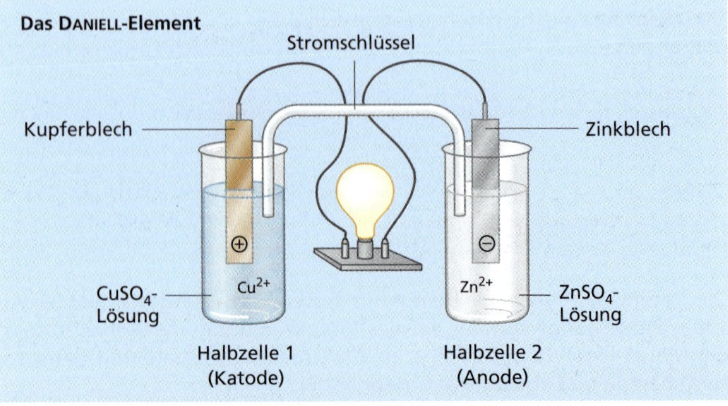

Als Stromschlüssel kann auch eine halbdurchlässige Membran verwendet werden, die den Übergang von Ladungsträgern, z. B. Anionen, zwischen den beiden Elektrolytlösungen erlaubt.
Zellsymbol für das DANIELL-Element (galvanische Zelle):

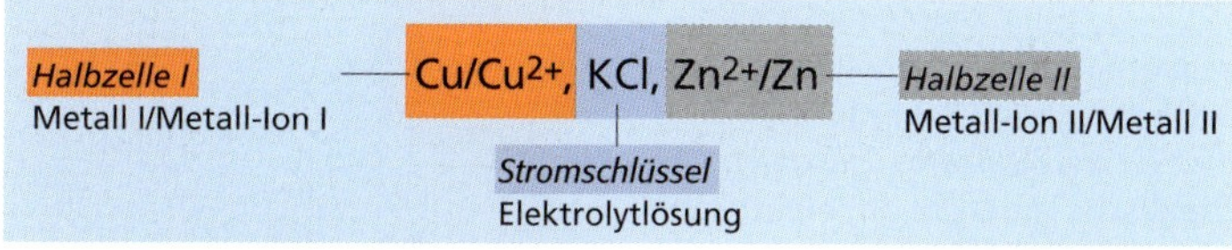

Der Stromschlüssel (Kaliumchloridlösung: KCl) kann in der Schreibweise für das Zellsymbol weggelassen werden.
Das Zellsymbol für das DANIELL-Element wird dann so geschrieben:

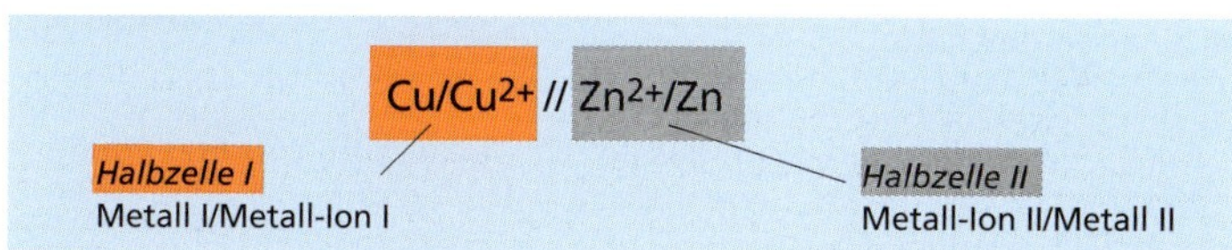

Werden die beiden Metalle durch einen leitenden Draht verbunden, so fließt durch die Kombination von zwei Elektroden ein elektrischer Strom durch das System, der mit einem Messgerät gemessen werden kann. Chemische Energie wird freiwillig in elektrische Energie umgewandelt.

Die Kombination der beiden Halbzellenreaktionen ergibt die Gesamtelektrodenreaktion (Zellreaktion). Reduktion und Oxidation laufen gekoppelt, aber in getrennten Räumen ab.

Vorgänge im DANIELL-Element

	Elektrode I (Halbzelle I)	**Elektrode II (Halbzelle II)**
Vorgänge	Kupfer-Ionen aus der Lösung scheiden sich am Kupferstab ab	Zink löst sich aus dem Zinkstab, die Zink-Ionen wandern in die Lösung
chemische Reaktion	Reduktion von Kupfer-Ionen	Oxidation von Zinkatomen
Teilgleichung	$Cu^{2+} + 2\,e^- \longrightarrow Cu$	$Zn \longrightarrow Zn^{2+} + 2\,e^-$
Ladung der Elektrode	im Vergleich zur Elektrode II: ⊕	im Vergleich zur Elektrode I: ⊖
Gesamtelektrodenreaktion	$Zn + Cu^{2+} \longrightarrow Zn^{2+} + Cu$	

Diese Prozesse laufen freiwillig (ohne äußeren Zwang) so lange bei konstanter Temperatur und konstantem Druck ab, bis die Potenzialdifferenz zwischen den beiden Elektroden Null ist.

Das **DANIELL-Element** ist eine elektrochemische Zelle, bei der eine Kupfer/Kupfer(II)-Ionen-Elektrode und eine Zink/Zink(II)-Ionen-Elektrode gekoppelt sind.

Es gibt verschiedene **Batterietypen.** Als ortsunabhängige Stromquellen sind sie flexibel einsetzbar.

Galvanische Elemente und Akkumulatoren

Batterien sind galvanische Elemente, die durch Umwandlung von chemischer in elektrische Energie Strom erzeugen.

Im Verlauf einer freiwilligen elektrochemischen Zellreaktion wird die in der Batterie gespeicherte chemische Energie in elektrische umgewandelt. Batterien können nicht wieder aufgeladen werden. Zur Erhöhung der Zellspannung werden in manchen Batterien mehrere galvanische Zellen hintereinandergeschaltet.

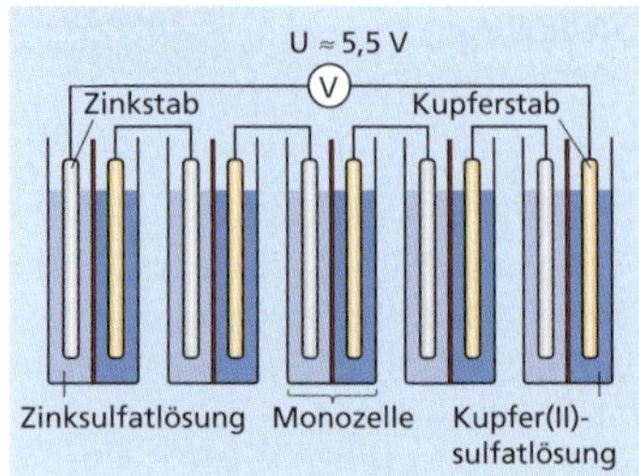

Auch **Akkumulatoren** sind galvanische Elemente zur Erzeugung elektrischer Energie. Im Gegensatz zu Batterien sind Akkumulatoren mehrfach wiederaufladbar.

Akkumulatoren speichern elektrische Energie in Form von chemischer Energie. Handys, Laptops und andere elektrische Geräte werden z. B. mit Nickel-Metallhydrid-Akkumulatoren betrieben.

Der bekannteste Akkumulator ist der **Bleiakkumulator,** der in vielen Kraftfahrzeugen als **Autobatterie** Verwendung findet. Er besteht im einfachsten Fall aus einer Blei- und einer Blei(IV)-oxidelektrode in verdünnter Schwefelsäure als Elektrolyt. Beim freiwilligen Entladevorgang werden Bleiatome oxidiert und Blei(IV)-Ionen reduziert (↗ Abb.).
Die dabei zwischen den Elektroden ausgetauschten Elektronen betreiben einen angeschlossenen Verbraucher (Glühlampe usw.), bis der Akkumulator vollständig entladen ist.
Um den Akkumulator wieder aufzuladen, müssen die umgekehrten Reaktionen ablaufen. Diese werden durch Anlegen einer äußeren Spannung durch Elektrolyse (↗ S. 119) erzwungen.

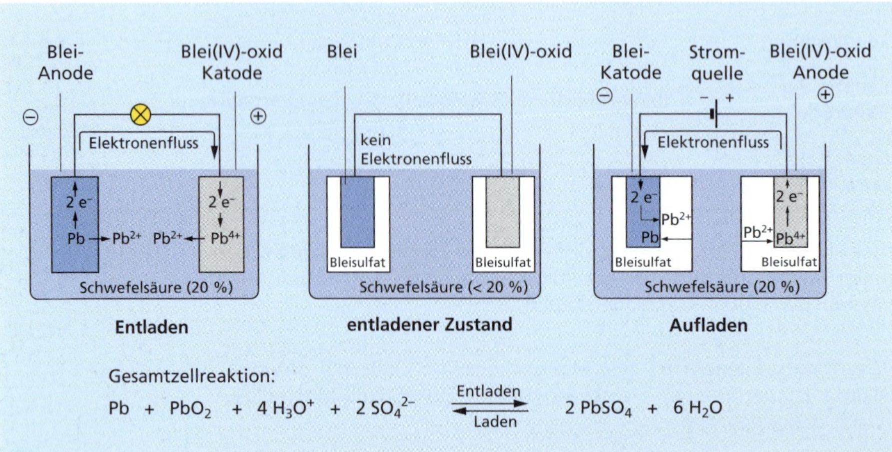

$$Pb + PbO_2 + 4\,H_3O^+ + 2\,SO_4^{2-} \underset{\text{Laden}}{\overset{\text{Entladen}}{\rightleftharpoons}} 2\,PbSO_4 + 6\,H_2O$$

Alle elektrochemischen Prozesse sind immer eine Kombination aus Reduktions-/Oxidationsvorgängen. In der einen Halbzelle läuft die Reduktion und in der anderen Halbzelle die Oxidation ab.

Die Elektrode, an welcher der Oxidationsprozess abläuft, bezeichnet man als **Anode** und die Elektrode, an der der Reduktionsprozess abläuft, als **Katode.**

Bei galvanischen Zellen ist das Vorzeichen der Katode positiv, da Elektronen aus der metallischen Phase abgezogen werden. Die Katode lädt sich dabei selbst positiv auf. Die Anode wird durch die Übertragung der Elektronen auf die metallische Phase negativ.

Elektrochemische Korrosion

Als **Korrosion** wird die schädliche Veränderung (Auflösung oder Zerstörung) einer Metalloberfläche durch elektrochemische Reaktionen bezeichnet.

Aus der Redoxreihe der Metalle (↗ S. 111) kann man das Korrosionsverhalten der Metalle beurteilen. So ist z.B. nach der elektrochemischen Spannungsreihe Kupfer edler als Zink. Elektrochemische Korrosion kann überall dort auftreten, wo sich zwei metallische Leiter berühren.
Die einfachste Möglichkeit ist ein Lokalelement.

Ein **Lokalelement** ist ein besonderes galvanisches Element, das nur in einem kleinen Bereich wirkt.

Lokalelemente können sich z. B. bilden, wenn Metalle mit anderen Metallen oder Kohlenstoff verunreinigt sind.

Die **Korrosion** des Eisens heißt Rosten. Die Vorgänge beim Rosten sind sehr kompliziert. Roheisen rostet wesentlich schneller als **Stahl,** denn es enthält zahlreiche Verunreinigungen.

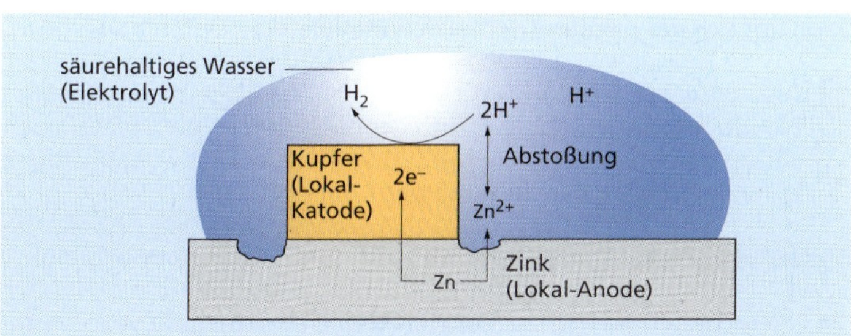

Enthält das Zink Verunreinigungen, z.B. Kupferanteile, oder werden Zinkrohre mit Kupfer verlötet, so kann an der Kontaktstelle Korrosion (Kontaktkorrosion) auftreten, wenn Wasser oder Feuchtigkeit hinzukommen.
Das unedlere Zink bildet die Lokal-Anode. Es gibt Elektronen ab (geht in Lösung) und wird dabei selbst oxidiert.

Die vom Zink abgegebenen Elektronen fließen nun zum Kupfer. Kupfer wird zur Lokal-Katode. An der Oberfläche des Kupfers werden nun Wasserstoff-Ionen reduziert.

$$Zn \longrightarrow Zn^{2+} + 2\,e^-$$

$$2\,H^+ + 2\,e^- \longrightarrow H_2$$

Hohe Ionenkonzentrationen beschleunigen den Stromtransport und führen zu erhöhter **Korrosion.** Auch durch Luftsauerstoff wird die Korrosion beschleunigt. Man unterscheidet sogar zwischen der reinen Säurekorrosion und der Sauerstoffkorrosion.

Luftfeuchtigkeit begünstigt die Korrosion. Im Wasser gelöste Gase, z. B. Kohlenstoffdioxid oder Schwefeldioxid (aus Abgasen), können Ionen bilden und es entsteht eine Elektrolytlösung.

Korrosionsschutz

Die unerwünschte Korrosion kann durch verschiedene Mechanismen unterbunden werden.

1. Fernhalten von Elektrolytlösungen

Dazu können verschiedene Überzüge, z.B. Kunststoffüberzüge, Lacke oder auch metallische Deckschichten verwendet werden. Manche Metalle bilden mit Luftsauerstoff eine fest haftende Oxidschicht aus, die das darunterliegende Metall vor Korrosion schützt.

Chrom ist ein relativ unedles Metall. Es bildet jedoch eine Deckschicht aus Chromoxid aus, deren elektrochemisches Potenzial dem von Silber nahekommt.
Deshalb wird Chrom auch als relativ unedles Metall zum Schutz von Eisenteilen benutzt und eingesetzt (Verchromung von Metallen, z.B. Fahrradlenker und -felgen).

Der durch Metallkorrosion in der BRD auftretende Schaden beträgt ca. 50 Mrd. Euro pro Jahr. Insgesamt belaufen sich die durch Korrosion (lat. *corrodere* = zernagen) verursachten Schäden auf 2,5 % des Bruttosozialprodukts.

2. Verhindern der Korrosion auf elektrochemischem Wege

Ein relativ unedles Metall kann vor Oxidation (Auflösung des Metalls) geschützt werden, indem man es mit einem noch unedleren Metall in Verbindung bringt.
Dann löst sich das unedlere der beiden Metalle – die **Opferanode** – auf.

Dies wird bei Schiffen, Brückenbauten, Tanklagerbehältern oder Elektroboilern genutzt, wo Zink oder Magnesium als Opferanoden verwendet werden, um die Auflösung (Korrosion) der eisenhaltigen Metallkonstruktionen zu verhindern.

3. Gezielter Zusatz von anderen Metallen (unter Legierungsbildung)

Die Eigenschaften von reinen Metallen können durch den Zusatz von anderen Metallen oder Nichtmetallbestandteilen stark verändert werden. Dies trifft auch auf das elektrochemische Verhalten dieser neuen Materialien zu, das damit wesentlich verändert werden kann.

Legierungen von Metallen besitzen häufig ein ganz anderes Korrosionsverhalten als die einzelnen reinen Metalle. Messing (eine Kupfer-Zink-Legierung) ist chemisch beständig und korrodiert nicht.

Korrosion kann verhindert werden, indem entweder das unedle Metall mit einer Opferanode (noch unedleres Metall) kombiniert wird oder es vor dem Einfluss von Elektrolytlösungen geschützt wird. Auch durch Legierungsbildung können Korrosionsprozesse vermieden werden.

Elektrolytische Prozesse

Bei **elektrolytischen Prozessen** wird elektrische Energie in chemische Energie umgewandelt. Die Vorgänge laufen nicht freiwillig ab.

Bei der Elektrolyse werden chemische Stoffumwandlungsprozesse durch Anlegen einer äußeren Spannung erzwungen und zur Herstellung von chemischen Stoffen ausgenutzt.
Großtechnisch sind die folgenden Reaktionen von besonderer Bedeutung:

- Elektrolyse einer NaCl-Lösung zur Herstellung von Chlor, Natronlauge und Wasserstoff durch das Membranverfahren (↗ S. 255)
- Verchromung von eisenhaltigen Metallen (aus saurer Dichromatlösung)
- Elektrotauchlackierung von Metallteilen
- Elektroraffination von Metallen (Herstellung von sehr reinen Metallen durch elektrochemische Abscheidung) speziell für die Halbleiter- und Mikroelektronik
- Elektrolytisches Polieren von Metallen zur Herstellung von hochglänzenden und sehr glatten Metalloberflächen
- Herstellung von Schutzschichten auf Aluminium und anderen Metallen
- Schmelzflusselektrolyse zur Aluminiumherstellung (↗ S. 257)
- Erzeugung von verschiedenen organischen Stoffen (z. B. Anilin aus Nitrobenzen)
- Reinigung von Abwässern durch elektrolytische Verfahren
- Herstellung von Elektropolymeren
- Abscheidung von Metallen durch katodische Reaktion

Die **Elektrotauchlackierung** von Metallteilen kommt z. B. bei Autokarosserien zum Einsatz.

Bei der **Abwasserreinigung** durch elektrolytische Verfahren werden z. B. Schwermetall-Ionen katodisch abgeschieden oder organische Verbindungen anodisch zersetzt.

Diese elektrochemischen Reaktionen laufen mithilfe einer äußeren Spannungsquelle ab. Der Strom wird dabei von außen auf die elektrochemische Zelle zugeführt. Elektrochemische Elektrolyseanordnungen werden außerdem bei der quantitativen Stofftrennung und -bestimmung ausgenutzt (Elektrogravimetrie). Dabei wird der zu bestimmende Stoff elektrolytisch abgeschieden und seine Masse durch Wägung bestimmt.

In **Elektrolysezellen** sind die Vorzeichen von Katode und Anode anders als in den galvanischen Zellen. Hier ist die Katode negativ geladen und die Anode positiv geladen. In diesen Elektrolysezellen wandern somit die Kationen zur Katode und die Anionen zur Anode.

3.2.4 Säure-Base-Reaktionen – Reaktionen mit Protonenübergang

Als Amphoterie bezeichnet man die Erscheinung, bei der ein Stoff in Abhängigkeit vom Reaktionspartner als Säure oder Base reagieren kann.

Nach ARRHENIUS sind Säuren (↗ S. 179) Stoffe, die in wässriger Lösung in positiv geladene Wasserstoff-Ionen H^+ (Protonen) und Säurerest-Anionen dissoziieren. Basen (↗ S. 179) sind Stoffe, die in wässriger Lösung in negativ geladene Hydroxid-Ionen OH^- und positiv geladene Metall-Kationen dissoziieren.

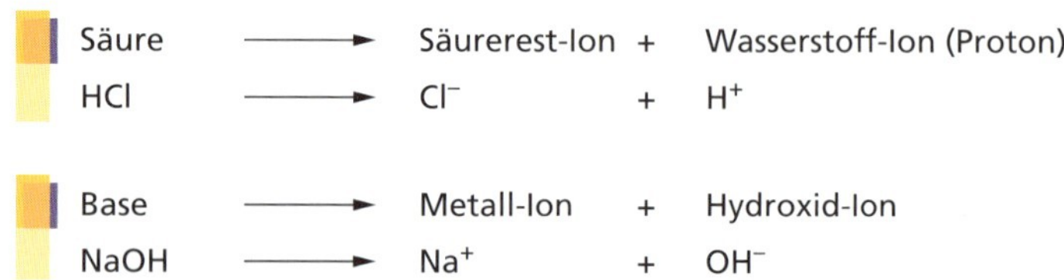

Nach BRÖNSTED sind Säuren Stoffe, die Protonen abgeben (Protonendonatoren). Basen sind Stoffe, die Protonen aufnehmen (Protonenakzeptoren). Säuren und Basen sind über die Aufnahme und Abgabe des gleichen Teilchens – des Protons – definiert.

korrespondierend

$$HCl + H_2O \rightleftharpoons Cl^- + H_3O^+$$

korrespondierend

Stoffe, die sowohl Protonen abgeben als auch anlagern können, nennt man **Ampholyte.** Ob sie als Säure oder als Base reagieren, hängt vom jeweiligen Reaktionspartner ab.

Säuren geben Protonen ab, Basen nehmen Protonen auf. Durch Abgabe eines Protons entsteht aus einer Säure die **korrespondierende Base.** Aus einer Base entsteht durch Aufnahme eines Protons die **korrespondierende Säure.**

Säure-Base-Reaktion	
Säure	**Base**
– Abgabe von Protonen	– Aufnahme von Protonen
– Säure ist Protonendonator	– Base ist Protonenakzeptor
– Säure (1) wird zur korrespondierenden Base (1)	– Base (2) wird zur korrespondierenden Säure (2)
HCl, H_2SO_4, $CH_3–COOH$, H_3O^+, NH_4^+	Cl^-, SO_4^{2-}, $CH_3–COO^-$, H_2O, NH_3

Säure-Base-Reaktionen sind nach BRÖNSTED Reaktionen, die unter **Protonenübertragung** verlaufen. An einer solchen Säure-Base-Reaktion sind immer zwei Säure-Base-Paare beteiligt.

Proton (von Säure (1) an Base (2)); *Proton* (von Säure (2) an Base (1))

Säure (1) + Base (2) ⇌ Base (1) + Säure (2)

H^+ (von HNO_3 an H_2O); H^+ (von H_3O^+ an NO_3^-)

$$HNO_3 + H_2O \rightleftharpoons NO_3^- + H_3O^+$$

$$CH_3\text{–}COOH + H_2O \rightleftharpoons CH_3\text{–}COO^- + H_3O^+$$

$$H_2O + NH_3 \rightleftharpoons OH^- + NH_4^+$$

Es stellt sich ein chemisches Gleichgewicht (Protolysegleichgewicht) ein.

Die **Autoprotolyse** ist eine Reaktion mit Protonenübergang zwischen gleichen Molekülen, z. B. zwei Wassermolekülen oder zwei Ammoniakmolekülen. Der pH-Wert (↗ S. 180) ist ein Maß für die Konzentration der Hydronium-Ionen (H_3O^+) in einer wässrigen Lösung.

Neutralisation

Die **Neutralisationsreaktion** ist ein Sonderfall der Säure-Base-Reaktion. Es reagieren Hydronium-Ionen mit Hydroxid-Ionen zu Wasser. Die Bildung von Wasser ist das charakteristische Merkmal bei allen Neutralisationsreaktionen.

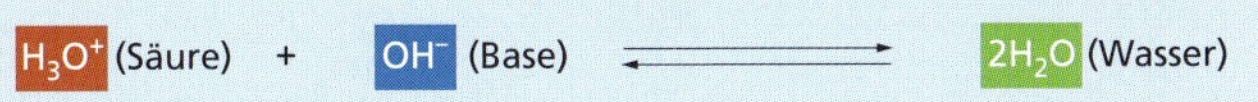

Neutralisationsreaktionen

$$HCl + NaOH \rightleftharpoons H_2O + NaCl$$

$$CH_3-COOH + NaOH \rightleftharpoons H_2O + CH_3COONa$$

Vergleich von Redoxreaktionen und Säure-Base-Reaktionen

	Redoxreaktionen	**Säure-Base-Reaktionen**
übertragene Teilchen	Elektronen	Protonen
Teilchendonator	Reduktionsmittel (RM)	Säure (S)
Teilchenakzeptor	Oxidationsmittel (OM)	Base (B)
korrespondierende Paare	RM(1) ⇌ OM(1) + e^-	S(1) ⇌ B(1) + H^+ oder HA ⇌ A^- + H^+
Gleichgewicht	RM(1) + OM(2) ⇌ OM(1) + RM(2)	HA(1) + B(2) ⇌ B(1) + HA(2)
Beispielreaktion	$Fe + Cu^{2+} \rightleftharpoons Fe^{2+} + Cu$ *Elektronenübergang*	$NH_3 + H_2O \rightleftharpoons NH_4^+ + OH^-$ *Protonenübergang*

3.2.5 Fällungsreaktionen

Fällungsreaktionen werden u. a. zum Nachweis von Stoffen genutzt (↗ S. 306 ff.).

Fällungsreaktionen sind Reaktionen, bei denen aus Lösungen von frei beweglichen Ionen ein Feststoff ausfällt. Die Löslichkeit des Feststoffs im Lösungsmittel wird dabei überschritten.

Unter der Löslichkeit eines Stoffs in einem Lösungsmittel versteht man die maximale Menge an Substanz, die das Lösungsmittel bei einer bestimmten Temperatur aufnehmen kann.

Die Natrium-Ionen und die Nitrat-Ionen beteiligen sich nicht an der Reaktion, sie liegen unverändert frei beweglich vor. Die Fällungsreaktion kann mit einer Gleichung in Ionenschreibweise dargestellt werden. Durch einen nach unten gerichteten Pfeil hinter dem schwerlöslichen Stoff wird das Ausfällen gekennzeichnet.

Löslichkeit verschiedener Stoffe (in 100 g Wasser bei 20 °C): Natriumchlorid NaCl 35,9 g; Silbernitrat $AgNO_3$ 215,5 g; Silberchlorid AgCl 0,000 15 g; Eisen(III)-hydroxid $Fe(OH)_3$ 0,000 000 005 g

Salze lösen sich unter Dissoziation in Wasser. Werden in einem Gefäß Natriumchlorid und in einem anderen Gefäß Silbernitrat in Wasser gelöst, so dissoziieren diese Salze. In der Lösung liegen die entsprechenden Ionen vor.

Dissoziation von Natriumchlorid und Silbernitrat

$$NaCl \rightleftharpoons Na^+ + Cl^-$$
$$AgNO_3 \rightleftharpoons Ag^+ + NO_3^-$$

Vermischt man nun die beiden Lösungen, so bildet sich ein Niederschlag (Feststoff) aus schwer löslichem Silberchlorid, der sich am Boden absetzt.

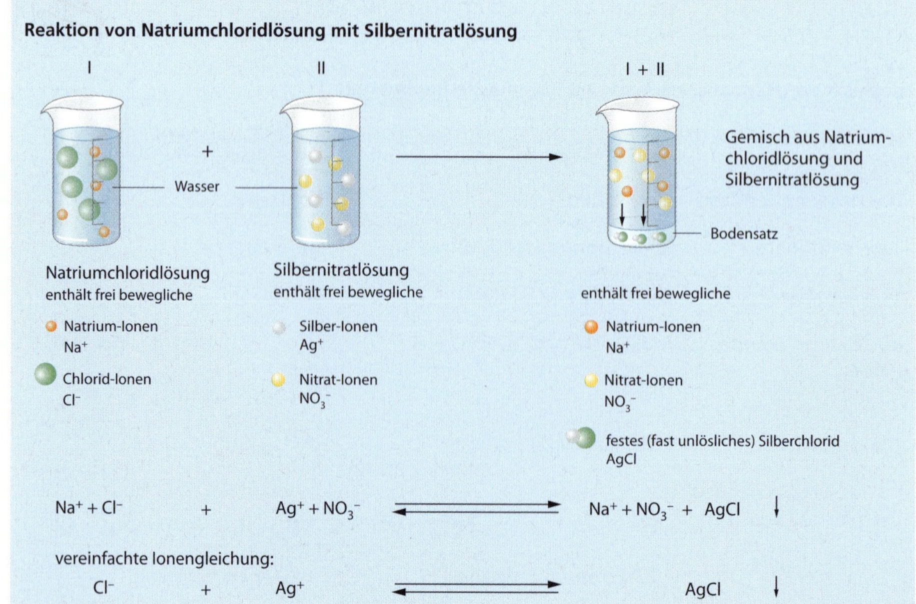

BERECHNUNGEN IN DER CHEMIE

4

4.1 Stoffproben kennzeichnende Größen

4.1.1 Atom- und Molekülmasse

Die atomare Masseneinheit

Die atomare Masseneinheit ist eine Festlegung. Früher wurde die Masse eines Wasserstoffatoms als Bezugsgröße gewählt. Die Bezeichnung „*u*" kommt aus dem Englischen von „unit" für Einheit.

Die absoluten Massen der einzelnen Atome von Stoffproben sind sehr, sehr klein (10^{-24} bis 10^{-22} g). Um das chemische Rechnen mit solchen kleinen Zahlenwerten zu vermeiden, hat man eine atomare Masseneinheit eingeführt und vergleicht die absoluten Atommassen mit dieser Masseneinheit.

Die **atomare Masseneinheit 1 *u*** entspricht einem Zwölftel der Masse eines Kohlenstoffatoms, ${}^{12}_{6}C$.

$$\frac{m_{\text{Kohlenstoffatom}}}{12} = \frac{0{,}000\,000\,000\,000\,000\,000\,000\,019\,932\text{ g}}{12} = u$$

$$= 0{,}000\,000\,000\,000\,000\,000\,000\,001\,661\text{ g} = 1{,}661 \cdot 10^{-24}\text{ g}$$

Die relative Atommasse

Die relative Atommasse kann aus dem Periodensystem der Elemente (↗ S. 74) abgelesen werden.

16	32,06
S	

Die **relative Atommasse** gibt an, wievielmal größer die Masse eines Atoms als die atomare Masseneinheit ist.
Formelzeichen: A_r
Einheit: 1 (Verhältniszahl)

Schwefel hat eine relative Atommasse von 32. Die Masse eines Schwefelatoms entspricht demnach dem Zweiunddreißigfachen der atomaren Masseneinheit.

Berechnung der relativen Atommasse A_r

$$\text{relative Atommasse} = \frac{\text{absolute Masse eines Atoms}}{\text{atomare Masseneinheit}} \qquad A_r = \frac{m_a}{u}$$

Für die Umrechnung der Einheiten gilt:
1 kg = 1000 g

Aufgabe: Berechne die Masse eines Bleiatoms.
Analyse: Im Periodensystem der Elemente kann man die relative Atommasse von Blei ablesen und daraus die absolute Atommasse berechnen.
Gesucht: $m_{a\,(Blei)}$
Gegeben: $A_{r\,(Blei)} = 207{,}2$ $\quad u = 1{,}661 \cdot 10^{-24}$ g
Lösung: $A_r = \frac{m_a}{u}$

$$m_{a(Blei)} = A_r \cdot u$$
$$m_{a(Blei)} = 207{,}2 \cdot 1{,}661 \cdot 10^{-24}\text{ g}$$
$$m_{a(Blei)} = 3{,}442 \cdot 10^{-22}\text{ g}$$

Ergebnis: Ein Bleiatom hat eine Masse von $3{,}442 \cdot 10^{-22}$ g.

Die relative Molekülmasse

Die atomare Masseneinheit kann auch auf Moleküle angewendet werden. Da die Moleküle aus Atomen aufgebaut sind, ergibt sich die Molekülmasse als Summe der einzelnen Atommassen.

Einige relative Molekülmassen können aus Tabellen und Tafelwerken entnommen werden, z.B. *www.tafelwerk.de*

Die **relative Molekülmasse** ist die Summe der relativen Atommassen aller Atome, die in dem Molekül enthalten sind.
Formelzeichen: M_r
Einheit: 1 (Verhältniszahl)

Aufgabe: Berechne die relative Molekülmasse eines Schwefeldioxidmoleküls.
Analyse: Schwefeldioxid hat die Formel SO_2. Ein Schwefeldioxidmolekül besteht aus einem Schwefelatom und zwei Sauerstoffatomen. Im Periodensystem der Elemente kann man die relativen Atommassen von Schwefel und Sauerstoff ablesen.
Gesucht: $M_{r(SO_2)}$
Gegeben: $A_{r(S)} = 32{,}1$
$A_{r(O)} = 16{,}0$
Lösung: Die relative Molekülmasse ist die Summe der relativen Atommassen der Atome, die im Molekül enthalten sind.
$M_{r(SO_2)} = A_{r(S)} + 2 \cdot A_{r(O)}$
$M_{r(SO_2)} = 32{,}1 + 2 \cdot 16{,}0$
$M_{r(SO_2)} = 64{,}1$

Ergebnis: Ein Schwefeldioxidmolekül hat eine relative Molekülmasse von 64,1.

4.1.2 Masse, Volumen und Teilchenanzahl

Die Masse

Die Menge von Stoffproben oder Stoffportionen kann mit den Größen Masse und Volumen gekennzeichnet werden.

Die Einheit 1 kg ist eine Basiseinheit des **Internationalen Einheitensystems.**
Im Alltag sind auch folgende veraltete Einheiten wie Pfund und Zentner gebräuchlich, die aber in der Naturwissenschaft vermieden werden sollten.
- 1 Pfund = 500 g
- 1 Zentner = 50 kg.

Die **Masse** gibt an, wie schwer oder wie leicht und wie träge eine Stoffprobe oder Stoffportion ist.
Formelzeichen: *m*
Einheiten: ein Kilogramm (1 kg)
ein Gramm (1 g)

Teile und Vielfache der Masseeinheiten sind ein Milligramm (1 mg) und eine Tonne (1 t). Es gelten folgende Zusammenhänge:
1 t = 1000 kg = 1000000 g = 1000000000 mg
1 kg = 1000 g = 1000000 mg
1 g = 1000 mg

Das Volumen

Das **Volumen** gibt an, wie viel Raum eine Stoffprobe oder Stoffportion einnimmt.
Formelzeichen: V
Einheiten: ein Kubikmeter ($1\,m^3$)
ein Liter (1 l)

Zwischen den Einheiten gelten folgende Beziehungen:
$1\,m^3 = 1000\,l$
$1\,dm^3 = 1\,l$
$1\,cm^3 = 1\,ml$

Beziehungen zwischen den Volumeneinheiten

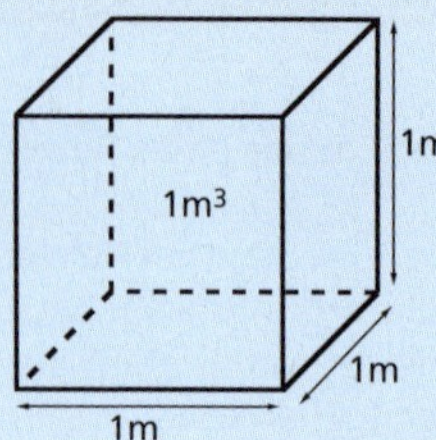

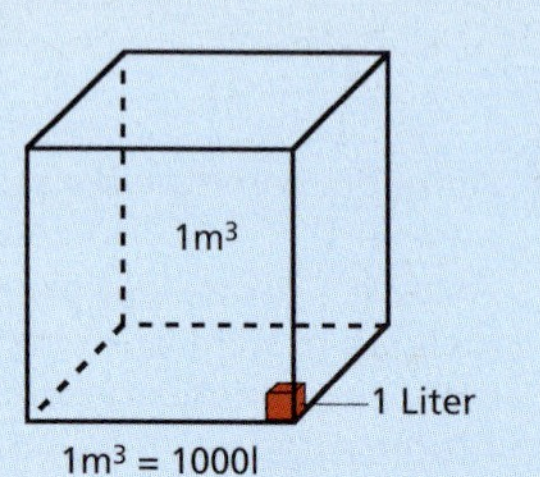

Der Rauminhalt von Schiffen wird in Bruttoregistertonnen (BRT) angegeben. Eine Registertonne entspricht $2{,}832\,m^3$. Das Volumen von Erdöl wird häufig in der Einheit „barrel" angegeben. Ein Barrel entspricht 158,758 l.

Teile und Vielfache der Volumeneinheit $1\,m^3$ sind ein Kubikdezimeter ($1\,dm^3$) und ein Kubikmillimeter ($1\,mm^3$). Es gelten folgende Zusammenhänge:

$1\,m^3 = 1000\,dm^3 = 1000000\,cm^3 = 1000000000\,mm^3$
$1\,dm^3 = 1000\,cm^3 = 1\,000000\,mm^3$
$1\,cm^3 = 1000\,mm^3$

Teile und Vielfache der Volumeneinheit 1 l sind ein Hektoliter (1 hl) und ein Milliliter (1 ml). Es gelten folgende Zusammenhänge:

1 hl = 100 l
1 l = 1000 ml.

Die Teilchenanzahl

Eine Stoffprobe beinhaltet eine bestimmte Anzahl von Teilchen. Somit kann die Menge einer Stoffprobe oder Stoffportion durch die Teilchenanzahl gekennzeichnet werden.

Die **Teilchenanzahl** gibt an, wie viele Teilchen in einer Stoffprobe oder Stoffportion vorhanden sind.
Formelzeichen: N

Da jedes Teilchen eines Stoffs eine ganz bestimmte Masse hat, sind umso mehr Teilchen in einer Stoffportion vorhanden, je größer die Masse ist. Es gilt folgender Zusammenhang:

Teilchenanzahl und Masse einer Stoffportion

Die Teilchenzahl	ist proportional	zur Masse.
N	$\sim$	m

4.1.3 Stoffmenge

Die AVOGADRO-Konstante ist nach dem italienischen Physiker und Chemiker AMADEO AVOGADRO (1776–1856) benannt.

Selbst kleine Portionen chemischer Stoffe wie 1 g Natriumchlorid enthalten eine riesige Anzahl von Teilchen. Zur Vereinfachung von Berechnungen führte man darum eine neue physikalische Grundgröße ein, die **Stoffmenge *n*.** Als Einheit der Stoffmenge wurde die Anzahl von 602 200 000 000 000 000 000 000 = $6{,}022 \cdot 10^{23}$ Teilchen = 1 mol festgelegt. Diese Anzahl von Teilchen, die in einem Mol eines Stoffs enthalten sind, wird durch die **AVOGADRO-Konstante N_A** angegeben.

Die **Stoffmenge** gibt an, wie viele Teilchen eines Stoffs in einer Stoffprobe oder Stoffportion vorliegen.
Formelzeichen: *n*
Einheit: ein Mol (1 mol)

Die Teilchenanzahl, die ein Mol eines jeden Stoffs enthält, beträgt:
$N_A = 6{,}022 \cdot 10^{23}\ \text{mol}^{-1}$ **(AVOGADRO-Konstante).**

Die Einheit 1 mol ist seit 1971 eine Basiseinheit des Internationalen Einheitensystems.

Die Teilchenanzahl in einer Stoffportion ist umso größer, je größer die Stoffmenge des Stoffs ist. Der Quotient aus Teilchenanzahl und Stoffmenge ist konstant und entspricht der AVOGADRO-Konstante.

Zusammenhang zwischen Teilchenanzahl *N* und Stoffmenge *n*

$N \sim n$ oder $\frac{N}{n} = \text{konstant}$

$N = N_A \cdot n$ oder $\frac{N}{n} = N_A$ oder $n = \frac{N}{N_A}$

Stoffproben bestehen aus einer unvorstellbar großen Anzahl von Teilchen.

Stoffprobe Kupfer:
$m = 40\ \text{g}$
$V = 4{,}46\ \text{cm}^3$
$N = 3{,}79 \cdot 10^{23}$ (Kupferteilchen)
$n = 0{,}629\ \text{mol}$

Aufgabe: Berechne, aus wie vielen Teilchen (Molekülen) eine Stoffprobe von 10 g Wasser besteht.

Gesucht: *N* *Gegeben:* $m = 10\ \text{g}$; $N_A = 6{,}022 \cdot 10^{23}\ \text{mol}^{-1}$
$M_{H_2O} = 18\ \text{g/mol}$

Lösung:

Möglichkeit 1
Wenn man weiß, welche Stoffmenge im Wasser vorhanden ist, kann man die Teilchenanzahl berechnen.

$N = N_A \cdot n \qquad n = \frac{m}{M}$

$N = N_A \cdot \frac{m}{M}$

$N = \frac{6{,}022 \cdot 10^{23} \cdot 10\ \text{g} \cdot \text{mol}}{18\ \text{g} \cdot \text{mol}}$

$N = 3{,}35 \cdot 10^{23}$

Möglichkeit 2
Die AVOGADRO-Konstante ist eine festgelegte Konstante für alle Stoffe; die molare Masse eine Stoffkonstante. Für den Zusammenhang zwischen Teilchenanzahl und Masse eines Stoffs gilt: $N \sim m$

$\frac{N}{N_A} = \frac{m}{M} \quad | \cdot N_A$

$N = \frac{m}{M} \cdot N_A = 3{,}35 \cdot 10^{23}$

Ergebnis: 10 g Wasser enthalten $3{,}35 \cdot 10^{23}$ Wassermoleküle.

Die molaren Massen und die AVOGADRO-Konstante kann man Tabellen oder Tafelwerken entnehmen.

Stoffproben können durch die Größen Masse, Volumen, Teilchenanzahl und Stoffmenge gekennzeichnet werden.

4.2 Stoffkennzeichnende Größen

4.2.1 Dichte von Stoffen

In der Chemie wird die Dichte von Gasen meist in Gramm je Liter angegeben. Es gilt:

$1 \frac{g}{l} = 1 \frac{kg}{m^3}$

Die **Dichte** gibt an, welche Masse jeder Kubikzentimeter Volumen eines Stoffs hat.
Formelzeichen: ρ (griechischer Buchstabe rho)
Einheiten: ein Gramm je Kubikzentimeter $(1 \frac{g}{cm^3}$; $g/cm^3)$
ein Kilogramm je Kubikmeter $(1 \frac{kg}{m^3}$; $kg/m^3)$

Ein Stoff hat eine Dichte von 1 g/cm^3, wenn jeder Kubikzentimeter dieses Stoffes eine Masse von 1 g besitzt.
Für die Einheiten gilt:

$$1\ g/cm^3 = 1\ kg/dm^3 = 1000\ kg/m^3$$
$$1\ kg/m^3 = 0{,}001\ kg/dm^3 = 0{,}001\ g/cm^3$$

Die Dichte von Stoffen findet man in Tabellen und Tafelwerken, z. B. unter *www.tafelwerk.de*.

Jeder Stoff hat bei einer bestimmten Temperatur und einem bestimmten Druck eine bestimmte Dichte.

Mit Veränderung der Temperatur verändern sich bei den meisten Stoffen das Volumen und damit auch ihre Dichte.

Berechnung der Dichte $\text{Dichte} = \frac{\text{Masse}}{\text{Volumen}}$ $\rho = \frac{m}{V}$

Bei *Reinstoffen* ist der ermittelte Wert für die Dichte die Dichte *eines* Stoffs. Die Dichte kennzeichnet den Stoff, aus dem dieser Körper besteht. Bei *Stoffgemischen* ist der ermittelte Wert die mittlere Dichte des Stoffgemischs.

4.2.2 Molare Masse

Die molaren Massen kann man Tabellen und Tafelwerken entnehmen.

Für Elemente sind häufig nicht die molaren Massen, sondern die relativen Atommassen in Tabellen angegeben. Dem Betrag nach entsprechen sich die Größen.

Die **molare Masse** eines Stoffs gibt an, welche Masse jedes Mol (etwa $6 \cdot 10^{23}$ Teilchen) dieses Stoffs besitzt.
Formelzeichen: M
Einheit: ein Gramm je Mol $(1 \frac{g}{mol}$; 1 g/mol)

Da die Massen der Teilchen der Stoffe unterschiedlich sind, besitzen die Stoffe auch unterschiedliche molare Massen. Aufgrund des proportionalen Zusammenhangs zwischen der Masse und der Stoffmenge einer Stoffprobe kann man die molare Masse berechnen.

Berechnung der molaren Masse

$$\text{molare Masse} = \frac{\text{Masse der Stoffprobe}}{\text{Stoffmenge der Stoffprobe}} \qquad M = \frac{m}{n}$$

Aufgabe: Berechne die molare Masse von Zinkchlorid.
Analyse: Die Anzahl der Zink- und Chlorid-Ionen im Zinkchlorid ergibt sich aus der chemischen Formel dieser Verbindung: $ZnCl_2$.
Gesucht: M_{ZnCl_2}
Gegeben: $M_{Zn} = 65{,}38$ g/mol
$M_{Cl} = 35{,}45$ g/mol
Lösung: $M_{ZnCl_2} = M_{Zn} + 2 \cdot M_{Cl}$
$M_{ZnCl_2} = 65{,}38 \text{ g/mol} + 2 \cdot 35{,}45 \text{ g/mol}$
$M_{ZnCl_2} = 136{,}3$ g/mol

Ergebnis: Die molare Masse von Zinkchlorid beträgt 136,3 g/mol.

Die molaren Massen von Zink und Chlor kann man aus dem Periodensystem der Elemente (↗ S. 74) ermitteln. Die Beträge stimmen mit den relativen Atommassen überein.

$M_{Cl} = 35{,}45$ g/mol

30 65,38
Zn

$M_{Zn} = 65{,}38$ g/mol

4.2.3 Molares Volumen

Das **molare Volumen** eines Stoffs gibt an, welches Volumen jedes Mol (etwa $6 \cdot 10^{23}$ Teilchen) dieses gasförmigen Stoffs besitzt.
Formelzeichen: V_m
Einheit: ein Liter je Mol ($1 \frac{\text{l}}{\text{mol}}$; 1 l/mol)

Für Gase gilt das Gesetz von AVOGADRO.

Das **Gesetz von AVOGADRO** besagt, dass gleiche Volumina gasförmiger Stoffe bei gleichem Druck und gleicher Temperatur gleich viele Teilchen enthalten.

Verhältins von Teilchenanzahl und Volumen bei Gasen

22,4 l Wasserstoff

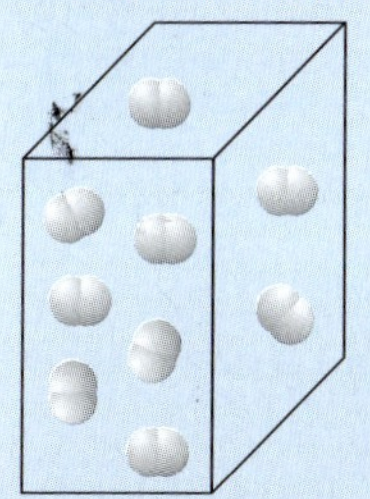

$6 \cdot 10^{23}$ Teilchen (Wasserstoffmoleküle) ≙ 2,0 g

22,4 l Neon

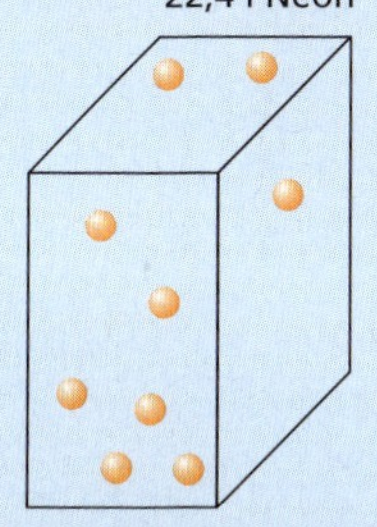

$6 \cdot 10^{23}$ Teilchen (Neonatome) ≙ 20,2 g

22,4 l Kohlenstoffdioxid

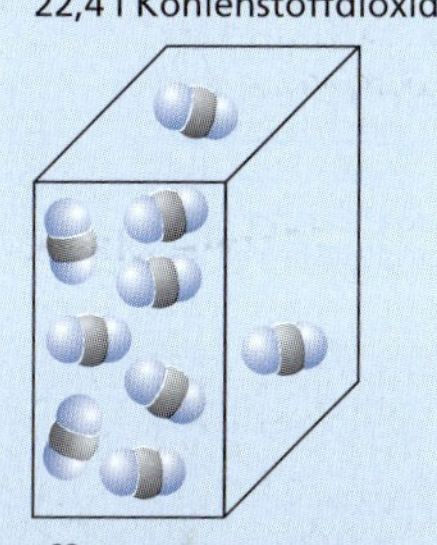

$6 \cdot 10^{23}$ Teilchen (Kohlenstoffdioxidmoleküle) ≙ 44,0 g

Das molare Volumen aller **idealen Gase** beträgt unabhängig von ihrer Zusammensetzung bei 0 °C und 101,3 kPa etwa 22,4 l/mol.

$V_m = 22{,}4$ l/mol

Bei einem Druck von 101,3 kPa und einer Temperatur von 0 °C sind das $6 \cdot 10^{23}$ Gasteilchen. Diese nehmen immer ein Volumen von 22,4 l ein.

Berechnung des molaren Volumens

$$\text{molares Volumen} = \frac{\text{Volumen der Stoffprobe}}{\text{Stoffmenge der Stoffprobe}} \qquad V_m = \frac{V}{n}$$

Da das Volumen des gasförmigen Wasserstoffs gesucht ist, wird diesem als molare Bezugsgröße das molare Volumen zugeordnet. Der gegebenen Masse von Zink wird entsprechend die molare Masse von Zink zugeordnet. Da das molare Volumen nur im Normzustand gilt, entstehen nur bei 0 °C und 1013 hPa exakt 17 l Wasserstoff.

Aufgabe: Welches Volumen an Wasserstoff kann vom kippschen Gasentwickler freigesetzt werden, wenn er mit 50 g Zink und ausreichend Chlorwasserstoffsäure (Salzsäure) gefüllt ist?

Analyse: Ausgangspunkt der Berechnung ist die Reaktionsgleichung:

$$\mathbf{Zn + 2\,HCl \longrightarrow ZnCl_2 + H_2}$$

Gesucht: V_{H_2}

Gegeben:
$M_{Zn} = 65{,}38$ g/mol
$m_{Zn} = 50$ g
$V_m = 22{,}4$ l/mol
$n_{Zn} = 1$ mol
$n_{H_2} = 1$ mol
$M_{Cl} = 35{,}45$ g/mol

Lösung:

$$\underset{1\,\text{mol}\cdot 65\,\text{g/mol}}{\overset{50\,\text{g}}{\mathbf{Zn}}} + \mathbf{2\,HCl} \longrightarrow \mathbf{ZnCl_2} + \underset{1\,\text{mol}\cdot 22{,}4\,\text{l/mol}}{\overset{V_{H_2}}{\mathbf{H_2}}}$$

Verhältnisgleichung:

$$\frac{m_{Zn}}{n_{Zn}\cdot M_{Zn}} = \frac{V_{H_2}}{n_{H_2}\cdot V_m}$$

$$\frac{50\,\text{g}}{1\,\text{mol}\cdot 65\,\text{g/mol}} = \frac{V_{H_2}}{1\,\text{mol}\cdot 22{,}4\,\text{l/mol}}$$

$$V_{H_2} = \frac{50\,\text{g}\cdot 22{,}4\,\text{l}}{1\,\text{mol}\cdot 65\,\text{g/mol}} = 17\,\text{l}$$

Ergebnis: Beim Einsatz von 50 g Zink können im kippschen Gasentwickler 17 l Wasserstoff freigesetzt werden.

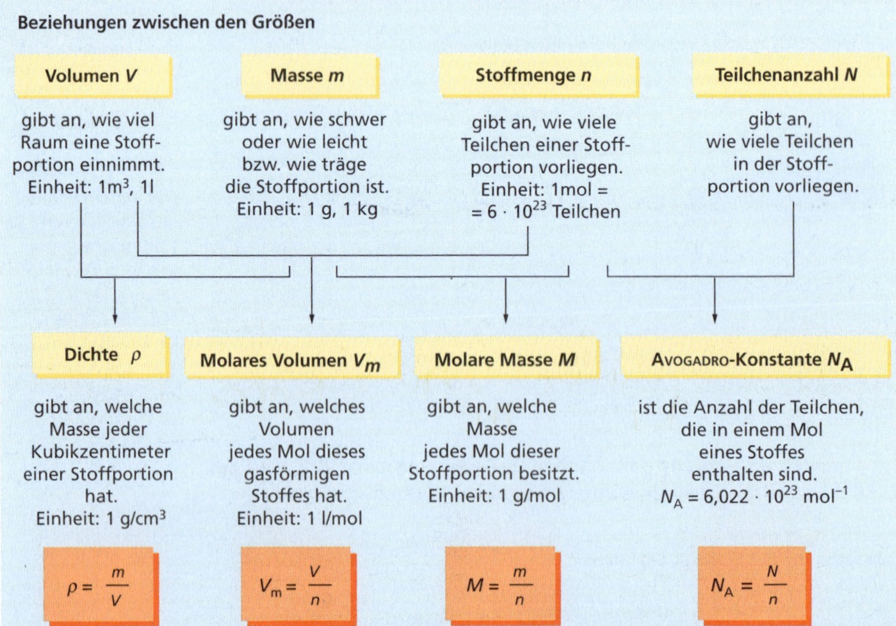

4.3 Gesetzmäßigkeiten chemischer Reaktionen und stöchiometrisches Rechnen

4.3.1 Stoffmengenverhältnisse bei chemischen Reaktionen

Bei chemischen Reaktionen reagieren bestimmte Anzahlen von Teilchen der Ausgangsstoffe miteinander. Dabei entsteht eine bestimmte Anzahl von Teilchen der Reaktionsprodukte.
Es gilt das **Gesetz von der Erhaltung der Anzahl der Atome.**

Bei allen chemischen Reaktionen bleibt die Anzahl der Atome erhalten. Die Anzahl der Atome der Ausgangsstoffe ist gleich der Anzahl der Atome der Reaktionsprodukte.

Reaktion von Kohlenstoff mit Sauerstoff

C	+	O_2	⟶	CO_2
1 Atom	+	2 Atome	⟶	3 Atome

So wie nur bestimmte Zahlenverhältnisse von Teilchen bei chemischen Reaktionen miteinander reagieren, so verhalten sich auch die Stoffmengen der Stoffe zueinander.

Bei chemischen Reaktionen reagieren die Stoffe in festen Stoffmengenverhältnissen miteinander:
$n_1 \sim n_2$ oder $\frac{n_1}{n_2} = \text{konstant}$

Stoffmengenverhältnis bei der Reaktion von Kohlenstoff mit Sauerstoff

C	+	O_2	⟶	CO_2
1 mol	+	1 mol	⟶	1 mol

4.3.2 Massenverhältnisse bei chemischen Reaktionen

Eine wichtige Basis für diese Berechnungen ist das **Gesetz von der Erhaltung der Masse** (↗ S. 97).

Bei allen chemischen Reaktionen bleibt die Gesamtmasse der an der Reaktion beteiligten Stoffe erhalten. Die Gesamtmasse der Ausgangsstoffe ist gleich der Gesamtmasse der Reaktionsprodukte.

Für konkrete Massen- und Volumenberechnungen bei chemischen Reaktionen benötigt man das **Gesetz von den konstanten Proportionen.**

Bei chemischen Reaktionen reagieren die Stoffe in festen Massenverhältnissen miteinander:
$m_1 \sim m_2$ oder $\frac{m_1}{m_2} = \text{konstant}$

Beim **Mischungsrechnen** können mit dem Mischkreuz die Konzentration und das Verhältnis von Lösungsmittel und gelöstem Stoff einer herzustellenden Lösung ausgerechnet werden.

In der Laborpraxis sind die Massen der reagierenden Stoffe von größerer Bedeutung als die Stoffmengen, da die Massen direkt durch Wägung bestimmt werden können.

Die Entdeckung des Gesetzes von der Erhaltung der Masse stand im Zusammenhang mit Untersuchungen von Verbrennungen. Es wurde erstmals 1785 von dem französischen Chemiker A. LAVOISIER (1743 bis 1794) formuliert.

Das Wort „Stöchiometrie" kommt aus dem Griechischen von „stoicheion" für Grundstoff und „metrein" für Messen.

Diese Erkenntnis wird für stöchiometrische Berechnungen genutzt.

1. **Berechnungen mit Verhältnisgleichungen:**

$$\begin{array}{lcccl} m_1 & & & & m_2 \\ \mathbf{A} & + & \mathbf{B} & \longrightarrow & \mathbf{C} \\ n_1 \cdot M_1 = \text{Wert } 1 & & & & n_2 \cdot M_2 = \text{Wert } 2 \end{array}$$

$$\frac{m_1}{\text{Wert } 1} = \frac{m_2}{\text{Wert } 2}$$

2. **Berechnungen mit Größengleichungen:**

$$\frac{m_1}{m_2} = \frac{M_1 \cdot n_1}{M_2 \cdot n_2}$$

Beim Lösen stöchiometrischer Aufgaben solltest du Folgendes beachten:

1. Analysiere zunächst den Sachverhalt der Aufgabe. Stelle eine Reaktionsgleichung auf.
2. Stelle die gesuchten und die gegebenen Größen der Aufgabe zusammen! Ermittle fehlende Größen aus Tafelwerken und Tabellen.
3. Suche einen Ansatz für die Berechnungen über
   a) eine Verhältnisgleichung oder
   b) eine Größengleichung.
4. Stelle die Gleichung nach der gesuchten Größe um. Setze die gegebenen Größen ein und berechne die gesuchte Größe.
5. Formuliere das Ergebnis der Aufgabe. Beantworte dabei die Fragen im Aufgabentext.

Die **Stöchiometrie** ist die Lehre von der Berechnung der Zusammensetzung chemischer Verbindungen sowie von den Massen-, Volumen- und Ladungsverhältnissen der chemischen Reaktionen. Energetische Veränderungen werden dabei nicht betrachtet.

Aufgabe: Berechne die Masse des Magnesiumoxids, die bei der Verbrennung von 0,5 g Magnesium theoretisch entsteht!

Analyse: Zunächst muss die Reaktionsgleichung aufgestellt werden.

$$\mathbf{2\,Mg + O_2 \longrightarrow 2\,MgO}$$

Gesucht: m_{MgO}

Gegeben: $m_{Mg} = 0{,}5\,g$; $M_{Mg} = 24{,}3\,g/mol$; $M_{MgO} = 40{,}3\,g/mol$; $n_{Mg} = 2\,mol$; $n_{MgO} = 2\,mol$; $n_{Mg} = n_{MgO}$

Lösung:

1. Möglichkeit: Berechnung mithilfe von Verhältnisgleichungen: Die gegebenen und gesuchten Größen werden eingesetzt.

$$\begin{array}{lcccl} 0{,}5\,g & & & & m_{MgO} \\ \mathbf{2\,Mg} & + & \mathbf{O_2} & \longrightarrow & \mathbf{2\,MgO} \\ 2\,mol \cdot 24{,}3\,g/mol & & & & 2\,mol \cdot 40{,}3\,g/mol \\ = 48{,}6\,g & & & & = 80{,}6\,g \end{array}$$

Die Werte werden in die Verhältnisgleichung eingesetzt, nach der gesuchten Größe umgestellt und die Berechnung durchgeführt.

$$\frac{0{,}5\,g}{48{,}6\,g} = \frac{m_{MgO}}{80{,}6\,g} \qquad m_{MgO} = \frac{0{,}5\,g \cdot 80{,}6\,g}{48{,}6\,g} \qquad m_{MgO} = 0{,}83\,g$$

2. Möglichkeit: Berechnung mit der Größengleichung:

$$\frac{m_{MgO}}{m_{Mg}} = \frac{M_{MgO} \cdot n_{MgO}}{M_{Mg} \cdot n_{Mg}}$$

Anschließend erfolgt das Einsetzen der Größen in die Größengleichung:

$$m_{MgO} = \frac{40{,}3 \cdot \frac{g}{mol} \cdot 2\,mol \cdot 0{,}5\,g}{24{,}3 \cdot \frac{g}{mol} \cdot 2\,mol} \qquad m_{MgO} = 0{,}83\,g$$

Ergebnis: Bei der Reaktion von 0,5 g Magnesium mit Sauerstoff entstehen theoretisch 0,83 g Magnesiumoxid.

GRUNDLAGEN DER ANORGANISCHEN CHEMIE

5

5.1 Metalle

5.1.1 Grundlagen

Aufbau und Eigenschaften

Metalle sind Elemente, die elektrisch leitfähig sind, eine gute Wärmeleitfähigkeit und einen metallischen Glanz besitzen. Metalle sind meist gut verformbar. Außer Quecksilber sind alle Metalle bei Zimmertemperatur fest.

Metalle kommen in der Natur in zwei Formen vor. **Edelmetalle** treten häufig gediegen (als reines) Metall auf. Unedle Metalle wie Eisen oder Zink kommen meist nur in Form von Mineralien, z. B. Erzen, vor.

Die elektrische Leitfähigkeit von Metallen beruht auf dem Vorhandensein frei beweglicher Elektronen zwischen den im Kristallgitter angeordneten Metallatomen und Metall-Ionen (↗ S. 68). Auch die Wärmeleitfähigkeit hat ihre Ursache in der Kristallgitterstruktur. Metallischer Glanz und Undurchsichtigkeit werden durch Absorption bzw. Reflexion des Lichts (bedingt durch die frei beweglichen Elektronen und die Anordnung der Atome und Ionen) hervorgerufen. Die Verformbarkeit der Metalle beruht auf Wechselwirkungen zwischen mechanischen Kräften und Anziehungskräften zwischen den einzelnen Bausteinen im Metallkristall.

Die meisten der in der Natur vorkommenden chemischen Elemente sind Metalle. Im Periodensystem der Elemente stehen die Metalle in der I. und II. Hauptgruppe. In der III. Hauptgruppe sind es die Elemente **Aluminium,** Gallium, Indium und Thallium, in der IV. Hauptgruppe die Elemente **Zinn** und **Blei** sowie die Elemente aller Nebengruppen einschließlich der Lanthanoide und der Actinoide.

Einteilung

Metalle können nach unterschiedlichen Prinzipien geordnet werden, z. B. nach der Dichte, der Farbe, der Schmelztemperatur oder der Oxidierbarkeit.

Einteilung der Metalle nach der Dichte	
Leichtmetalle	**Schwermetalle**
Dichte kleiner als 4,5 g/cm³	Dichte größer als 4,5 g/cm³
Natrium, Magnesium	Chrom, Eisen, Gold

Einteilung der Metalle nach der Schmelztemperatur		
niedrig schmelzende Metalle	**mittel schmelzende Metalle**	**hoch schmelzende Metalle**
niedriger als 600 °C	600–1100 °C	ab 1100 °C
Zinn, Cadmium	Aluminium	Mangan, Eisen

Nach der Farbe können Metalle in Schwarzmetalle, z. B. **Eisen,** und Buntmetalle, z. B. Blei, **Zink,** oder Zinn und Kupfer, eingeteilt werden.

Einteilung der Metalle nach der Oxidierbarkeit (↗ S. 111)	
unedle Metalle	**edle Metalle**
– geben leicht Elektronen ab – bilden leicht Oxide	– geben schwer Elektronen ab – bilden schwer Oxide
Natrium, Magnesium	Kupfer, Silber, Gold, Platin

5.1.2 Wichtige Metalle

Metall und Eigenschaften	Vorkommen und Verwendung
 in reinem Zustand silberweiß, Schwermetall, relativ weich, dehnbar, rostet sehr schnell, sehr reaktionsfreudig	**Eisen:** – Vorkommen: in metallischer Form z.B. in Meteoriten, in mineralischer Form in Eisenerzen z.B. Pyrit, Hämatit, Magnetit oder Limonit – Verwendung: wichtigstes Gebrauchsmetall, meist in Form von Legierungen (↗ S. 137) wie Gusseisen und Stahl, z.B. für Brückenbau, Schiffsbau, Maschinenbau oder Fahrzeugbau
 silberweißes Leichtmetall, widerstandsfähig gegenüber Luftfeuchtigkeit, korrosionsbeständig durch Ausbildung einer sehr dünnen, harten Schicht aus Aluminiumoxid, gut verformbar	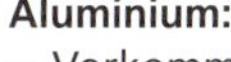**Aluminium:** – Vorkommen: in Form von Aluminiumerzen (wichtigstes Aluminiumerz ist das Bauxit) – Verwendung: im Fahrzeugbau und Flugzeugbau, für Haushaltsgeräte, im Bauwesen, in der Verpackungsindustrie, in der Elektrotechnik
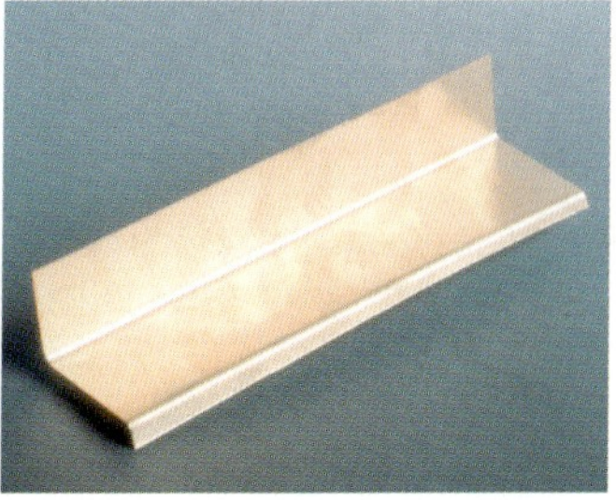 hellrot, sehr weich, dehnbar, sehr gute elektrische Leitfähigkeit, oxidiert an der Luft langsam	**Kupfer:** – Vorkommen: relativ seltenes Element, in metallischer Form in geringen Mengen; gebunden als Kupferkies oder Kupferglanz – Verwendung: in der Elektroindustrie als Kabelmaterial, für Heizanlagen und Kühlanlagen

Der Erdkern mit einem Radius von etwa 3500 km besteht fast vollständig aus **Eisen.** Eisen gehört in Ionenform auch zu den lebenswichtigen Spurenelementen für Menschen und Tiere. Es ist z.B. in Form von Eisen(II)-Ionen zur Bildung des roten Blutfarbstoffs Hämoglobin notwendig. Auch Pflanzen benötigen Spuren von Eisen.

Aluminium ist ein Bestandteil von wertvollen Edelsteinen wie Rubin oder Saphir.

Auch **Kupfer** ist in Ionenform ein wichtiges Spurenelement, das besonders an Elektronenübertragungsprozessen im Körper in Membranen beteiligt ist.

Die Goldreserven der Welt werden auf etwa 60000 t geschätzt. Legt man den derzeitigen Goldverbrauch zugrunde, reichen die Vorräte noch ca. 30 Jahre.
Für den Sarg des Pharaos Tutenchamun wurden über 100 kg **Gold** verarbeitet.

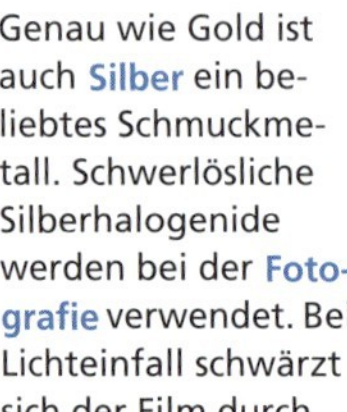

Genau wie Gold ist auch **Silber** ein beliebtes Schmuckmetall. Schwerlösliche Silberhalogenide werden bei der **Fotografie** verwendet. Bei Lichteinfall schwärzt sich der Film durch atomares Silber.

Das Leichtmetall **Titan** ist chemisch sehr beständig und wird u.a. deshalb für medizinische Prothesen (↗ Abb.) eingesetzt. In der Farbenindustrie nutzt man Titandioxid (Titanweiß) als Pigment für Dispersionsfarben.

Metall und Eigenschaften	Vorkommen und Verwendung
 rötlich gelb, sehr weich, Schwermetall, dehnbar, leicht bearbeitbar, sehr reaktionsträge	**Gold:** – Vorkommen: in elementarer Form, z.B. im Ural, in Kanada, in Australien und in Sibirien – Verwendung: fast immer in Form von Legierungen in der Schmuckindustrie, für Münzen, in der Elektronik und Zahntechnik
weiß glänzend, weich, leicht verformbar und dehnbar, besitzt von allen Metallen die höchste Leitfähigkeit für Elektrizität und Wärme	**Silber**: – Vorkommen: in elementarer Form (gediegen), häufig als Begleitmetall zu Gold, selten in Form von Erzen, z.B. Argyrodit – Verwendung: Schmuck, Bestecke, Münzen, Spiegel, Batterien, Katalysatoren, in der Fotoindustrie in Form von Silbersalzen
 silberweiß, dehnbar, kann kalt gewalzt und zu Drähten gezogen werden, bildet an der Luft eine fest haftende Oxidschicht, ist deshalb sehr korrosionsbeständig	**Titan:** – Vorkommen: in Form von Erzen, z.B. Rutil und Titaneisenerz (Ilmenit) – Verwendung: wegen seiner hohen Festigkeit und des geringen Gewichts, für Triebwerke für die Luft- und Raumfahrt, Apparate für die chemische Industrie, in der Medizin und Militärtechnik
 an frischen Oberflächen silberglänzend, an der Luft beständig, überzieht sich schnell mit einer Oxidschicht, radioaktiv	**Uran:** – Vorkommen: in verschiedenen Mineralien, Gewinnung aus Uranpecherz – Verwendung: als Kernbrennstoff, Herstellung von Kernwaffen; Uran mit hoher Dichte als Strahlenschutzmaterial sowie zur Panzerung von Geschossen

5.1.3 Legierungen

Metalle werden selten in reiner, elementarer Form verwendet. Oft stellt man Legierungen her. Legierungen entstehen, wenn sich ein Metall mit einem weiteren Metall oder mit anderen Stoffen, z. B. in einer Schmelze, verbindet. Legierungen bestehen also aus mehr als einer Atomsorte. Sie haben meist überwiegend metallische Eigenschaften. Die Eigenschaften der Legierung unterscheiden sich jedoch häufig stark von denen der beteiligten Ausgangsmetalle.

Auch Gold wird häufig in Form von Legierungen, z. B. als Schmuckmetall, verwendet.
Feingold enthält mindestens 99,9 % Gold; Rot- oder Farbgolde enthalten neben dem Gold vor allem Kupfer (bis zu 30 %) und Silber (bis zu 35 %); Weißgolde enthalten Palladium oder Nickel, manchmal auch etwas Kupfer und Zink; Blattgolde sind Silber-Kupfer-Legierungen (70–99 % Gold). Goldlegierungen sind gegenüber dem reinen Gold meist härter und verschleißfester.

Reine Metalle bestehen aus einer Atomsorte. **Legierungen** sind homogene Gemische mehrerer Atomsorten.

Legierungen verschiedener Metalle

Legierung, Zusammensetzung	**Eigenschaften**	**Verwendung**
Gusseisen 96–98 % Eisen 2–4 % Kohlenstoff	spröde, gieß-, aber nicht schmiedbar	Gießen maßgenauer Formstücke, z. B. Gullydeckel
Stahl-Legierungen: – Eisenstähle: < 1,7% Kohlenstoff, > 38,3% Eisen – Baustähle: < 0,4 % Kohlenstoff, > 96 % Eisen) – V2A-Stahl: 71% Eisen, 20 % Chrom, 8 % Nickel, je 0,2 % Silicium, Kohlenstoff, Mangan	– relativ elastisch, schmiedbar – sehr hart, korrosionsbeständig, zäh, beständig gegenüber vielen Chemikalien	je nach Legierung als: Werkzeuge, Federn, Bleche, Nägel, Rohre; Reaktoren in der chemischen Industrie, Haushaltsgeräte
Bronze etwa 60 % Kupfer, 30–40 % Zinn, andere Bestandteile (Aluminium, Blei, Zink)	dehnbar, verschleißfest, korrosionsbeständig, gut bearbeitbar	Glocken, Medaillen, Geschütze, Plastiken, Kunstgegenstände
Messing 55–90 % Kupfer, 10–45 % Zink	gut verformbar, korrosionsbeständig	Armaturen, Türklinken, Kunstgegenstände
Neusilber 45–67 % Kupfer, 10–26 % Nickel, Rest Zink	sehr korrosionsbeständig, fest, silberfarben	Reißzeuge, Tafelgeräte, Bestecke
Amalgame Quecksilber mit anderen Metallen (Blei, Gold, Silber, Zink)	meist bei leichtem Erwärmen plastisch, sehr gut verformbar	Zahnfüllungen, Elektroden

Der Goldgehalt in Goldlegierungen wird in Anteilen von Tausend, früher auch in Karat angegeben: 100 % Gold entspricht einem Feingehalt von Tausend, das sind 24 Karat.

5.2 Nichtmetalle

5.2.1 Grundlagen

Aufbau und Eigenschaften

Das einzige flüssige Nichtmetall ist das Element **Brom,** ein Halogen.

Nichtmetalle sind Elemente, die keine typisch metallischen Eigenschaften besitzen. Sie unterscheiden sich untereinander in ihren Eigenschaften oft erheblich.

Zu den Nichtmetallen werden u. a. die Elemente Wasserstoff, Kohlenstoff (↗ S. 145), Stickstoff (↗ S. 155), Phosphor (↗ S. 159), Sauerstoff (↗ S. 171) und Schwefel (↗ S. 163), die Elemente der VII. Hauptgruppe Fluor, Chlor (↗ S. 167), Brom, Iod und Astat (Halogene) und die Elemente der VIII. Hauptgruppe Helium, Neon, Argon, Krypton, Xenon und Radon (Edelgase) gezählt. Nichtmetalle können bei Zimmertemperatur sowohl fest als auch flüssig oder gasförmig sein.

- fest: Kohlenstoff, Phosphor, Schwefel, Iod
- flüssig: Brom
- gasförmig: Wasserstoff, Stickstoff, Chlor, Helium

5.2.2 Wichtige Nichtmetalle

Früher verwendete man **Wasserstoff** zum Füllen großer Zeppeline. Da Wasserstoff jedoch mit dem Sauerstoff der Luft Knallgasgemische bildet, die sich explosionsartig entzünden können, war die Verwendung dieses Gases sehr gefährlich. Die Energie der Knallgasreaktion ist jedoch nutzbar, wenn die Reaktion kontrolliert abläuft. Da bei der Verbrennung keine umweltschädlichen Produkte entstehen, ist Wasserstoff ein interessanter alternativer **Energieträger.**

Wasserstoff

Bau:
Zwei Wasserstoffatome sind über eine Atombindung miteinander verbunden und bilden ein Wasserstoffmolekül.

H••H H_2

Chemische Reaktionen:

1. Knallgasreaktion mit Sauerstoff:

$$2\,H_2 + O_2 \longrightarrow 2\,H_2O$$

2. Knallgasreaktion mit Chlor (nach Zufuhr von Lichtenergie)

$$H_2 + Cl_2 \longrightarrow 2\,HCl$$

Eigenschaften: Wasserstoff ist ein farbloses, geruchloses, brennbares, kaum wasserlösliches Gas. Seine Siedetemperatur beträgt −253 °C.
Vorkommen: Elementar kommt Wasserstoff auf der Erde nur selten vor, z. B. in einigen Vulkangasen. Im Weltall ist er das häufigste Element.
In gebundener Form ist der Wasserstoff auf der Erde sehr häufig, z. B. als Wasser H_2O oder in organischen Verbindungen.
Verwendung: In der chemischen Industrie wird Wasserstoff für zahlreiche Reaktionen verwendet, z. B. für die Ammoniaksynthese, die Herstellung von Chlorwasserstoff, Aldehyden, Alkoholen (Methanol) und zur Fetthärtung. Im Gemisch mit Sauerstoff nutzt man ihn zum Schweißen, und in der Raumfahrt wird Wasserstoff als Raketentreibstoff gebraucht.

Halogene (Salzbildner)

Als **Halogene** werden die Elemente der VII. Hauptgruppe des Periodensystems bezeichnet. Der Begriff Salzbildner weist auf die chemische Eigenschaft dieser Elemente hin, mit Metallen Salze zu bilden.

Der bekannteste Vertreter der Halogene ist Chlor (↗ S. 167). Die Verbindung Natriumchlorid kennt jeder unter der Bezeichnung Kochsalz.

Die Halogene sind alle einwertig und stark elektronegativ. Sie sind allgemein sehr reaktionsfähig.

Das reaktionsfreudigste Element des Periodensystems ist Fluor. Es besitzt von allen Elementen die höchste Elektronegativität.

Wichtige Halogene

	Fluor	**Brom**	**Iod**
Aufbau	zweiatomiges Molekül mit Atombindung	zweiatomiges Molekül mit Atombindung	zweiatomiges Molekül mit Atombindung
Molekülmodell			
Formel	|F̄··F̄| F_2	|B̄r··B̄r| Br_2	|Ī··Ī| I_2
Eigenschaften	gasförmig, schwach grünlich, stechend riechend, stark ätzend, giftig, gut wasserlöslich	flüssig, rotbraun, stechend riechend, bildet giftige Dämpfe	fest, kristallin, dunkelgrau bis violett, bildet violette Dämpfe mit charakteristischem Geruch
Verwendung	Herstellung von Fluorchlorkohlenwasserstoffen (FCKW), Fluorverbindungen zum Ätzen von Glas- und Metalloberflächen	Ausgangsstoff zur Herstellung von Farbstoffen, Lösungs- und Pflanzenschutzmitteln, Fotoindustrie	Herstellung von Katalysatoren, Desinfektionsmittel, Fotoindustrie, Herstellung von Farbstoffen

Chemische Reaktionen der Halogene:
Halogene reagieren bevorzugt mit Metallen zu Salzen, den Metallhalogeniden. Diese Reaktionen verlaufen exotherm.

Reaktionen einiger Halogene mit Metallen

$2\,Al + 3\,Br_2 \longrightarrow 2\,AlBr_3$ (Aluminiumbromid)

$2\,Na + Cl_2 \longrightarrow 2\,NaCl$ (Natriumchlorid)

$2\,Fe + 3\,Cl_2 \longrightarrow 2\,FeCl_3$ (Eisen(III)-chlorid)

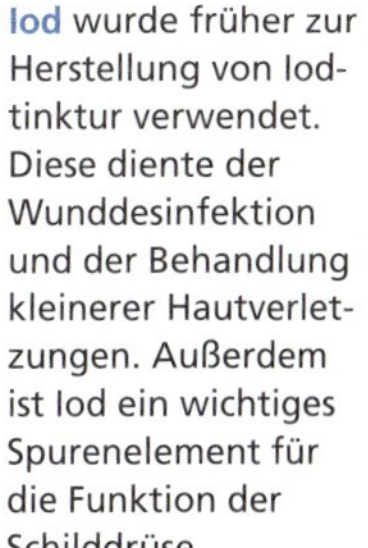

Iod wurde früher zur Herstellung von Iodtinktur verwendet. Diese diente der Wunddesinfektion und der Behandlung kleinerer Hautverletzungen. Außerdem ist Iod ein wichtiges Spurenelement für die Funktion der Schilddrüse.

Edelgase

Der Begriff **Edelgase** entstand als analoger Begriff zu den Edelmetallen, als man feststellte, dass die Elemente der VIII. Hauptgruppe nicht mit anderen Stoffen reagieren.

> Als **Edelgase** werden die Elemente der VIII. Hauptgruppe des Periodensystems bezeichnet. Sie sind sehr reaktionsträge.

Die Edelgase kommen in der Atmosphäre der Erde vor. Alle Edelgase sind farblos, geruchlos und gasförmig. Da alle Edelgase (außer Helium) acht Außenelektronen besitzen, sind sie außerordentlich stabil. Sie reagieren nicht oder selten mit anderen Elementen und kommen einatomig vor. Radon ist radioaktiv.

Vorkommen von Edelgasen

78% Stickstoff

21% Sauerstoff

1% Sonstige, davon:

0,934%	Argon
0,035%	CO_2
0,0018%	Neon
0,0005%	Helium
0,0001%	Krypton
0,000009%	Xenon
u.a. Gase	

Mittlere Zusammensetzung trockener Luft in der Atmosphäre (Volumenanteile in Prozent)

Bedeutung der Edelgase

Helium als das „edelste" aller Edelgase geht keinerlei chemische Verbindungen ein. Neonröhren sind nach dem in ihnen enthaltenen Edelgas **Neon** benannt.

Die **Gewinnung von Edelgasen** ist durch Luftverflüssigung möglich. Dazu kühlt man Luft stark ab, bis sich die verschiedenen Gase verflüssigt haben. Danach folgt durch Destillation die Luftzerlegung.

Vertreter	Gewinnung und Verwendung
Helium	– Gewinnung: aus heliumhaltigen Gasquellen – Verwendung: Füllgas in Ballons und Luftschiffen, Schutzgas beim Lichtbogenschweißen, Kühlgas in Kernreaktoren
Neon	– Gewinnung: durch Destillation von verflüssigter Luft – Verwendung: Füllgas in Leuchtstoffröhren und Glimmlampen, in flüssiger Form als Kühlmittel
Argon	– Gewinnung: durch Destillation von verflüssigter Luft – Verwendung: Schutzgas beim Schweißen und bei der Stahlherstellung, Füllgas in Glühlampen
Krypton	– Gewinnung: durch Destillation von verflüssigter Luft – Verwendung: in Glühlampen (Kryptonlampen), Isolationsgas für Fensterverglasungen
Xenon	– Gewinnung: durch Destillation von verflüssigter Luft – Verwendung: in Straßenlampen, Blitzlampen, in Autoscheinwerfern, Leuchttürmen, in der UV-Spektroskopie
Radon	– Gewinnung: entsteht bei radioaktiven Zerfallsprozessen – Verwendung: gering (hydrologische Untersuchungen)

5.3 Halbmetalle

5.3.1 Grundlagen

Als **Halbmetalle** werden chemische Elemente bezeichnet, die in ihren Eigenschaften eine Mittelstellung zwischen Metallen und Nichtmetallen einnehmen.

Eigenschaften	Metalle	Halbmetalle	Nichtmetalle
Leitfähigkeit bei Zimmertemperatur	leiten den elektrischen Strom	leiten den elektrischen Strom kaum	leiten den elektrischen Strom nicht
Leitfähigkeit bei steigender Temperatur	elektrischer Widerstand nimmt zu, Leitfähigkeit nimmt ab	elektrischer Widerstand nimmt ab, Leitfähigkeit nimmt zu (Energiebändermodell)	keine Veränderungen

Die elektrische Leitfähigkeit der Halbmetalle nimmt auch dann zu, wenn dem Halbmetall Fremdatome zugegeben werden (Dotierung).

Bei Halbmetallen gibt es häufig eine metallische und eine nichtmetallische Modifikation. Auch im Periodensystem der Elemente nehmen die Halbmetalle eine Mittelstellung ein. In der Abbildung sind Metalle blau, Nichtmetalle rot und Halbmetalle grün gekennzeichnet.

H							He
Li	Be	B	C	N	O	F	Ne
Na	Mg	Al	Si	P	S	Cl	Ar
K	Ca	Ga	Ge	As	Se	Br	Kr
Rb	Sr	In	Sn	Sb	Te	I	Xe
Cs	Ba	Tl	Pb	Bi	Po	At	Rn
Fr	Ra						

5.3.2 Wichtige Halbmetalle

Bor

Bor ist ein Halbmetall. Als Element der III. Hauptgruppe steht es zwischen dem Metall Beryllium und dem Nichtmetall Kohlenstoff.

Eigenschaften: Es gibt verschiedene Modifikationen des Bors. Die stabilste Modifikation ist fest, kristallin und schwarzgrau, sehr reaktionsträge und reagiert erst bei höheren Temperaturen mit Sauerstoff und Halogenen.
Vorkommen: Bor kommt in der Natur in Form verschiedener Verbindungen vor, z. B. als Borax.

Bor ist besonders für höhere Pflanzen ein wichtiges Spurenelement, das den Calciumhaushalt der Pflanzen regelt. Im tierischen Organismus sind borhaltige Enzyme zur Aktivierung des Vitamins D_3 notwendig. Mit einer Härte von 9,5 (nach MOHS) ist Bor nach dem Diamanten mit einer Härte von 10,0 das zweithärteste Element.

Verwendung:
Elementar wird Bor in der Halbleitertechnik, zur Herstellung von Hartstoffen und Borfasern, in der Elektroindustrie in Glühlampen und Elektronenröhren, als Neutronenabsorber in Kernreaktoren und zur Herstellung von Stahl mit besonders hoher Härte verwendet.
In Form von Verbindungen nutzt man Bor in der chemischen Industrie, z. B. Borax als Zusatz zu Seifen und Waschmitteln, zur Herstellung von Glasuren und zur Herstellung temperaturbeständiger Gläser.

Germanium

Germanium wurde 1886 von dem Deutschen CLEMENS WINKLER (1838–1904) entdeckt, der das Element nach seiner deutschen Heimat benannte. Es ist heute in der Elektronikindustrie weitgehend durch Silicium verdrängt worden.

Germanium ist ein Halbmetall. Als Element der IV. Hauptgruppe steht es zwischen dem Metall Gallium und dem Halbmetall Arsen.

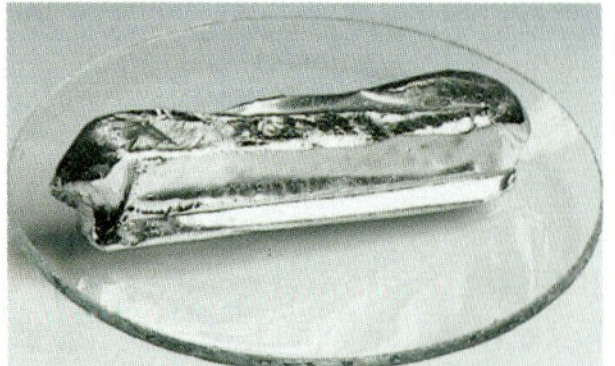

Eigenschaften:
Germanium ist fest, grau bis weiß, hart, eher spröde und kristallisiert in Form eines Diamantgitters.
Vorkommen:
Es kommt in Form von Verbindungen in der Natur vor, u. a. als Argyrodit und Germanit.

Verwendung:
Germanium wird in der Halbleitertechnik, für optische Bauelemente und zum Bau elektrischer Mess- und Schaltgeräte verwendet.

Arsen

Es gibt auch gelbes **Arsen.** Diese instabile Modifikation besitzt überwiegend nichtmetallische Eigenschaften. Arsen und seine Verbindungen sind sehr giftig. Sie können auch nach vielen Jahren noch in geringen Spuren in Lebewesen, z. B. in Haaren und Nägeln, nachgewiesen werden. Auf diese Weise konnten auch im vorigen Jh. schon Giftmörder überführt werden.

Arsen ist ein Halbmetall. Als Element der V. Hauptgruppe steht es zwischen dem Halbmetall Germanium und dem Halbmetall Selen.

Eigenschaften:
Es gibt verschiedene Modifikationen des Arsens; die stabilste Modifikation ist grau, metallisch, hart und spröde.
Vorkommen:
Arsen kommt in Erzen vor und fällt oft als Nebenprodukt im Kupfer-, Zinn- und Goldbergbau an.
Verwendung:
Elementar wird Arsen in der Halbleitertechnik, zum Härten von Blei, zur Herstellung spezieller Kupferlegierungen, in Form von Arsenpräparaten zur Holzkonservierung und für die Glasherstellung eingesetzt.

Selen

Selen ist ein Halbmetall. Als Element der VI. Hauptgruppe steht es zwischen dem Halbmetall Arsen und dem Nichtmetall Brom.

Eigenschaften:
Selen kommt in verschiedenen Modifikationen vor. Die stabilste Modifikation ist grau und metallisch. Sie hat Eigenschaften eines Halbleiters, ist im Dunkeln nur sehr wenig, bei Belichtung jedoch um das Tausendfache leitfähiger.

Vorkommen:
Es kommt in Form von Selenidmineralien vor.
Verwendung:
In elementarer Form wird Selen in der Elektrofotografie, zur Herstellung von Fotokopiergeräten, Fotozellen und Belichtungsmessern sowie als Legierungszusatz in der Metallindustrie verwendet.
Seine Verbindungen dienen als Färbemittel für Glas und Keramik.

Andere Modifikationen des **Selens** sind elektrische Nichtleiter. Das Element wurde von J. Berzelius (1779–1848) im Bleikammerschlamm einer Schwefelsäurefabrik entdeckt.

Antimon

Antimon ist ein Halbmetall. Als Element der V. Hauptgruppe steht es zwischen dem Metall Zinn und dem Halbmetall Tellur.

Eigenschaften:
Antimon kommt in verschiedenen Modifikationen vor. Die stabilste Modifikation ist grau, metallisch, hart, spröde, beständig gegen Luft, gering leitfähig.

Vorkommen:
Antimon tritt in über hundert verschiedenen Antimonmineralien auf.
Verwendung:
In elementarer Form dient es als Legierungsbestandteil, z. B. für Bleilegierungen.
Seine Verbindungen werden zur Herstellung von Halbleitern und in der Farb- und Kunststoffindustrie eingesetzt.

Tellur

Tellur ist ein Halbmetall. Als Element der VI. Hauptgruppe steht es zwischen dem Halbmetall Antimon und dem Nichtmetall Iod.

Das bekannteste Halbmetall ist **Silicium** (↗ S. 151), das in großen Mengen in der Computerindustrie und für die Herstellung von Solarzellen benötigt wird.

Eigenschaften:
Tellur kommt in zwei Modifikationen vor:
1. silberweiß-metallisches, sehr sprödes Tellur mit sehr geringer elektrischer Leitfähigkeit
2. braunschwarzes Tellur

Vorkommen:
Es kommt nur sehr selten (in Form von Telluriden) vor.
Verwendung: Tellur wird als Legierungsbestandteil zur Erhöhung der Festigkeit und in der Halbleitertechnik verwendet.

5.4 Ausgewählte Hauptgruppenelemente und ihre anorganischen Verbindungen

5.4.1 Grundlagen

Moleküle (↗ S. 53) sind Teilchen, in denen mindestens zwei Atome miteinander verknüpft sind. Besteht ein Molekül, z. B. Kohlenstoff, aus unzähligen gleichen Atomen, so vereinfacht man die Molekülformel, indem die Anzahl der Atome einfach weglassen wird. Die Formel für Kohlenstoff ist dann nur C.

Chemische Elemente sind reine Stoffe, die aus Atomen einer einzigen Atomsorte bestehen. **Chemische Verbindungen** setzen sich aus mindestens zwei verschiedenen Elementen zusammen. Im Gegensatz zu den Verbindungen können Elementsubstanzen mit chemischen Mitteln nicht weiter aufgetrennt werden.

Elemente und Verbindungen

Elementsubstanzen:
- atomar: Helium, Magnesium
- molekular: Sauerstoff, Schwefel

Verbindungen; bestehen aus mehreren Elementen:
- Molekülsubstanz: Wasser, Kohlenstoffdioxid
- Ionensubstanz: Natriumchlorid, Natriumhydroxid

Atomar auftretende Elemente werden mit dem Elementsymbol gekennzeichnet. Für molekular vorkommende Elemente und chemische Verbindungen werden Formeln (↗ S. 89) verwendet.
Eine Formel enthält die Symbole der an der Verbindung beteiligten Elemente und gibt das kleinste Zahlenverhältnis der miteinander verbundenen Atome oder Ionen an.

Stoff	Zusammensetzung	Formel
Neon	1 Atom Neon	Ne
Chlor	2 Atome Chlor	Cl_2
Schwefel	8 Atome Schwefel	S_8 (vereinfacht: S)
Kohlenstoff	viele Atome Kohlenstoff	vereinfacht: C
Kohlenstoffmonooxid	1 Atom Kohlenstoff, 1 Atom Sauerstoff	CO
Magnesiumfluorid	1 Magnesium-Ion, 2 Fluorid-Ionen	MgF_2

Es gibt mehrere Millionen organischer Verbindungen. Nur 2 % aller auf der Erde vorkommenden Verbindungen sind anorganisch.

Anorganische Verbindungen sind Verbindungen aller Elemente des Periodensystems mit Ausnahme der in der organischen Chemie erfassten Kohlenstoffverbindungen.

Anorganische Verbindungen können in verschiedene Gruppen geordnet werden. Dazu gehören z. B. die Oxide (↗ S. 172), Säuren (↗ S. 180), Basen (↗ S. 182) und Salze (↗ S. 184).

5.4.2 Kohlenstoff und Kohlenstoffverbindungen

Das Element Kohlenstoff

Kohlenstoff ist ein Element der IV. Hauptgruppe. Es hat die Ordnungszahl 6.

Das Element **Kohlenstoff** kann auch Ionen bilden. Theoretisch kann ein Kohlenstoffatom bis zu vier Elektronen aufnehmen; ein vierfach negatives Ion würde entstehen. Das Atom könnte aber ebenfalls bis zu vier Elektronen abgeben, sodass ein vierfach positives Ion entstünde.

Atombau:
Das Kohlenstoffatom besitzt 6 Protonen und meist 6 Neutronen im Atomkern sowie 6 Elektronen in der Atomhülle. Auf der ersten Schale (dem ersten Energieniveau) befinden sich zwei und auf der zweiten Schale (dem zweiten Energieniveau) vier Elektronen. Kohlenstoff hat vier Außenelektronen.

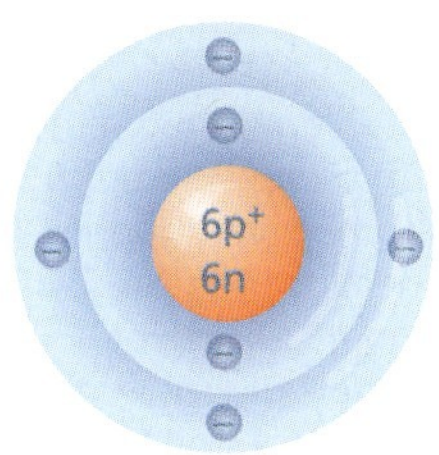

Um eine stabile Achterschale (↗ S. 49) zu erreichen, kann ein Kohlenstoffatom vier weitere Elektronen aufnehmen. Durch Atombindungen entsteht ein Elektronenoktett.

Modifikationen sind Erscheinungsformen eines Elements. Sie bestehen aus den gleichen Atomen, haben aber durch unterschiedliche Anordnung der Atome unterschiedliche physikalische und z. T. auch chemische Eigenschaften.

Ausbildung von Atombindungen
- Unpolare Atombindungen mit weiteren Kohlenstoffatomen: Diamant, Grafit, Fullerene
- Polare Atombindungen mit anderen Atomen: Kohlenstoffdioxid, Kohlensäure

Das Element Kohlenstoff kommt in der Natur in mehreren Modifikationen als Grafit, Diamant und Fullerene vor.

Die offensichtlichen Unterschiede zwischen Grafit und Diamant sind in der verschiedenen Anordnung der Kohlenstoffatome begründet.

Grafit kommt je nach Herstellungstemperatur in verschiedenen Erscheinungsformen vor:
- ca. 400 °C: Ruß, Holzkohle, schwarz, porös, locker
- ca. 800 °C: Koks, Glanzkohlenstoff, schwarz, kleinere Kristalle
- ca. 1500 °C: Retortengrafit, schwarz, dichte, kristalline Aggregate

Grafit
Die Kohlenstoffatome sind in gleichseitigen Sechsecken wabenartig angeordnet. Diese „Wabennetze" liegen in vielen ebenen Schichten so übereinander, dass unter der Mitte jedes Sechsecks ein Kohlenstoffatom der vorigen Ebene liegt. In diesen Ebenen (Sechseckebenen) besitzt jedes Kohlenstoffatom nur drei Bindungspartner. Das vierte Außenelektron ist nicht in einer Atombindung fest gebunden.

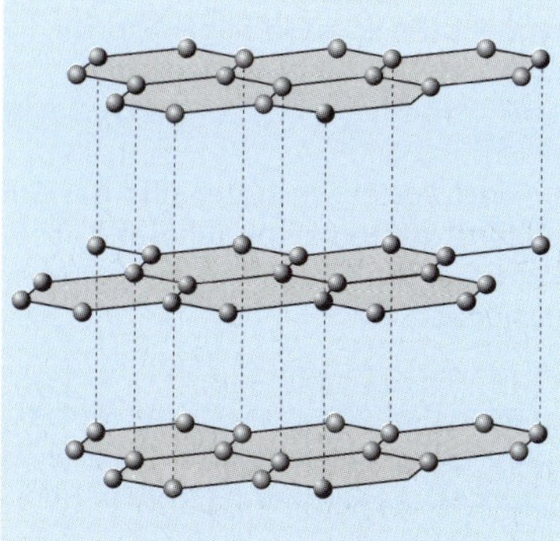

Da das vierte Außenelektron nicht fest gebunden ist, kann es sich auch frei durch das Gitter bewegen. Durch diese Variabilität kommen die elektrische Leitfähigkeit parallel zu den Schichten und die tiefschwarze Farbe des Grafits zustande.

Im Kristallgitter des **Grafits** ist jedes Kohlenstoffatom mit drei anderen Kohlenstoffatomen verbunden. Zwischen den so gebildeten Schichten existieren frei bewegliche Elektronen.

„Ideale" Diamanten sind farblos. Die Farbigkeit vieler Diamanten erklärt sich durch Fehlstellen im Kristallgitter und durch die Anwesenheit geringer Beimengungen anderer Atome.

Diamant

Jedes Kohlenstoffatom ist tetraedrisch mit vier weiteren Kohlenstoffatomen verbunden. Alle vier Außenelektronen sind an Atombindungen beteiligt, und alle Atome sind gleich weit voneinander entfernt. Es bildet sich ein völlig regelmäßiges Kristallgitter.

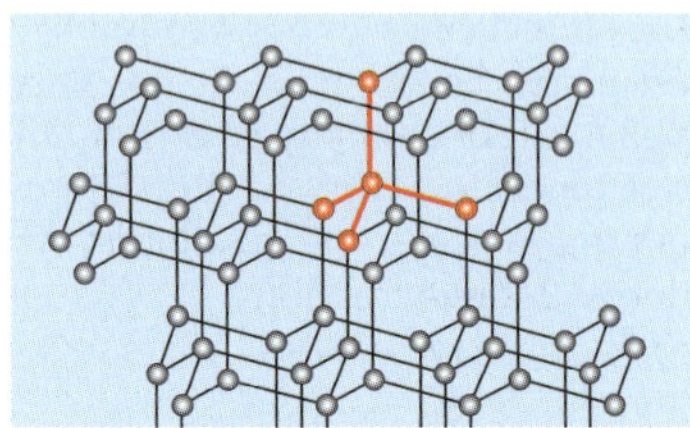

Das regelmäßige Kristallgitter ist der Grund für die extreme Härte des Diamanten. Da keine frei beweglichen Außenelektronen vorhanden sind, besitzt **Diamant** keine elektrische Leitfähigkeit.

Im Kristallgitter des **Diamanten** ist jedes Kohlenstoffatom mit vier anderen Kohlenstoffatomen verbunden. Es gibt keine frei beweglichen Elektronen.

Verdampft man Grafit im Lichtbogen (unter Helium), so enthält der entstehende Ruß eine weitere Kohlenstoffmodifikation – die Fullerene. Sie wurden erst 1985 durch die Wissenschaftler SMALLEY (1943–2005), KROTO (geb. 1939) und CURL (geb. 1933) entdeckt.

Fullerene

Die Kohlenstoffatome im Fulleren sind in Form regelmäßiger Fünf- und Sechsecke angeordnet. Das gesamte Molekül ähnelt einer Hohlkugel. Jedes Kohlenstoffatom ist mit drei weiteren Kohlenstoffatomen verbunden. Das vierte Außenelektron ist ungebunden. Die kugelförmige Anordnung hat sich als außerordentlich stabil erwiesen.

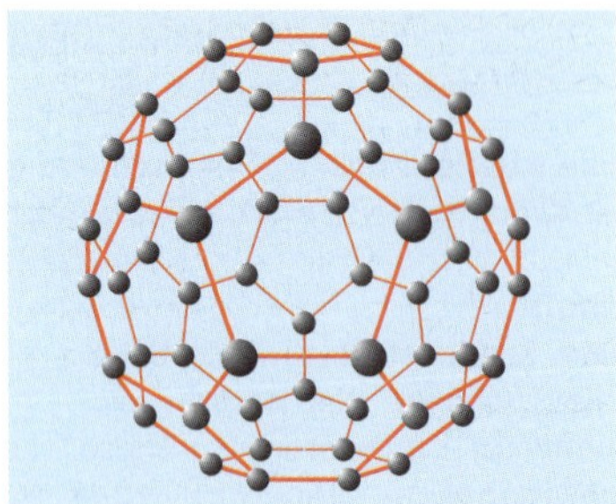

Die wichtigsten Vertreter sind das Buckminster-Fulleren C_{60}, das aus 60 Kohlenstoffatomen besteht, und das Fulleren C_{70}. Beide kommen auch in der Natur vor. Sie wurden in Trümmern von Meteoriten und im Weltraum nachgewiesen.

Fullerene sind symmetrische Moleküle aus Fünf- und Sechsringen. Jedes Kohlenstoffatom ist mit drei weiteren Kohlenstoffatomen verbunden. Es existieren ungebundene Elektronen.

Eigenschaften der Modifikationen des Kohlenstoffs		
Diamant	**Grafit**	**Fulleren (60)**
farblos, kristallin, durchsichtig, stark lichtbrechend, sehr hart, nicht elektrisch leitfähig	grauschwarz, blättrig, metallisch glänzend, sehr weich, elektrisch leitfähig	dunkelbraun, pulverförmig, geringere Dichte als Diamant und Grafit

Reaktionen des Kohlenstoffs:
Reiner Kohlenstoff ist reaktionsträge. Bei Zimmertemperatur reagiert er außer mit dem aggressiven Fluor mit keinem Partner.
Nach einer Aktivierung verbindet sich Kohlenstoff in einer Oxidationsreaktion (↗ S. 108) mit Sauerstoff, er verbrennt.
Bei einer unvollständigen Verbrennung unter Sauerstoffmangel entsteht Kohlenstoffmonooxid.

$$2\,C + O_2 \longrightarrow 2\,CO$$

Bei vollständiger Verbrennung entsteht Kohlenstoffdioxid.

$$C + O_2 \longrightarrow CO_2$$

In seinen Verbindungen bildet Kohlenstoff (außer bei den salzartigen Carbiden) polare Atombindungen aus.

Vorkommen von Kohlenstoff:
In elementarer Form kommt Kohlenstoff in der Natur in allen drei Modifikationen vor. Am häufigsten ist der Grafit, der u. a. in der Steinkohle enthalten ist. In Form organischer Verbindungen findet man Kohlenstoff in fossilen Rohstoffen wie Erdöl und Erdgas, aber auch in Kohlevorkommen. In mineralischer Form kommt Kohlenstoff vor allem in Carbonaten vor, z.B. in Kreidefelsen.

Kohle ist im Laufe vieler Mio. Jahre aus abgestorbenen Pflanzen entstanden. Neben **Kohlenstoff und Kohlenstoffverbindungen** enthalten Steinkohle und Braunkohle u.a. Wasser, Schwefel- und Stickstoffverbindungen.

In der Luft ist Kohlenstoff als Kohlenstoffdioxid enthalten. Auch in allen organischen Verbindungen (↗ S. 188) ist Kohlenstoff enthalten.

99 % des gesamten organischen Kohlenstoffs auf der Erde sind in Pflanzen gebunden.

Verwendung von Kohlenstoff:
- Naturgrafit zur Herstellung feuerfester Produkte, für Ofenauskleidungen und Bleistifte
- Elektrografit für Elektroden und Schmelzflusselektrolysen
- Koks zur Stahlherstellung (↗ S. 243)
- Ruß für Tusche, Druckereifarben und als Zusatzstoff in Autoreifen
- Aktivkohle zur Adsorption von Giftstoffen (auch in der Medizin)
- Diamanten zu 95 % für technische Zwecke (Industriediamanten)

Anorganische Kohlenstoffverbindungen

In anorganischen Verbindungen kommt Kohlenstoff in Form von Kohlenstoffmonooxid CO, Kohlenstoffdioxid CO_2, Kohlensäure H_2CO_3, Carbonaten und Kohlenstoffdisulfid CS_2 (Schwefelkohlenstoff) vor.

Kohlenstoffmonooxid CO

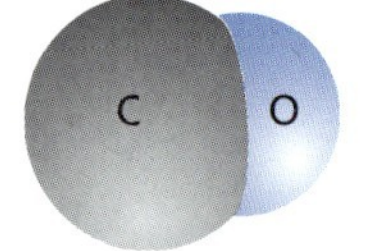

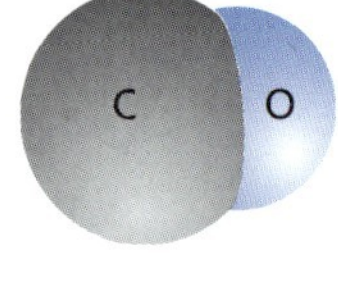

Kohlenstoffmonooxid ist ein Molekül. Es besteht aus einem Atom Kohlenstoff und einem Atom Sauerstoff, die durch polare Atombindungen verbunden sind.

Eigenschaften:
Kohlenstoffmonooxid ist ein farbloses, geruchloses, gasförmiges Atemgift und leichter als Luft. Es ist wenig wasserlöslich und verbrennt mit bläulicher Flamme zu Kohlenstoffdioxid.

$$2\,CO + O_2 \longrightarrow 2\,CO_2$$

Kohlenstoffmonooxid ist sehr giftig. Das kommt von seiner Eigenschaft, eine 300-mal stärkere Bindung zum roten Blutfarbstoff Hämoglobin einzugehen als Sauerstoff. Der Sauerstofftransport des Blutes wird dadurch gehemmt oder verhindert.

Kohlenstoffmonooxid kann Metalloxide reduzieren. Diese Eigenschaft wird z.B. im Hochofenprozess genutzt.

Reaktion von Kohlenstoffmonooxid mit Eisen(II)-oxid

$$CO + FeO \longrightarrow CO_2 + Fe$$

Die Anlagerung von Wasserstoff (Hydrierung ↗ S. 230) an Kohlenstoffmonooxid führt zu Methanol und anderen Alkoholen.

Hydrierung von Kohlenstoffmonooxid zu Methanol

$$CO + 2\,H_2 \rightleftharpoons CH_3OH$$

Herstellung:
Generatorgas entsteht, wenn Luft über glühenden Koks geleitet wird. Hierbei verbrennt der Kohlenstoff zunächst zu Kohlenstoffdioxid (1), welches sich bei Temperaturen von über 1000 °C mit unverbranntem Kohlenstoff zu Kohlenstoffmonooxid (2) umsetzt.

1. $C + O_2 \longrightarrow CO_2$
2. $CO_2 + C \longrightarrow 2\,CO$

Wassergas erhält man durch Überleiten von Wasserdampf über glühende Kohle. Dabei müssen Temperaturen über 1000 °C eingehalten werden, da sich das gebildete Kohlenstoffmonooxid bei tieferen Temperaturen mit weiterem Wasserdampf zu Kohlenstoffdioxid umsetzt.

$$C + H_2O \longrightarrow CO + H_2$$

Generatorgas enthält etwa 30 % Kohlenstoffmonooxid und 60 % Stickstoff. Wassergas enthält etwa 50 % Wasserstoff und 40 % Kohlenstoffmonooxid.

Verwendung:
Generatorgas und Wassergas werden als Synthesegase (↗ S. 262) für die Herstellung von Ammoniak, Methanol, Essigsäure und andere organische Verbindungen verwendet. Ihre Bedeutung als Heizgase haben sie heute in den Industrieländern weitgehend verloren.

Kohlenstoffdioxid CO_2

Kohlenstoffdioxid ist ein Molekül. Es besteht aus einem Atom Kohlenstoff und zwei Atomen Sauerstoff, die durch polare Atombindungen verbunden sind.

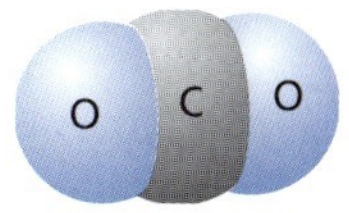

Eigenschaften:
Kohlenstoffdioxid ist farblos, geruchlos, gasförmig, schwerer als Luft, nicht brennbar, unterhält die Verbrennung nicht, wirkt erstickend und kann unter Druck zu einer farblosen Flüssigkeit verdichtet werden, die bei Abkühlung fest wird („Trockeneis"). Es ist wasserlöslich, dabei entsteht Kohlensäure (↗ S. 150).

$$CO_2 + H_2O \rightleftharpoons H_2CO_3$$

Durch Wasserstoff und einige sehr unedle Metalle kann Kohlenstoffdioxid zu Kohlenstoffmonooxid reduziert werden.

Reduktion von Kohlenstoffdioxid durch Wasserstoff

$$CO_2 + H_2 \longrightarrow H_2O + CO$$

Beim Nachweis des Kohlenstoffdioxids (↗ S. 301) nutzt man seine Reaktion mit Hydroxidlösungen von Metallen der II. Hauptgruppe. In einer Fällungsreaktion (↗ S. 300) entstehen dabei schwer lösliche Carbonate. Im Labor wird Bariumhydroxidlösung (Barytwasser) verwendet.

$$CO_2 + Ba(OH)_2 \longrightarrow BaCO_3\downarrow + H_2O$$

Herstellung:
Kohlenstoffdioxid gewinnt man bei der Verbrennung von Kohlenstoff oder organischen Verbindungen.

Verbrennung von Methan

$$CH_4 + 2\,O_2 \longrightarrow CO_2 + 2\,H_2O$$

Auch durch Reaktion von Carbonaten mit (stärkeren) Säuren entsteht Kohlenstoffdioxid.

Reaktion von Salzsäure mit Calciumcarbonat

$$CaCO_3 + 2\,HCl \longrightarrow CaCl_2 + H_2O + CO_2$$

Außerdem entsteht Kohlenstoffdioxid beim Kalkbrennen:

$$CaCO_3 \longrightarrow CaO + CO_2$$

Verwendung:
Kohlenstoffdioxid ist Ausgangsstoff zur Herstellung von Soda und Harnstoff. In der Getränkeindustrie wird es zur Herstellung kohlensäurehaltiger Getränke verwendet. Beim Schweißen dient es als Schutzgas. Feuerlöscher enthalten häufig flüssiges Kohlenstoffdioxid (Kohlensäureschneelöscher). Festes Kohlenstoffdioxid wird als Trockeneis zum Kühlen eingesetzt. In Gewächshäusern können mit einer leichten Kohlenstoffdioxidbegasung höhere Erträge in der Fotosynthese erzielt werden.

Kohlenstoffdioxid sammelt sich am Boden an, da es schwerer ist als Luft. In Neapel gibt es die sogenannte Hundsgrotte, in die CO_2 entweicht. Sie hat ihren Namen daher, dass z. B. Hunde wegen des am Boden entströmenden CO_2 ersticken, während Menschen ungehindert atmen können.
In der atmosphärischen Luft sind etwa 0,035 Vol.-% CO_2 enthalten. Es kommt auch in Mineralquellen (Sauerbrunnen) vor. In gebundenem Zustand ist es in Carbonaten als Carbonat-Ion (CO_3^{2-}) enthalten.

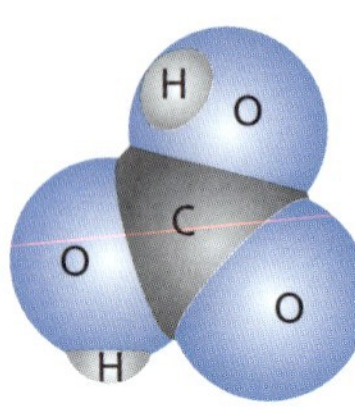

Kohlensäure H_2CO_3

Kohlensäure ist eine schwache Säure, die nur in wässriger Lösung vorliegt.

Eigenschaften:
Kohlensäure ist farblos, geruchlos, leicht säuerlich schmeckend, leicht zersetzlich, liegt nur in wässriger Lösung vor und dissoziiert nur schwach.

$$H_2CO_3 \rightleftharpoons H^+ + HCO_3^-$$

In wässriger Lösung reagieren nur 0,1 % des Kohlenstoffdioxids zu Kohlensäure. 99,9 % liegen als physikalisch gelöstes Oxid vor. Die in der Getränkeindustrie verwendete „Kohlensäure" ist ebenfalls Kohlenstoffdioxid.

Herstellung:
Kohlensäure entsteht beim Einleiten von Kohlenstoffdioxid in Wasser.

$$CO_2 + H_2O \rightleftharpoons H_2CO_3$$

Verwendung:
„Kohlensäure" wird in Form von Kohlenstoffdioxid Getränken zugesetzt, um deren Geschmack und die Haltbarkeit zu verbessern. Das CO_2 entweicht nach dem Öffnen der Flaschen in Form kleiner Gasbläschen.

Salze der Kohlensäure

Kohlensäure dissoziiert schrittweise. Im ersten Dissoziationsschritt entsteht das Hydrogencarbonat-Ion HCO_3^-. Die dazugehörigen Salze heißen **Hydrogencarbonate.** Im zweiten Dissoziationsschritt entsteht das Carbonat-Ion CO_3^{2-}. Die dazugehörigen Salze heißen **Carbonate**. Zahlreiche Carbonate (z. B. Marmor) kommen in der Natur vor, während andere (z. B. Soda) wichtige Produkte der chemischen Industrie sind.

Kalkstein, Kreide, Marmor $CaCO_3$, Magnesit $MgCO_3$, Dolomit $MgCO_3 \cdot CaCO_3$, Siderit $FeCO_3$ und Soda Na_2CO_3

Kohlenstoffdisulfid (Schwefelkohlenstoff) CS_2

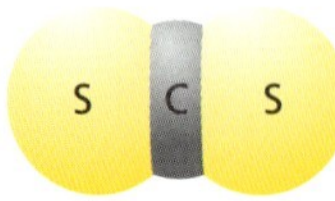

Kohlenstoffdisulfid ist ein Molekül. Es besteht aus einem Atom Kohlenstoff und zwei Atomen Schwefel, die durch Atombindungen verbunden sind.

Kohlenstoffdisulfid ist außerordentlich giftig. Es wird über das Atmungssystem und die Haut aufgenommen und kann in höheren Dosen zur Atemlähmung führen. Dämpfe von Kohlenstoffdisulfid können mit Luft heftig explodieren.

Eigenschaften:
Kohlenstoffdisulfid ist farblos, flüssig, unangenehm riechend, in Wasser schlecht löslich, bildet leicht entzündliche Dämpfe und verbrennt zu Kohlenstoffdioxid und Schwefeldioxid.

$$CS_2 + 3\,O_2 \longrightarrow CO_2 + 2\,SO_2$$

Herstellung:
Kohlenstoffdisulfid wird durch Einwirkung von Schwefeldampf auf Kohle hergestellt.
Verwendung:
Die Flüssigkeit dient zur Herstellung von Viskose. Kohlenstoffdisulfid ist ein gutes Lösungsmittel für Fette, Öle, Polymere und anderen Stoffe.

5.4.3 Silicium und Siliciumverbindungen

Das Element Silicium

Silicium ist ein Element der IV. Hauptgruppe. Es hat die Ordnungszahl 14.

Während Kohlenstoff als Träger der organischen Stoffe bezeichnet wird, so ist das (vom Atombau her) ähnliche Silicium der Träger der anorganischen Stoffe. **Silicium** kommt in der Natur nur in Form von Verbindungen vor, die sich fast ausschließlich vom Siliciumdioxid SiO_2 ableiten lassen. Reines Silicium kann nur industriell hergestellt werden.

Atombau:
Das Siliciumatom besitzt 14 Protonen und meist 14 Neutronen im Atomkern sowie 14 Elektronen in der Atomhülle.
Auf der ersten Elektronenschale (dem ersten Energieniveau) befinden sich zwei, auf der zweiten Elektronenschale (dem zweiten Energieniveau) acht und auf der dritten Elektronenschale (dem dritten Energieniveau) vier Elektronen. Silicium hat vier Außenelektronen.

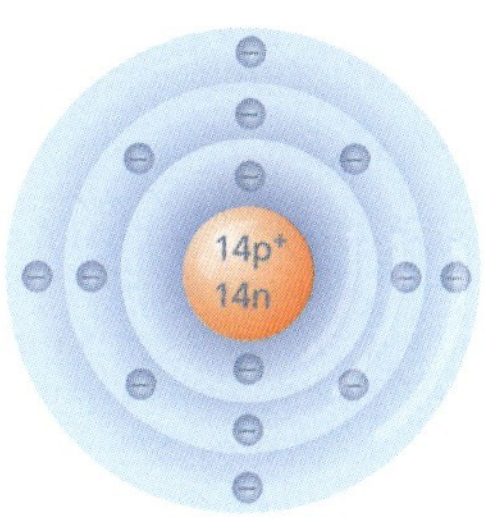

Um eine stabile Achterschale (↗ S. 49) zu erreichen, kann ein Siliciumatom vier weitere Elektronen aufnehmen. Durch Atombindungen entsteht ein Elektronenoktett.

Ausbildung von Atombindungen

unpolare Atombindungen	polare Atombindungen
– mit weiteren Siliciumatomen: kristallines Silicium	– mit anderen Atomen: Siliciumdioxid, Silicate, Silane

Aufbau des reinen Siliciums
Jedes Siliciumatom ist tetraedrisch mit vier weiteren Siliciumatomen verbunden. Alle vier Außenelektronen sind an Atombindungen beteiligt und gleich weit voneinander entfernt. Dadurch bildet sich ein völlig regelmäßiges Kristallgitter, das dem Diamantgitter entspricht.

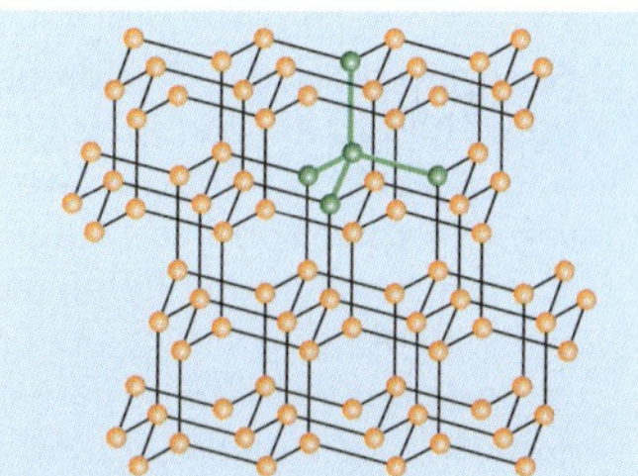

Die beiden Formen des Siliciums, das pulverförmige braune und das kristalline dunkelgraue Silicium, wurden früher als verschiedene Modifikationen des Siliciums angesehen. Durch weiterführende Untersuchungen konnte jedoch bewiesen werden, dass sie sich in Wirklichkeit nur durch ihre Teilchengröße, Oberflächenausbildung und im Gehalt an Verunreinigungen unterscheiden. Im Kristallaufbau sind sie identisch.

Eine dem Grafit ähnliche Struktur kann Silicium nicht ausbilden. Es ist jedoch ein Halbleiter, bei hohen Temperaturen leitet der Kristall den elektrischen Strom. Silicium (↗ S. 78) ist ein Halbmetall.
Bei Zimmertemperatur sind alle vier Außenelektronen in Atombindungen gebunden. Mit zunehmender Temperatur lösen sich immer mehr Elektronen und werden frei beweglich, die Leitfähigkeit steigt.

Im Kristallgitter des Siliciums ist jedes Siliciumatom mit vier anderen Siliciumatomen verbunden. Es gibt bei Zimmertemperatur keine frei beweglichen Elektronen.

Vor allem das Siliciumtetrachlorid $SiCl_4$ besitzt als Ausgangsstoff für die Synthese organischer Siliciumverbindungen (**Silicone**) große Bedeutung.

Chemische Reaktionen

Reines Silicium ist reaktionsträge. Bei Zimmertemperatur reagiert es nur mit dem aggressiven Fluor unter Feuererscheinung zu Siliciumtetrafluorid SiF_4, mit den übrigen Halogenen reagiert es beim Erhitzen zu den entsprechenden Tetrahalogeniden.
An der Luft verbrennt Silicium erst bei sehr hohen Temperaturen (oberhalb 1000 °C) zu SiO_2, da die sich sofort bildende dünne Schicht aus Siliciumdioxid SiO_2 den weiteren Zutritt von Sauerstoff erschwert.

$$Si + O_2 \longrightarrow SiO_2$$

Mit Stickstoff reagiert Silicium bei etwa 1400 °C zu Siliciumnitrid Si_3N_4.

$$3\,Si + 2\,N_2 \longrightarrow Si_3N_4$$

In allen Säuren (ausgenommen in Flusssäure; HF) ist Silicium praktisch unlöslich. Das liegt an der unlöslichen Schutzschicht aus Siliciumdioxid, welche einen Angriff der Säure verhindert. Dagegen löst sich Silicium leicht in heißen Laugen in einer exothermen Reaktion unter Wasserstoffentwicklung. Es entstehen Silicate.

Reaktion von Silicium mit Natriumhydroxidlösung

$$Si + 2\,NaOH + H_2O \longrightarrow Na_2SiO_3 + 2\,H_2$$

Viele Metalle gehen beim Erhitzen mit Silicium in elektrischen Schmelzöfen in Silicide (↗ S. 154), intermetallische Verbindungen von Metallen und Silicium über, z.B. Ca_2Si, CaSi, Mg_2Si, $CaSi_2$.

Vorkommen:

Silicium kommt in der Natur nie in reiner Form vor. In Form seiner Verbindungen (↗ S. 153) ist Silicium jedoch nach Sauerstoff das zweithäufigste Element der Erde.

Bedeutung:

Vom Silicium werden drei Handelsformen unterschieden: Ferrosilicium, technisches Silicium und Reinstsilicium.

1. **Ferrosilicium FeSi**: Siliciumgehalt zwischen 10–90 % Herstellung durch Reduktion von Quarz (Siliciumdioxid) mit Kohlenstoff in Lichtbogenreduktionsöfen, Verwendung als Legierungsbestandteil für Eisen und korrosionsbeständige Gusslegierungen.
2. **Technisches Silicium**: Reinheitsgrad zwischen 98,5–99 % Herstellung durch Reduktion von Quarz (Siliciumdioxid) mit Kohlenstoff in Lichtbogenreduktionsöfen, Verwendung (ca. 50 %) als Legierungsbestandteil für Aluminium, zur Herstellung von Siliciumverbindungen (↗ S. 154).
3. **Reinstsilicium** (Halbleitersilicium): Reinheitsgrad über 99,999 %, Verwendung in der Mikroelektronik und der Solarzellenproduktion (Fotovoltaik). Für integrierte Schaltkreise wird das hochreine Silicium bewusst mit Antimon-, Aluminium- oder Arsenatomen versetzt. Durch diese **Dotierung** kann man die Leitfähigkeit des Halbmetalls gezielt beeinflussen.

Reinstsilicium wird für Mikrochips benötigt. Kein Computer würde ohne dieses Element funktionieren. Reines **Silicium** leitet den elektrischen Strom nicht. Wenn die Einführung von Fremdatomen gezielt erfolgt, erhält man ein Halbleitersilicium.

Anorganische Siliciumverbindungen

Wichtige anorganische Verbindungen des Siliciums sind das Siliciumdioxid, Kieselsäure und die Silicate.

Siliciumdioxid SiO_2

Siliciumdioxid liegt anders als Kohlenstoffdioxid nicht als Molekül vor. Anstelle von zwei Doppelbindungen werden vom Silicium vier Einfachbindungen zum Sauerstoff ausgebildet, sodass stabile SiO_4-Einheiten entstehen. Diese tetraedrischen SiO_4-Einheiten sind so miteinander verknüpft, dass ein regelmäßiges Gitter mit der Verhältnisformel SiO_2 entsteht.

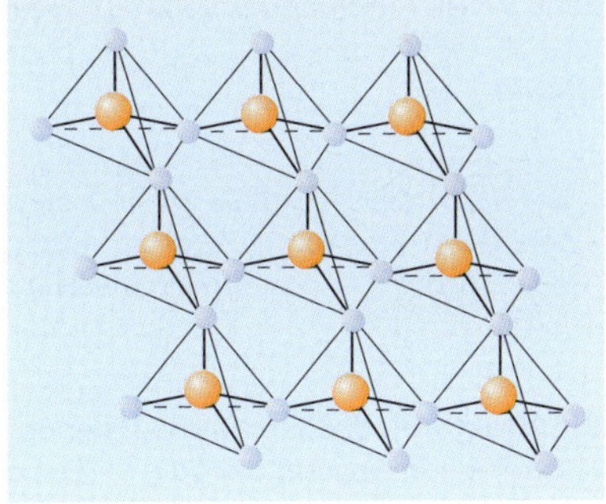

Tetraeder (Vierflächner) sind pyramidenähnliche, von vier Drei-ecken begrenzte geometrische Körper.

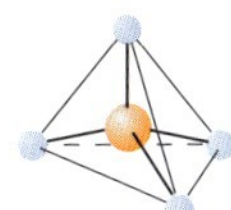

Tetraedrische Anordnungen sind sehr stabil und kommen in vielen chemischen Strukturen von Molekülen und kristallinen Festkörpern vor.

Eigenschaften:

Polymeres Siliciumdioxid ist fest, kristallin, in reiner Form farblos und geruchlos.

Vorkommen:

Siliciumdioxid kommt in der Natur als **Quarz** vor. Quarz kann in verschiedenen Erscheinungsformen auftreten. Als Bergkristall findet er sich in Gesteinshöhlen. Auch Sand besteht aus kleinen Quarzkristallen. Verschiedene Mineralien, z.B. Granit, enthalten Quarz.

Verwendung:

Sand wird zur Glasherstellung benötigt. Durch die große Härte der Kristalle ist Quarz als Schleifmittel einsetzbar.

Siliciumdioxid wird als Bestandteil natürlicher Füllstoffe eingesetzt, z.B. für Beschichtungen, flüssige Kunststoffe, Dichtungsmassen und Hausanstriche.

Kieselsäure H_4SiO_4

Aufbau:

Monokieselsäure besteht aus einem Molekül mit einem Siliciumatom und jeweils vier Sauerstoff- und Wasserstoffatomen.

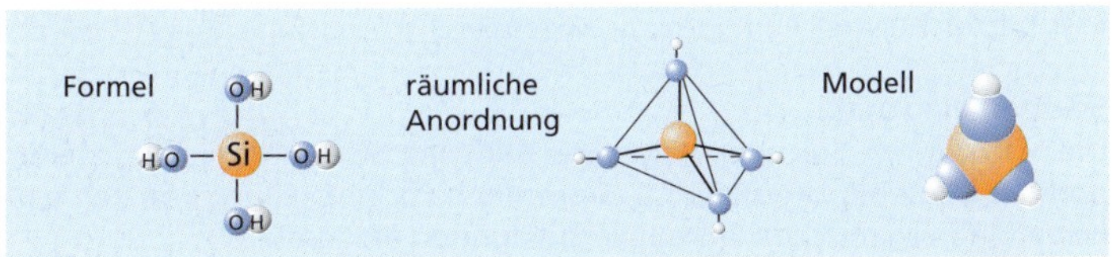

In der Natur kommen nur die Salze der Kieselsäure, die **Silicate,** vor. So enthalten z. B. Kieselalgen ein kristallines Gerüst von Silicaten.

Eigenschaften:
Mono- oder Orthokieselsäure ist eine sehr schwache Säure, die nur in großer Verdünnung ($c < 3 \cdot 10^{-3}$ mol $\cdot$ l^{-1}) einige Zeit beständig ist. Durch Wasserabspaltung können diese Monomere zu Polykieselsäuren kondensieren. Dabei bilden sich Ketten oder Ringe, die aus tetraederförmigen SiO_4^{4-}-Einheiten bestehen, welche über Sauerstoffatome auf verschiedene Weise miteinander verknüpft sein können.

Silicate

Die Salze der Kieselsäuren sind die aus unterschiedlich angeordneten SiO_4^{4-}-Bausteinen und den dazugehörigen Kationen bestehenden **Silicate.** Die Strukturen der Silicate sind sehr vielfältig.

Durch Zusammenschmelzen von Sand SiO_2 mit Natrium- oder Kaliumcarbonat bei 1400 °C bilden sich Alkalisilicate, deren wässrige Lösungen als „Wasserglas" bezeichnet werden.

Die Strukturen der Salze ähneln denen der entsprechenden Kieselsäuren. Je nach Verknüpfung der SiO_4^{4-}-Tetraeder können Silicate kettenförmig (Kettensilicate), flächig (Blattsilicate) oder räumlich (Gerüstsilicate) aufgebaut sein. Mit der Vielfalt der Strukturen ändern sich die Eigenschaften, sodass Silicate viele technische Anwendungen finden.
Silicatgläser werden u. a. als Laborglas oder in optischen Geräten eingesetzt. Alkalisilicate (Natrium- und Kaliumsilicate) werden für Betonimprägnierungen und als Bindemittel für Mauerputze sowie zur Herstellung von Wasch- und Reinigungsmitteln verwendet.

Technisch hergestellte Siliciumverbindungen

Siliciumcarbid SiC
Siliciumcarbid ist ein wichtiger Vertreter der keramischen Baustoffe (Nichtoxidkeramik). Die hohe chemische Beständigkeit sowie die guten mechanischen Eigenschaften, z. B. hohe Festigkeit und Härte auch bei hohen Temperaturen (über 1000 °C), machen das Siliciumcarbid zu einem modernen Werkstoff.

Die meisten Silicide besitzen unter den metallischen Hartstoffen die niedrigsten Schmelztemperaturen und Härtewerte. Sie eignen sich daher nicht für den Einbau in Hartmetalllegierungen.

Siliciumnitrid Si_3N_4
Auch aus Siliciumnitrid werden keramische Werkstoffe hergestellt. Diese haben ähnliche Eigenschaften wie Siliciumcarbidkeramiken. Die Anwendungsgebiete ähneln denen des Siliciumcarbids. Der Einbau von Metalloxiden (Al_2O_3, Y_2O_3, ZrO_2 oder BeO) verändert die Eigenschaften.

Metallsilicide
Silicide gehören zu den metallischen Hartstoffen. Sie besitzen eine hohe Beständigkeit gegenüber chemischen Einflüssen. Molybdänsilicid $MoSi_2$ wird als elektrisches Heizelement eingesetzt, das bis zu 1600 °C an der Luft betrieben werden kann.

Siliciumhalogenide
Die wichtigsten Siliciumhalogenide sind das Siliciumtetrachlorid $SiCl_4$ und das Silicochloroform $SiHCl_3$. Sie werden zur Herstellung von Reinstsilicium und organischen Siliciumverbindungen eingesetzt.

5.4.4 Stickstoff und Stickstoffverbindungen

Das Element Stickstoff

Stickstoff ist ein Element der V. Hauptgruppe. Es hat die Ordnungszahl 7.

Der Name **Stickstoff** kommt von „ersticken“, z. B. von Flammen. Das Element wurde in der zweiten Hälfte des 18. Jahrhunderts von mehreren Chemikern z. B. D. RUTHERFORD (1749 bis 1819), C. W. SCHEELE (1742–1786) und H. CAVENDISH (1731–1810) unabhängig voneinander entdeckt.

Atombau:
Das Stickstoffatom besitzt 7 Protonen und meist 7 Neutronen im Atomkern sowie 7 Elektronen in der Atomhülle. Auf der ersten Elektronenschale (dem ersten Energieniveau) befinden sich zwei und auf der zweiten Elektronenschale (dem zweiten Energieniveau) fünf Elektronen. Stickstoff hat fünf Außenelektronen.

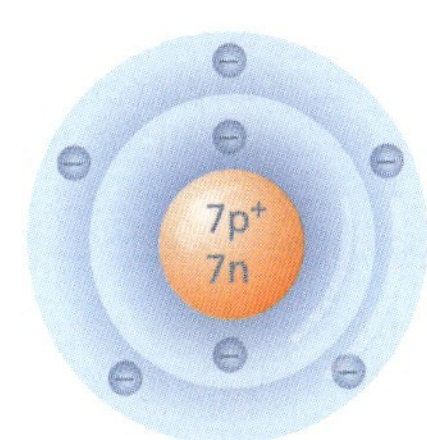

Um eine stabile Achterschale (↗ S. 49) zu erreichen, kann ein Stickstoffatom drei weitere Elektronen aufnehmen. Durch Atombindungen entsteht ein Elektronenoktett.

Ausbildung von Atombindungen

unpolare Atombindungen	polare Atombindungen
– mit anderen Stickstoffatomen: Stickstoffmolekül	– mit anderen Atomen: Stickstoffoxide, Ammoniak

Das Element Stickstoff kommt immer als Molekül vor.

Aufbau des Stickstoffmoleküls:
Das Stickstoffmolekül besteht aus zwei Stickstoffatomen. Die Atome sind durch drei gemeinsame Elektronenpaare (unpolare Atombindungen) miteinander verbunden. Jedes Stickstoffatom besitzt noch zwei nichtbindende Elektronen.

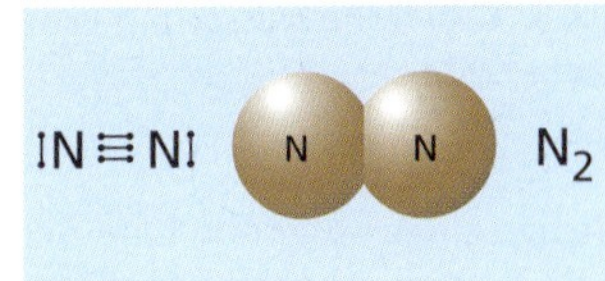

Aus der hohen Stabilität der Dreifachbindung des Stickstoffmoleküls ergibt sich die geringe chemische Reaktivität (Reaktionsträgheit) des Stickstoffs.

Eigenschaften:
Das Element Stickstoff ist ein farbloses, geruchloses, nicht brennbares Gas. Das Gas unterhält Verbrennungsvorgänge nicht.

Reaktionen des Stickstoffs:
Stickstoff ist sehr reaktionsträge. Bei Zimmertemperatur reagiert das Gas nur mit sehr unedlen Metallen zu Nitriden.

Reaktion von Stickstoff mit Lithium

$$N_2 + 6\,Li \longrightarrow 2\,Li_3N$$

Stickstoff ist das am häufigsten in freier Form vorkommende bekannte Element auf der Erde.

Vorkommen:
Stickstoff ist der Hauptbestandteil der Luft. Das Gas hat einen Anteil von 78,1 Vol.-% in der Atmosphäre.

Im Labor kann elementarer Stickstoff durch thermische Zersetzung von Ammoniumnitrit gewonnen werden.

Herstellung:
Großtechnisch kann Stickstoff entweder auf physikalischem Wege aus atmosphärischer Luft durch fraktionierte Destillation von flüssiger Luft oder auf chemischem Wege durch die Verbrennung von Kohle mit Luft und anschließender Abtrennung des gebildeten Kohlenstoffdioxids gewonnen werden.

Verwendung:
Aufgrund seiner Reaktionsträgheit wird Stickstoff als Schutzgas (Inertgas) verwendet, z.B. in der Lebensmittelindustrie. Flüssiger Stickstoff wird in der Kältetechnik zur Konservierung von Zellen und z.T. sogar schon von Organen eingesetzt.

Anorganische Stickstoffverbindungen

Stickstoff bildet eine Reihe von anorganischen Verbindungen, z.B. Ammoniak, verschiedene Stickstoffoxide, Salpetersäure und deren Salze, die Nitrate.

Ammoniak NH_3

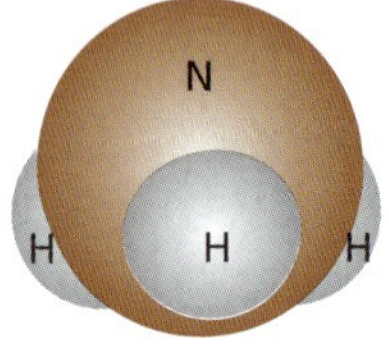

Ammoniak ist ein Molekül. Es besteht aus einem Atom Stickstoff und drei Atomen Wasserstoff, die durch polare Atombindungen verbunden sind.

Eigenschaften:
Ammoniak ist farblos, gasförmig, mit charakteristischem Geruch, leichter als Luft und gut wasserlöslich. Die wässrige Lösung reagiert schwach basisch. Ammoniak entzieht in einer Reaktion mit Protonenübergang (↗ S. 120) dem Wasser ein Wasserstoff-Ion (Proton), sodass ein Hydroxid-Ion entsteht.

$$NH_3 + H_2O \rightleftharpoons NH_4^+ + OH^-$$

Trotz seiner basischen Eigenschaften ist Ammoniak in der Lage, mit Metallen unter Abgabe von Wasserstoff zu reagieren.
Dabei bilden sich Amide ($MeNH_2$), Imide (Me_2NH) oder Nitride (Me_3N).

Das **Haber-Bosch-Verfahren** wurde 1913 entwickelt. Es ermöglichte Deutschland, während des Ersten Weltkriegs die zur Waffenproduktion notwendigen Nitrate unter Umgehung des Handelsembargos selbst herzustellen.

Herstellung:
Das wichtigste Verfahren zur Herstellung von Ammoniak ist die Ammoniaksynthese nach dem Haber-Bosch-Verfahren (↗ S. 245).

Verwendung:
Ammoniak wird zu etwa 80 % für die Herstellung von Stickstoffdüngemitteln gebraucht.

Der Rest dient zur Herstellung von Kunststoffen, Sprengstoffen auf Nitratbasis und Pflanzenschutzmitteln.

Stickstoffoxide

Mit Sauerstoff bildet Stickstoff verschiedene Oxide. Dazu gehören Distickstoffmonooxid N_2O, **Stickstoffmonooxid** NO, Distickstofftrioxid N_2O_3, **Stickstoffdioxid** NO_2 und Distickstoffpentoxid N_2O_5. NO/NO_2-Gemische heißen **nitrose Gase.**

Distickstoffmonooxid (Lachgas, N_2O) wird in der Medizin zur Unterstützung anderer Narkosemittel verwendet.

Name	Stickstoffmonooxid	Stickstoffdioxid
Molekülmodell		
Formel	NO	NO_2
Eigenschaften	farblos, gasförmig, geruchlos, sehr giftig, kaum wasserlöslich, sehr reaktionsfreudig	braunrot, gasförmig, stechend riechend, sehr giftig, starkes Oxidationsmittel, gut wasserlöslich
Vorkommen	im menschlichen Körper als blutgefäßerweiternde Substanz, in Abgasen, im Zigarettenrauch	entsteht durch spontane Oxidation von Stickstoffmonooxid, in Abgasen, im Zigarettenrauch
Verwendung	zur Salpetersäureherstellung; entsteht aus blutdrucksenkenden Mitteln	als Zwischenstufe bei der Herstellung der Salpetersäure

Die Oxide des Stickstoffs reagieren mit Wasser zu verschiedenen Säuren. Stickstoffmonooxid bildet mit Luftsauerstoff Stickstoffdioxid.

$$2\,NO + O_2 \rightleftharpoons 2\,NO_2$$

Stickstoffdioxid reagiert mit Wasser zu Salpetersäure und Stickstoffmonooxid.

$$3\,NO_2 + H_2O \rightleftharpoons 2\,HNO_3 + NO$$

In blutdrucksenkenden Medikamenten ist oft Glyceroltrinitrat (Nitroglycerin) enthalten. Daraus setzt der Körper durch enzymatische Reaktionen das gefäßerweiternde Stickstoffmonooxid frei.

Salpetersäure HNO_3

Salpetersäure ist eine starke Säure, die mit Wasser in Wasserstoff-Ionen (Hydronium-Ionen) und Nitrat-Ionen dissoziiert.

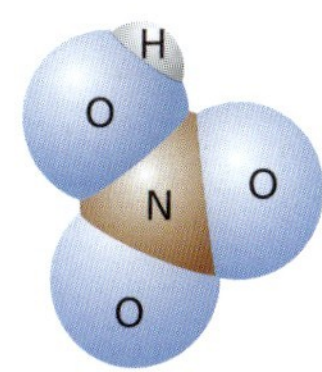

Eigenschaften:
Reine Salpetersäure ist eine farblose, stark ätzende Flüssigkeit und wirkt als starkes Oxidationsmittel.

1. Konzentrierte Salpetersäure
   Sie ist eine farblose Flüssigkeit und löst Edelmetalle wie Kupfer und Silber, aber nicht Gold und Platin. Salpetersäure wird zur Herstellung von Düngemitteln, Kunstfasern, Nitrolacken, Farbstoffen und deren Zwischenprodukten (Anilin) verwendet.

Im Labor werden konzentrierte (68 %) und verdünnte (12 %) Salpetersäure verwendet. Höher konzentrierte Salpetersäure (65–100 %) kann rotes Stickstoffdioxid enthalten. Beim Öffnen der Flasche entweicht das Stickstoffdioxid unter Rauchbildung, sodass die hoch konzentrierte Säure auch rote, rauchende Salpetersäure genannt wird.

2. Verdünnte Salpetersäure
   Sie ist eine farblose Flüssigkeit, stark sauer (ähnlich der Salzsäure) und reagiert mit unedlen Metallen zu Nitraten.

$$2\,HNO_3 + Mg \longrightarrow Mg(NO_3)_2 + H_2$$

Salpetersäure ist die wichtigste der stickstoffhaltigen Säuren. Sie dient vor allem zur Herstellung von Nitraten.

Salze der Salpetersäure – Nitrate

Nitrate bestehen aus positiv geladenen Metall- oder Ammonium-Ionen und negativ geladenen Nitrat-Ionen.

Die Salze der Salpetersäure, die **Nitrate,** entstehen entweder durch Reaktion der Säure mit Metallen oder indem Salpetersäure mit entsprechenden Carbonaten oder Hydroxiden umgesetzt wird.

Bildung von Nitraten aus Carbonaten und Hydroxiden

$$2\,HNO_3 + Na_2CO_3 \longrightarrow 2\,NaNO_3 + H_2O + CO_2$$

$$HNO_3 + KOH \longrightarrow KNO_3 + H_2O$$

Salpetrige Säure HNO_2 ist eine schwache Säure. Die Salze der salpetrigen Säure sind die Nitrite.

Alle Nitrate sind wasserlösliche Salze, sie dissoziieren in Metall-Ionen und Nitrat-Ionen (↗ S. 62).

Dissoziation von Natriumnitrat

$$NaNO_3 \rightleftharpoons Na^+ + NO_3^-$$

Wichtige Nitrate sind Kaliumnitrat, Natriumnitrat und Ammoniumnitrat.

1. Kaliumnitrat KNO_3
   Kaliumnitrat, ein weißes, kristallines Salz, wird auch als „Salpeter" bezeichnet. Schon vor Jahrhunderten verwendete man es zur Herstellung von Schwarzpulver. Auch heute noch ist es ein Ausgangsstoff für Sprengstoffe und wird außerdem für Kunststoffe und Farbstoffe gebraucht.

Silbernitrat ist ein bekanntes Nachweismittel für Halogenid-Ionen (↗ S. 300). Zur Herstellung von Feuerwerkskörpern verwendet man Barium- und Strontiumnitrat.

2. Natriumnitrat $NaNO_3$
   Wie Kaliumnitrat ist auch das Natriumnitrat ein weißes, kristallines Salz. Es ist Hauptbestandteil des Chilesalpeters. Natriumnitrat wird als Düngemittel und zur Herstellung von Feuerwerk verwendet.
3. Ammoniumnitrat NH_4NO_3
   Das Salz ist weiß, kristallin und zerfällt beim Erhitzen explosionsartig. Ammoniumnitrat ist ein idealer Stickstoffdünger, darf jedoch nach dem Sprengstoffgesetz nur in Gemischen eingesetzt werden.

Stickstoff kommt auf der Erde nicht nur in anorganischen Verbindungen vor. In verschiedenen organischen Stoffen ist ebenfalls Stickstoff gebunden. Alle Eiweiße (↗ S. 216) sind aus Stickstoff enthaltenden Aminosäuren aufgebaut, die über Peptidbindungen miteinander verknüpft sind. Luftstickstoff, anorganisch und organisch gebundener Stickstoff stehen über einen Stickstoffkreislauf (↗ S. 280) in Verbindung.

5.4.5 Phosphor und Phosphorverbindungen

Das Element Phosphor

Phosphor ist ein Element der V. Hauptgruppe. Es hat die Ordnungszahl 15.

Phosphor wurde 1669 von dem Alchimisten HENNING BRAND (um 1630 – nach 1692) auf der Suche nach Gold bzw. dem „Stein der Weisen" entdeckt, als er im eingedampften Harn unter Luftabschluss eine feste Substanz erhielt. Bei Lufteinwirkung leuchtete diese Substanz im Dunkeln und bekam deshalb den Namen (griech. *phosphoros* – Lichtträger, lichttragend). Es handelte sich hierbei um den weißen Phosphor.

Atombau:
Das Phosphoratom besitzt 15 Protonen und 16 Neutronen im Atomkern sowie 15 Elektronen in der Atomhülle.
Auf dem ersten Energieniveau befinden sich zwei, auf dem zweiten Energieniveau acht und auf dem dritten Energieniveau fünf Elektronen.
Phosphor hat fünf Außenelektronen.

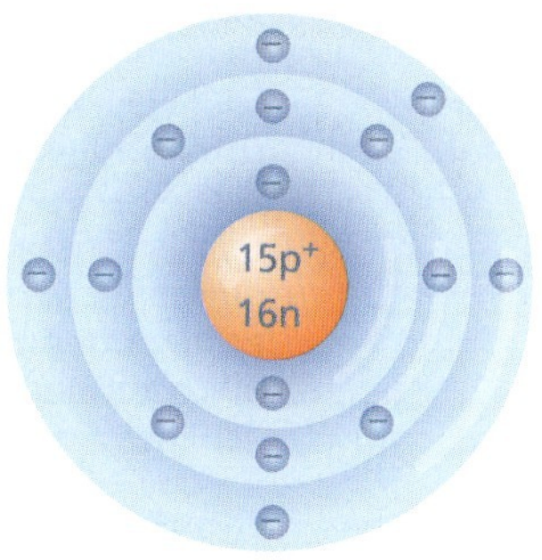

Um eine stabile Elektronenkonfiguration (↗ S. 49) zu erreichen, kann Phosphor drei Elektronen aufnehmen und Phosphidanionen P^{3-} bilden. Wesentlich häufiger jedoch geht Phosphor polare oder unpolare Atombindungen mit geeigneten Partnern ein. Anders als Stickstoff bildet Phosphor nur selten Mehrfachbindungen aus und kommt daher nicht als P_2-Molekül vor.

Ausbildung von Atombindungen

unpolare Atombindungen	polare Atombindungen
– mit anderen Phosphoratomen: weißer Phosphor, roter Phosphor	– mit anderen Atomen: Tetraphosphorhexaoxid Tetraphosphordecaoxid

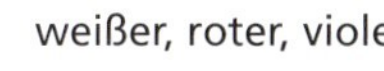

Vom elementaren Phosphor existieren mehrere Modifikationen, so z. B. weißer, roter, violetter und schwarzer Phosphor.

Auch JOHANN KUNKEL (um 1630–1703) und **ROBERT BOYLE** (1627–1691) entdeckten unabhängig voneinander den Phosphor. KUNKEL stellte ihn erstmalig aus Knochen dar. **LAVOISIER** (1743–1794) beschreibt den Phosphor als nichtmetallisches chemisches Element.

Weißer Phosphor
Phosphoratome bilden untereinander keine Mehrfachbindungen. Um ein Elektronenoktett zu erhalten, werden bei der weißen Modifikation drei unpolare Atombindungen zu anderen Phosphoratomen und ein freies Elektronenpaar ausgebildet. Dadurch entstehen tetraederförmige P_4-Moleküle, die sehr energiereich und damit außerordentlich reaktionsfreudig sind.

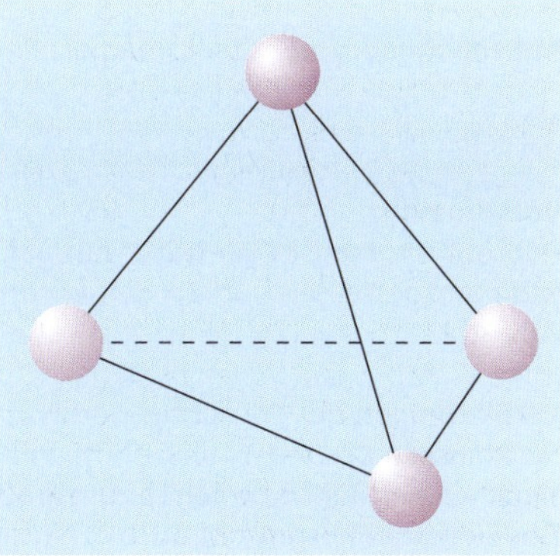

Weißer Phosphor wird unter Wasser gelagert. Dadurch wird verhindert, dass er mit dem Luftsauerstoff reagiert oder sich selbst entzündet.

Die einzelnen Modifikation unterscheiden sich in ihren Strukturen und somit auch in ihren physikalischen und chemischen Eigenschaften. Weißer Phosphor ist kristallin, bei Zimmertemperatur wachsartig, nicht wasserlöslich, bildet sehr giftige Dämpfe und leuchtet im Dunkeln.

Roter, schwarzer und violetter Phosphor können aus der weißen Modifikation hergestellt werden.

Andere Modifikationen des Phosphors	
roter Phosphor	– bildet sich beim Erhitzen von weißem Phosphor unter Luftabschluss – besteht aus unregelmäßig dreidimensional vernetzten Phosphoratomen – dunkelrot, amorph, pulverförmig, nicht giftig, entzündet sich erst oberhalb 400 °C, explodiert im Gemisch mit starken Oxidationsmitteln schon bei geringer Energiezufuhr, z.B. Reibung
violetter Phosphor	– entsteht durch langes Erhitzen aus dem weißen Phosphor – besteht aus einem kompliziert aufgebauten Schichtgitter, in dem die Phosphoratome röhrenförmig verknüpft sind – kristallin, kristallisiert in gut spaltbaren Tafeln
schwarzer Phosphor	– entsteht u.a. unter Hochdruck aus dem weißen Phosphor – besteht aus gewellten Doppelschichten aus P_6-Ringen – kristallin, glänzend, eisengrau, leitet elektrischen Strom und Wärme, wasserunlöslich, ungiftig

Das Leuchten des weißen Phosphors im Dunkeln beruht darauf, dass er an der Luft in Spuren verdampft und langsam zu P_4O_{10} oxidiert wird. Bei dieser Reaktion wird Energie frei, die z.T. als Licht abgegeben wird (Phosphoreszens).

Reaktionen des Phosphors:
Weißer Phosphor ist äußerst reaktionsfreudig und schon bei tiefen Temperaturen selbstentzündlich. An trockener Luft verbrennt er zu Tetraphosphordecaoxid P_4O_{10} (↗ S. 161).

$$P_4 + 5\,O_2 \longrightarrow P_4O_{10}$$

Mit Halogenen, z.B. Chlor, reagiert Phosphor zu Halogeniden.

$$P_4 + 6\,Cl_2 \longrightarrow 4\,PCl_3$$

Vorkommen:
Phosphor kommt in der Natur nur gebunden in Form von Phosphaten in Sedimentgesteinen vor. Zu den wichtigsten Phosphatmineralien gehört Apatit.

Verbindungen des Phosphors sind wichtige Bestandteile aller Lebewesen. Sie kommen besonders im Gehirn, in Nerven, im Blut und in Muskeln vor. Knochen und Zähne bestehen zum großen Teil aus Phosphorverbindungen. Das Element Phosphor ist auch in Nucleinsäuren und Enzymen enthalten.

Verwendung:
Weißer Phosphor dient zur Gewinnung verschiedener Phosphorverbindungen, z. B. Diphosphorpentoxid, Phosphorsäure und Phosphaten. Roter Phosphor wird zur Herstellung von Zündhölzern, Streichholzreibflächen, Feuerwerk und Brandbomben sowie zur Erzeugung künstlichen Nebels genutzt.

Phosphor ist ein unentbehrlicher Nährstoff für die Entwicklung der Pflanzen. Urin und Exkremente sind reich an Phosphaten. Die ausgetrockneten Exkremente von Seevögeln der südamerikanischen Pazifikküste (Guano) werden deshalb auch als **Düngemittel** genutzt.

Anorganische Phosphorverbindungen

In Form von anorganischen Verbindungen kommt Phosphor in verschiedenen Oxiden, deren Säuren und den Salzen dieser Säuren vor.

Phosphor bildet mit Sauerstoff verschiedene Oxide, z. B. Tetraphosphorhexaoxid P_4O_6 oder Tetraphosphordecaoxid P_4O_{10}, die technisch bedeutsamste Verbindung.

Tetraphosphordecaoxid P_4O_{10}

Tetraphosphordecaoxid oder Phosphor(V)-oxid ist ein Molekül. Es besteht aus vier Phosphoratomen und zehn Sauerstoffatomen, die durch polare Atombindungen miteinander verbunden sind.

Um die Formel des Phosphor(V)-oxids P_4O_{10} zu vereinfachen, kürzt man die Zahlen, die das Atomzahlverhältnis angeben. So entsteht die Formel P_2O_5, bezeichnet als Diphosphorpentoxid oder nur Phosphorpentoxid. Die P_4O_{10}-Moleküle bilden eine sogenannte Käfigstruktur.

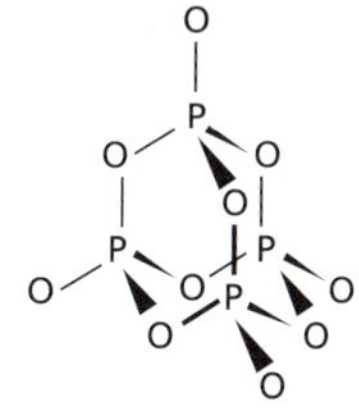

Eigenschaften:
Tetraphosphordecaoxid ist farblos, geruchlos, fest und stark wasseranziehend (hygroskopisch). Mit Wasser reagiert das Oxid sehr heftig unter Bildung der Phosphorsäure.

Herstellung und Verwendung:
Tetraphosphordecaoxid wird technisch durch Verbrennen von weißem Phosphor in trockener Luft hergestellt.

$$P_4 + 5\,O_2 \longrightarrow P_4O_{10}$$

Das stark hygroskopische Oxid wird in der Industrie und im Labor als Trockenmittel eingesetzt.

Phosphorsäure H_3PO_4

Phosphorsäure ist eine mittelstarke Säure, die mit Wasser teilweise in Wasserstoff-Ionen (Hydronium-Ionen) und Phosphat-Ionen dissoziiert.

Eigenschaften:
Phosphorsäure ist eine farblose, kristalline, in Wasser leicht lösliche Substanz. Bei der Reaktion mit Wasser dissoziiert die Phosphorsäure stufenweise.

$$H_3PO_4 + 3\,H_2O \rightleftharpoons 3\,H_3O^+ + PO_4^{3-}$$

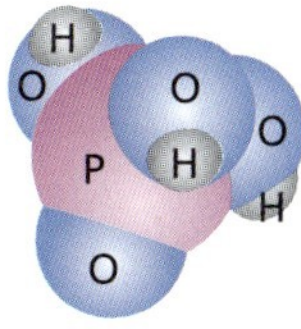

Herstellung und Verwendung:
Phosphorsäure wird technisch durch Umsetzung von Calciumphosphat mit Schwefelsäure oder durch die Reaktion von Tetraphosphordecaoxid mit Wasser hergestellt.

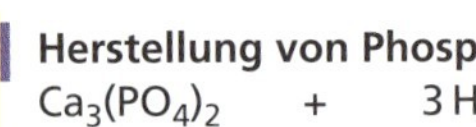

Herstellung von Phosphorsäure:

$$Ca_3(PO_4)_2 + 3\,H_2SO_4 \longrightarrow 2\,H_3PO_4 + 3\,CaSO_4$$

$$P_4O_{10} + 6\,H_2O \longrightarrow 4\,H_3PO_4$$

Reine Phosphorsäure, z.B. für die Lebensmittelindustrie, wird durch Verbrennen von weißem Phosphor in einem Luft-Wasserdampf-Strom gewonnen.

Die Phosphorsäure dient als Ausgangsstoff für die Herstellung phosphathaltiger Düngemittel und von Natriumphosphaten für die Enthärtung von Wasser. Sie findet in der Emailleindustrie, bei der Herstellung von Porzellankitt und Zahnfüllungen Verwendung. In der Getränkeindustrie wird sie als säuernder Zusatzstoff, z.B. in Cola, genutzt.
Durch die schrittweise Dissoziation gibt es drei mögliche Säurerest-Ionen der Phosphorsäure: das Dihydrogenphosphat-, das Hydrogenphosphat- und das Phosphat-Ion. Dementsprechend gibt es drei mögliche Salze der Phosphorsäure. Die Dihydrogenphosphate (primäre Phosphate), die Hydrogenphosphate (sekundäre Phosphate) und die eigentlichen Phosphate (tertiäre Phosphate). Alle werden unter dem Sammelbegriff Phosphate zusammengefasst.

Salze der Phosphorsäure – Phosphate

Phosphate bestehen aus positiv geladenen Metall- oder Ammonium-Ionen und negativ geladenen Phosphat-Ionen.

Einige wichtige Phosphate

Gruppe	Namen und Formeln	Bedeutung
Natriumphosphate	– Natriumdihydrogenphosphat NaH_2PO_4 – Dinatriumhydrogenphosphat Na_2HPO_4 – Trinatriumphosphat Na_3PO_4 (vereinfacht auch Natriumphosphat) – Natriumdiphosphat $Na_4P_2O_7$ – Natriumtriphosphat $Na_5P_3O_{10}$	– zur Wasserenthärtung in Wasch- und Reinigungsmitteln – zur Metallreinigung – für Puffersysteme – in der Tierernährung – in der Lebensmittelindustrie
Ammoniumphosphate	– Diammoniumhydrogenphospat $(NH_4)_2HPO_4$	– als Düngemittel (kommt im Guano vor)
Calciumphosphate	– Calciumdihydrogenphosphat $Ca(H_2PO_4)_2$ – Calciumhydrogenphosphat $CaHPO_4$ – Calciumphosphat $Ca_3(PO_4)_2$ – Superphosphat $Ca(H_2PO_4)_2 \cdot 2\,CaSO_4$	– als Düngemittel – in der Futtermittelindustrie – in der Lebensmittelindustrie – als Bestandteil von Zahnpasta

In der Natur kommen große Mengen an Calciumphospat in Form von Apatit in großen Lagerstätten vor.

5.4.6 Schwefel und Schwefelverbindungen

Das Element Schwefel

Schwefel ist ein Element der VI. Hauptgruppe. Es hat die Ordnungszahl 16.

Atombau:
Das Schwefelatom besitzt 16 Protonen und meist 16 Neutronen im Atomkern sowie 16 Elektronen in der Atomhülle.
Auf der ersten Elektronenschale (dem ersten Energieniveau) befinden sich zwei, auf der zweiten Elektronenschale (dem zweiten Energieniveau) acht und auf der dritten Elektronenschale (dem dritten Energieniveau) sechs Elektronen. Schwefel hat sechs Außenelektronen.

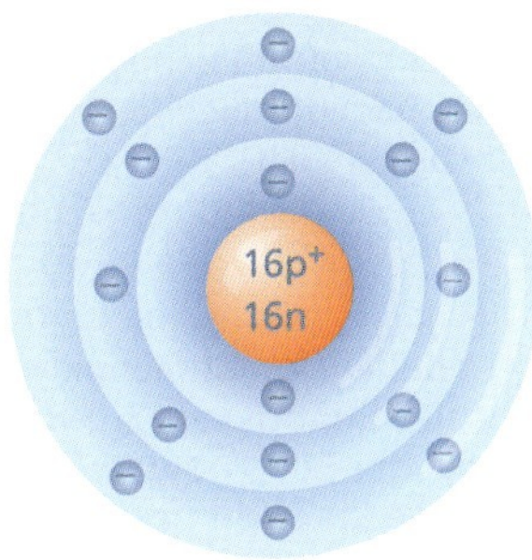

Das Element **Schwefel** war sowohl in elementarer Form als auch in Form von Verbindungen schon in der Antike bekannt. Schwefel besitzt verschiedene Isotope. Diese haben entweder 16, 17 oder 18 Neutronen im Kern.

Um eine stabile Achterschale (↗ S. 49) zu erreichen, kann ein Schwefelatom zwei weitere Elektronen aufnehmen, das Sulfid-Ion entsteht. Durch Atombindungen entsteht ein Elektronenoktett.

Ausbildung von Atombindungen

unpolare Atombindungen	polare Atombindungen
– mit weiteren Schwefelatomen: rhombischer Schwefel, monokliner Schwefel	– mit anderen Atomen: Schwefeldioxid, Schwefeltrioxid

Elementarer Schwefel kommt in verschiedenen temperaturabhängigen Modifikationen vor, z. B. als rhombischer, monokliner oder plastischer Schwefel. Einzig der rhombische Schwefel (α-Schwefel) ist bei Zimmertemperatur stabil.

Bei Vulkanausbrüchen können sich durch Reaktion zwischen unterschiedlichen **Schwefelverbindungen** dichte Schwefelwolken bilden:

$$SO_2 + 2H_2S \longrightarrow 3S + 2H_2O$$

Rhombischer Schwefel (α-Schwefel)
Jedes Schwefelatom ist mit zwei benachbarten Schwefelatomen verbunden. Zwei der Außenelektronen gehen jeweils eine unpolare Atombindung ein, sodass jedes Schwefelatom noch vier nichtbindende Elektronen (zwei Paare) besitzt. Insgesamt bilden acht Schwefelatome eine ringförmige, gewellte Struktur, die als Kronenform bezeichnet wird. Schwefel hat die Molekülformel S_8. Vereinfacht wird häufig nur das Symbol S verwendet.

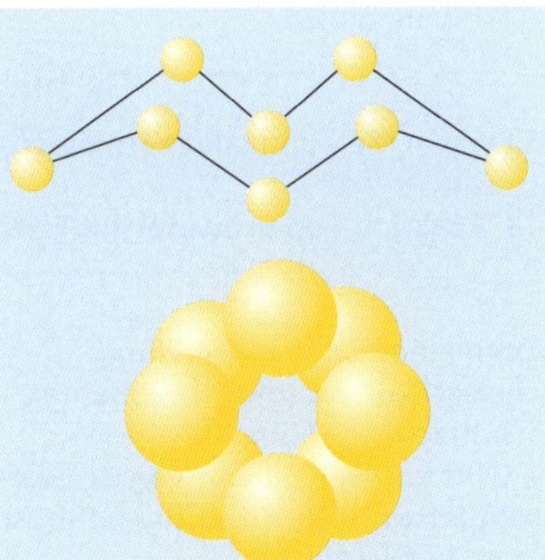

Rhombischer Schwefel ist bei Zimmertemperatur beständig, fest und bildet rhombische Kristalle. Er ist zitronengelb, nicht wasserlöslich, kaum in organischen Lösungsmitteln, aber sehr gut in Schwefelkohlenstoff löslich. Schwefel tritt bei unterschiedlichen Temperaturen in verschiedenen Zustandsformen mit unterschiedlichen Aggregatzuständen auf.

Weitere Zustandsformen des Schwefels bei unterschiedlichen Aggregatzuständen		
monokliner Schwefel (β-Schwefel)	– entsteht bei 95,6 °C aus rhombischem Schwefel – besteht aus ringförmigen S_8-Molekülen – hellgelbe, nadelförmige (monokline) Kristalle – schmilzt bei 119,0 °C	
flüssiger Schwefel (λ-Schwefel)	– entsteht bei 119 °C aus monoklinem Schwefel – besteht aus ringförmigen S_8-Molekülen, die sich bei steigender Temperatur zu Ketten aufspalten – flüssig, hellgelb, leicht beweglich	
zähflüssiger Schwefel plastischer Schwefel (μ-Schwefel)	– entsteht bei etwa 160 °C aus flüssigem Schwefel – besteht aus längeren Schwefelketten und ringförmigen S_n-Molekülen – braun, viskos, harzartig, wird bei etwa 400 °C wieder dünnflüssig	
Schwefeldampf	– entsteht bei 444,6 °C (Sieden des Schwefels) – besteht anfangs aus S_8-Molekülen, die mit steigender Temperatur in kleinere Bruchstücke zerfallen, bei ca. 2000 °C besteht der Dampf aus einzelnen Schwefelatomen – S_7 – S_5 gelb – orangerot, S_4 rot, S_3 blau, S_2 violett	S_5 S_4 S_3 S_2 S

Schwefel kommt in elementarer Form in zahlreichen **Schwefellagerstätten** vor. Sulfidmineralien sind Kiese, Glanze und Blenden. Sulfatmineralien sind **Gips** (↗ S. 254), Anhydrit, Bittersalz und Glaubersalz.

Reaktionen des Schwefels:

Schwefel reagiert schon bei geringer Wärmezufuhr mit sehr vielen Elementen. An der Luft verbrennt er nach Entzündung mit blauer Flamme zu Schwefeldioxid.

$$S + O_2 \longrightarrow SO_2$$

Mit vielen Metallen bildet Schwefel nach Erhitzen Metallsulfide.

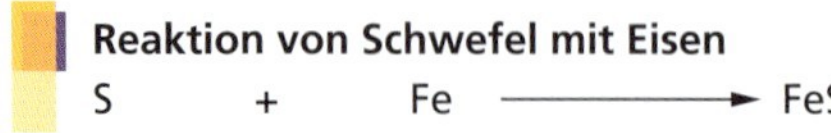

Reaktion von Schwefel mit Eisen

$$S + Fe \longrightarrow FeS$$

Vorkommen und Verwendung:

Schwefel kommt sowohl elementar, als auch in vielen Mineralien vor, z.B. in Sulfiden und Sulfaten.

Er wird zur Herstellung von Schwefelsäure (↗ S. 249), Schwefelkohlenstoff, Schwefeldioxid, Schwefelfarbstoffen und für die Vulkanisation von Kautschuk verwendet.

Anorganische Schwefelverbindungen

In Form von anorganischen Verbindungen kommt Schwefel in verschiedenen Oxiden, deren Säuren und den Salzen dieser Säuren sowie als Schwefelwasserstoff vor.

Schwefel bildet mit Sauerstoff verschiedene Oxide.

Schwefeldioxid SO_2

Schwefeldioxid ist ein Molekül. Es besteht aus einem Schwefelatom und zwei Sauerstoffatomen, die durch polare Atombindungen miteinander verbunden sind.

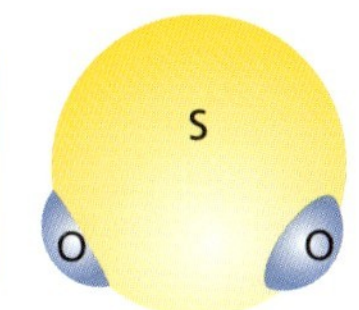

Eigenschaften:
Schwefeldioxid ist farblos, stechend riechend, gasförmig, giftig und wasserlöslich. Bei der Reaktion mit Wasser entsteht eine Lösung, die gelöstes Schwefeldioxid, Hydronium-Ionen und Hydrogensulfit-Ionen enthält und als **schweflige Säure** bezeichnet wird.

Die schweflige Säure bildet zwei Salze: die Hydrogensulfite und Sulfite.

Herstellung und Verwendung:
Schwefeldioxid kommt in vulkanischen Gasen und beim Verbrennen fossiler Brennstoffe vor. Schwefeldioxid wird zur Herstellung von Schwefelsäure, für die Produktion schwefelhaltiger Chemikalien, in der Zellstoffproduktion, in der Manganerzaufbereitung und als Desinfektions- und Reinigungsmittel genutzt.

Schwefeltrioxid SO_3

Schwefeltrioxid ist im Gaszustand ein vieratomiges Molekül. Es besteht aus einem Schwefelatom und drei Sauerstoffatomen, die durch polare Atombindungen miteinander verbunden sind.

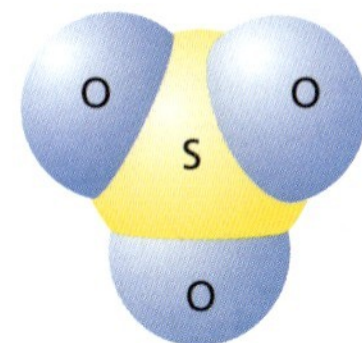

Eigenschaften:
Schwefeltrioxid ist eine feste Substanz, die in drei Modifikationen auftreten kann. Es ist stark wasseranziehend (hygroskopisch), wirkt mäßig oxidierend und reagiert unter starker Wärmeentwicklung heftig mit Wasser zu Schwefelsäure.

$$SO_3 \quad + \quad H_2O \longrightarrow H_2SO_4$$

Herstellung und Verwendung:
Schwefeltrioxid wird durch katalytische Oxidation aus Schwefeldioxid (als Zwischenprodukt bei der Herstellung von Schwefelsäure) oder im Labor durch Destillation von rauchender Schwefelsäure gewonnen.
Es wird zur Herstellung verschiedener Chemikalien, z. B. Schwefelsäure im Kontaktverfahren (↗ S. 249) oder Chlorsulfonsäure, und zur Sulfonierung (Einführung der Sulfogruppe $-SO_3H$) organischer Substanzen (z. B. in der Waschmittelindustrie) genutzt.

Schwefelsäure H_2SO_4

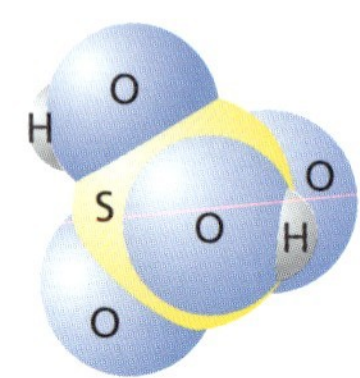

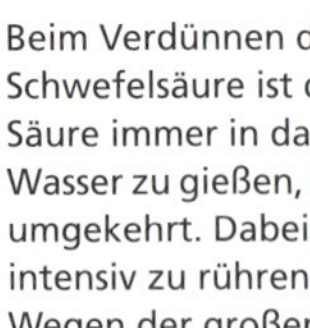

Beim Verdünnen der Schwefelsäure ist die Säure immer in das Wasser zu gießen, nie umgekehrt. Dabei ist intensiv zu rühren. Wegen der großen Wärmeentwicklung kann es sonst zum Verspritzen der überhitzten Säure kommen.

Schwefelsäure ist eine starke Säure, die mit Wasser in Wasserstoff-Ionen (Hydronium-Ionen) und Sulfat-Ionen dissoziiert.

Eigenschaften:
Reine Schwefelsäure ist eine farblose, ölige Flüssigkeit, die bereits bei 10,4 °C erstarrt. Auf der Haut wirkt die Säure stark ätzend. Die konzentrierte Schwefelsäure enthält zu etwa 4 % Wasser. Schwefelsäure ist mit Wasser in beliebigem Verhältnis mischbar.
Die Reaktion mit Wasser (Protolyse) verläuft stark exotherm.

$$H_2SO_4 + 2\,H_2O \rightleftharpoons 2\,H_3O^+ + SO_4^{2-}$$

Herstellung und Verwendung:
Schwefelsäure wird im Kontaktverfahren (↗ S. 249) hergestellt.
Die Säure wird als Trockenmittel, zur Herstellung von Düngemitteln, zur Gewinnung von Titanoxid, zur Herstellung von Sprengstoffen, von Zellwolle und Kunstseide oder als Akkumulatorsäure benötigt.

Salze der Schwefelsäure – Sulfate

Sulfate sind z. B. Calciumsulfat (Gips) oder Bariumsulfat. Gebrannter Gips (↗ S. 254) wird in der Bauindustrie verwendet. Bariumsulfat wird als weißes Füllmaterial und zur Herstellung von Kunstdruckpapier eingesetzt.

Sulfate bestehen aus positiv geladenen Metall- oder Ammonium-Ionen und negativ geladenen Sulfat-Ionen.

Sulfate kommen in der Natur häufig vor.

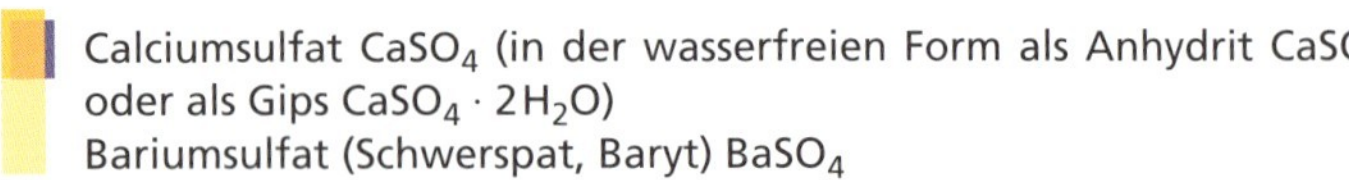

Calciumsulfat $CaSO_4$ (in der wasserfreien Form als Anhydrit $CaSO_4$ oder als Gips $CaSO_4 \cdot 2\,H_2O$)
Bariumsulfat (Schwerspat, Baryt) $BaSO_4$

Sulfate können z. B. durch Reaktion von Schwefelsäure mit Metallen, Metalloxiden und Metallhydroxiden entstehen.

Schwefelwasserstoff H_2S

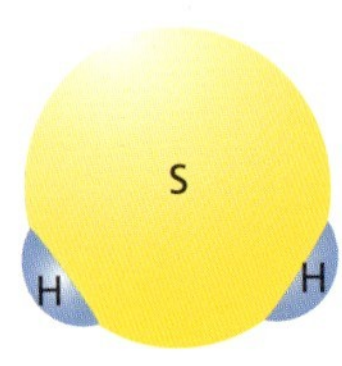

Sulfide sind die Salze der Schwefelwasserstoffsäure. In der Natur sind sie häufig. Ein Sulfid ist z. B. Zinkblende (ZnS).

Schwefelwasserstoff ist ein Molekül. Es besteht aus einem Schwefelatom und zwei Wasserstoffatomen, die durch polare Atombindung miteinander verbunden sind.

Eigenschaften:
Schwefelwasserstoff ist gasförmig, farblos und riecht nach faulen Eiern. Es ist sehr giftig und lähmt das Atemzentrum. Das Gas ist wasserlöslich, die Lösung reagiert sauer. Dabei entsteht Schwefelwasserstoffsäure.

Vorkommen:
In der Natur kommt Schwefelwasserstoff in vulkanischen Gasen, im Erdöl und Erdgas und bei der Zersetzung von Eiweiß durch Fäulnis vor. Schwefelwasserstoff wird technisch aus den Elementen hergestellt.

5.4.7 Chlor und Chlorverbindungen

Das Element Chlor

Chlor ist ein Element der VII. Hauptgruppe. Es hat die Ordnungszahl 17.

Atombau:
Das Chloratom besitzt 17 Protonen und meist 18 Neutronen im Atomkern sowie 17 Elektronen in der Atomhülle. Auf der ersten Elektronenschale (dem ersten Energieniveau) befinden sich zwei, auf der zweiten Elektronenschale (dem zweiten Energieniveau) acht und auf der dritten Elektronenschale (dem dritten Energieniveau) sieben Elektronen. Chlor hat sieben Außenelektronen.

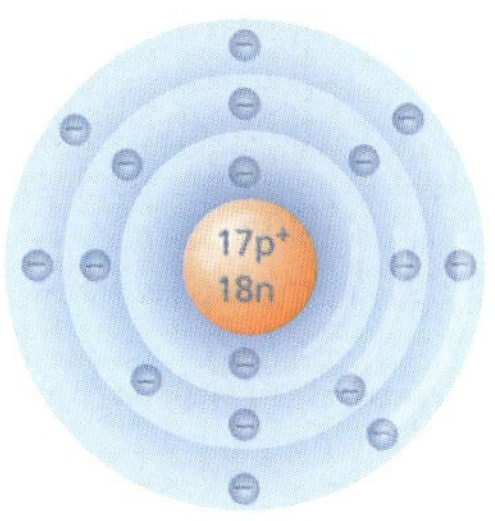

Um eine stabile Achterschale (↗ S. 49) zu erreichen, kann ein Chloratom ein Elektron aufnehmen. Chlor kann mit anderen Chloratomen Moleküle mit unpolaren Atombindungen bilden. Durch Aufnahme eines Elektrons kann auch ein einfach negativ geladenes Chlorid-Ion entstehen. Das Element Chlor kommt immer als Molekül vor.

Chlor hat seinen Namen vom griechischen „chloros" für grün wegen der Farbe des Gases.

Aufbau des Chlormoleküls:
Das Chlormolekül besteht aus zwei Chloratomen. Die Atome sind durch ein gemeinsames Elektronenpaar (unpolare Atombindung) miteinander verbunden. Jedes Chloratom besitzt noch sechs nichtbindende Elektronen (drei Paare).

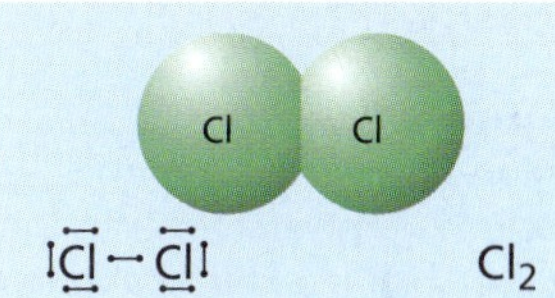

Eigenschaften:
Das Element Chlor ist ein stechend riechendes, grüngelbes, sehr giftiges Gas. Chlor kann unter Druck leicht verflüssigt werden. In Wasser ist Chlor nur wenig löslich, die ca. 0,5%ige Lösung wird als Chlorwasser bezeichnet. Chlor ist schwerer als Luft (ca. 2,5-fach).

Die Reaktion von Chlor ist umso heftiger, je größer der elektrochemische Gegensatz zwischen dem Chlor und seinem Reaktionspartner ist. Ein Maß dafür ist die Differenz der Elektronegativitäten der beiden Reaktionspartner. Aus diesen Gründen kommt das Chlor in der Natur auch nicht in freier Form vor.

Reaktionen:
Chlor gehört neben Fluor zu den reaktionsfreudigsten (aggressivsten) Elementen. So reagiert es schon bei Raumtemperatur mit den meisten Elementen unter großer Wärmeentwicklung (exotherme Reaktionen). Alkalimetalle, Erdalkalimetalle und auch viele andere Elemente, z. B. Phosphor, Bor, Silicium oder Zinn, reagieren heftig mit Chlor zu Chloriden.

Reaktionen verschiedener Elemente mit Chlor

$$2\,Na + Cl_2 \longrightarrow 2\,NaCl$$

$$Mg + Cl_2 \longrightarrow MgCl_2$$

$$2\,P + 3\,Cl_2 \longrightarrow 2\,PCl_3$$

Chlorgas wirkt stark toxisch. Es zerstört pflanzliche und tierische Gewebe. Im Ersten Weltkrieg wurde es als Kampfgas eingesetzt. Das Gas kann Bakterien und Algen vernichten. Diese Eigenschaft macht man sich bei der Wasserbehandlung zur Desinfektion zunutze. In Schwimmbädern oder auch im Trinkwasser (bei Trinkwasser nicht in Deutschland) wird Chlorgas in Wasser gelöst und vernichtet Krankheitskeime bzw. verhindert einen Neubefall.

Vorkommen:
Da Chlor ein äußerst reaktionsfreudiges Element ist, kommt es außer in einigen Vulkangasen nie elementar, dafür jedoch in zahlreichen Verbindungen vor, vor allem in Chloriden.

Verwendung:
Der größte Teil des produzierten Chlors (etwa 80 %) dient der Herstellung organischer Produkte, z.B. Lösungsmittel wie Chloroform, Tetrachlorkohlenstoff, Trichlorethylen.
Chlor ist außerdem ein Ausgangsstoff für Bleichmittel, Polyvinylchlorid (PVC), Waschmittel, Herbizide und Pestizide. Chlor wird durch Elektrolyse aus wässrigen Kochsalzlösungen gewonnen. Hierbei sind vor allem drei Verfahren im Einsatz: das Amalgamverfahren, das Diaphragmaverfahren und das Membranverfahren (↗ S. 255).

Anorganische Chlorverbindungen

Wichtige anorganische Verbindungen des Chlors sind Chlorwasserstoff und Chloride.

Chlorwasserstoff HCl

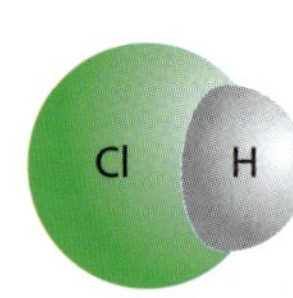

Chlorwasserstoff ist ein Molekül. Es besteht aus einem Atom Chlor und einem Atom Wasserstoff, die durch polare Atombindungen verbunden sind.

Eigenschaften:
Chlorwasserstoff ist farblos, gasförmig, stechend riechend, nicht brennbar und gut wasserlöslich. Die wässrige Lösung reagiert sauer, da Chlorwasserstoff in einer Reaktion mit Protonenübergang (↗ S. 120) ein Wasserstoff-Ion an das Wassermolekül abgibt. Es entstehen Hydronium-Ionen und Chlorid-Ionen.

$$HCl + H_2O \rightleftharpoons H_3O^+ + Cl^-$$

Reines Chlorwasserstoffgas leitet den elektrischen Strom nicht. Die polare Atombindung im Molekül ist stabil. Chlorwasserstoff ist wesentlich reaktionsträger als seine wässrige Lösung, die Salzsäure.

Chlorwasserstoffsäure (Salzsäure)

Oft wird Chlorwasserstoff mit seiner in Wasser gelösten Form, der Salzsäure, verwechselt oder gleichgesetzt.

In wässriger Lösung dissoziiert Chlorwasserstoff in Wasserstoff-Ionen und Chlorid-Ionen. Die wässrige Lösung wird **Chlorwasserstoffsäure** oder **Salzsäure** genannt.

Reaktionen der Chlorwasserstoffsäure (Salzsäure):
Salzsäure ist ein starke Säure. Sie dissoziiert in wässriger Lösung vollständig in Wasserstoff-Ionen und Chlorid-Ionen. Salzsäure reagiert mit unedlen Metallen unter Bildung von Wasserstoff und Metallchloriden.

Reaktion von Salzsäure mit Zink

$$\underbrace{2\,H^{+} + 2\,Cl^{-}}_{\text{2HCl (vereinfacht)}} + Zn \longrightarrow \underbrace{Zn^{2+} + 2\,Cl^{-}}_{ZnCl_2} + H_2$$

Im Magen des Menschen kommt Salzsäure mit einem pH- Wert von 2 vor. Sie aktiviert das Eiweiß verdauende Enzym Pepsin und tötet Keime ab, die mit der Nahrung in den Magen gelangt sind. Der Magen selber wird vor dem Angriff der ätzenden Säure mit einer dicken Schleimschicht geschützt. Wird zu viel Salzsäure produziert oder steigt diese in der Speiseröhre nach oben, entsteht Sodbrennen.

Salzsäure reagiert mit vielen in Wasser schwer löslichen Salzen, z.B. Calciumcarbonat, so dass sich diese auflösen. Kalkablagerungen können so entfernt werden.

Reaktion von Salzsäure mit Calciumcarbonat

$$\underbrace{2\,H^{+} + 2\,Cl^{-}}_{\text{2 HCl (vereinfacht)}} + CaCO_3 \longrightarrow \underbrace{Ca^{2+} + 2\,Cl^{-}}_{CaCl_2} + CO_2 + H_2O$$

Vorkommen und Verwendung von Salzsäure:
Freie **Salzsäure** kommt nur in geringen Mengen vor, z.B. in Verdauungssäften und den Ausdünstungen einiger Vulkane.
Übliche Handelsformen sind verdünnte Salzsäure (etwa 7%ig), konzentrierte Salzsäure (etwa 30%ig) und rauchende Salzsäure (etwa 37%ig).
Salzsäure fällt zu fast 90 % als Nebenprodukt bei Chlorierungen (Halogenaustauschreaktionen in der organischen Chemie) an und muss deshalb nicht noch zusätzlich in größeren Mengen hergestellt werden.
Zur Herstellung kleinerer Mengen kann Chlorwasserstoff durch die Reaktion von Kochsalz mit Schwefelsäure gebildet werden.

$$2\,NaCl + H_2SO_4 \longrightarrow Na_2SO_4 + 2\,HCl$$

Die Verwendungszwecke der Salzsäure sind vielfältig.
Sie wird eingesetzt für:
- die Reinigung von Metalloberflächen
- das Beizen von Metallen
- die Herstellung von Metallchloriden
- Neutralisationsreaktionen in der anorganischen und organischen Chemie
- Hydrolyse (Spaltung) von Eiweißen und Kohlenhydraten
- Säurebehandlung von Ölquellen

Ein Gemisch aus drei Teilen konzentrierter Salzsäure und einem Teil konzentrierter Salpetersäure wird als Königswasser bezeichnet, da es den „König der Metalle", das Gold, auflöst.

Salze der Chlorwasserstoffsäure – Chloride

Chloride sind die Salze der Chlorwasserstoffsäure (Salzsäure). Sie bestehen aus positiv geladenen Metall- oder Ammonium-Ionen und negativ geladenen Chlorid-Ionen.

Chloride können durch Reaktionen der Salzsäure mit unedlen Metallen gebildet werden.

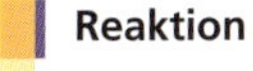

Reaktion von Salzsäure mit Magnesium

$$2\,HCl + Mg \longrightarrow MgCl_2 + H_2$$

Chloride bilden sich auch durch Reaktion von Chlorwasserstoffsäure mit Metalloxiden oder durch Neutralisationsreaktion mit Metallhydroxiden.

Reaktion von Chlorwasserstoffsäure mit Magnesiumoxid

$$\underbrace{2\,H^{+} + 2\,Cl^{-}}_{2\,HCl\ \text{(vereinfacht)}} + MgO \longrightarrow \underbrace{Mg^{2+} + 2\,Cl^{-}}_{MgCl_2} + H_2O$$

$$2\,HCl + MgO \longrightarrow MgCl_2 + H_2O$$

Reaktion von Chlorwasserstoffsäure mit Calciumhydroxid

$$\underbrace{2\,H^{+} + 2\,Cl^{-}}_{2\,HCl\ \text{(vereinfacht)}} + \underbrace{Ca^{2+} + 2\,OH^{-}}_{Ca(OH)_2} \longrightarrow \underbrace{Ca^{2+} + 2\,Cl^{-}}_{CaCl_2} + 2\,H_2O$$

Eigenschaften:
Chloride sind meist in Wasser sehr gut löslich, dabei entstehen starke Elektrolyte (↗ S. 112). Sie dissoziieren in Metall-Ionen (oder Ammonium-Ionen) und Chlorid-Ionen.

Dissoziation von Magnesiumchlorid

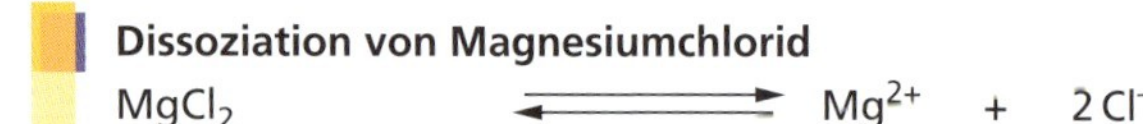

$$MgCl_2 \rightleftharpoons Mg^{2+} + 2\,Cl^{-}$$

Wichtige Chloride sind Natriumchlorid und Kaliumchlorid.
Für die Herstellung von Chloriden gibt es zahlreiche Methoden. Wichtige Herstellungsverfahren von anorganischen Chloriden sind die folgenden Reaktionen zwischen:
- Elementen, z.B. Alkalimetall, und Chlor
- Element und Chlorwasserstoffsäure
- Metalloxid, Kohlenstoff und Chlor
- Hydroxid und Chlorwasserstoffsäure
- Carbonat und Chlorwasserstoffsäure

Chloride kommen auch in der Natur in großen Lagerstätten vor, z.B. Natriumchlorid (↗ S. 186) als Steinsalz oder Kaliumchlorid als Sylvin.

Weitere anorganische Chlorverbindungen
Chlor kommt nicht nur in Form von Chloriden vor, auch Verbindungen mit Sauerstoff und Wasserstoff (Sauerstoffsäuren und deren Salze) können auftreten.

Wichtige Sauerstoffsäuren des Chlors und deren Salze

Bezeichnung Säure und Salz	Formel	Verwendung
hypochlorige Säure, Hypochlorite	$HClO$	Bleichlauge, Desinfektionsmittel
chlorige Säure, Chlorite	$HClO_2$	Zellstoffbleiche
Chlorsäure, Chlorate	$HClO_3$	Zellstoffbleiche, Streichhölzer
Perchlorsäure, Perchlorate	$HClO_4$	Feuerwerkskörper, Raketenantrieb

5.4.8 Sauerstoff und Oxide

Das Element Sauerstoff

Sauerstoff ist ein Element der VI. Hauptgruppe. Es hat die Ordnungszahl 8.

Das Element **Sauerstoff** wurde 1771 von C. W. SCHEELE (1742 bis 1786) entdeckt.

Atombau:
Das Sauerstoffatom besitzt 8 Protonen und meist 8 Neutronen im Atomkern sowie 8 Elektronen in der Atomhülle. Auf der ersten Elektronenschale (dem ersten Energieniveau) befinden sich zwei und auf der zweiten Elektronenschale (dem zweiten Energieniveau) sechs Elektronen. Sauerstoff hat sechs Außenelektronen.

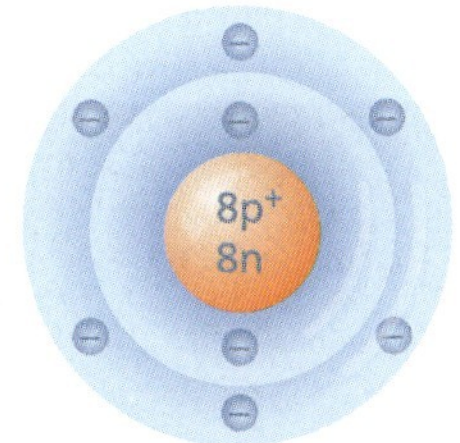

Um eine stabile Achterschale (↗ S. 49) zu erreichen, kann ein Sauerstoffatom zwei Elektronen aufnehmen. Sauerstoff kann mit anderen Sauerstoffatomen Moleküle mit Atombindungen bilden. Das Element Sauerstoff kommt immer als Molekül vor.

Aufbau des Sauerstoffmoleküls:
Das Sauerstoffmolekül besteht aus zwei Sauerstoffatomen. Die Atome sind durch zwei gemeinsame Elektronenpaare (unpolare Atombindung) miteinander verbunden. Jedes Sauerstoffatom besitzt noch vier nichtbindende Elektronen (zwei Paare).

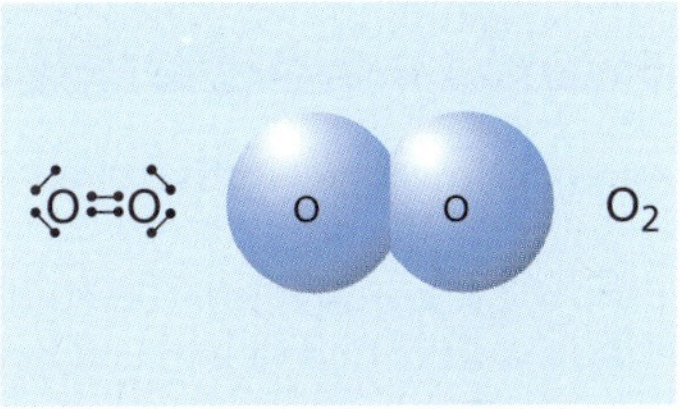

Ozon ist ein bläuliches, charakteristisch riechendes, giftiges Gas mit der Formel O_3. Es zerfällt bei Energiezufuhr (Licht, Wärme) sehr schnell zu Sauerstoff.

O_3

Eigenschaften:
Das Element Sauerstoff ist ein farbloses, geruchloses Gas. Sauerstoff ist selbst nicht brennbar, unterhält jedoch die Verbrennung und die Atmung. Das Gas ist in Wasser relativ gut löslich.

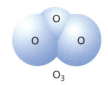

Reaktionen:
Da die Atombindungen im Sauerstoffmolekül sehr stark sind, ist das Gas bei Zimmertemperatur relativ reaktionsträge. Bei höheren Temperaturen reagiert Sauerstoff jedoch z.T. sehr heftig mit vielen Elementen.

Reaktionen verschiedener Elemente mit Sauerstoff

$$S + O_2 \longrightarrow SO_2$$
$$C + O_2 \longrightarrow CO_2$$
$$2\,H_2 + O_2 \longrightarrow 2\,H_2O$$
$$2\,Na + O_2 \longrightarrow Na_2O_2$$
$$2\,Mg + O_2 \longrightarrow 2\,MgO$$

Vorkommen:
Sauerstoff kommt molekular mit ca. 21 Vol.-% in der Luft vor. In anorganischen Verbindungen tritt Sauerstoff in Form von Silicaten, Carbonaten, oder Oxiden, z.B. Wasser, und in vielen organischen Verbindungen (↗ S. 188) auf.

Im hoffmannschen Wasserzersetzungsapparat wird Wasser, das mit verdünnter Schwefelsäure angesäuert wurde (Erhöhung der Leitfähigkeit), durch elektrischen Gleichstrom in Wasserstoff und Sauerstoff zerlegt.

Herstellung und Verwendung:
Die gasförmigen Nichtmetalle Wasserstoff und Sauerstoff können aus Wasser durch elektrolytische Zersetzung gewonnen werden.

Reiner Sauerstoff wird z.B. in der Medizin in Beatmungsgeräten eingesetzt. Im Gemisch mit brennbaren Gasen wird das Gas zum Schweißen und Brennschneiden genutzt. Sauerstoff dient in der chemischen Industrie z.B. zur Herstellung von Schwefelsäure (↗ S. 249) und als Synthesegas für Reaktionen in der organischen Chemie. Flüssiger Sauerstoff wird als Raketentreibstoff genutzt. Weiterhin findet er u.a. Anwendung beim Bleichen und in der biologischen Abwasserreinigung.

Anorganische Sauerstoffverbindungen

Wichtige anorganische Verbindungen des Sauerstoffs sind Oxide, sauerstoffhaltige Säuren und ihre Salze sowie Basen.

Oxide

Oxide sind chemische Verbindungen, in denen das Element Sauerstoff mit mindestens einem weiteren Element verbunden ist.

Viele Elemente können verschiedene Oxide bilden. Nach der Anzahl der im Molekül vorhandenen Sauerstoffatome werden Monooxide, Dioxide, Trioxide, Tetraoxide usw. unterschieden.

Oxide

CO	Kohlenstoffmonooxid
CO_2	Kohlenstoffdioxid
SO_3	Schwefeltrioxid
NO_2	Stickstoffdioxid
P_4O_{10}	Tetraphosphordecaoxid
SiO_2	Siliciumdioxid

Oxide werden nach ihrem Reaktionsverhalten gegenüber Wasser geordnet.

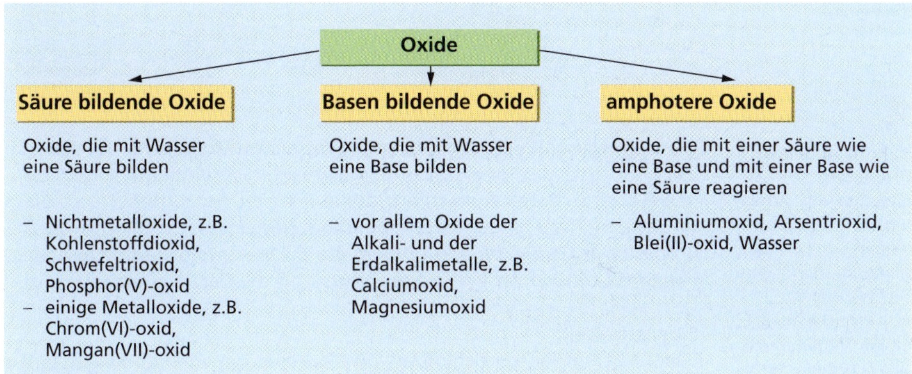

Oxide entstehen durch die Reaktion von Metallen mit Sauerstoff nach der allgemeinen Gleichung:

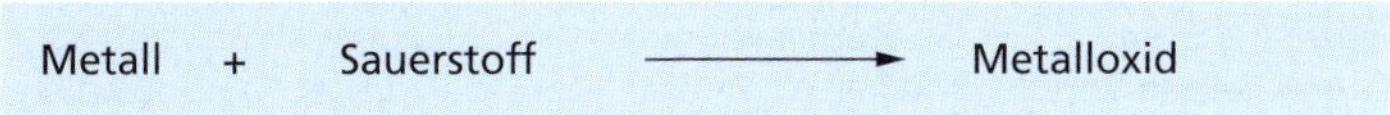

Reaktion von Calcium mit Sauerstoff

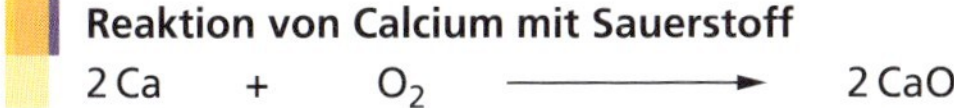

Auch durch die Reaktion von Nichtmetallen mit Sauerstoff können sich Oxide bilden.

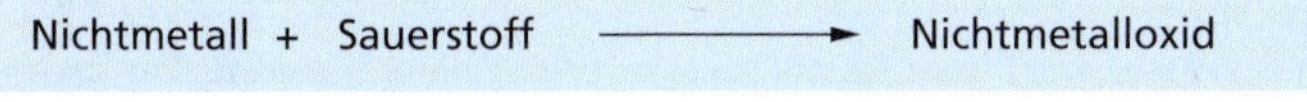

Reaktion von Schwefel mit Sauerstoff

Metalloxide (CaO, Na_2O_2 usw.) und Nichtmetalloxide (CO_2, NO usw.) unterscheiden sich grundlegend in den Bindungsverhältnissen und dadurch auch in ihren Eigenschaften.

Die Reaktion eines Stoffs mit Sauerstoff wird allgemein als Oxidation (↗ S. 108) bezeichnet.
Wichtige Oxide sind z. B. einige Metalloxide, wie Calciumoxid, Magnesiumoxid oder Aluminiumoxid, und Nichtmetalloxide, wie Wasser oder Diphosphorpentoxid (↗ S. 161).

Wasser H_2O

Wasser ist ein Molekül. Es besteht aus einem Atom Sauerstoff und zwei Atomen Wasserstoff, die durch polare Atombindungen verbunden sind.

Wasser ist keine systematische Bezeichnung. Die chemisch exakte Bezeichnung wäre Diwasserstoffmonooxid.

Wasser ist das Oxid des Wasserstoffs. Im Wassermolekül sind zwei Wasserstoffatome mit einen Sauerstoffatom gewinkelt miteinander verbunden.

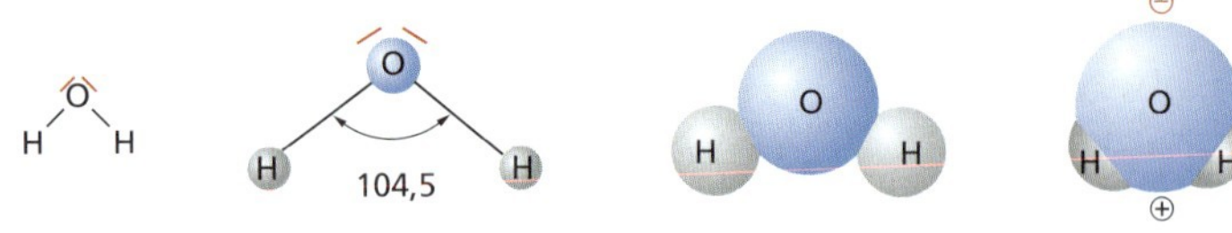

Hinsichtlich seiner Dichte zeigt Wasser ein ungewöhnliches Verhalten. Erwärmt man es von 0 °C beginnend, steigt seine Dichte zunächst an und erreicht bei 4 °C ein Maximum. Wird das Wasser weiter erwärmt, nimmt die Dichte wieder ab. Diese und andere spezielle Eigenschaften fasst man unter der Bezeichnung **Anomalie des Wassers** zusammen.

Der Winkel von 104,5 ° zwischen den Wasserstoffatomen kommt dadurch zustande, dass das Sauerstoffatom noch zwei nichtbindende Elektronenpaare besitzt, deren Aufenthaltsräume Platz beanspruchen. Durch diese Anordnung der Atome entsteht der Bindungswinkel, der die Ursache des Dipols ist. Am Molekülende, an dem sich die Wasserstoffatome befinden, entsteht ein positiver Pol und am Sauerstoff existiert ein negativer Pol.

Eigenschaften:
Wasser ist farblos, geruchlos, erstarrt (unter Normaldruck) bei 0 °C zu Eis und geht bei 100 °C in Wasserdampf über.
Reines Wasser ist kaum elektrisch leitfähig.

Wasser ist ein amphoteres Oxid. Es kann als BRÖNSTED-Säure oder als BRÖNSTED-Base (↗ S. 179) reagieren.
Durch seinen **Dipolcharakter** ist Wasser eines der besten Lösungsmittel für alle polaren Verbindungen und Ionensubstanzen. Die gelösten Stoffe dissoziieren dabei oft. An die dabei gebildeten Ionen lagern sich Wassermoleküle an, sodass man von aquatisierten oder hydratisierten Ionen spricht (↗ S. 62 und S. 185).

Dissoziation von Kaliumchlorid in Wasser

$$KCl(s) \longrightarrow K^+(aq) + Cl^-(aq)$$

Herstellung:
Reines Wasser wird über Destillation oder Entmineralisierung an Ionenaustauschern hergestellt.

Vorkommen und Verwendung:
Wasser kommt auf der Erde nicht nur in flüssiger Form, sondern auch als Eis oder als Wasserdampf in der Atmosphäre vor. Die Zirkulation des Wassers wird im Wasserkreislauf (↗ S. 283) beschrieben. Auch in Verbindungen, z. B. in Kristallen als gebundenes Kristallwasser, oder in Komplexverbindungen kann Wasser enthalten sein.

Die Wasservorkommen der Erde werden auf insgesamt 1385984600 km^3 geschätzt.

97,537 % Weltmeere

2,463 %	nicht in Weltmeeren:
1,758 %	Eis und Schnee
0,688 %	Grundwasser
0,014 %	Oberflächenwasser
0,001 %	Bodenfeuchte
0,001 %	Atmosphäre
0,001 %	Organismen

Wasser ist ein universelles Lösungsmittel, Lebensraum, Baustoff aller Lebewesen, Transportmittel und Nährstoff.

Calciumoxid CaO

Calciumoxid ist eine Ionensubstanz mit der Formel CaO. Der Stoff wird auch als Branntkalk, gebrannter Kalk oder Ätzkalk bezeichnet.

Eigenschaften:
Calciumoxid ist weiß, fest, pulverförmig bis stückig und wirkt stark ätzend.
Calciumoxid ist ein Basen bildendes Oxid. Es reagiert mit Wasser unter heftiger Wärmeentwicklung zu Calciumhydroxid $Ca(OH)_2$.
Dieser Vorgang wird als Kalklöschen bezeichnet, die entstehende Calciumhydroxidlösung wird Löschkalk (gelöschter Kalk) genannt.

$$\underset{\text{Branntkalk}}{CaO} + H_2O \longrightarrow \underset{\text{Löschkalk}}{Ca(OH)_2}$$

Herstellung und Verwendung:
Calciumoxid wird technisch durch das **Kalkbrennen** (Brennen von Calciumcarbonat $CaCO_3$, ↗ S. 251) gewonnen. Deshalb wird es Branntkalk genannt.
Branntkalk und Löschkalk werden vor allem in der Bauindustrie für Kalkmörtel benötigt. Das sich im Kalkmörtel bildende Calciumhydroxid reagiert mit dem Kohlenstoffdioxid der Luft zu wasserunlöslichem Calciumcarbonat, der Mörtel bindet ab.

$$\underset{\text{Löschkalk}}{Ca(OH)_2} + CO_2 \longrightarrow \underset{\text{Calciumcarbonat}}{CaCO_3} + H_2O$$

Magnesit und Dolomit sind Mineralien mit der chemischen Zusammensetzung $MgCO_3$ bzw. $CaCO_3 \cdot MgCO_3$. Aus ihnen können die Oxide, z. B. durch Calcinieren, gewonnen werden.

Magnesiumoxid MgO

Magnesiumoxid ist eine Ionensubstanz mit der Formel MgO. Der Stoff wird auch als Magnesia bezeichnet.

Eigenschaften:
Magnesiumoxid ist weiß, fest und pulverförmig. In Wasser ist es fast unlöslich, zeigt jedoch je nach unterschiedlichen Herstellungsbedingungen verschiedene Reaktionsfähigkeit. Magnesiumoxid, das bei einer Temperatur zwischen 700 °C und 800 °C gebrannt wurde, kann mit Wasser langsam zu Magnesiumhydroxid $Mg(OH)_2$ reagieren.

$$MgO + H_2O \longrightarrow Mg(OH)_2$$

Herstellung und Verwendung:
Magnesiumoxid wird aus Magnesit $MgCO_3$ oder Dolomit gebrannt. Dabei wird das Magnesiumcarbonat erhitzt, sodass es in Magnesiumoxid und Kohlenstoffdioxid zerfällt. Das Magnesiumoxid, welches bei Temperaturen über 1000 °C gebrannt wurde, findet als Rohmaterial für feuerfeste Steine Verwendung.
Es kann ebenfalls als Isoliermaterial in der Elektroindustrie genutzt werden. Bei 600 °C gebranntes Magnesium (Magnesia) dient als Pulver in der Medizin zur Neutralisation von Magensäuren.

In der Lebensmittelindustrie wird Magnesiumoxid als Lebensmittelzusatzstoff (E 530) als Säureregulator eingesetzt. Außerdem findet es Verwendung als Trennmittel für Waffelblätter und als Aufschlussmittel für Rohkakao.

Wichtige Oxide und ihre Verwendung

Name und Formel	Eigenschaften	Verwendung
Eisen(II,III)-oxid (Magnetit) Fe_3O_4	fest, schwarz, magnetisch, elektrisch leitfähig	– als Magnetitelektrode – als schwarzes Farbpigment, Glasfärbemittel – als Poliermittel
Eisen(III)-oxid Fe_2O_3	rot bis schwarz, kristallin	– als Poliermittel – als rotes Farbpigment – als **Hämatit** in der Schmuckindustrie
Titandioxid TiO_2	weiß, kristallin, pulverförmig, widerstandsfähig gegenüber chemischen Einflüssen	– als Weißpigment in Farben – als Rutil und Anatas in der Schmuckindustrie – in der Kosmetik- und pharmazeutischen Industrie
Cobalt(II,III)-oxid Co_3O_4	stahlgrau bis schwarz, kristallin	– in der Emailleindustrie – zur Herstellung von Solarkollektoren – als Katalysator
Blei(II)-oxid (Bleiglätte) PbO	nicht wasserlöslich, aber löslich in Essigsäure, Salpetersäure und Basenlösungen	– in der Glasindustrie, – als Stabilisator für PVC – als Aktivator für Kautschuk – zur Bleiglasherstellung
Blei(IV)-oxid PbO_2	braun, stark oxidierend, nicht wasserlöslich, in Basenlösungen löslich	– Bestandteil der Reibmasse für Zündhölzer – in Bleiakkumulatoren
Blei(II,IV)-oxid (Mennige) Pb_3O_4	rot, nicht wasserlöslich	– für Korrosionsschutzanstriche – zur Bleiglasherstellung
Chrom(III)-oxid Cr_2O_3	schwarz-grün, metallisch glänzend, kristallin, in Wasser, Säuren, Basenlösungen und Alkoholen unlöslich	– zur Herstellung von Chrom – als Farbpigment – als Poliermittel – als Katalysator

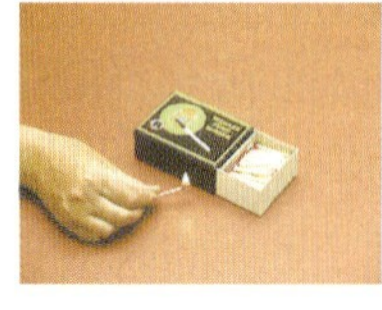

Name und Formel	Eigenschaften	Verwendung
Aluminiumoxid Al_2O_3	– **Tonerde:** pulvrig weiß, wasseranziehend (hygroskopisch), in Säuren und Basen löslich	– als Katalysator – als Absorptionsmittel
	– **Korund:** hart, kristallin, in Säuren und Basen unlöslich	– zur Herstellung von Schleifmitteln – zur Herstellung von Glas- und Keramikprodukten
Tetraphosphordecaoxid P_4O_{10}	farblos, geruchlos, wasseranziehend (hygroskopisch), ätzend, reagiert heftig mit Wasser	– als Trockenmittel – zur Abspaltung von Wasser aus Verbindungen – zur Herstellung von Phosphorsäure
Kupfer(I)-oxid Cu_2O	karminrot bis gelb, fest, kristallin	– als pilztötendes Mittel (Fungizid) – als Katalysator – zum Rotfärben von Glas
Kupfer(II)-oxid CuO	dunkelbraun bis schwarz, amorph oder kristallin	– als Katalysator – zum Entschwefeln von Erdöl – als Wärmesammler in Sonnenkollektoren – zur Herstellung farbiger Gläser und Glasuren

Einige wertvolle Schmuck- und Edelsteine gehören ihrer chemischen Zusammensetzung nach zu den Oxiden, z.B. der Rubin (Al_2O_3).

Farbgebende Oxide
Eine Reihe von Metalloxiden wird in der Glasindustrie zum Färben der Produkte verwendet. Dabei wird zwischen einer Anlauffärbung und einer Ionenfärbung unterschieden. Die Ionenfärbung wird oft durch Metalloxide hervorgerufen.

Glasfärbung durch Oxide
Eisen(III)-oxid: gelbbraun
Eisen(II)-oxid: blaugrün
Manganoxid: violett
Chromoxid: grüngelb bis rotgelb
Wolframoxid: gelb
Vanadium(V)-oxid: grün
Kupfer(II)-oxid: blau
Kupfer(I)-oxid: rot
Neodymoxid: purpur
Cobaltoxid: meist blau
Uranoxid: gelb

Verbrennung – Feuer – Brände – Brandschutz

Eine **Verbrennung** ist eine sehr schnell verlaufende chemische Reaktion eines Stoffs mit Sauerstoff oder mit einem anderen Oxidationsmittel (↗ S. 108 ff.).

0
brandfördernd
brandfördernde Stoffe

Die **Entzündung** oder **Entflammung** (bei Gasen) bezeichnet den Beginn einer Verbrennung.

Die **Entzündungstemperatur** ist die Temperatur, bei der ein Stoff bei Vorhandensein von Luftsauerstoff von selbst zu brennen anfängt.

Entzündungstemperaturen verschiedener Stoffe
Torf: 230 °C, Fichtenholz: 280 °C, Braunkohle: 250–280 °C, Steinkohle: 330–440 °C, Teer: 500 °C, weißer Phosphor: 50 °C

E
explosionsgefährlich
explosionsgefährliche Stoffe

Die **Verbrennungstemperatur** ist die bei der Verbrennung wirksame Temperatur.

F
leicht- und hochentzündliche Stoffe (F bzw. F+)

Das **Feuer** ist die sichtbare äußere Begleiterscheinung einer Verbrennung und kann als **Flamme** oder **Glut** (auch in Kombination beider Formen) auftreten. **Flammen** sind brennende, Wärme und Licht ausstrahlende Gase.
Als **Glut** werden glühende Festkörper bezeichnet, die ebenfalls Wärme und Licht ausstrahlen.
Als **Verbrennungswärme** wird die bei der vollständigen Verbrennung eines Stoffs frei werdende Wärmemenge bezeichnet.

Für die Verbrennung sind drei Voraussetzungen erforderlich:
1. Vorhandensein eines brennbaren Stoffs
2. Vorhandensein von Sauerstoff
3. Erreichen der Entzündungstemperatur/Vorhandensein einer Zündquelle

Die Brandklassen (A, B, C, D) werden nach den brennbaren Stoffen unterteilt.
Brände können sich in Sekundenschnelle ausbreiten. Wer über mögliche Maßnahmen bei ausbrechenden Bränden und das richtige Verhalten informiert ist, kann im Notfall gezielt und schnell handeln. Je nach Brandklasse werden verschiedene Löschmittel (Pulver, Kohlenstoffdioxid, Wasser und Schaum) eingesetzt.

Brandschutz und Brandbekämpfung

Zum Schutz vor Bränden und zur Brandbekämpfung muss mindestens eine der drei Voraussetzungen für die Verbrennung ausgeschlossen werden.

- Entfernen der brennbaren Stoffe vom Brandherd:
  Anlegen von Feuerschneisen (z.B. bei Waldbränden), Anlegen von Wassersperren zwischen einem Brand und brennbaren Stoffen
- Verhindern des Sauerstoffzutrittes:
  z.B. durch Abdecken mit einer Löschdecke oder durch Zuschütten mit Sand
- Abkühlen unter die Entzündungstemperatur:
  z.B. durch Löschen mit Wasser oder Kohlenstoffdioxidschaum

5.5 Säuren und Basen

5.5.1 Der Säure-Base-Begriff

Säure-Base-Definitionen (Definitionen nach ARRHENIUS)

Säuren sind chemische Verbindungen, die in wässriger Lösung in elektrisch positiv geladene Wasserstoff-Ionen (Protonen) und elektrisch negativ geladene Säurerest-Ionen dissoziieren.

S. A. ARRHENIUS (1859–1927) war ein schwedischer Physikochemiker. Er gilt als Begründer der Lehre von chemischen Reaktionen in wässrigen Lösungen, der Ionentheorie. Auf ihn geht die Säure-Base-Theorie zurück.

Dissoziation von Säuren nach ARRHENIUS

$HNO_3 \rightleftharpoons H^+ + NO_3^-$

$H_3PO_4 \rightleftharpoons 3\,H^+ + PO_4^{3-}$

Allgemein kann eine Säure nach ARRHENIUS mit folgender Gleichung beschrieben werden:

Säure $\rightleftharpoons$ Wasserstoff-Ion (Proton) + Säurerest-Ion

$AH \rightleftharpoons H^+ + A^-$

Basen sind chemische Verbindungen, die in wässriger Lösung in elektrisch positiv geladene Metall-Ionen und elektrisch negativ geladene Hydroxid-Ionen dissoziieren.

Der amerikanische Physikochemiker G. N. LEWIS (1875–1946) erweiterte die Säure-Base-Definition. Seit 1923 gibt es den Säure-Base-Begriff nach LEWIS.

Dissoziation von Basen nach ARRHENIUS

$NaOH \rightleftharpoons Na^+ + OH^-$

$Ca(OH)_2 \rightleftharpoons Ca^{2+} + 2\,OH^-$

Allgemein kann eine Base nach ARRHENIUS mit folgender Gleichung beschrieben werden:

Base $\rightleftharpoons$ Metall-Ion + Hydroxid-Ion

$BOH \rightleftharpoons B^+ + OH^-$

Definitionen nach BRÖNSTED

Säuren sind chemische Verbindungen, die bei chemischen Reaktionen positiv geladene Wasserstoff-Ionen (Protonen) abgeben. Säuren sind **Protonendonatoren.**

J. N. BRÖNSTED (1879–1947), ein dänischer Physikochemiker, erweiterte die Säure-Base-Theorie von ARRHENIUS im gleichen Jahr wie LEWIS (1923).

Protonenabgabe nach BRÖNSTED

$HCl + H_2O \rightleftharpoons H_3O^+ + Cl^-$

(Säure)

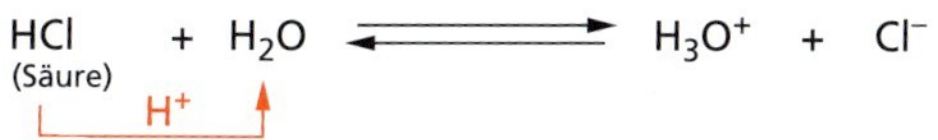

Das Chlorwasserstoffmolekül gibt in einer Reaktion mit Protonenübergang (↗ S. 120) ein Proton an das Wassermolekül ab. Es ist eine BRÖNSTED-Säure.

Basen sind Verbindungen, die bei chemischen Reaktionen Protonen aufnehmen. Basen sind **Protonenakzeptoren.**

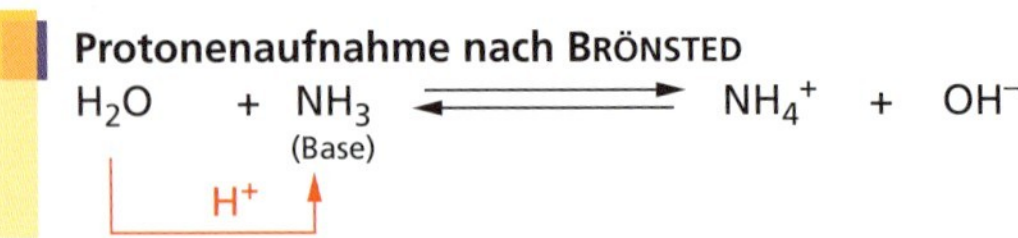

Wasser ist ein Beispiel für eine amphotere Substanz. Es kann in Abhängigkeit vom Reaktionspartner sowohl Protonen aufnehmen (BRÖNSTED-Säure), als auch Protonen abgeben (BRÖNSTED-Base).

Das Ammoniakmolekül nimmt ein Proton vom Wassermolekül auf. Es ist eine BRÖNSTED-Base.
Gibt eine BRÖNSTED-Säure ein Proton ab, so wird sie dadurch zu einer BRÖNSTED-Base, denn das entstandene Teilchen kann nun wieder ein Proton aufnehmen.
An solchen Reaktionen mit Protonenübergang (↗ S. 120) sind immer zwei Säure-Base-Paare beteiligt, zwischen denen ein Gleichgewicht besteht. Sie werden als korrespondierende oder konjugierte Säure-Base-Paare bezeichnet.

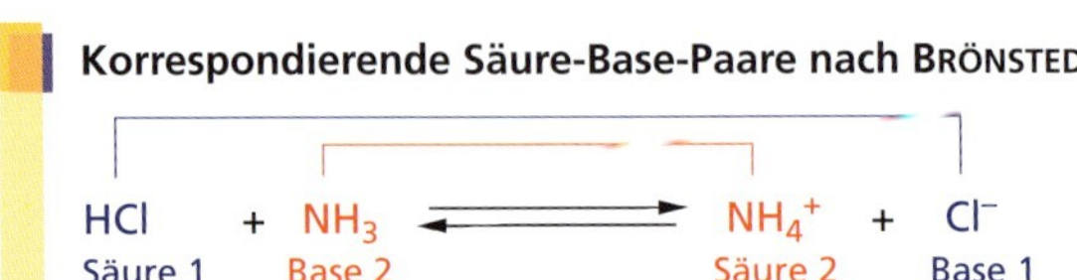

5.5.2 Wichtige anorganische Säuren

Im Labor, in der chemischen Industrie, aber auch im täglichen Leben spielen Säuren eine große Rolle.
Bekannte Säuren sind die Salzsäure, die Schwefelsäure, die Phosphorsäure (↗ S. 181) oder die Salpetersäure (↗ S. 181), die zu den anorganischen Säuren gehören. Organische Säuren sind z.B. Carbonsäuren (↗ S. 211).

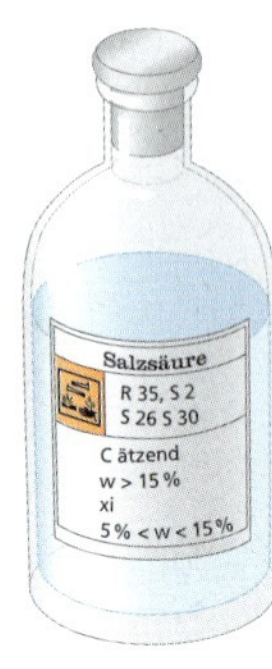

1. Salzsäure HCl

Salzsäure ist die wässrige Lösung von Chlorwasserstoff. Das Molekül reagiert mit Wasser zu Hydronium-Ionen und Chlorid-Ionen.

$$HCl + H_2O \rightleftharpoons H_3O^+ + Cl^-$$

Eigenschaften: Salzsäure ist eine farblose, stechend riechende Flüssigkeit, sie wirkt ätzend (über 25 %) und greift unedle Metalle an.

Verwendung: Sie wird zur Metallreinigung, zur Herstellung von Chloriden und zur Neutralisation von Abwässern eingesetzt.

2. Schwefelsäure H_2SO_4

Schwefelsäure reagiert mit Wasser zu Hydronium-Ionen und Sulfat-Ionen.

$$H_2SO_4 + 2\,H_2O \rightleftharpoons 2\,H_3O^+ + SO_4^{2-}$$

Eigenschaften: Schwefelsäure ist eine farblose, ölige Flüssigkeit, mit Wasser unter starker Wärmeentwicklung beliebig mischbar, stark wasseranziehend (hygroskopisch) und stark ätzend.
Verwendung: Sie wird als Trockenmittel, zur Herstellung von Düngemitteln, zur Herstellung anderer Säuren, zur Reinigung von Erdöldestillaten, als Batteriesäure oder zur Herstellung von verschiedenen Estern verwendet.

Säuren schmecken tatsächlich sauer. Daher haben sie auch ihren Namen. Am Beispiel von verdünnter Essigsäure oder Citronensäure kann man das leicht überprüfen. Früher wurden Stoffe oft verkostet, was die **Geschichte des Säurebegriffs** beweist. Die anorganischen Säuren sind fast alle stark ätzend und dürfen heute, wie alle Chemikalien, nicht gekostet werden.

3. Phosphorsäure H_3PO_4

Phosphorsäure reagiert mit Wasser stufenweise zu Hydronium-Ionen und Phosphat-Ionen.

$$H_3PO_4 + 3\,H_2O \rightleftharpoons 3\,H_3O^+ + PO_4^{3-}$$

Eigenschaften: Phosphorsäure ist in reiner Form farblos, kristallin, in Wasser sehr leicht löslich, stark wasseranziehend (hygroskopisch) und ätzend.
Verwendung: Sie wird zur Herstellung von Phosphaten und Phosphatdüngemitteln, zur Wasserenthärtung, zur Herstellung von Weichmachern und Oberflächenschutzmitteln für Eisen und als Lebensmittelzusatzstoff eingesetzt.

4. Salpetersäure HNO_3

Salpetersäure dissoziiert in Wasser in Hydronium-Ionen und Nitrat-Ionen.

$$HNO_3 + H_2O \rightleftharpoons H_3O^+ + NO_3^-$$

Eigenschaften: Salpetersäure ist eine farblose, ölige Flüssigkeit, stechend riechend, wasserlöslich und ätzend. Sie löst in konzentrierter Form die meisten unedlen Metalle und Silber, nicht aber Gold und Platin.
Verwendung: Sie wird zur Herstellung von Nitratdüngemitteln, als Nitrier- und Oxidationsmittel und als „Scheidewasser" zur Trennung von Gold und Silber eingesetzt.

Nach den bei der Dissoziation entstehenden Säurerest-Ionen sind auch die Salze benannt, die dieses Säurerest-Ion enthalten.

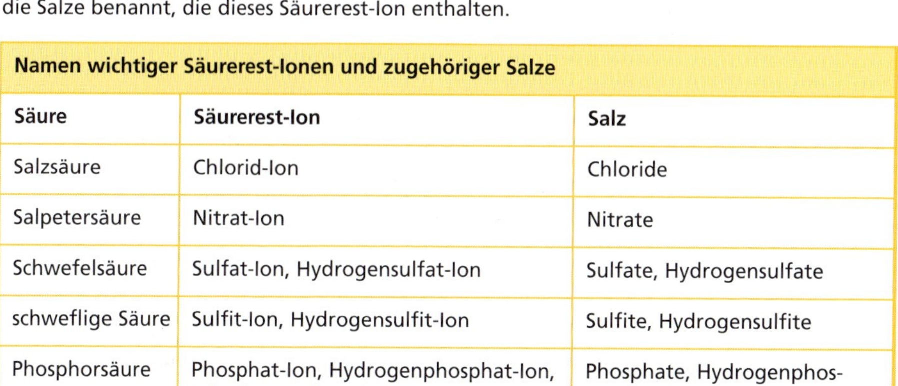

Namen wichtiger Säurerest-Ionen und zugehöriger Salze

Säure	Säurerest-Ion	Salz
Salzsäure	Chlorid-Ion	Chloride
Salpetersäure	Nitrat-Ion	Nitrate
Schwefelsäure	Sulfat-Ion, Hydrogensulfat-Ion	Sulfate, Hydrogensulfate
schweflige Säure	Sulfit-Ion, Hydrogensulfit-Ion	Sulfite, Hydrogensulfite
Phosphorsäure	Phosphat-Ion, Hydrogenphosphat-Ion, Dihydrogenphosphat-Ion	Phosphate, Hydrogenphosphate, Dihydrogenphosphate
Kohlensäure	Carbonat-Ion, Hydrogencarbonat-Ion	Carbonate, Hydrogencarbonate

5.5.3 Der pH-Wert

Der pH-Wert lässt sich mit verschiedenen Indikatoren feststellen. Aus dem Dissoziationsgleichgewicht des Wassers leitet sich auch die Bestimmung des pH-Werts ab.

Magensaft	0,9–2,3
Zitronensaft	2,3
Cola	2,4
saure Milch	4,4
Schweiß	4–6,8
Harn	5–7
Speichel	6–8
Milch	6,4–6,7
Blut	7,4
Seifenlösung	8–10

> Der **pH-Wert** ist eine Maßzahl für die in einer Lösung enthaltenen Wasserstoff-Ionen (Hydronium-Ionen).

Reines Wasser besitzt eine geringfügige elektrische Leitfähigkeit. Es muss daher frei bewegliche Ionen enthalten. Diese Ionen entstehen in einer Säure-Base-Reaktion (↗ S. 120) der Wassermoleküle (Autoprotolyse) mit sich selbst.

$$H_2O + H_2O \rightleftharpoons H_3O^+ + OH^-$$

(H^+-Übergang jeweils durch Pfeile angezeigt)

In reinem Wasser ist die Konzentration der Wasserstoff-Ionen (Hydronium-Ionen) und der Hydroxid-Ionen gleich groß.
Die Lösung ist neutral, der pH- Wert beträgt 7. Ist die Konzentration der Wasserstoff-Ionen (Hydronium-Ionen) in einer Lösung höher als die der Hydroxid-Ionen, so besitzt die Lösung einen niedrigeren pH-Wert als 7 (saure Lösung). Ist die Konzentration der Wasserstoff-Ionen (Hydronium-Ionen) niedriger als die der Hydroxid-Ionen, so besitzt die Lösung einen höheren pH-Wert als 7 (basische oder alkalische Lösung).

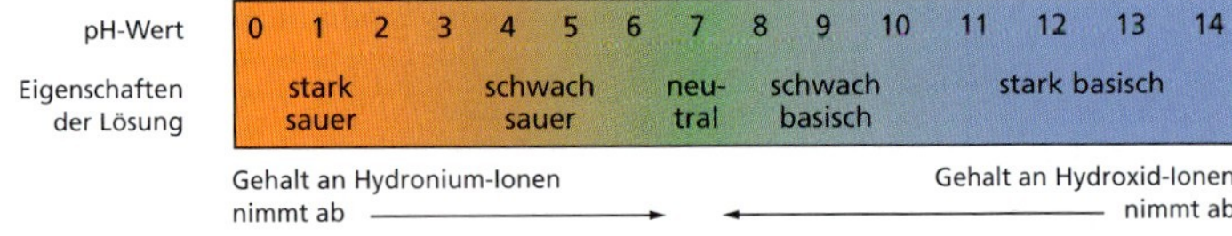

5.5.4 Wichtige Basen

Hydroxide sind auch im Haushalt anzutreffen. In einigen Rohrreinigern ist kristallines Natriumhydroxid enthalten. Bei der Reaktion mit Wasser entsteht stark ätzende Natronlauge. Durch diese Reaktion kann so viel Hitze entstehen, dass die Lösung kocht und heiße Lauge herausspritzt. Deshalb ist beim Umgang mit diesen Mitteln größte Vorsicht geboten!

Basen und ihre Lösungen (Laugen) spielen eine wichtige Rolle in Haushalt und Industrie.

1. **Natriumhydroxid NaOH**
   Natriumhydroxid wird auch als **Ätznatron** bezeichnet. Die wässrige Lösung heißt **Natronlauge.**
   Eigenschaften: Natriumhydroxid ist weiß, fest, kristallin, stark wasseranziehend (hygroskopisch), gut wasserlöslich unter starker Wärmeentwicklung und wirkt stark ätzend.
   Verwendung: Natriumhydroxid wird in der Glas-, Seifen-, Waschmittel- und Zellstoffindustrie und bei der Farbstoffherstellung verwendet.

2. **Kaliumhydroxid KOH**
   Kaliumhydroxid wird auch als **Ätzkali** bezeichnet. Die wässrige Lösung heißt **Kalilauge.**
   Eigenschaften: Kaliumhydroxid ist weiß, fest, stark wasseranziehend (hygroskopisch), gut wasserlöslich und stark ätzend.
   Verwendung: Es wird als Trockenmittel, zur Herstellung von Kaliumverbindungen, Waschmitteln, Wasserenthärtern und in der Glasindustrie eingesetzt.

3. **Bariumhydroxid $Ba(OH)_2$**
   Die wässrige Lösung von Bariumhydroxid heißt **Barytlauge,** in stark verdünnter Form **Barytwasser.**
   Eigenschaften: Bariumhydroxid ist weiß, fest, kristallin, mäßig wasserlöslich und ätzend.
   Verwendung: Es wird zur Herstellung organischer Bariumverbindungen, zur Entwässerung von Fetten, Wachsen und Glycerin verwendet.

Barytwasser wird zum Nachweis von Kohlenstoffdioxid (↗ S. 301) verwendet (Vorsicht: Wasserlösliche Bariumverbindungen sind giftig!).

4. **Calciumhydroxid $Ca(OH)_2$**
   Die wässrige Lösung von Calciumhydroxid heißt **Kalkwasser.**
   Eigenschaften: Calciumhydroxid ist weiß, fest, wenig wasserlöslich und ätzend.
   Verwendung: Es wird zur Herstellung von Mörtel und Chlorkalk sowie zur Rauchgasentschwefelung verwendet.

5.5.5 Darstellung und Reaktionen von Säuren und Basen

Darstellung

Säuren, die in ihren Molekülen Sauerstoff enthalten, können durch die Reaktion des Nichtmetalloxids mit Wasser entstehen.

Bildung von Säuren durch Reaktion eines Nichtmetalloxids mit Wasser – Reaktion mit Protonenübergang (↗ S. 120)

$$P_2O_5 + 3\,H_2O \rightleftharpoons 2\,H_3PO_4$$
$$SO_3 + H_2O \rightleftharpoons H_2SO_4$$

Basen entstehen durch Reaktion eines Metalloxids oder eines unedlen Metalls mit Wasser.

Bildung von Basen durch Reaktion eines unedlen Metalls und Wasser

$$2\,Na + 2\,H_2O \rightleftharpoons 2\,NaOH + H_2$$

Bildung von Basen durch Reaktion eines Metalloxids mit Wasser

$$CaO + H_2O \rightleftharpoons Ca(OH)_2$$

Reaktionen

Säuren und Metallhydroxide (Basen, Laugen) reagieren miteinander unter Bildung von Wasser. Diese chemische Reaktion wird **Neutralisation** genannt, weil sich aus Hydronium-Ionen und Hydroxid-Ionen Wasser bildet. Es handelt sich um eine Reaktion mit Protonenübergang.

Die Bildung von Wasser ist das charakteristische Merkmal von Neutralisationsreaktionen (↗ S. 121).

Reaktion von Salpetersäure mit Natriumhydroxidlösung

$$\underbrace{H_3O^+ + NO_3^-}_{HNO_3} + \underbrace{Na^+ + OH^-}_{NaOH} \longrightarrow 2\,H_2O + \underbrace{Na^+ + NO_3^-}_{NaNO_3}$$

5.6 Ionensubstanzen – salzartige Stoffe

5.6.1 Grundlagen

Natriumchlorid – das Kochsalz – ist ein typischer salzartiger Stoff. Es gehört zur Gruppe der **Chloride.**

Als **Ionensubstanzen** werden Stoffe bezeichnet, bei denen Ionenbindung vorliegt und die ein Kristallgitter aus Anionen und Kationen bilden.

Die Gruppe der salzartigen Stoffe ist sehr vielseitig. Dazu gehören sowohl einige Metalloxide, die aus Ionen (↗ S. 50) bestehen, z. B. Zinkoxid ZnO, Natriumoxid Na_2O oder Magnesiumoxid MgO, als auch einige Metallhydroxide (↗ S. 182) wie Natriumhydroxid NaOH. Durch ihren Aufbau aus Ionen und die starken Anziehungskräfte der Ionenbindung (↗ S. 60) besitzen alle salzartigen Stoffe ähnliche Eigenschaften.

Typische Eigenschaften von Ionensubstanzen:
- fest und kristallin
- meist spröde, nicht verformbar und nicht biegbar
- meist hohe Schmelzpunkte und Siedetemperaturen
- oft in polaren Lösungsmitteln, z. B. in Wasser, löslich
- Schmelzen und Lösungen leiten den elektrischen Strom, die Feststoffe nicht

Als **Salze** im engeren Sinne bezeichnet man die aus elektrisch positiv geladenen Metall-Ionen (oder Ammonium-Ionen) und negativ geladenen Säurerest-Ionen bestehenden Ionensubstanzen.

Die Namen dieser Salze werden aus dem Namen des Metalls und dem Namen des Säurerest-Ions gebildet.

Wichtige Salzbildungsreaktionen

Salze können durch verschiedene chemische Reaktionen entstehen:
1. durch Neutralisationsreaktionen aus Säuren und Basen

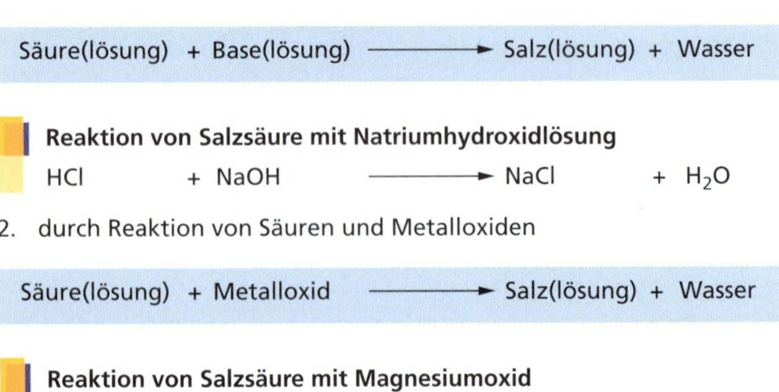

Säure(lösung) + Base(lösung) ⟶ Salz(lösung) + Wasser

Reaktion von Salzsäure mit Natriumhydroxidlösung

$$HCl + NaOH \longrightarrow NaCl + H_2O$$

2. durch Reaktion von Säuren und Metalloxiden

Säure(lösung) + Metalloxid ⟶ Salz(lösung) + Wasser

Reaktion von Salzsäure mit Magnesiumoxid

$$2\,HCl + MgO \longrightarrow MgCl_2 + H_2O$$

3. durch Reaktion von verdünnten Säuren und unedlen Metallen

Säure(lösung) + unedles Metall ⟶ Salz(lösung) + Wasserstoff

Reaktion von Salzsäure mit Magnesium

$2\,HCl + Mg \longrightarrow MgCl_2 + H_2$

4. durch Reaktion von Metallen und Nichtmetallen

Metall + Nichtmetall ⟶ Salz

Reaktion von Natrium mit Chlor

$2\,Na + Cl_2 \longrightarrow 2\,NaCl$

Ist in einer Lösung die maximal lösliche Menge eines Stoffs enthalten, nennt man dies eine **gesättigte Lösung.** In einer **ungesättigten Lösung** kann sich noch weitere Substanz lösen.

Löslichkeit von Ionensubstanzen

Die **Löslichkeit** ist eine charakteristische Eigenschaft von Stoffen. Sie gibt an, welche Menge des Stoffs sich in einer bestimmten Menge eines Lösungsmittels lösen kann. Die Löslichkeit ist temperaturabhängig.

Allgemein gilt: Kristalle, die aus Ionen mit sehr unterschiedlichen Radien bestehen, lösen sich meist gut in Wasser. Besitzen die Ionen des Gitters ähnliche Radien, dann sind sie wenig oder kaum wasserlöslich.

Ein häufiges Lösungsmittel ist Wasser. Nicht alle Ionensubstanzen sind bei Zimmertemperatur gut löslich.

Löslichkeit einiger Ionensubstanzen in 100 g Wasser bei 25 °C

Name der Verbindung	Formel	Löslichkeit
Ammoniumchlorid	NH_4Cl	39 g
Ammoniumnitrat	NH_4NO_3	208 g
Calciumcarbonat	$CaCO_3$	0,0013 g
Kaliumbromid	KBr	68 g
Kaliumchlorid	KCl	35 g
Kaliumsulfat	K_2SO_4	12 g
Magnesiumoxid	MgO	praktisch unlöslich
Natriumchlorid	NaCl	36 g
Natriumhydroxid	NaOH	114 g
Silberchlorid	AgCl	praktisch unlöslich

Aquatisierte Ionen sind von Wassermolekülen umgeben.

Löst sich eine Ionensubstanz in Wasser, so bilden sich frei bewegliche Ionen, die Verbindung dissoziiert. An die Ionen lagern sich sofort Wassermoleküle an, deren Anzahl aber nicht genau bestimmt werden kann. Um diesen „aquatisierten" bzw. „hydratisierten" Zustand der Ionen zu kennzeichnen, verwendet man das Symbol (aq), während die feste Verbindung mit dem Symbol (s) für lat. *solidus* = fest gekennzeichnet wird.

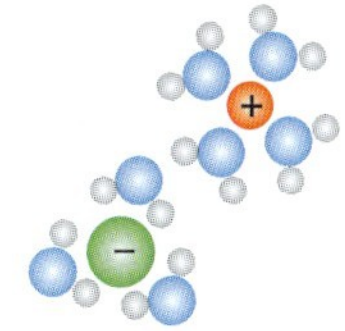

Ionen mit Hydrathülle (↗ S. 62)

Dissoziation von Natriumchlorid in Wasser

$NaCl(s) \longrightarrow Na^+(aq) + Cl^-(aq)$

5.6.2 Wichtige Ionensubstanzen

Natriumchlorid ist auch ein wichtiger Ausgangsstoff zur Herstellung von Natriumcarbonat, das als **Soda** in den Handel kommt. Es wird bei der Seifen-, Glas- und Farbstoffherstellung gebraucht. Schon seit Jahrtausenden benutzen Menschen verschiedene **Salze als Lebensmittelkonservierungsstoffe,** z. B. Chloride und **Nitrate.**

Der in den Kalilagerstätten vorkommende Kainit enthält **Chloride** und **Sulfate** des Kaliums. Das sind oft sogenannte Doppelsalze, z. B. Carnallit als Doppelsalz des Kaliumchlorids mit Magnesiumchlorid: $KCl \cdot MgCl_2 \cdot 6H_2O$.

Carbonate und Sulfate können auch im Trinkwasser enthalten sein. Die **Wasserhärte** ist ein Maß für den Anteil vor allem schwer löslicher Ionensubstanzen, zu denen vor allem Calcium- und Magnesiumsalze gehören.

Ionensubstanz	Eigenschaften und Vorkommen	Gewinnung und Verwendung
Natriumchlorid Kochsalz NaCl	– farblos, durchsichtig, fest, würfelförmige Kristalle, gut wasserlöslich – als **Steinsalz (Halit)** in mächtigen Lagerstätten, im Meerwasser, in einigen Binnenseen ohne Abfluss, z. B. im Toten Meer	– Abbau von Steinsalzvorkommen – Auflösen und Eindampfen natürlicher Salzsolen, Eindunsten (oder Ausfrieren) von Meerwasser – Konservierung von Lebensmitteln, zur Herstellung von Salzsäure, Chlor, Natronlauge, Natriumcarbonat, Natriumsulfat – in der Gerbstoffindustrie und in der keramischen Industrie
Kaliumnitrat Salpeter, Kalisalpeter KNO_3	– farblos, fest, kristallin, gut wasserlöslich, in geschmolzenem Zustand starkes Oxidationsmittel – in Salzlagerstätten	– durch Reaktion von Natriumnitrat mit Kaliumchlorid – Bestandteil von Schwarzpulver und Düngemitteln, zur Herstellung von Kaliumnitrit für die Farbstoffindustrie
Kaliumcarbonat Pottasche K_2CO_3	– in Salzlagerstätten, in einigen Binnengewässern, z. B. im Toten Meer – weiß, fest, pulverförmig, sehr gut wasserlöslich	– aus Kaliumhydroxid und Kohlenstoffdioxid – zur Glas-, Seifen- und Emailleherstellung, für Waschmittel, zur Produktion von Kaliumverbindungen
Calciumcarbonat $CaCO_3$	– als Kalkstein, Kreide, Marmor oder Calcit (Kalkspat) – fest, weiß, schwer wasserlöslich	– Abbau im Tagebau – als Baumaterial, Ausgangsstoff für das Kalkbrennen (↗ S. 251), zur Herstellung von Zement
Calciumsulfat Anhydrit $CaSO_4$	– als Anhydrit oder als Gips (↗ S. 254) – farblos bis weiß; fest, pulverförmig, schwer wasserlöslich	– Abbau im Tagebau – in der Bauindustrie direkt als Gips oder zur Zementproduktion – in der Keramik-, der Farben- und der Papierindustrie

ORGANISCHE VERBINDUNGEN | 6

6.1 Organische Verbindungen mit Kohlenstoff und Wasserstoff im Molekül

6.1.1 Grundlagen

Manchmal wird der in den Kohlenwasserstoffen gebundene Kohlenstoff (↗ S. 145) wieder „sichtbar". So kann bei der unvollständigen Verbrennung einiger Kohlenwasserstoffe **Ruß** entstehen. Ruß ist feinstverteilter Kohlenstoff.

Als **Kohlenwasserstoffe** wird eine große Gruppe chemischer Verbindungen bezeichnet, die aus den Elementen Kohlenstoff und Wasserstoff bestehen. Die Kohlenstoffatome sind hier untereinander durch Einfach-, Doppel- oder Dreifachbindungen zu einem stabilen Kohlenstoffgerüst verknüpft. Die frei bleibenden Bindungsstellen werden von Wasserstoffatomen besetzt.

Kohlenwasserstoffe können in verschiedene Gruppen eingeteilt werden. Als Grundlage für eine Einteilung kann das Kohlenstoffgerüst herangezogen werden. Entsprechend der Anordnung der Atome werden **kettenförmige** und **ringförmige** Kohlenwasserstoffe unterschieden.

kettenförmiger Kohlenwasserstoff

ausführliche Strukturformeln:

```
  H H H H H H
  | | | | | |
H-C-C-C-C-C-C-H
  | | | | | |
  H H H H H H
```

vereinfachte Strukturformeln:

$CH_3-CH_2-CH_2-CH_2-CH_2-CH_3$

Hexan

ringförmiger Kohlenwasserstoff

```
        H   H
         \ /
          C
   H    /   \    H
    \ C       C /
   H /|       |\ H
   H \|       |/ H
      C       C
   H /  \   /  \ H
          C
         / \
        H   H
```

```
      CH2
    /     \
 CH2       CH2
  |         |
 CH2       CH2
    \     /
      CH2
```

Cyclohexan

Gesättigte Kohlenwasserstoffe sind in der Natur weit verbreitet. Sie sind z. B. im **Erdöl** und **Erdgas** enthalten.

Kohlenwasserstoffe werden als **gesättigt** bezeichnet, wenn die Kohlenstoffatome in ihrem Molekül untereinander nur durch Einfachbindungen verknüpft sind. Sie sind **ungesättigt,** wenn zwei oder mehrere Kohlenstoffatome untereinander durch Doppel- oder Dreifachbindungen (Mehrfachbindungen) verbunden sind.

gesättigter Kohlenwasserstoff

ausführliche Strukturformeln:

```
  H H H
  | | |
H-C-C-C-H
  | | |
  H H H
```

vereinfachte Strukturformeln:

$CH_3-CH_2-CH_3$

Propan

ungesättigter Kohlenwasserstoff

```
  H
  |        H
H-C-C=C  /
  | |    \
  H H      H
```

$CH_3-CH=CH_2$

Propen

Bei den Kohlenwasserstoffen können die Kohlenstoffatome **linear unverzweigt** oder **verzweigt** angeordnet sein.

linear unverzweigt Kette | *verzweigte* Kette

```
    H   H   H   H              H   H   H   H
    |   |   |   |              |   |   |   |
H - C - C - C - C - H      H - C - C - C - C - H
    |   |   |   |              |   |   |   |
    H   H   H   H              H   |   H   H
                                H - C - H
                                    |
                                    H
```

Butan | 2-Monomethylbutan (2-Methylbutan)

Ringförmige Kohlenwasserstoffe können aus einem oder mehreren Ringen bestehen.

Kohlenwasserstoff mit *einem* Ring | *zwei* Ringen

Cyclopentan | Decalin (Bicyclo-4,4,0-decan)

Einige der kettenförmigen Kohlenwasserstoffe und einige der gesättigten ringförmigen Kohlenwasserstoffe (Cycloalkane) bilden **homologe Reihen.**

Homologe Reihen treten auch bei organischen Verbindungen auf, die außer Kohlenstoff und Wasserstoff weitere Elemente im Molekül haben. So bilden z. B. Alkanale (↗ S. 209) oder Alkansäuren (↗ S. 211) homologe Reihen.

Eine **homologe Reihe** ist eine Folge chemisch ähnlicher Verbindungen, bei der sich zwei aufeinanderfolgende Glieder in der Reihe durch eine $-CH_2$-Atomgruppe unterscheiden. Ähnliche Strukturmerkmale bedingen weitgehend übereinstimmende chemische Eigenschaften. Unterschiedliche Molekülmassen haben verschiedene physikalische Eigenschaften zur Folge.

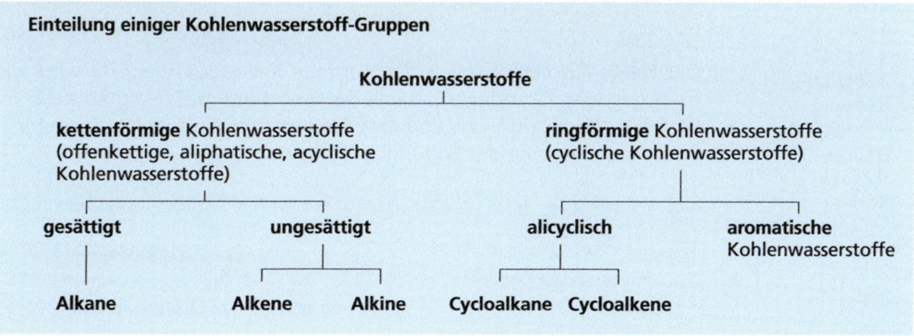

Früher wurden organische Verbindungen mit **Trivialnamen** bezeichnet. Diese bezogen sich z.B. auf den Organismus, von dem der Stoff stammt (Penicillin vom Schimmelpilz Penicillium notatum). Später wurde eine systematische Namensgebung notwendig. Die heute gültigen Regeln wurden von der **IUPAC** ausgearbeitet. Die nebenstehende Nomenklatur entspricht diesen IUPAC-Regeln.

Nomenklatur kettenförmiger Kohlenwasserstoffe

Die Wortstämme der Verbindungen entsprechen der Anzahl der Kohlenstoffatome in der Kette.

Anzahl der Kohlenstoffatome und Benennung:

1 C:	Meth-	6 C:	Hex-	11 C:	Undec-	16 C:	Hexadec-
2 C:	Eth-	7 C:	Hept-	12 C:	Dodec-	17 C:	Heptadec-
3 C:	Prop-	8 C:	Oct-	13 C:	Tridec-	18 C:	Octadec-
4 C:	But-	9 C:	Non-	14 C:	Tetradec-	19 C:	Nonadec-
5 C:	Pent-	10 C:	Dec-	15 C:	Pentadec-	20 C:	Eicos-

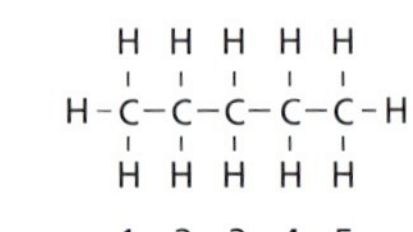

Pentan besitzt fünf Kohlenstoffatome.

Die Endungen kennzeichnen die Bindungsart in der Kette.

Endung	Bindungsart	Beispiel Name	 Formel
-an	nur Einfachbindungen zwischen den Kohlenstoffatomen	Ethan	H H H–C–C–H H H
-en	mindestens eine Doppelbindung zwischen zwei Kohlenstoffatomen	Ethen	H H C=C H H
-in	mindestens eine Dreifachbindung zwischen zwei Kohlenstoffatomen	Ethin	H – C ≡ C – H

Für die Anzahl der Bindungen oder Seitenketten gilt:

1 mono-
2 di-
3 tri-
4 tetra-
5 penta-
6 hexa-
7 hepta-
8 octa-
9 nona-
10 deca-

Ab einer Anzahl von vier Kohlenstoffatomen wird auch die Lage der Mehrfachbindung mit arabischen Ziffern angegeben.

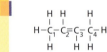

```
   H  H     H
   |  |     |
H–C₁–C₂=C₃–C₄–H
   |     |  |
   H     H  H
```

Doppelbindung am 2. Kohlenstoffatom
But-2-en

Der Name für verzweigte kettenförmige Kohlenwasserstoffe wird wie folgt gebildet. Grundname: Name der längsten unverzweigten Kette im Molekül (Wortstamm und Endung); Seitenkette: Wortstamm des Kohlenwasserstoffrests mit der Endung -yl (Alkylrest).

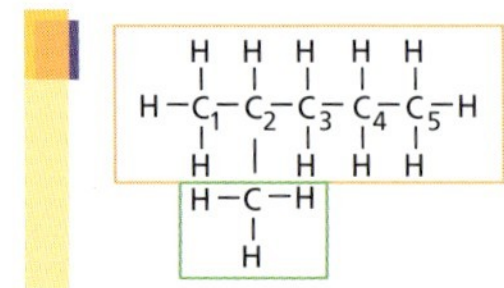

längste Kette mit 5 Kohlenstoffatomen: -Pentan
Alkylrest am 2. Kohlenstoffatom: -methyl
2-Monomethylpentan (2-Methylpentan)

6.1.2 Kettenförmige Kohlenwasserstoffe

Alkane

Alkane sind kettenförmige Kohlenwasserstoffe, deren Kohlenstoffatome ausschließlich durch einfache Atombindungen (Einfachbindungen) miteinander verknüpft sind. Alle anderen Bindungen sind mit Wasserstoffatomen besetzt.

Alkane bilden eine homologe Reihe mit der allgemeinen Summenformel C_nH_{2n+2}.

Homologe Reihe der Alkane mit 1 bis 5 Kohlenstoffatomen

Name	Summenformel	vereinfachte Strukturformel und Molekülmodell	Siedepunkt in °C
Methan	CH_4	CH_4	−161,5
Ethan	C_2H_6	CH_3-CH_3	−88,6
Propan	C_3H_8	$CH_3-CH_2-CH_3$	−42,2
n-Butan	C_4H_{10}	$CH_3-CH_2-CH_2-CH_3$	−0,5
n-Pentan	C_5H_{12}	$CH_3-CH_2-CH_2-CH_2-CH_3$	36,1

Verbindungen, die bei gleicher Summenformel verschiedene chemische und physikalische Eigenschaften aufweisen, heißen **isomere Verbindungen.** Bei gleicher Summenformel können die unterschiedlichen Eigenschaften, z. B. Siedetemperaturen, nur in einer voneinander abweichenden Struktur der **Isomere** begründet sein.

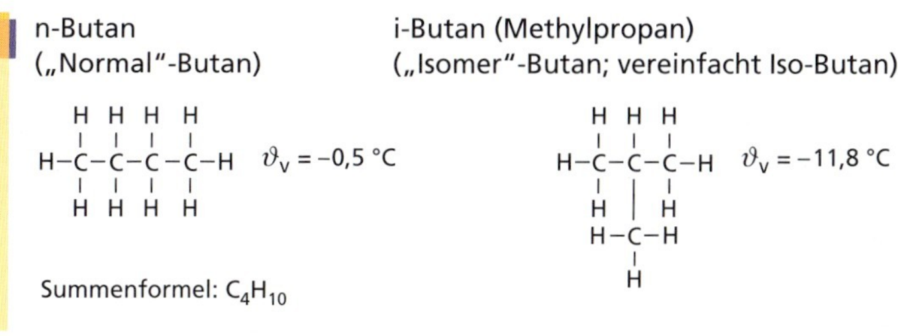

Isomere eines Stoffes ähneln sich mehr oder weniger in ihren Eigenschaften. Die aus der unterschiedlichen Struktur resultierenden Abweichungen hängen u. a. davon ab, welche Form der **Isomerie organischer Verbindungen** vorliegt.

Isomere sind chemische Verbindungen mit gleicher Summenformel, aber unterschiedlicher Struktur.

Wichtige Alkane

Name	Eigenschaften	Vorkommen	Verwendung
Methan	farblos, geruchlos, gasförmig, brennt mit schwach leuchtender Flamme, in Wasser schlecht löslich, bildet mit Luft explosive Gemische	– in Erdgas und Grubengas – im Sumpfgas	– als Heizgas oder Stadtgas – in der chemischen Industrie zur Herstellung von Kohlenstoffmonooxid, Wasserstoff, Ruß (für Kautschukindustrie und Farbenindustrie) – als Ausgangsstoff für verschiedene Synthesen
Ethan	farblos, brennbar, geruchlos, gasförmig, in Wasser schlecht löslich	– im Erdgas – in Abgasen der Erdölverarbeitung	– als Heizgas – zur Herstellung von Ethen
Propan und Butan	farblos, brennbar, geruchlos, gasförmig, in Wasser schlecht löslich	– im Erdgas – in Abgasen der Erdölverarbeitung	– als Rohstoff für die Petrolchemie – als Heizgas – als Treibmittel für Aerosole

Methan und Sauerstoff bilden im Verhältnis 1:2 ein leicht entzündliches, explosives Gemisch, ein Knallgas („schlagende Wetter", z. B. in Kohlegruben).

Viele Pflanzen nutzen höhere Alkane zum Aufbau einer Schutzschicht. Äpfel sind mit einem Gemisch von Alkanen mit 27 bis 29 Kohlenstoffatomen im Molekül überzogen, Kohlblätter mit dem kettenförmigen Alkan mit 29 Kohlenstoffatomen. Diese wasserunlöslichen Alkane setzen die Verdunstung herab. Auch Bienenwachs enthält hochmolekulare kettenförmige Alkane.

Die ersten vier Alkane der homologen Reihe sind bei Zimmertemperatur gasförmig, n-Pentan bis n-Heptadecan sind flüssig und alle höheren fest. Die flüssigen Alkane besitzen einen typischen Benzingeruch. Alle Alkane sind in Wasser unlöslich.

Einige Reaktionen von Alkanen

Alkane sind allgemein reaktionsträge. Sie reagieren jedoch mit Sauerstoff (Oxidation) und mit Halogenen (Substitutionsreaktion).

1. **Oxidation und Verbrennung von Methan:**
   vollständige Oxidation

   $$CH_4 + 2\,O_2 \longrightarrow CO_2 + 2\,H_2O$$

   unvollständige Oxidation (Bildung von Ruß bei Sauerstoffmangel)

   $$CH_4 + O_2 \longrightarrow C + 2\,H_2O$$

2. **Reaktion mit Halogenen** (Substitutionsreaktion unter Zufuhr von Energie):

```
     H  H  H  H  H                         H  H  H  H  H
     |  |  |  |  |               Licht     |  |  |  |  |
   H-C--C--C--C--C-H  +  Br-Br  ------>  H-C--C--C--C--C-Br  +  H-Br
     |  |  |  |  |                         |  |  |  |  |
     H  H  H  H  H                         H  H  H  H  H
```

Pentan + Brom (Br_2) ⟶ Monobrompentan + Bromwasserstoff (HBr)

Alkene

Alkene sind kettenförmige Kohlenwasserstoffe, die in ihrem Molekül neben Einfachbindungen auch mindestens eine Doppelbindung zwischen zwei benachbarten Kohlenstoffatomen enthalten. Alkene gehören zu den ungesättigten Kohlenwasserstoffen.

Das Vorliegen von Mehrfachbindungen kann mithilfe einer einfachen Reaktion nachgewiesen werden (↗ S. 306).

Alkene bilden eine homologe Reihe mit der allgemeinen Summenformel C_nH_{2n}.

Homologe Reihe der Alkene mit 2 bis 5 Kohlenstoffatomen			
Name	**Summenformel**	**vereinfachte Strukturformel und Molekülmodell**	**Siedepunkt in °C**
Ethen (Ethylen)	C_2H_4	$CH_2=CH_2$	−103,7
Propen (Propylen)	C_3H_6	$CH_3-CH=CH_2$	−47,7
But-1-en (Butylen)	C_4H_8	$CH_3-CH_2-CH=CH_2$	−6,5
Pent-1-en	C_5H_{10}	$CH_3-CH_2-CH_2-CH=CH_2$	30

Wichtige Alkene

Name	Eigenschaften	Verwendung
Ethen	farblos, bildet mit Luft explosive Gemische, leicht süßlicher Geruch, gasförmig, in Wasser fast unlöslich, brennbar	– zur Herstellung von Kunststoffen, Lösungsmitteln, Klebstoffen – in der pharmazeutischen Industrie – in der Lebensmittelindustrie zum Nachreifen von Obst
Propen	farblos, gasförmig, in höherer Konzentration narkotisierend, brennbar, in Wasser nicht löslich	– als Brenngas (Flüssiggas) – zur Kunststoffherstellung – zur Benzinherstellung – als Ausgangsstoff für die chemische Industrie
Buten	farblos, gasförmig, brennbar, in Wasser nicht löslich	– zur Herstellung von Kunststoffen, Synthesekautschuk und anderen Verbindungen

Einige Reaktionen von Alkenen

Die typische Reaktion der ungesättigten Alkene ist die Additionsreaktion (↗ S. 230).

1. Addition von Wasserstoff **(Hydrierung)**

$$H_2C{=}CH_2 + H{-}H \xrightarrow{\text{Katalysator}} H{-}CH_2{-}CH_2{-}H$$

Ethen → Ethan

2. Addition von Wasser **(Hydratisierung)**

Als Katalysator wirkt bei dieser Reaktion das Proton (Wasserstoff- oder Hydronium-Ion) einer Säure, z. B. der Schwefelsäure.

$$H_2C{=}CH{-}CH_3 + H{-}O{-}H \xrightarrow{\text{Katalysator } (H^+)} H_3C{-}CH(OH){-}CH_3$$

Propen → Propan-2-ol

3. Addition von Halogenen

Bei der Reaktion von Ethen mit Brom entfärbt sich das braune Reaktionsgemisch (↗ S. 306).

$$H_2C{=}CH_2 + Br{-}Br \longrightarrow H{-}CHBr{-}CHBr{-}H$$

Ethen → 1,2-Dibromethan

4. Addition von Halogenwasserstoff

$$H_2C{=}CH_2 + H{-}Cl \longrightarrow H{-}CH_2{-}CHCl{-}H$$

Ethen → Monochlorethan (Ethylchlorid)

5. Polymerisation

Polyethylen (↗ S. 228) (PE) ist ein wichtiger Kunststoff, der sehr gut verformt werden kann. Er wird z. B. als Folie für die Lebensmittelverpackung genutzt.

$$n\ H_2C{=}CH_2 \xrightarrow{\text{Katalysator}} \left[{-}CH_2{-}CH_2{-}\right]_n$$

Ethen → Polyethen (Polyethylen)

Die Polymerisation kann über unterschiedliche Verfahren erfolgen. Je nach Reaktionsbedingungen und Struktur der Ausgangsstoffe (Monomere) können stark verzweigte kettenförmige Makromoleküle oder auch kaum verzweigte Makromoleküle entstehen.

Alkine

Alkine sind kettenförmige Kohlenwasserstoffe, die in ihrem Molekül neben Einfachbindungen auch mindestens eine Dreifachbindung zwischen zwei benachbarten Kohlenstoffatomen enthalten. Alkine gehören zu den ungesättigten Kohlenwasserstoffen.

Alkine bilden eine homologe Reihe mit der allgemeinen Summenformel C_nH_{2n-2}.

Homologe Reihe einiger Alkine

Name	Summenformel	Strukturformel und Molekülmodell	Siedepunkt in °C
Ethin (Acetylen)	C_2H_2	$H-C\equiv C-H$	−83,6
Propin	C_3H_4	$CH_3-C\equiv CH$	−27,5
But-1-in	C_4H_6	$CH\equiv C-CH_2-CH_3$	18,0
But-2-in	C_4H_6	$CH_3-C\equiv C-CH_3$	27,2

Einige Reaktionen von Alkinen

Die typische Reaktion der Alkine ist die Additionsreaktion.

1. Addition von Wasserstoff (Hydrierung)

Die Hydrierung erfolgt in Gegenwart eines Katalysators (z. B. Platin oder Nickel). Sie verläuft über die Stufe der Alkene zu den Alkanen.

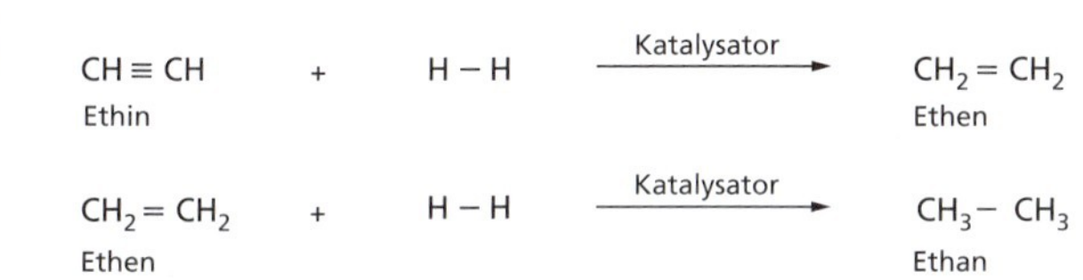

$$\underset{\text{Ethin}}{CH\equiv CH} + H-H \xrightarrow{\text{Katalysator}} \underset{\text{Ethen}}{CH_2=CH_2}$$

$$\underset{\text{Ethen}}{CH_2=CH_2} + H-H \xrightarrow{\text{Katalysator}} \underset{\text{Ethan}}{CH_3-CH_3}$$

2. Addition von Halogenen (Brom, Chlor)

Die Reaktion erfolgt ebenfalls in mehreren Stufen und kann durch Katalysatoren (z. B. Metallhalogenide) beschleunigt werden. Zuerst entstehen Halogenalkene, die zu Halogenalkanen weiterreagieren können.

$$\underset{\text{Ethin}}{CH\equiv CH} + Br-Br \xrightarrow{\text{Katalysator}} \underset{\text{1,2-Dibromethen}}{CHBr=CHBr}$$

$$\underset{\text{1,2-Dibromethen}}{CHBr=CHBr} + Br-Br \xrightarrow{\text{Katalysator}} \underset{\text{1,1,2,2-Tetrabromethan}}{CHBr_2-CHBr_2}$$

In Carbidlampen, die früher in den Bergwerken zur Beleuchtung eingesetzt wurden, wurde Calciumcarbid mit Wasser versetzt. Dabei entsteht u.a. Ethin. Das Ethin verbrennt mit dem Sauerstoff der Luft und spendet Licht. Die Umsetzung von Calciumcarbid mit Wasser wird auch zur Darstellung von Ethin im Labor genutzt.

3. Addition von Halogenwasserstoff

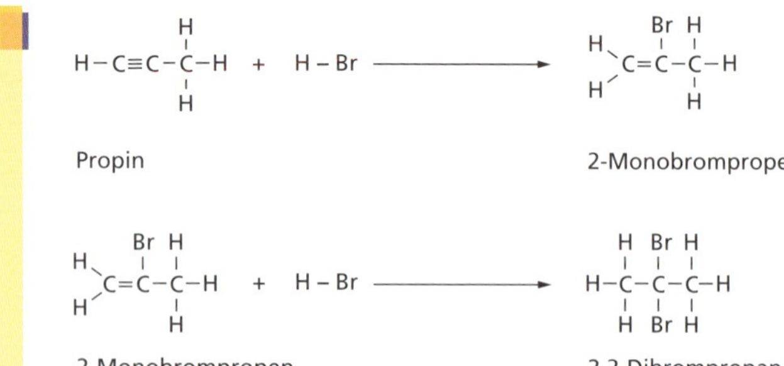

4. Anlagerung von Wasser

Diese Reaktion verläuft katalytisch bei Anwesenheit von Quecksilber-Ionen in Schwefelsäure.

$$H-C\equiv C-H + H-O-H \xrightarrow{\text{Katalysator}} H_2C=CH-OH$$

Ethin → Ethenol (Zwischenprodukt)

$$H_2C=CH-OH \longrightarrow H_3C-CHO$$

Ethenol (Zwischenprodukt) → Ethanal

Ethin (Acetylen) – das wichtigste Alkin

Ethin wird heute hauptsächlich aus **Methan (Erdgas)** hergestellt.

$$2\,CH_4 \xrightarrow{1500\,°C} C_2H_2 + 3\,H_2$$

In der chemischen Industrie geht die Bedeutung des Ethins als Ausgangsstoff zurück. Es wird heute noch zur Herstellung von Vinylchlorid, Butan-1,4-diol, Vinylacetat und Acrylsäure genutzt.

Eigenschaften

- farblos, gasförmig, narkotisch wirkend, etherischer Geruch, brennt mit hell leuchtender Flamme, gut wasserlöslich
- verflüssigtes Ethin explodiert bei Stoß oder beim Erhitzen
- explosiv im Gemisch mit Luft und Sauerstoff (Acetylen-Knallgas)

Verwendung

- zum autogenen Schweißen und Schneiden im Gemisch mit Sauerstoff
- als Ausgangsstoff für viele organische Synthesen in der chemischen Industrie

Ethin wird in Stahlflaschen mit gelbem Anstrich in Aceton/Kieselgur gelöst aufbewahrt.

Kettenförmige Kohlenwasserstoffe mit zwei oder mehreren Doppelbindungen im Molekül

Es gibt auch Verbindungen mit mehr als einer Dreifachbindung im Molekül. Moleküle mit zwei Dreifachbindungen heißen z.B. Diine.

Neben Molekülen, die nur eine Doppelbindung enthalten, gibt es auch Verbindungen mit mehreren Doppelbindungen. Sie werden als **Polyene** bezeichnet. Je nach Lage der Doppelbindungen werden verschiedene Verbindungstypen unterschieden.

<table>
<tr><th colspan="3">Anordnung der Doppelbindungen</th></tr>
<tr><td>Die Doppelbindungen liegen unmittelbar nebeneinander und haben somit ein gemeinsames Kohlenstoffatom.</td><td>Die Doppel- und Einfachbindungen wechseln sich ab, sie alternieren.</td><td>Die Doppelbindungen sind durch mehr als eine Einfachbindung voneinander getrennt.</td></tr>
<tr><td>kumulierte Doppelbindungen</td><td>konjugierte Doppelbindungen</td><td>isolierte Doppelbindungen</td></tr>
<tr><td>Propa-1,2-dien</td><td>Penta-1,3-dien</td><td>Hexa-1,5-dien</td></tr>
<tr><td>H H
\ /
C = C = C
/ \
H H</td><td>H H H H
\ | | |
C = C – C = C – C – H
/ | |
H H H</td><td>H H H H H
\ | | | /
C = C – C – C – C = C
/ | | | \
H H H H H</td></tr>
</table>

Wichtige Polyene

Terpene sind eine Gruppe von Naturstoffen. Sie treten z.B. als Pflanzeninhaltsstoffe auf. Zu den Terpenen gehören etherische Öle, Harze, Farbstoffe, Milchsäfte oder Bitterstoffe.

<table>
<tr><th>Name und Strukturformel</th><th>Eigenschaften</th><th>Verwendung</th></tr>
<tr><td>Buta-1,3-dien

H H H
\ | /
C = C – C = C
/ | \
H H H</td><td>– farbloses, leicht zu verflüssigendes Gas
– in Alkohol und Ether gut löslich
– sehr reaktionsfreudig (Polymerisation)</td><td>– zur Herstellung verschiedener Arten von Synthesekautschuk
– zur Herstellung von Kunststoffen</td></tr>
<tr><td>2-Monomethylbuta-1,3-dien (Isopren)

H H H
\ | /
C = C – C = C
/ | \
H H–C–H H
|
H</td><td>– farblose, ölige Flüssigkeit
– polymerisiert sehr langsam</td><td>– zur Herstellung von Synthesekautschuk
– Baustein vieler Naturstoffe (Naturkautschuk, Terpene, Carotinoide)</td></tr>
</table>

6.1.3 Ringförmige Kohlenwasserstoffe

Cycloalkane

Die ringförmigen Kohlenwasserstoffe bezeichnet man auch als cyclische Kohlenwasserstoffe.

Cycloalkane sind gesättigte Kohlenwasserstoffe, deren Kohlenstoffatome ringförmig angeordnet sind.

Die Cycloalkane bilden eine homologe Reihe mit der allgemeinen Summenformel C_nH_{2n}. Die Namen der Cycloalkane werden aus den Namen der entsprechenden Alkane und der Vorsilbe Cyclo- gebildet. In ihren chemischen und physikalischen Eigenschaften ähneln die Cycloalkane den entsprechenden Alkanen.

Symbol des Cyclohexans

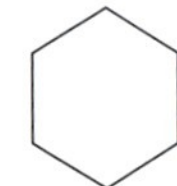

Dabei stellt jeder Eckpunkt ein Kohlenstoffatom dar, die Linien kennzeichnen die Einfachbindungen. Die beteiligten Wasserstoffatome werden nicht mit angegeben.

Strukturformeln einiger Cycloalkane:

Cyclopropan Cyclobutan Cyclopentan Cyclohexan

Cyclohexan – ein wichtiger Vertreter der Cycloalkane

Eigenschaften	Vorkommen	Verwendung
– farblos – flüssig – leicht brennbar – benzinähnlicher Geruch	– in Erdöl	– als Lösungsmittel für Fette, Harze, Wachse – zur Herstellung von Adipinsäure und Caprolactam – als Ausgangsstoffe zur Produktion von Perlon und Nylon

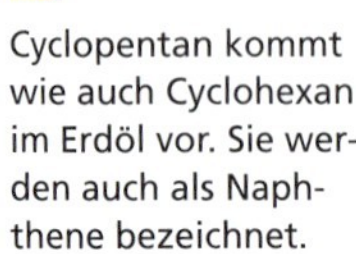

Cyclopentan kommt wie auch Cyclohexan im Erdöl vor. Sie werden auch als Naphthene bezeichnet.

Die Kohlenstoffatome des Cyclohexans sind nicht in einer Ebene, sondern räumlich angeordnet. Dabei gibt es zwei verschiedene Möglichkeiten der Anordnung der Atome im Raum. Verbindungen mit derselben Summenformel und Konstitution, deren Atome sich aber in der räumlichen Anordnung unterscheiden, heißen **Stereoisomere.**

Cycloalkene

Cycloalkene sind ungesättigte Kohlenwasserstoffe, deren Kohlenstoffatome ringförmig angeordnet sind.

Cycloalkene haben die allgemeine Summenformel C_nH_{2n-2}. Die Namen der Cycloalkene werden aus den Namen der entsprechenden Alkene und der Vorsilbe Cyclo- gebildet. In ihren chemischen und physikalischen Eigenschaften ähneln die Cycloalkene den entsprechenden kettenförmigen Verbindungen.

Strukturformeln einiger Cycloalkene:

Cyclopropen | Cyclobuten | Cyclopenten | Cyclohexen

Symbol des Cyclohexens

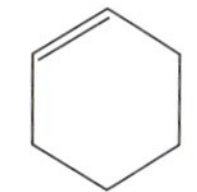

Aromatische Verbindungen

Aromaten sind ringförmige, ungesättigte organische Verbindungen, die ein besonders stabiles Elektronensystem aufweisen.

Aromatische Verbindungen wurden ursprünglich aus Pflanzen gewonnen und erhielten ihren Namen wegen des angenehmen „aromatischen" Geruchs (z. B. **Vanillin**).

Die als **Arene** bezeichneten aromatischen Kohlenwasserstoffe haben in ihrem Molekül nur Kohlenstoff- und Wasserstoffatome. Andere Aromaten besitzen im Molekül auch andere Atome, z.B. Sauerstoff oder Stickstoff. Aromatische Kohlenwasserstoffe werden meist aus Steinkohlenteer oder aus Erdöl gewonnen.
Da die aromatischen Ringsysteme sehr stabil sind, ist die bevorzugte Reaktionsart die Substitution. Besondere Bedeutung haben die aromatischen Verbindungen, die sich vom Benzen (Benzol) ableiten. Sie sind wichtige Ausgangsstoffe für die chemische Industrie.

Benzen

Benzen ist der bekannteste aromatische Kohlenwasserstoff. Es hat die Summenformel C_6H_6 und verfügt über ein stabiles Elektronensextett.

Benzen (Benzol) wurde 1825 erstmals aus Kokereigas isoliert. Nach seiner Summenformel musste Benzol stark ungesättigt sein, sein Reaktionsverhalten entsprach jedoch dem gesättigter Kohlenwasserstoffe. 1865 fand **A. KEKULÉ** (1829 bis 1896) zwei mögliche Strukturformeln und stellte seine Oszillationstheorie vor.

Struktur

Strukturformel (von KEKULÉ)	Strukturformel (heutiger Stand)	Schematische Darstellung (Symbol)
Die Kohlenstoffatome im Benzenring sind abwechselnd durch Einfach- und Doppelbindungen miteinander verknüpft.	Im Innern des Benzenrings bilden insgesamt sechs Außenelektronen der sechs Kohlenstoffatome ein stabiles Sextett.	An den sechs Eckpunkten befinden sich Kohlenstoffatome. Das Elektronensextett wird durch einen Kreis im Innern gekennzeichnet (Robinson-Formel).

Eigenschaften und Verwendung des Benzens

Eigenschaften	Vorkommen	Verwendung
– farblos – flüssig – charakteristischer (aromatischer) Geruch – brennt mit stark rußender Flamme – mit den meisten organischen Lösungsmitteln (Ether, Alkohole, Aceton) beliebig mischbar – starkes Gift, krebserregend	– im Erdöl – entsteht in geringen Mengen bei der unvollständigen Verbrennung organischer Stoffe, z. B. beim Tabakrauchen und Räuchern – entsteht in größeren Mengen bei der Verkokung von Steinkohle	– Ausgangsstoff in der chemischen Industrie, z. B. für Farbstoffe, Insektizide, und pharmazeutische Präparate – für die Herstellung von Kunststoffen, z. B. Polystyren, Synthesekautschuk und Polyamiden

Typische Reaktionen

Benzen ist wegen seiner besonderen Struktur sehr stabil. Hauptsächlich sind Substitutionsreaktionen möglich. Dabei wird ein Wasserstoffatom gegen andere Atome oder Atomgruppen ausgetauscht.

Nitrierung des Benzens (vereinfacht):

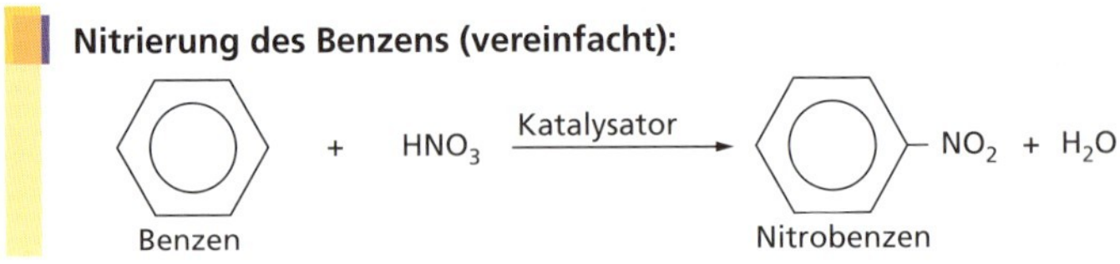

Einige wichtige Vertreter der Aromaten

Name und Symbol	Eigenschaften	Verwendung
Toluen (Toluol; Methylbenzen) CH_3	farblos, flüssig, brennbar, aromatischer Geruch, wenig wasserlöslich, gut in organischen Lösungsmitteln löslich	– als Lösungsmittel für Lacke, Fette, Öle – Ausgangsstoff für Synthesen von weiteren Aromaten
Nitrobenzen (Nitrobenzol) NO_2	gelblich, flüssig, riecht nach Bittermandeln, kaum wasserlöslich, sehr giftig	– als Lösungsmittel – zur Herstellung von Anilin für Farbstoffe und Harze
Styren (Styrol, Vinylbenzen) $CH=CH_2$	farblos, flüssig, erstarrt schon bei Zimmertemperatur (unter Lichteinfluss) zu einer glasartigen Masse (Polystyrol)	– zur Polystyrolherstellung – zur Synthesekautschukherstellung

6.2 Organische Verbindungen mit funktionellen Gruppen

6.2.1 Überblick

Als **funktionelle Gruppen** werden Atome oder Atomgruppen bezeichnet, die vor allem die chemischen Eigenschaften einer Verbindung wesentlich beeinflussen.

Für organische Stoffe kann man sowohl eine ausführliche oder vereinfachte Strukturformel, aber auch eine Summenformel angeben.

Das Reaktionsverhalten einer Stoffgruppe mit gleicher funktioneller Gruppe ist für alle Verbindungen ähnlich. Die physikalischen Eigenschaften ändern sich mit der Kettenlänge. Verbindungen mit der gleichen funktionellen Gruppe, die sich nur in der Kettenlänge unterscheiden, nennt man (analog einfachen Kohlenwasserstoffen) **homologe Reihe.**

Stoffklasse	**Funktionelle Gruppe**			**Beispiel**	
	Name	**Formel**	**Bezeichnung**	**Name und Strukturformel**	**Summenformel**
Alkohole	Hydroxylgruppe	–OH	-ol	Ethanol (Ethylalkohol) H H H–C–C–O–H H H	C_2H_5OH
Phenole	Hydroxylgruppe	–OH	Hydroxy-	Hydroxybenzen (Phenol) O–H	C_6H_5OH
Halogenkohlenwasserstoffe (Alkylhalogenide)	Halogenid (Halogenatom)	–F –Cl –Br –I (Hal)	Halogen-	Monobromethan (Ethylbromid) H H H–C–C–Br H H	C_2H_5Br
Amine	Aminogruppe	$-NH_2$	-amin	Ethylamin (Aminoethan) H H H H–C–C–N H H H	$C_2H_5NH_2$
Ether	Ethergruppe	–O–	-ether	Diethylether H H H H H–C–C–O–C–C–H H H H H	$(C_2H_5)_2O$

Aldehyde	Aldehyd-gruppe	–CHO	-al	Ethanal (Acetaldehyd) H–C(H)(H)–C(=O)–H	CH_3CHO
Ketone	Keto-gruppe	–C(=O)–	-on	Propan-2-on (Aceton) H–C₁(H)(H)–C₂(=O)–C₃(H)(H)–H	$(CH_3)_2CO$
Carbon-säure	Carboxyl-gruppe	–COOH	-säure	Ethansäure (Essigsäure) H–C(H)(H)–C(=O)–O–H	CH_3COOH

Ein Atom, das freie Elektronenpaare besitzt, wird als nucleophiles Atom bezeichnet. Bei chemischen Reaktionen greift es mit diesem Elektronenpaar an. Nucleophile Atome sind z. B. das Sauerstoffatom in Alkoholen, das Stickstoffatom in Aminen, aber auch das Chlorid-Ion.
Ein Atom mit Elektronenmangel wird als elektrophiles Atom bezeichnet. In einer chemischen Reaktion wird dieses Atom von einem Nucleophil angegriffen. Elektrophile Atome sind z. B. das Kohlenstoffatom an einer OH-Gruppe, das Kohlenstoffatom in einer Aldehyd- oder Carboxylgruppe.

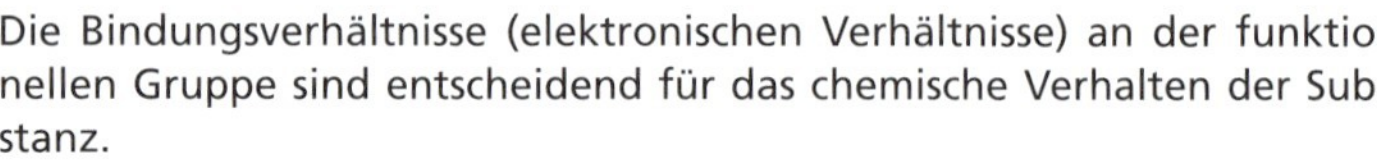

Die Bindungsverhältnisse (elektronischen Verhältnisse) an der funktionellen Gruppe sind entscheidend für das chemische Verhalten der Substanz.

Bindungsverhältnisse in Alkoholen:

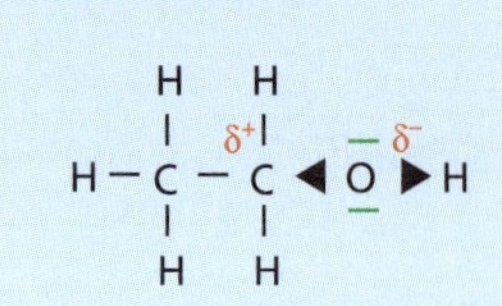

Das Kohlenstoffatom und das Sauerstoffatom sind über eine polare Atombindung miteinander verbunden. Die Elektronegativität des Kohlenstoffs beträgt 2,5, die des Sauerstoffs 3,5, sodass das Sauerstoffatom das bindende Elektronenpaar stärker anzieht. Dadurch ist das Sauerstoffatom partiell negativ (δ^-) und das Kohlenstoffatom partiell positiv (δ^+) geladen. Außerdem werden von den 6 Außenelektronen des Sauerstoffatoms nur 2 für die Bindungen benötigt. Es verfügt daher über zwei nichtbindende Elektronenpaare. Infolge der negativen Partialladung und der freien Elektronenpaare ist das Sauerstoffatom „elektronenreich“. Am positivierten Kohlenstoffatom herrscht dagegen „Elektronenmangel“, obwohl es ein Elektronenoktett aufweist.

6.2.2 Alkohole und Phenole

Alkohole

Alkohole sind organische Verbindungen mit einer oder mehreren Hydroxylgruppen im Molekül. Von den Alkanen abgeleitete Alkohole mit einer Hydroxylgruppe heißen **Alkanole.**

Für Alkanole gilt die allgemeine Summenformel: $C_nH_{2n+2}O$.

Nach der Anzahl der funktionellen Gruppen werden die Alkohole in zwei Klassen eingeteilt.

Einwertige Alkohole besitzen nur *eine* Hydroxylgruppe im Molekül. *Mehrwertige* Alkohole besitzen *mindestens* zwei Hydroxylgruppen im Molekül. Die Gruppe der einwertigen Alkohole kann noch nach der Stellung der Hydroxylgruppe in primäre, sekundäre und tertiäre (tert.-) Alkohole unterteilt werden.

Eine Vergiftung mit **Methanol** führt in kleinen Mengen zur Erblindung, in größeren zum Tode.

Einwertige und mehrwertige Alkohole:

einwertig			**mehrwertig**	
primär	**sekundär**	**tertiär**		
H H H I I I H–C–C–C–O–H I I I H H H	H I H O H I I I H–C–C–C–H I3 I2 I1 H H H	H I H O H I I I H–C–C–C–H I3 I2 I1 H I H H–C–H I H	H H I I H–C–C–H I I O O I I H H	H H H I I I H–C–C–C–H I I I O O O I I I H H H
Propan-1-ol (n-Propanol)	Propan-2-ol (Isopropanol)	2-Methylpropan-2-ol (*tert.*-Butanol)	Ethan-1,2-diol (Ethylenglycol)	Propan-1,2,3-triol (Glycerol, Glycerin)

Einwertige Alkohole

1. **Methanol** (Methylalkohol, Carbinol, Holzgeist ↗ S. 270)
   Formeln:

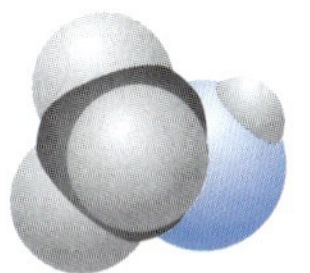

```
    H
    I
H – C – O – H
    I
    H
```

CH_3-OH CH_3OH CH_4O

Eigenschaften: Methanol hat eine Siedetemperatur von 64,7 °C und eine Dichte von 0,791 g/cm^3. Es ist eine farblose, giftige, mit Wasser und einigen organischen Lösungsmitteln mischbare Flüssigkeit. Es brennt mit blassblauer Flamme.
Verwendung: Methanol dient als Lösungsmittel und Kraftstoffzusatz.

Typische Reaktionen von Alkoholen sind:
- Veresterung (↗ S. 230) mit Carbonsäuren
- Oxidation von primären Alkoholen zu Aldehyden und weiter zu Carbonsäuren (↗ S. 211)
- Oxidation von sekundären Alkoholen zu Ketonen.

2. **Ethanol** (Ethylalkohol, Alkohol, Weingeist ↗ S. 271)
   Formeln:

```
    H   H
    I   I
H – C – C – O – H
    I   I
    H   H
```

C_2H_5-OH C_2H_5OH C_2H_6O

Eigenschaften: Ethanol hat eine Siedetemperatur von 78 °C und eine Dichte von 0,785 g/cm^3. Es ist eine farblose, gesundheitsschädliche, mit Wasser und einigen organischen Lösungsmitteln mischbare Flüssigkeit. Es brennt mit blassblauer Flamme.
Verwendung: Ethanol wird zur Herstellung von Farben, pharmazeutischen Präparaten, als Kraftstoffzusatz und in der Medizin zur Konservierung anatomischer Präparate verwendet. Ein großer Teil des Gärungsethanols dient zur Herstellung alkoholischer Getränke.

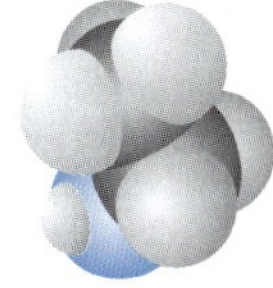

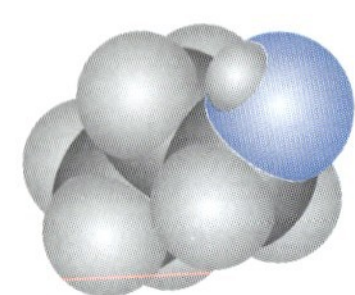

3. **Propanole**
Propan-1-ol (n-Propanol):
Formeln:

$CH_3-CH_2-CH_2-OH$ $\quad$ C_3H_7OH $\quad$ C_3H_8O

Eigenschaften: Propan-1-ol hat eine Siedetemperatur von 97,2 °C und eine Dichte von 0,804 g/cm^3. Es ist eine farblose, angenehm riechende, brennbare, gesundheitsschädliche Flüssigkeit.
Verwendung: Propan-1-ol wird als Lösungsmittel verwendet.

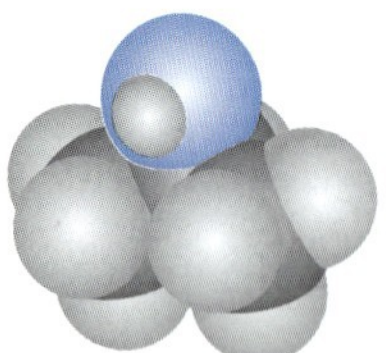

Propan-2-ol (Isopropanol):
Formeln:

$CH_3-CH(OH)-CH_3$ $\quad$ C_3H_7OH $\quad$ C_3H_8O

Eigenschaften: Propan-2-ol hat eine Siedetemperatur von 82,4 °C und eine Dichte von 0,785 g/cm^3. Es ist eine farblose, angenehm riechende, brennbare, gesundheitsschädliche Flüssigkeit.
Verwendung: Propan-2-ol wird als Lösungsmittel, in Kraftstoffen gegen Vergaservereisung und als Ausgangsstoff für die Acetonherstellung verwendet.

4. **Butanole**

Strukturformeln: ausführliche	H H H H H–C–C–C–C–O–H H H H H	H H H H H–C–C–C–C–H H H O H H	H H–C–H H | H H–C–C–C–O–H H H H	H H–C–H H | H–C–C–O–H H | H–C–H H
vereinfachte	$CH_3-CH_2-CH_2-CH_2OH$	$CH_3-CH_2-CH(OH)-CH_3$	$CH_3-CH(CH_3)-CH_2OH$	$CH_3-C(CH_3)OH-CH_3$
systematischer Name	Butan-1-ol	Butan-2-ol	2-Methylpropan-1-ol	2-Methylpropan-2-ol
Siedetemperatur	117,5 °C	99,5 °C	108,4 °C	82,5 °C
Schmelztemperatur	–90 °C	–115 °C	–108 °C	25,4 °C

Die unterschiedlichen Butanole zeigen, dass die physikalischen Eigenschaften durch die Struktur der Kette bestimmt werden.

Eigenschaften und Verwendung:
Butan-1-ol ist nur begrenzt mit Wasser mischbar. Es dient als Lösungsmittel für Harze und Nitrolacke. 2-Methylpropan-1-ol (Isobutanol) kommt in den giftigen **Fuselölen** vor.

5. **Pentanole**
Als Nebenprodukt bei der alkoholischen Gärung entstehen zwei isomere Pentanole. Auch diese werden zu den Fuselölen gerechnet. Sie sind Abbauprodukte der im Getreide enthaltenen Eiweiße.

Mehrwertige Alkohole

1. **Ethan-1,2-diol** (Ethylenglykol, Glykol)
   Formeln:

   $HO-CH_2-CH_2-OH$ $\quad C_2H_4(OH)_2$ $\quad C_2H_6O_2$

   Eigenschaften: Ethan-1,2-diol hat einen Siedepunkt von 196–198 °C und eine Dichte von 1,113 g/cm³. Es ist eine farblose, gesundheitsschädliche Flüssigkeit.
   Verwendung: Ethan-1,2-diol wird als Frostschutzmittel für Motoren (Glysantin) und zur Herstellung von Kunststoffen (Polyester) verwendet.

2. **Propan-1,2,3-triol** (Glycerol, Glycerin)
   Formeln:

   $HO-CH_2-CH(OH)-CH_2-OH$ $\quad C_3H_5(OH)_3$ $\quad C_3H_8O_3$

   Eigenschaften: Propan-1,2,3-triol hat eine Schmelztemperatur von 20 °C und eine Dichte von 1,223 g/cm³. Es ist eine farblose, ölige, stark wasseranziehende Flüssigkeit.
   Verwendung: Propan-1,2,3-triol wird als Bremsflüssigkeit, Frostschutzmittel in Kraftfahrzeugen, zur Herstellung von Kunststoffen, zur Sprengstoffherstellung (Nitroglycerin) und als Feuchthaltemittel in der Kosmetik-, Tabak- und Lebensmittelindustrie verwendet.

Cholesterol (Cholesterin) ist aus Sicht der funktionellen Gruppe ein Alkohol, wird aber zu den Steroiden oder Lipiden gerechnet. Es ist eine lipophile (fettliebende) Substanz. Gleichzeitig ist sie hydrophob (wasserabweisend). Ein hoher Cholesterinspiegel im Blut erhöht die Gefahr eines Herzinfarkts.

Phenole

Phenole sind Stoffe mit einem Benzenring als Grundgerüst. Sie besitzen mindestens eine Hydroxylgruppe.

Im Unterschied zu den Alkoholen ist die Hydroxylgruppe direkt an ein Kohlenstoffatom des Benzenrings gebunden. In wässrigen Lösungen reagieren Phenole sauer, da von der funktionellen Gruppe ein Wasserstoff-Ion abgespalten werden kann. Dadurch entstehen Phenolat-Anionen und Hydronium-Ionen.

Vertreter der Phenole:

Phenol (Hydroxybenzen, Hydroxybenzol)
Phenol bildet farblose Kristalle mit typischem Geruch, die in Wasser wenig, aber in Ethanol gut löslich sind. Es ist giftig und wirkt ätzend. **Phenole** sind Ausgangsstoffe für die Herstellung vieler organischer Verbindungen, die beispielsweise in Arzneimitteln, Farbstoffen, Sprengstoffen und Holzschutzmitteln Anwendung finden.

1,3-Dihydroxybenzen, auch 1,3-Dihydroxybenzol oder **Resorcin,** ist farblos, geruchlos, kristallin, wasserlöslich und wirkt verdünnt desinfizierend, in höheren Konzentrationen ist es giftig.

1,4-Dihydroxybenzen heißt auch **Hydrochinon** und wird in der klassischen Fotografie als Entwickler benutzt.

Phenol: C_6H_5OH

OH

Resorcin: $C_6H_4(OH)_2$

OH
OH

Hydrochinon: $C_6H_4(OH)_2$

OH
OH

6.2.3 Halogenkohlenwasserstoffe (Alkylhalogenide)

Die sehr giftigen und krebserregenden **Dioxine** können beim Verbrennen von Chlorkohlenwasserstoffen entstehen.

Halogenkohlenwasserstoffe sind organische Verbindungen mit Halogenatomen im Molekül.

Die **Halogenalkane** leiten sich von den Alkanen ab. Dabei sind ein oder mehrere Wasserstoffatome durch ein Halogenatom ausgetauscht. Sie sind meist Zwischenprodukte in organischen Synthesen. Verbindungen mit niedriger Kohlenstoffanzahl werden häufig als Lösungsmittel verwendet. **Halogenalkene** und **Halogenalkine** sind ungesättigt, sie besitzen Doppel- oder Dreifachbindungen. Die aromatischen Halogenkohlenwasserstoffe nennt man **Halogenarene** (Arylhalogenide).

Halogenkohlenwasserstoffe:
Monochlormethan (Methylchlorid) CH_3Cl
Dichlormethan (Methylenchlorid) CH_2Cl_2
Trichlormethan (Chloroform) $CHCl_3$
Tetrachlormethan (Tetra) CCl_4
Monochlorethen (Vinylchlorid) $CHCl = CH_2$

Halogenkohlenwasserstoffe wurden wegen ihrer flexiblen Eigenschaften und preiswerten Synthese jahrelang vielfältig im Alltag genutzt, z.B. als Insektizide, Treibgase und Kühlmittel. Heute wissen wir von der gesundheitsschädlichen und umweltschädigenden Wirkung der meisten Halogenkohlenwasserstoffe. Deshalb ist ihre Verwendung heute größtenteils verboten bzw. stark eingeschränkt.

Herstellung von Halogenkohlenwasserstoffen:

1. Direkte Reaktion von Alkanen mit Halogenen (radikalische Substitution)

$$CH_4 + Cl{-}Cl \xrightarrow{\text{Licht}} CH_3{-}Cl + H{-}Cl$$

2. Reaktion eines Alkohols mit einem Halogenwasserstoff (nucleophile Substitution)

$$CH_3{-}OH + H{-}Cl \longrightarrow CH_3{-}Cl + H{-}O{-}H$$

3. Addition eines Halogenwasserstoffs an ein Alken (elektrophile Addition)

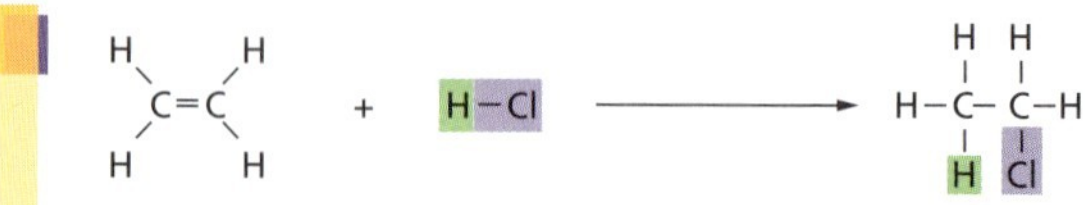

Früher wurden **Fluorchlorkohlenwasserstoffe** (FCKW) als Treibgase in Sprühflaschen bzw. in Kühlaggregaten verwendet. Heute weiß man, dass die leicht flüchtigen **FCKW** für die Zerstörung der Ozonschicht in hohem Maße mit verantwortlich sind. Deshalb wurden diese Treibgase durch andere ersetzt oder wenn möglich auf Pumpsprays umgestellt.

6.2.4 Amine

Amine sind organische Verbindungen mit dem Element Stickstoff im Molekül. Sie besitzen die **Aminogruppe** als funktionelle Gruppe mit der Formel $-NH_2$.

Amine können in primäre, sekundäre und tertiäre Amine unterteilt werden. Beim primären Amin ist das Stickstoffatom mit nur einem Kohlenstoffatom verbunden, beim sekundären mit zwei Kohlenstoffatomen und beim tertiären mit drei.

Einteilung der Amine:

	primär	sekundär	tertiär
Strukturformeln	$H_2N-C_2H_5$ $C_2H_5-NH_2$	$H-N(C_2H_5)_2$ $(C_2H_5)_2-NH$	$C_2H_5-N(C_2H_5)_2$ $(C_2H_5)_3-N$
Bezeichnung	Ethylamin	Diethylamin	Triethylamin

Amine reagieren in wässrigen Lösungen basisch. Durch die Reaktion mit Wassermolekülen entstehen Hydroxid-Ionen (Reaktion mit Protonenübergang).

Basische Reaktion eines Amins:

$$CH_3-CH_2-NH_2 + H_2O \rightleftharpoons CH_3-CH_2-NH_3^+ + OH^-$$

(H^+)

Ein wichtiges Amin ist das **Anilin** (Aminobenzen, Aminobenzol). Anilin ist eine unangenehm riechende, farblose, ölige Flüssigkeit, die sich an der Luft braun färbt. Anilin wirkt als starkes Blut- und Nervengift. Es wird als Ausgangsstoff in der Farbenherstellung verwendet. In freier Form findet man Anilin im Steinkohlenteer. Viele organische Verbindungen enthalten verschiedene funktionelle Gruppen. Bei in der Natur vorkommenden Stoffen ist die Aminogruppe häufig vertreten, so in Aminosäuren (↗ S. 214), Nucleinsäuren und Vitaminen.

Verbindungen, die gleichzeitig zu den Aminen und Alkoholen bzw. Phenolen gehören:

$$HO-CH_2-CH_2-N^+(CH_3)_3 \; OH^-$$

Cholin

$$(HO)_2C_6H_3-CH(OH)-CH_2-NH-CH_3$$

Adrenalin

Geht das Stickstoffatom vier Bindungen zu organischen Resten ein, spricht man von quartären Ammoniumsalzen, analog den anorganischen Ammoniumsalzen.

$$[N^+(C_2H_5)_4]\,Br^-$$

Tetraethylammoniumbromid

Anilin ist ein wichtiger Vertreter der aromatischen **Amine.**

$$C_6H_5-NH_2$$

Cholin hat eine Schlüsselfunktion bei der Nervenreizleitung. Es wird im Körper durch Enzyme synthetisiert und ist ein Bestandteil des Lecithins.

6.2.5 Ether

Ether sind organische Verbindungen mit dem Element Sauerstoff im Molekül. Bei der Ethergruppe befindet sich das Sauerstoffatom zwischen zwei Kohlenstoffatomen.

Mit dem Symbol „R" wird hier ein organischer Rest bezeichnet, bei dem das erste Atom nach der Bindung immer ein Kohlenstoffatom ist.

Ether haben die allgemeine Formel R^1-O-R^2. Die Bezeichnungen R^1 und R^2 stehen für organische Reste. Das können sowohl beliebige Alkylreste (von Alkanen stammend) als auch Arylreste (von Aromaten stammend) sein. Sind beide Reste gleich, spricht man von symmetrischen Ethern. Es gibt auch cyclische Ether, z.B. Tetrahydrofuran.

Ether können durch Kondensation (↗ S. 230) zweier Alkoholmoleküle in Gegenwart eines Katalysators entstehen.

Bildung von Diethylether aus zwei Molekülen Ethanol:

$$H-CH_2-CH_2-O-H + H-O-CH_2-CH_2-H \xrightarrow{Kat.} H-CH_2-CH_2-O-CH_2-CH_2-H + H-O-H$$

Eine Bildung von Ethern kann auch aus einem Alkohol und einem anderen organischen Molekül erfolgen, z.B. einem Halogenalkan.

Bildung von Ethylphenylether aus Phenol und Monochlorethan:

$$C_6H_5-O-H + Cl-CH_2-CH_2-H \xrightarrow{Kat.} C_6H_5-O-CH_2-CH_2-H + H-Cl$$

Die Dämpfe von niedermolekularen Ethern sind leicht entflammbar, mit Luft bilden Etherdämpfe hochexplosive Gemische. Ether sind hervorragende Lösungsmittel für Fette und Harze. Verwendung finden sie deshalb vor allem als Lösungs- und Extraktionsmittel. Höhere Ether dienen auch als Weichmacher für Kunststoffe.

Butanol und **Diethylether** sind Isomere. Obwohl sie die gleiche Summenformel ($C_4H_{10}O$) haben, sind sie von der Struktur, und daraus resultierend, den chemischen und physikalischen Eigenschaften, völlig unterschiedliche Verbindungen.

Diethylether wird oft auch vereinfacht nur als Ether bezeichnet. Er ist eine farblose, leicht bewegliche Flüssigkeit. Sein Siedepunkt beträgt nur 35 °C. Früher wurde Diethylether als Narkosemittel verwendet. Das Beruhigungsmittel „Hoffmannstropfen" ist ein Extrakt aus Pflanzeninhaltsstoffen in einem Gemisch aus Ether und Ethanol (1:3).

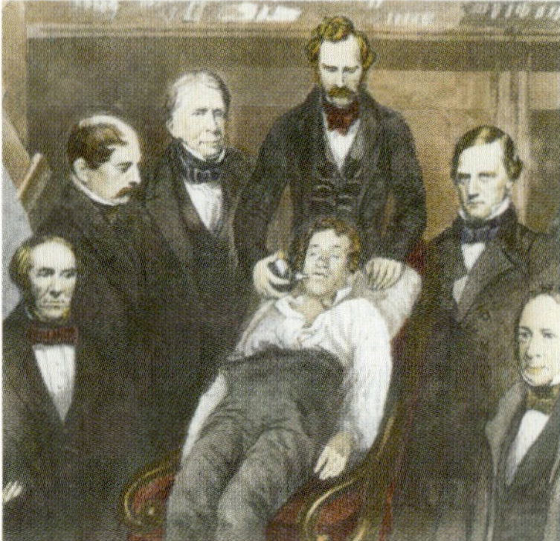

6.2.6 Aldehyde und Ketone

Aldehyde

Aldehyde sind organische Verbindungen mit Aldehydgruppe im Molekül. Die Aldehydgruppe hat die Formel –CHO.

Aldehydgruppe

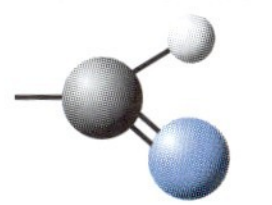

Typisch für die Aldehydgruppe ist ihre reduzierende Wirkung. Aldehyde reduzieren die Silber-Ionen der ammoniakalischen Silbernitratlösung zu elementarem Silber. Ein Silberspiegel entsteht (↗ S. 305). Mit fehlingscher Lösung reagieren Aldehyde zu rotem Kupfer(I)-oxid (↗ S. 305).

Für Alkanale gilt die allgemeine Summenformel: $C_nH_{2n}O$.

Als **Alkanale** bezeichnet man die Aldehyde, die sich von den Alkanen ableiten.

Alkanale bilden eine homologe Reihe, in der besonders Methanal und Ethanal bedeutsam sind.

Man spricht von einer reduzierenden Wirkung, wenn ein Stoff Elektronen abgibt. Dabei wird der Stoff selbst oxidiert. Der Reaktionspartner nimmt Elektronen auf und wird reduziert (↗ S. 108).

Methanal und Ethanal als Vertreter der Alkanale

Systematischer Name	Methanal	Ethanal
Trivialname	Formaldehyd	Acetaldehyd
Strukturformeln	H–C(H)=O	H–C(H)(H)–C(H)=O
	H–CHO	CH_3–CHO
Modell		
Eigenschaften	– farblos, stechend riechend, gasförmig, wasserlöslich – sehr giftig, krebserregend – denaturiert Eiweiß	– farblos, stechend riechend, flüssig, leicht flüchtig (Sdp.: 21 °) – leicht entzündlich, brennt mit blass leuchtender Flamme – giftig, krebserregend
Verwendung	– Konservieren von Tierpräparaten – Herstellung von Kunststoffen – Bindemittel für Holzspanplatten – Desinfektionsmittel	– Ausgangsstoff für verschiedene Produkte (Ethanol, Ethansäure, Kunstharze) – als Trockenspiritus

Benzaldehyd ist der einfachste aromatische Aldehyd, eine farblose, nach bitteren Mandeln riechende, ölige Flüssigkeit. In der Lebensmittelindustrie wird der Stoff als Zusatzstoff (Bittermandelaroma) eingesetzt. **Vanillin** ist von seiner Struktur ein Aldehyd, aber gleichzeitig auch ein Phenol und ein Ether.

Ketone

Ketogruppe

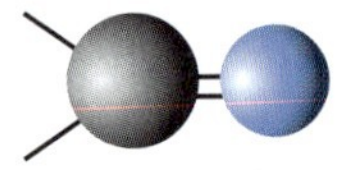

Ketone sind organische Verbindungen mit dem Element Sauerstoff im Molekül. Sie besitzen die Ketogruppe als funktionelle Gruppe.

Für Alkanone gilt die gleiche allgemeine Summenformel wie für Alkanale: $C_nH_{2n}O$.

Im Unterschied zu den Aldehyden befindet sich statt des Wasserstoffatoms der Aldehydgruppe am Kohlenstoffatom ein zweiter organischer Rest. Sind die beiden Reste gleich, handelt es sich um ein symmetrisches Keton.
Die Aldehyd- und die Ketogruppe zeigen ein sehr ähnliches Reaktionsverhalten. Deshalb fasst man beide als Carbonylgruppe zusammen. Alle Reaktionen an der Carbonylgruppe finden am Kohlenstoffatom statt.
Die Reaktionen der Ketone ähneln denen der Aldehyde, es gibt aber auch deutliche Unterschiede. Ketone können z. B. nicht oxidiert und deswegen auch nicht mit fehlingscher Lösung nachgewiesen werden.

Alkanone werden kettenförmige Ketone genannt, die sich von den Alkanen ableiten.

Viele Botenstoffe im menschlichen Körper sind Ketone, z. B. das männliche Sexualhormon Testosteron. Aber auch in Pflanzen gibt es viele Ketone. Gut bekannt ist der **Campfer** (Kampher). Er wird für Salben und Einreibungen, welche die Durchblutung der Haut anregen, eingesetzt. Die Struktur des Campfers ist ein kompliziertes Ringsystem, von der funktionellen Gruppe her ist Campfer ein Keton.

H_3C CH_3 CH_3 =O

Niedergmolekulare Ketone sind wasserlösliche, oft angenehm riechende Flüssigkeiten. Höhermolekulare Ketone sind fest. Viele Ketone sind häufig nur als Zwischenprodukte in der pharmazeutischen Industrie von Interesse.

Der bekannteste Vertreter der Ketone ist das **Aceton** (Propanon).
Formeln:

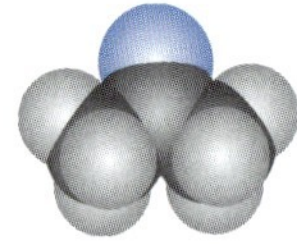

```
    H   O   H
    |   ‖   |
H – C – C – C – H
    |       |
    H       H
```

$CH_3 - CO - CH_3$

Eigenschaften:
Aceton (Propanon) hat einen Siedepunkt von 56 °C und eine Dichte von 0,791 g/cm^3. Es ist eine farblose, brennbare, mit Wasser und organischen Stoffen mischbare Flüssigkeit mit typischem Geruch.
Verwendung: Aceton (Propanon) dient als universelles Lösungsmittel und ist Ausgangsstoff für verschiedene organische Stoffe.

Aceton kann durch katalytische Dehydrierung (↗ S. 232) von Isopropanol hergestellt werden.

Synthese von Aceton aus Propan-2-ol:

```
    H   OH  H                              H   O   H
    |   |   |          Katalysator         |   ‖   |
H – C – C – C – H   ——————————————→    H – C – C – C – H    +    H – H
    |   |   |                              |       |
    H   H   H                              H       H
```

6.2.7 Carbonsäuren

Carbonsäuren sind organische Verbindungen, die mindestens eine Carboxylgruppe (Formel: –COOH) als funktionelle Gruppe besitzen.

Carboxylgruppe

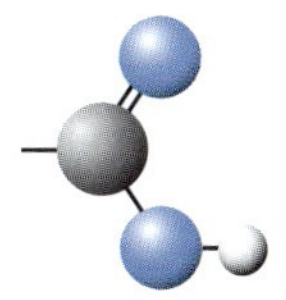

Carbonsäuren können eine oder mehrere Carboxylgruppen im Molekül haben. Monocarbonsäuren besitzen eine, Dicarbonsäuren zwei und Tricarbonsäuren drei Carboxylgruppen.

Alkansäuren sind Carbonsäuren mit *einer* Carboxylgruppe, die sich von einem Alkan ableiten.

Für Alkansäuren gilt die allgemeine Summenformel: $C_nH_{2n}O_2$.

Carbonsäuren zeigen ähnliche chemische Eigenschaften wie anorganische Säuren. In wässriger Lösung dissoziieren sie in Säurerest-Ionen und Wasserstoff-Ionen (Protonen), die mit Wassermolekülen Hydronium-Ionen bilden. Die Wasserlöslichkeit der Carbonsäuren nimmt mit der Kettenlänge ab.

Namen und Formeln einiger Alkansäuren

Name (Trivialname)	**Ausführliche Strukturformel**	**Vereinfachte Strukturformel**	**Anzahl der C-Atome**	**Name des Säurerest-Ions**
Methansäure (Ameisensäure)	H–C(=O)–O–H	H–COOH	1	Methanat-Ion (Formiat-Ion)
Ethansäure (Essigsäure)	H_3C–C(=O)–O–H	CH_3–COOH	2	Ethanat-Ion (Acetat-Ion)
Propansäure (Propionsäure)	H_3C–CH_2–C(=O)–O–H	CH_3–CH_2–COOH	3	Propanat-Ion (Propionat-Ion)
Butansäure (Buttersäure)	H_3C–$[CH_2]_2$–C(=O)–O–H	CH_3–$(CH_2)_2$–COOH	4	Butyrat-Ion
Hexadecansäure (Palmitinsäure)	H_3C–$[CH_2]_{14}$–C(=O)–O–H	CH_3–$(CH_2)_{14}$–COOH	16	Palmitat-Ion
Octadecansäure (Stearinsäure)	H_3C–$[CH_2]_{16}$–C(=O)–O–H	CH_3–$(CH_2)_{16}$–COOH	18	Stearat-Ion

Dissoziation einer Alkansäure:

$$HCOOH + H_2O \rightleftharpoons HCOO^- + H_3O^+$$

Ethansäure — Wasser — Acetat-Ion — Hydronium-Ion

Mit Basen findet eine Neutralisationsreaktion (↗ S. 121) statt. Dabei entstehen Salze der organischen Säuren und Wasser.

Neutralisationsreaktion einer Alkansäure mit einer Base:

$$HCOOH + Na^+ + OH^- \longrightarrow HCOO^- + Na^+ + H_2O$$

Ethansäure — Natriumhydroxidlösung — Natriumacetat — Wasser

Ameisen stellen **Ameisensäure** her, die sie beim Biss absondern. Legt man angefeuchtetes Unitestpapier auf einen Ameisenhaufen, färbt es sich rot.

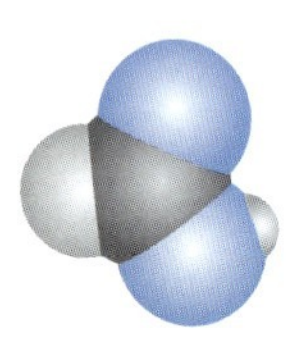

Wichtige Alkansäuren

1. **Methansäure** (Ameisensäure):
   Eigenschaften: Methansäure ist eine farblose, stechend riechende, stark ätzende, brennbare, gut mit Wasser und organischen Lösungsmitteln mischbare Flüssigkeit. Es ist die stärkste Monocarbonsäure.
   Verwendung: Methansäure wird zum Imprägnieren, Beizen (Textil- und Lederindustrie), als Entkalkungs- und Desinfektionsmittel verwendet.

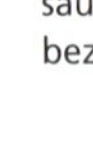

Essigsäure ist die wichtigste der Monocarbonsäuren. Wasserfreie Essigsäure wird als Eisessig bezeichnet.

2. **Ethansäure** (Essigsäure):
   Eigenschaften: Ethansäure ist eine farblose, stechend riechende, mit Wasser und organischen Lösungsmitteln gut mischbare Flüssigkeit.
   Verwendung: Sie wird in der Lebensmittelindustrie als Speiseessig, in Färbereien sowie als Lösungs- und Entkalkungsmittel eingesetzt.

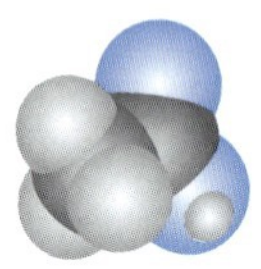

3. **Propansäure** (Propionsäure):
   Eigenschaften: Propansäure ist eine farblose, stechend riechende, mit Wasser und organischen Lösungsmitteln gut mischbare Flüssigkeit.
   Verwendung: Propansäure wird als Konservierungsmittel (wirkt hemmend auf das Wachstum von Schimmelpilzen) und zur Herstellung von Lösungsmitteln, Riechstoffen und Pflanzenschutzmitteln verwendet.

Benzoesäure ist eine aromatische Monocarbonsäure. Sie kommt in Form verschiedener Ester in Pflanzen vor, z. B. in Blaubeeren und Preiselbeeren.

4. **Butansäure** (Buttersäure):
   Eigenschaften: Butansäure ist eine farblose, ölige, unangenehm riechende, gut mit Wasser und organischen Lösungsmitteln mischbare Flüssigkeit. Sie wird beim Ranzigwerden der Butter frei und ist im Schweiß enthalten.
   Verwendung: Butansäure wird zur Herstellung von Lösungsmitteln, Geschmacks- und Riechstoffen verwendet.

5. **Pentansäure**: Von der Pentansäure existieren vier Isomere. Die unverzweigte Pentansäure wird auch als Valeriansäure bezeichnet.

Andere Carbonsäuren

Alkandisäuren sind Carbonsäuren mit zwei Carboxylgruppen im Molekül. Sie leiten sich von Alkanen ab.

Alkandisäuren gehören zu den Dicarbonsäuren. Es sind farblose, kristalline Substanzen.

Wichtige Alkandisäuren

1. **Oxalsäure** findet man als Säure in der Natur häufig, z.B. in Rhabarber, Spinat, Sauerklee oder in Rüben. Calciumoxalat, das Salz der Oxalsäure, kommt im Blut und Harn des Menschen und vieler Säugetiere vor. Die Säure wird als Hilfsmittel in der Färberei, zur Herstellung blauer Tinte und als Bleichmittel für Stroh und Holz verwendet.
2. **Malonsäure** ist in der Natur nur sehr wenig verbreitet. Sie wird für die Synthese vieler organischer Verbindungen eingesetzt, z.B. Ketone, Ester oder Geruchsstoffe.
3. **Bernsteinsäure** ist Bestandteil unreifer Früchte und von Pilzen. Sie kommt aber auch in Bernstein und anderen fossilen Harzen vor. Im Stoffwechsel tritt sie bei der Zellatmung auf. Bernsteinsäure dient zur Herstellung von Farbstoffen und pharmazeutischen Präparaten, die Ester werden als Weichmacher für Kunststoffe eingesetzt.

$COOH$ – $COOH$
Oxalsäure (Ethandisäure)

$COOH$ – CH_2 – $COOH$
Malonsäure (Propan-1,3-disäure)

$COOH$ – CH_2 – CH_2 – $COOH$
Bernsteinsäure (Butan-1,4-disäure)

Die Abkömmlinge der Carbonsäuren werden als Carbonsäurederivate bezeichnet. Die Carbonsäure-amide, -ester und –thioester kommen in der Natur sehr häufig vor und haben auch im menschlichen Stoffwechsel eine große Bedeutung.

Carbonsäuren mit weiteren funktionellen Gruppen

Neben der Carboxylgruppe können Carbonsäuren auch weitere funktionelle Gruppen im Molekül enthalten.
Carbonsäuren mit Hydroxylgruppe heißen Hydroxycarbonsäuren. Sind eine oder mehrere Aminogruppen gebunden, handelt es sich um Aminosäuren (↗ S. 214).

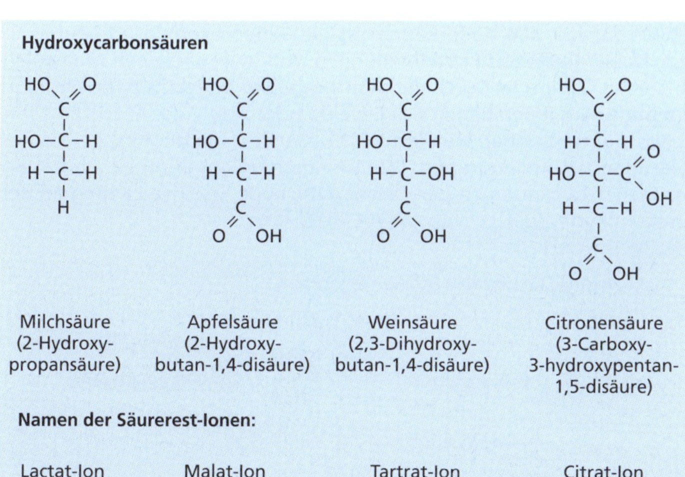

Milchsäure (2-Hydroxypropansäure) – Apfelsäure (2-Hydroxybutan-1,4-disäure) – Weinsäure (2,3-Dihydroxybutan-1,4-disäure) – Citronensäure (3-Carboxy-3-hydroxypentan-1,5-disäure)

Namen der Säurerest-Ionen:

Lactat-Ion – Malat-Ion – Tartrat-Ion – Citrat-Ion

Lebensmittelzusatzstoffe werden mit E-Nummern gekennzeichnet. **Carbonsäuren als Konservierungsstoffe** sind häufig. Dazu gehören z. B. E 214–219 (Benzoesäure und Derivate), E 236 (Ameisensäure), E 260 (Essigsäure), E 270 (Milchsäure) und E 330 (Citronensäure).

6.2.8 Aminosäuren

Aminosäuren sind farblose, relativ hoch schmelzende Feststoffe.

Aminosäuren sind organische Verbindungen mit mindestens zwei verschiedenen funktionellen Gruppen. Aminosäuremoleküle enthalten mindestens je eine Carboxylgruppe und eine Aminogruppe.

Als α-Aminosäuren (auch 2-Aminosäuren) werden alle Aminosäuren bezeichnet, bei denen sowohl die Aminogruppe als auch die Carboxylgruppe am 2. Kohlenstoffatom gebunden sind. „R" steht für einen beliebigen organischen Rest.

COOH
1
H_2N – C 2 – H
R

– NH_2: Aminogruppe
– COOH: Carboxylgruppe
– R: Seitenkette

Allgemeine Formel einer α-Aminosäure

In der Natur kommen über 500 verschiedene Aminosäuren vor. Nur 22 von ihnen sind am Aufbau der Eiweiße, den Bausteinen der Lebewesen, beteiligt. Sie heißen proteinogene oder biogene **Aminosäuren.**

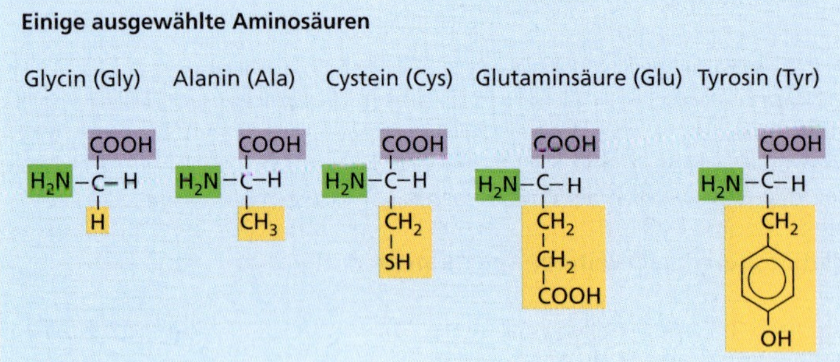

Einige ausgewählte Aminosäuren

Der menschliche Organismus kann nur einen Teil der biogenen Aminosäuren selbst herstellen. Die anderen heißen essenzielle **Aminosäuren** und müssen mit der Nahrung aufgenommen werden.

Aminosäuren reagieren aufgrund der funktionellen Gruppen ähnlich wie Carbonsäuren und Amine. Je nach den funktionellen Gruppen in der Seitenkette können weitere chemische Reaktionen auftreten.
Typisch für fast alle Aminosäuren ist die Bildung von Carbonsäureamiden. Dabei entstehen Peptidbindungen. Aus zwei einzelnen Molekülen entstehen Dipeptide. Durch Verknüpfung vieler Moleküle bilden sich Polypeptide. Aus ihnen bilden sich Eiweiße (↗ S. 216).
In wässrigen Lösungen wandert das Wasserstoff-Ion (Proton) der Carboxylgruppe zur Aminogruppe. Die Aminosäure liegt dann als Zwitterion vor (negative Ladung an der Carboxylatgruppe, positive Ladung an der Ammoniumgruppe).

Reaktion einer Aminosäure (Alanin) in Wasser

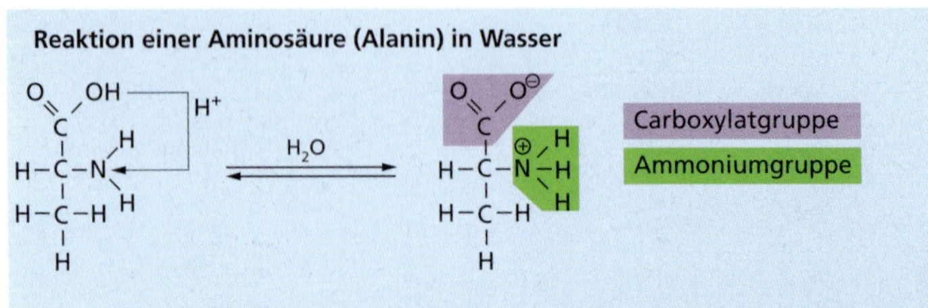

6.2.9 Ester (Carbonsäureester)

Ester sind Verbindungen, die aus organischen oder anorganischen Säuren und Alkoholen unter Wasserabspaltung entstanden sind. Die Esterbildung wird als **Veresterung** bezeichnet.

Bei der Veresterung einer organischen Säure und eines Alkohols reagieren die Hydroxylgruppe und die Carboxylgruppe miteinander. Aus diesen funktionellen Gruppen wird Wasser abgespalten.

Reaktion von Ethansäure mit Ethanol – Veresterung:

$$CH_3{-}CO{-}OH + H{-}O{-}CH_2{-}CH_3 \xrightleftharpoons{\text{Veresterung}} CH_3{-}CO{-}O{-}CH_2{-}CH_3 + H{-}O{-}H$$

Ethansäure; Ethanol; Ethansäure-ethylester; Wasser

Die Molekülreste von Alkohol und Carbonsäure sind über das Sauerstoffatom über eine **Esterbindung** verknüpft. Der Ester wird benannt, indem man zuerst den Namen der Säure, z. B. Ethansäure, angibt und dann die Bezeichnung des Alkylrests, z. B. -ethyl, mit der Endung -ester anfügt.
Die Rückreaktion, also die Spaltung des Esters mittels Wasser (hydrolytische Spaltung) in eine Säure und den Alkohol, nennt man **Hydrolyse.**

Spaltung von Essigsäuremethylester – Hydrolyse:

$$CH_3{-}CO{-}O{-}CH_3 + H{-}O{-}H \xrightleftharpoons{\text{Hydrolyse}} CH_3{-}CO{-}OH + H{-}O{-}CH_3$$

Ethansäure-methylester; Wasser; Ethansäure; Methanol

Ester sind eine sehr vielfältige Stoffgruppe. In der Natur findet man sie z. B. in Früchten als natürliche Duft- und Aromastoffe. Natürliche Wachse, z. B. Bienenwachs, sind ebenfalls Ester. Ester können auch industriell hergestellt werden. Man setzt sie als Lösungsmittel, Aromastoffe oder in der Parfümindustrie ein.

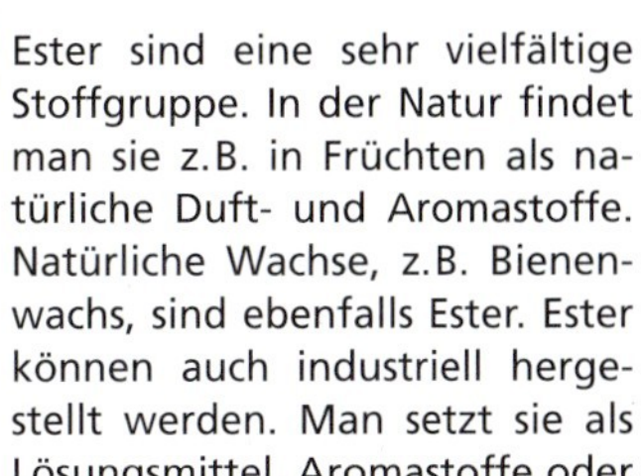

Auch im Stoffwechsel der Tiere und im menschlichen Körper spielen Ester eine große Rolle. Fette (↗ S. 219) sind Gemische verschiedener Ester des Glycerols (Glycerins) mit Carbonsäuren, die als Fettsäuren bezeichnet werden.

Die **Veresterung** ist eine Gleichgewichtsreaktion. Um sie möglichst weit auf die Seite des Esters zu verlagern, muss entweder der Ester oder das Wasser dem Gleichgewicht entzogen werden. Die Reaktion wird deshalb in einer Destillationsapparatur durchgeführt. Je nach Siedepunkt wird entweder der Ester oder das Wasser dem Reaktionsgemisch entzogen.

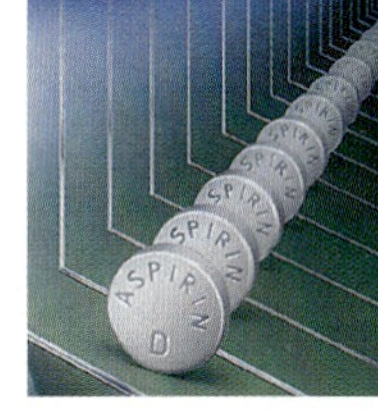

Aspirin (Acetylsalicylsäure) ist das am häufigsten verwendete Schmerzmittel (Analgetikum). Der Stoff hat außerdem eine gerinnungshemmende Wirkung und dient daher zur Vorbeugung von Embolien. Aspirin ist gleichzeitig eine Benzoesäure und ein Ethansäureester.

6.2.10 Eiweiße (Proteine)

Der Mensch verbrennt täglich 30 Gramm körpereigene Eiweiße. Werden zu wenig Eiweiße mit der Nahrung aufgenommen, kommt es zu schweren Mangelerkrankungen.

Eiweiße sind makromolekulare Verbindungen. Sie bestehen aus vielen durch Peptidbindungen verknüpften Aminosäuren.

Reagieren zwei Aminosäuren miteinander, so entsteht ein **Dipeptid.** Die chemische Reaktion findet an den funktionellen Gruppen statt. Aus der Aminogruppe und der Carboxylgruppe wird Wasser abgespalten.

Reaktion der Aminosäure Glycin mit der Aminosäure Alanin:

$$H_2N-CH_2-COOH + H_2N-CH(CH_3)-COOH \rightleftharpoons H_2N-CH_2-CO-NH-CH(CH_3)-COOH + H-O-H$$

Glycin Alanin Dipeptid Wasser

$-CO-NH-$

Die entstandene Verknüpfung wird als **Peptidbindung** bezeichnet. Durch die Anlagerung weiterer Aminosäuren unter Verknüpfung der Carboxyl- und Aminogruppen bilden sich **Polypeptide.** Polypeptide enthalten bis zu hundert Aminosäurereste.

Aufbau eines Polypeptids:

$$H_2N-CHR_1-CO-[NH-CHR_2-CO-NH-CHR_3-CO]_n-NH-CHR_4-COOH$$

Peptidbindung

Die Aminosäure Cystein (↗ S. 214) verfügt über eine S–H-Gruppe in der Seitenkette. Zwei räumlich nahe S–H-Gruppen können eine Disulfidbrücke bilden. Das stabilisiert die Tertiärstruktur des Eiweißes.

$-NH-CH(CO-)-CH_2-S-S-CH_2-CH(CO-)-NH-$

A-Kette (Nr. 7)

B-Kette (Nr. 7)

Insulin ist ein Polypeptid. Es wird in der Bauchspeicheldrüse gebildet und wirkt als Hormon auf den Blutzuckerspiegel. Insulin besteht aus zwei Peptidketten, einer A-Kette mit 21 Aminosäuren und einer B-Kette mit 30 Aminosäuren, die durch Disulfidbrücken verknüpft sind.

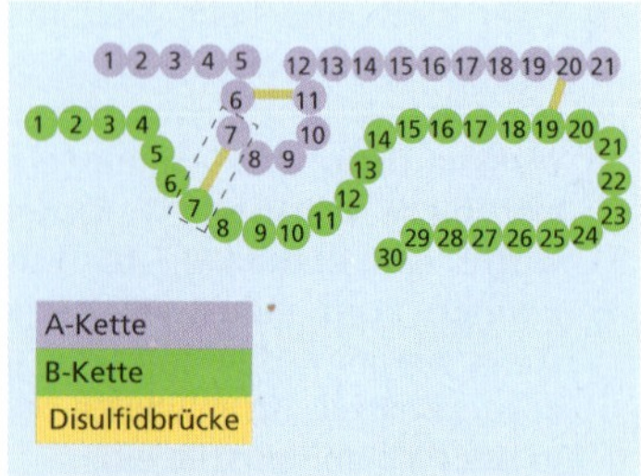

Ab hundert Aminosäureresten bezeichnet man das Makromolekül als **Protein.** Eiweiße können Tausende solcher verknüpften Aminosäurereste als Grundbausteine enthalten.

Struktur der Eiweiße

Eiweißmoleküle sind komplizierte räumliche Gebilde. Um deren Aufbau zu beschreiben, wurde eine Untergliederung in vier Strukturebenen festgelegt.

1. Primärstruktur:
Sie gibt die Anzahl, Art und die Reihenfolge (Sequenz) der verschiedenen Aminosäurereste im Molekül an. Dabei verwendet man für die 22 möglichen verschiedenen Aminosäuren dreibuchstabige Abkürzungen.

Aminosäuresequenz der A-Kette im Insulin (Ausschnitt)

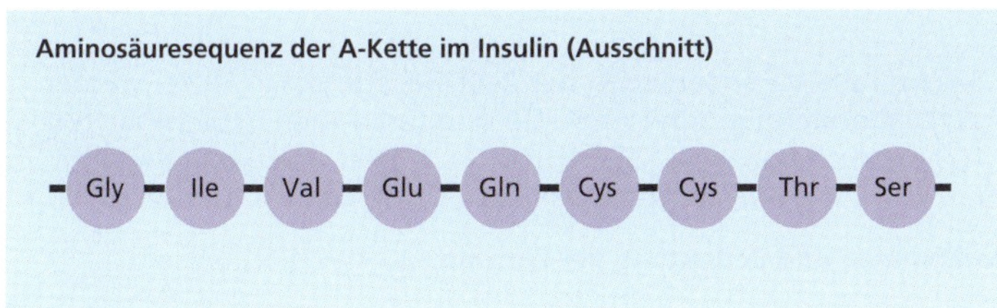

2. Sekundärstruktur:
Mit der Sekundärstruktur wird die räumliche Anordnung der Aminosäurekette angegeben. Es gibt zwei mögliche Formen einer Sekundärstruktur. Bei beiden Strukturen treten Wasserstoffbrückenbindungen (↗ S. 67) auf.

Helixstruktur	Faltblattstruktur
– Aminosäureketten sind schraubenförmig gewunden (α-Helix).	– Aminosäureketten sind ähnlich einem gefalteten Blatt angeordnet (β-Faltblatt).

3. Tertiärstruktur:
Sie gibt die gefaltete Raumstruktur des gesamten Eiweißmoleküls wieder. So können sich in Eiweißmolekülen α-Helix- und β-Faltblattstrukturen abwechseln. Die Tertiärstruktur beschreibt auch Kurven und „Zickzackketten". Mitunter wird dies mit einer „Achterbahn" verglichen.

4. Quartärstruktur:
Sie liegt vor, wenn sich mehrere Eiweißeinheiten zu einer größeren Funktionseinheit organisieren. Häufig werden auch andere Moleküle, die keine Eiweiße sind, in diese Funktionseinheit eingeschlossen, z.B. beim roten Blutfarbstoff, dem **Hämoglobin.**

Eiweiße können mit verschiedenen Reaktionen nachgewiesen werden (↗ S. 308).

1. Eiweiße sind sehr empfindlich gegenüber Hitze und Chemikalien, sie flocken aus. Man nennt dies Denaturierung.
2. Wird eine Eiweißlösung mit einer alkalischen Kupfersulfatlösung versetzt, beobachtet man eine violette Färbung (Biuretreaktion).
3. Wird Eiweiß mit konzentrierter Salpetersäure versetzt, tritt eine gelborange Färbung auf (Xanthoproteinreaktion).

Hämoglobin ist ein Protein mit eiweißfremden Strukturelementen. Diese werden auch als **Proteide** bezeichnet.
Quartärstruktur des Hämoglobins:

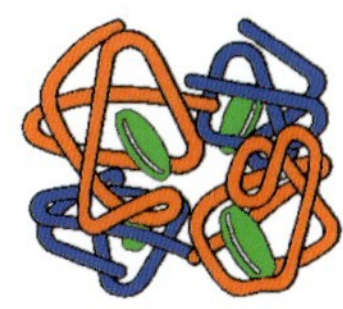

Enzyme sind oft reine Eiweiße oder Moleküle mit Eiweißanteil. Sie sind bei allen Stoffwechselvorgängen in der Zelle als Biokatalysatoren beteiligt.
Trotz der Vielzahl bekannter Enzyme werden sie in nur sechs Hauptklassen eingeteilt:
- Oxidoreduktasen
- Transferasen
- Hydrolasen
- Lyasen
- Isomerasen
- Ligasen

Die Aktivität der Enzyme ist sehr hoch. So können 500 g Pepsin, ein Eiweiß spaltendes Enzym (Hydrolase) in wenigen Minuten 20 t Fleisch „verdauen" bzw. 4 Mio. Liter Milch zum Gerinnen bringen.

Eigenschaften der Eiweiße:

Man unterscheidet zwischen einkettigen Proteinen (mit einer relativen Molekülmasse von 10 000 bis 100 000) und mehrkettigen Proteinen (relative Molekülmasse bis zu mehreren Millionen). Mit Wasser bilden die Eiweiße Kolloide.
Eiweiße sind gegenüber Hitze und verschiedenen Chemikalien empfindlich. Beim Erhitzen auf über 60 °C wird die Tertiär- und Quartärstruktur zerstört. Diese Denaturierung findet auch durch Einwirkung von Strahlung, z. B. UV- und Röntgenstrahlung, Säuren, Basen, Schwermetall-Ionen oder Alkoholen statt.

Strukturelle Veränderungen der Eiweiße, z. B. durch Hitze, werden als **Denaturierung** bezeichnet. Sie sind fast immer irreversibel, d. h. nicht umkehrbar.

Vorkommen und Bedeutung der Enzyme:

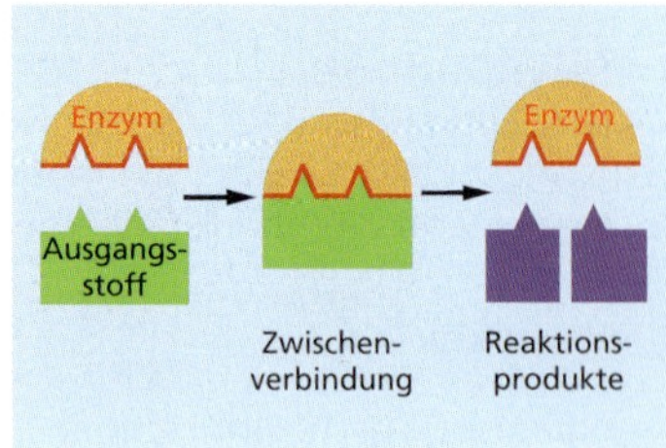

Heute sind ca. 2000 verschiedene Enzyme bekannt – ihre wirkliche Anzahl ist sicher noch deutlich höher. Enzyme sind Eiweiße, die in der Zelle eine klar definierte Funktion erfüllen. Sie sind in der Lage, unter vielen Substanzen ein ganz bestimmtes Substrat zu erkennen und mit diesem zu reagieren. Noch heute wird die Substraterkennung mit dem „Schlüssel-Schloss-Prinzip" nach EMIL FISCHER (deutscher Chemiker, 1852–1919) erklärt. Es geht davon aus, dass das Enzym und „sein" Substrat so zusammenpassen, dass die chemische Reaktion im aktiven Zentrum des Enzyms stattfindet. Nach erfolgter Reaktion werden die Produkte freigesetzt.

Die Information über den Aufbau der in der Zelle zu produzierenden Eiweiße befindet sich verschlüsselt in der Erbinformation DNS (DNA). Mithilfe einer anderen **Nucleinsäure,** der RNS (RNA), werden die Eiweiße synthetisiert.

Eiweißsynthese in Lebewesen:
Die Grundbausteine aller Zellen sind Eiweiße. Die Zelle kann in den Ribosomen aus verschiedenen Aminosäuren selbst Eiweiße herstellen. Dieser Vorgang wird als Proteinbiosynthese bezeichnet.

Eiweiße als Nahrungsmittel:
Tiere und Menschen müssen eine bestimmte Eiweißmenge mit der Nahrung zu sich nehmen, da sie bestimmte Aminosäuren (essenzielle Aminosäuren) nicht in ihrem Stoffwechsel synthetisieren können. Milchprodukte, z. B. Käse, Joghurt, Quark, Buttermilch und andere, enthalten viel Eiweiß.

6.2.11 Fette

Fette sind Gemische verschiedener Ester des Glycerols. In einem Fettmolekül sind drei Fettsäurereste mit einem Glycerolrest (Glycerinrest) verknüpft.

In der Lebensmittelindustrie wird die Iodzahl verwendet, um den Anteil an ungesättigten Fettsäuren in einem Fett festzulegen.
Die Iodzahl gibt an, wie viel Gramm Iod sich an 100 g Fett addieren. Eine große Iodzahl bedeutet also einen hohen Anteil an ungesättigten Fettsäuren.

z. B.:

Leinöl	180
Sojaöl	120
Olivenöl	80
Butter	35
Kokosfett	10

Fette entstehen durch Veresterung (↗ S. 215). **Glycerol** (Glycerin) ist ein dreiwertiger Alkohol (systematischer Name: Propan-1,2,3-triol). Die Hydroxylgruppen des Glycerols reagieren mit Carboxylgruppen verschiedener Carbonsäuren (↗ S. 211) unter Abspaltung von Wasser. Für die Fette werden daher auch die Begriffe Glyceride oder Triester verwendet.

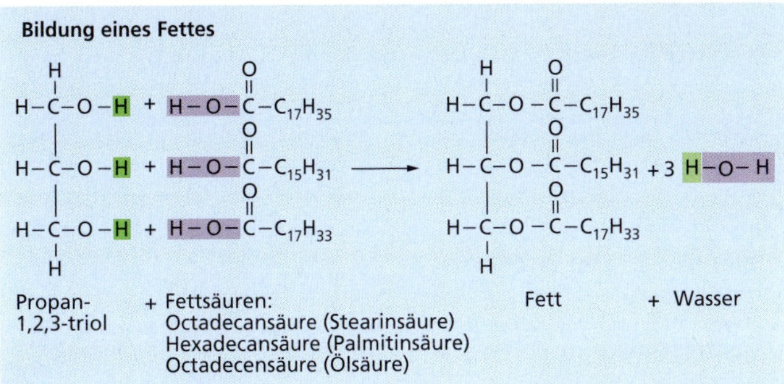

Struktur der Fettsäuren

Die **Fettsäuren** sind immer Monocarbonsäuren (↗ S. 211). Sie haben meist lange Ketten und eine gerade Anzahl Kohlenstoffatome. Je nach den gebundenen Fettsäuren können die Fette in zwei Gruppen eingeteilt werden.

	Gesättigte Fette	Ungesättigte Fette
Strukturmerkmal	enthalten nur gesättigte Fettsäurereste (ohne Doppelbindungen)	enthalten ungesättigte Fettsäurereste: – einfach ungesättigt (mit einer Mehrfachbindung) – mehrfach ungesättigt (mit mindestens zwei Mehrfachbindungen)
Beispiele enthaltener Fettsäuren	Palmitinsäure $C_{15}H_{31}COOH$ Stearinsäure $C_{17}H_{35}COOH$	Ölsäure $C_{17}H_{33}COOH$ Linolsäure $C_{17}H_{31}COOH$ Linolensäure $C_{17}H_{29}COOH$

Tierische Fette enthalten einen größeren Anteil an gesättigten Fettsäuren und sind fest oder halbfest. Die pflanzlichen Fette werden auch als **Öle** (fette Öle) bezeichnet und sind fast immer flüssig.

Der Anteil verschiedener Fettsäuren ist in tierischen und pflanzlichen Fetten unterschiedlich:
- Butter: 60 % gesättigt (Palmitinsäure, Myristinsäure), 40 % ungesättigt (Ölsäure)
- Schweineschmalz: 45 % gesättigt (Palmitinsäure), 55 % ungesättigt (Ölsäure)
- Sonnenblumenöl: 10 % gesättigt, 90 % ungesättigt (Linolsäure)
- Olivenöl: 15 % gesättigt, 85 % ungesättigt (Ölsäure)

Voraussetzung für die Wirkung eines Waschmittels sind ein Fett anziehender (lipophiler) und ein Wasser anziehender (hydrophiler) Teil im Molekül. Die Salze der Fettsäuren erfüllen diese Bedingung.

Eigenschaften der Fette:

Da es sich bei den natürlichen Fetten um Stoffgemische mit unterschiedlichen Anteilen gesättigter und ungesättigter Fettsäurereste (gemischte Ester) handelt, besitzen sie keine Schmelztemperatur, sondern einen Schmelzbereich.

In ihren chemischen Eigenschaften sind die Fette untereinander ähnlich. So lösen sie sich nicht in Wasser, können aber als fein verteilte Tröpfchen mit Wasser Emulsionen bilden. In vielen organischen Lösungsmitteln, außer in Alkohol, sind Fette gut löslich.

Fette können durch Natronlauge in Glycerol und die Natriumsalze der Fettsäuren gespalten werden. Die Natriumsalze der Fettsäuren (Natriumcarboxylate) werden als **Seife** verwendet. Deshalb wird die Esterspaltung mit Natronlauge auch als **Verseifung** bezeichnet.

Reaktion eines Fettes mit Natriumhydroxidlösung (Natronlauge) – Verseifung

$$\begin{array}{lclcl}
H-\overset{H}{\underset{|}{C}}-O-\overset{O}{\overset{\|}{C}}-C_{17}H_{35} & + & NaOH & & H-\overset{H}{\underset{|}{C}}-OH \quad + \quad C_{17}H_{35}COONa \\
H-\underset{|}{C}-O-\overset{O}{\overset{\|}{C}}-C_{15}H_{31} & + & NaOH & \longrightarrow & H-\underset{|}{C}-OH \quad + \quad C_{15}H_{31}COONa \\
H-\underset{H}{C}-O-\overset{O}{\overset{\|}{C}}-C_{17}H_{33} & + & NaOH & & H-\underset{H}{C}-OH \quad + \quad C_{17}H_{33}COONa
\end{array}$$

Fett (Glycerolester) + Natriumhydroxidlösung → Glycerol + Natriumcarboxylate

Die heutigen Waschmittel enthalten eine Vielzahl von einzelnen Komponenten. Das eigentliche „Waschmittel", die Tenside, macht nur 15–20 % des Waschpulvers aus. Die Tenside sind die Ersatzstoffe für die Seifen. Man unterscheidet ionische und nichtionische Tenside.

Die Natriumsalze der Fettsäuren werden als Kernseifen bezeichnet. Wird die Verseifung mit Kalilauge durchgeführt, erhält man die Kaliumcarboxylate, die als weiche Schmierseifen benutzt werden.

Bei der Fettspaltung im Lebewesen findet eine Reaktion des Fettmoleküls mit Wasser (Hydrolyse) statt. Dabei wirken Enzyme mit. Es entstehen Glycerol und verschiedene Fettsäuren.

Fettspaltung – Hydrolyse

$$\begin{array}{lclcl}
H-\overset{H}{\underset{|}{C}}-O-\overset{O}{\overset{\|}{C}}-C_{17}H_{35} & + & H_2O & & H-\overset{H}{\underset{|}{C}}-OH \quad + \quad C_{17}H_{35}COOH \\
H-\underset{|}{C}-O-\overset{O}{\overset{\|}{C}}-C_{15}H_{31} & + & H_2O & \xrightarrow{\text{Enzyme}} & H-\underset{|}{C}-OH \quad + \quad C_{15}H_{31}COOH \\
H-\underset{H}{C}-O-\overset{O}{\overset{\|}{C}}-C_{17}H_{33} & + & H_2O & & H-\underset{H}{C}-OH \quad + \quad C_{17}H_{33}COOH
\end{array}$$

Fett (Glycerolester) + Wasser → Glycerol + Fettsäuren

Vorkommen und Verwendung:

Fette und fette Öle sind Bestandteil jeder lebenden Zelle. Bei Tieren kommen sie in Form von Fettgewebe, bei Pflanzen vor allem in Früchten und Samen (Ölfrüchte) vor.

Einige ungesättigte Fettsäuren muss der Mensch mit der Nahrung aufnehmen, da sie im Körper nicht aufgebaut werden können. Sie werden als essenzielle (lebensnotwendige) Fettsäuren bezeichnet.

6.2.12 Kohlenhydrate

Überblick

Kohlenhydrate sind organische Verbindungen mit den Elementen Kohlenstoff, Sauerstoff und Wasserstoff im Molekül.

Der Anteil des Sauerstoffs in den Kohlenhydraten ist sehr hoch. Ursache dafür sind die vielen Hydroxylgruppen, die in den Molekülen enthalten sind. Die meisten Moleküle können mit der allgemeinen Formel $C_m(H_2O)_n$ charakterisiert werden. Einige der Kohlenhydrate schmecken süß und werden deshalb als Zucker (Saccharide) bezeichnet.
Je nach der Zahl der beteiligten Kohlenhydratbausteine können die Kohlenhydrate in drei Gruppen eingeteilt werden.

Kohlenhydrate werden nach der Zahl der Kohlenhydratbausteine in **Monosaccharide** (Einfachzucker), **Disaccharide** (Zweifachzucker) und **Polysaccharide** (Vielfachzucker) eingeteilt.

Bezeichnung	Monosaccharide (Einfachzucker)	Disaccharide (Zweifachzucker)	Polysaccharide (Vielfachzucker)
Struktur	– bestehen nur aus einem Ring – können nicht in einfachere Kohlenhydrate zerlegt werden	– bestehen aus zwei miteinander verknüpften Ringen – können in Monosaccharide zerlegt werden	– bestehen aus vielen miteinander verknüpften Ringen – können in einfachere Kohlenhydrate zerlegt werden
Beispiele	– Glucose (Traubenzucker) – Fructose (Fruchtzucker)	– Saccharose (Rohrzucker) – Maltose (Malzzucker)	– Stärke – Cellulose

Nach Art der funktionellen Gruppen können die Kohlenhydrate in zwei Gruppen eingeteilt werden. Die **Aldosen** enthalten außer den Hydroxylgruppen noch eine Aldehydgruppe im Molekül. **Ketosen** enthalten außer den Hydroxylgruppen noch die Ketogruppe im Molekül.

Monosaccharide

Die Monosaccharide (Einfachzucker) können in Ketten- oder Ringform auftreten. Nach der Anzahl der Kohlenstoffatome werden Triosen mit drei, Tetrosen mit vier, Pentosen mit fünf, Hexosen mit sechs und Heptosen mit sieben Kohlenstoffatomen unterschieden. Nur die Pentosen und die Hexosen sind bedeutsam. Zu den Pentosen gehören Ribose und Desoxyribose. Zu den Hexosen gehören Glucose (Traubenzucker) und Fructose (Fruchtzucker).

Die Strukturen der **Kohlenhydrate** können vereinfacht dargestellt werden:

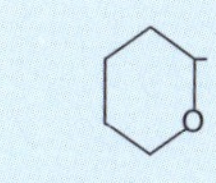

Monosaccharid

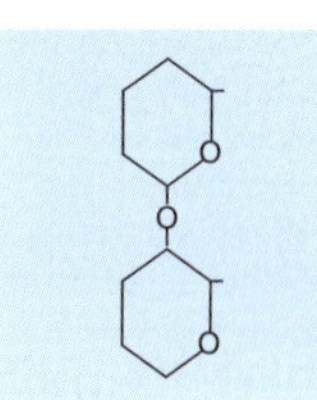

Disaccharid

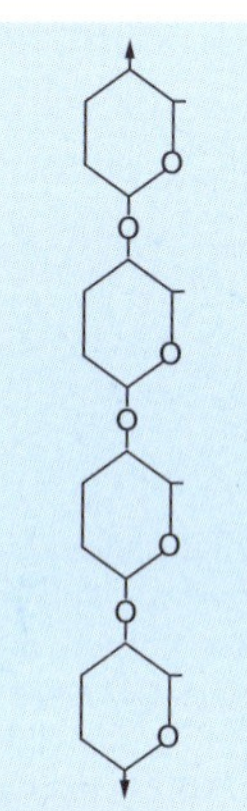

Polysaccharid (Ausschnitt)

Zucker mit 2 bis 10 Monosaccharidbausteinen werden unter der Bezeichnung Oligosaccharide zusammengefasst.

Glucose (Traubenzucker)

Struktur

Glucose (Traubenzucker) ist ein Monosaccharid mit sechs Kohlenstoffatomen. Das Molekül kann in einer Ringform oder einer Kettenform vorliegen. In der Ringform haben sich fünf Kohlenstoffatome über ein Sauerstoffatom verbunden.

Da die Kettenform durch die Aldehydgruppe reduzierende Eigenschaften besitzt, kann man Glucose mit fehlingscher Lösung oder auch mit ammoniakalischer Silbernitratlösung nachweisen (↗ S. 305).

Glucose kann in einer **Ringform** oder in einer **Kettenform** vorkommen. In wässriger Lösung bildet sich zwischen beiden ein Gleichgewicht, das sich ständig neu einstellt. In beiden Formen hat die Glucose fünf Hydroxylgruppen. Bei der kettenförmigen Struktur befindet sich am ersten Kohlenstoffatom eine Aldehydgruppe.

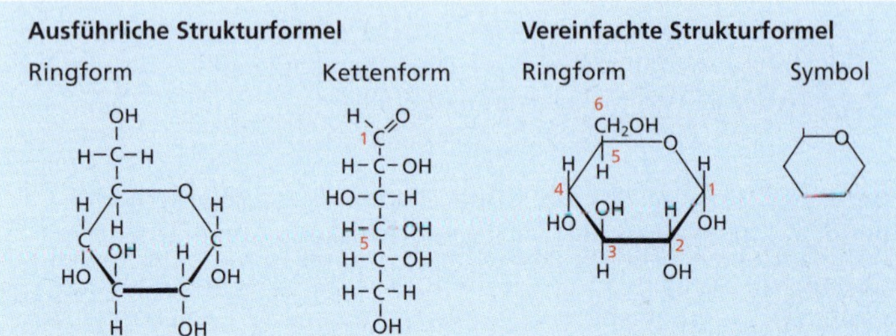

Eigenschaften:
Glucose bildet farblose, süß schmeckende Kristalle. Sie ist gut in Wasser, aber schlecht in Ethanol löslich. Bei der Oxidation von Glucose entsteht Gluconsäure, bei der Reduktion Sorbit.

Durch das Blut wird Glucose zu allen Zellen des Körpers transportiert. Der Glucosegehalt im menschlichen Körper liegt zwischen 0,07 und 0,12 %, also ca. 0,1 g pro 100 ml Blut. Ist der Blutzuckergehalt höher, tritt Diabetes (Zuckerkrankheit) auf. Diabetiker müssen deshalb bei der Nahrungsaufnahme den Kohlenhydratanteil streng kontrollieren.

Vorkommen und Bedeutung:
Glucose ist das häufigste Monosaccharid. Sie kommt in verschiedenen Früchten und in Honig vor. Pflanzen bilden Glucose bei der Fotosynthese. Beim Stoffwechsel lebender Zellen wird Glucose in der Atmung abgebaut. Im Blut des Menschen sind einige Gramm Glucose gelöst (Blutzucker).

Fructose (Fruchtzucker)

Struktur

Fructose (Fruchtzucker) ist ein Monosaccharid mit sechs Kohlenstoffatomen. Fructose kann in einer Ringform oder einer Kettenform vorliegen. In der Ringform haben sich vier Kohlenstoffatome über ein Sauerstoffatom verbunden.

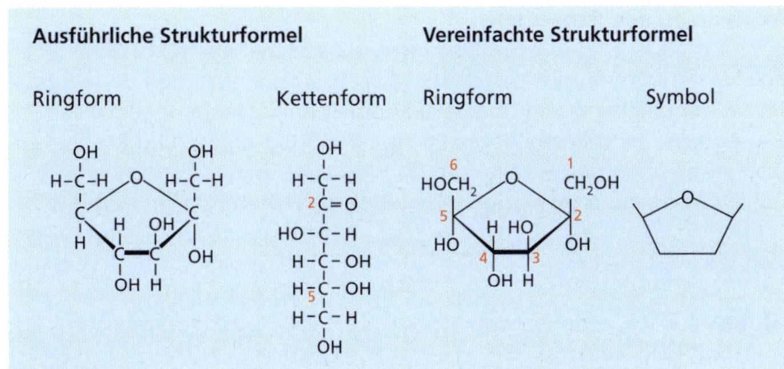

Fructose ist ein Monosaccharid mit sechs Kohlenstoffatomen. Das Molekül besitzt die gleiche Summenformel wie Glucose – $C_6H_{12}O_6$ – aber eine andere Struktur.

Eigenschaften:
Fructose bildet farblose, süß schmeckende Kristalle. Sie ist gut in Wasser, aber schlechter in Ethanol löslich.

Vorkommen und Bedeutung:
Fructose kommt in vielen Früchten und Honig vor und kann im Stoffwechsel der Lebewesen als Zwischenprodukt auftreten.

Auch die in den **Nucleinsäuren** DNA und RNA enthaltenen Zucker Ribose und Desoxyribose gehören zu den Monosacchariden.

Ribose

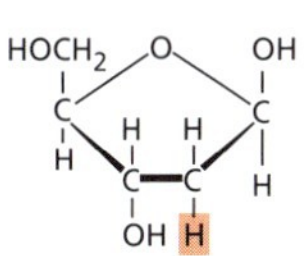

Desoxyribose

Disaccharide

Die Disaccharide (Zweifachzucker) bestehen aus zwei miteinander verknüpften Monosacchariden. Zu den Disacchariden gehören z. B. Saccharose (Rohrzucker), Maltose (Malzzucker) und Lactose (Milchzucker).

Saccharose (Rohrzucker)

Struktur

Saccharose ist ein Disaccharid (Zweifachzucker). Ein Glucosemolekülrest und ein Fructosemolekülrest sind über ein Sauerstoffatom verknüpft.

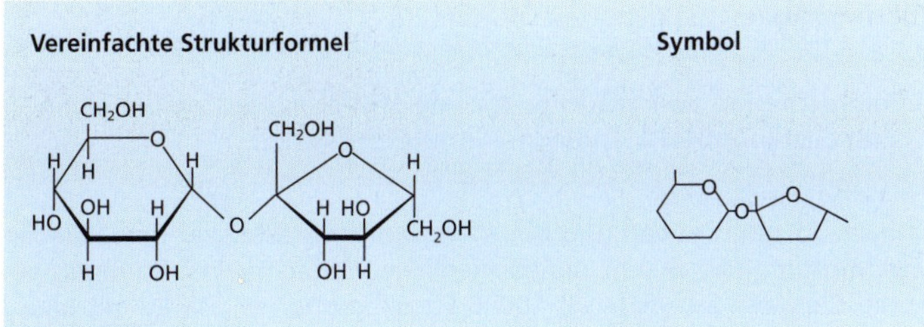

Eigenschaften:
Saccharose bildet farblose, süß schmeckende, gut wasserlösliche Kristalle. Sie besitzt keine reduzierende Wirkung. Beim Erhitzen entsteht zuerst Karamellzucker, später zersetzt sich die Saccharose.

Vorkommen und Bedeutung:
Saccharose kann sowohl aus Zuckerrohr (Zuckergehalt 14–16 %) als auch aus Zuckerrüben (Zuckergehalt 16–20 %) gewonnen werden. Sie wird daher als Rohrzucker oder Rübenzucker bezeichnet. Der handelsübliche Zucker ist reine Saccharose, der in Europa durch Extraktion und Raffination aus Zuckerrüben hergestellt wird. Er wird zum Süßen, Konservieren und zur Herstellung zuckerhaltiger Nahrungsmittel vielfältig verwendet.

Maltose (Malzzucker)

Struktur

Maltose ist ein Disaccharid. Im Molekül sind zwei Glucosereste durch ein Sauerstoffatom miteinander verknüpft.

Auch **Lactose** gehört zu den Disacchariden. Die deutsche Bezeichnung Milchzucker weist auf das Vorkommen der Lactose in Milch hin.

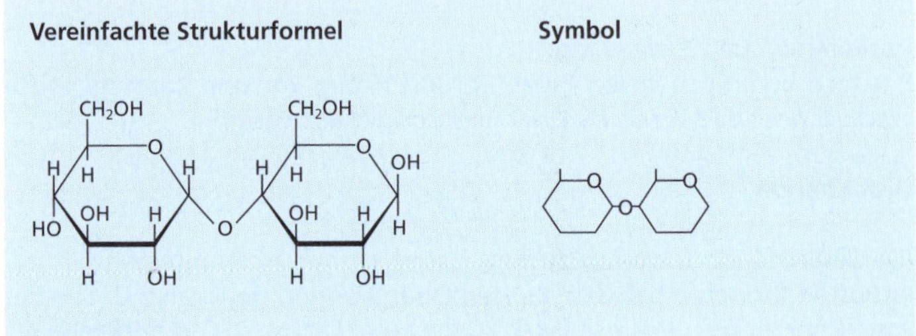

Eigenschaften:
Maltose bildet farblose, süß schmeckende Kristalle. Sie ist in Wasser gut löslich. In Ethanol löst sich Maltose nicht. Sie reduziert fehlingsche Lösung.

Vorkommen und Bedeutung:
Die Maltose kommt in der Natur in keimendem Getreide und in Kartoffeln vor. Sie ist z. B. im Malzbier enthalten. Im Körper spalten Enzyme die Maltose in zwei Moleküle Glucose (Hydrolyse).

Polysaccharide

Polysaccharide sind makromolekulare Stoffe, die aus vielen miteinander verknüpften Monosaccharidresten bestehen.

Am Abbau der Kohlenhydrate ist das Vitamin B_1 beteiligt. Ein Mangel an Vitaminen kann zu schweren Erkrankungen führen. **Vitamine** sind organische Stoffe, die zur Aufrechterhaltung der Körperfunktionen notwendig sind.

Je nach Anzahl der verknüpften Monosaccharidreste und der Art ihrer Verknüpfung gibt es sehr unterschiedliche Vielfachzucker. Zu ihnen gehören Cellulose mit mehr als 10 000 Einzelbausteinen, Stärke mit bis zu 1 200 (Amylose) bzw. bis zu 12 000 (Amylopektin) Einzelbausteinen. Auch Glykogen, fälschlich oft als „tierische Stärke“ bezeichnet, ist ein Polysaccharid mit bis zu 100 000 verknüpften Monosaccharidresten.
Auch Chitin, Baustoff von Insekten oder Krebstieren, ist ein wichtiges Polysaccharid.

Stärke

Struktur

Stärke wird mit Iod-Kaliumiodid-Lösung nachgewiesen (↗ S. 308).

Stärke ist ein Polysaccharid. Das Makromolekül setzt sich aus zwei Bestandteilen zusammen: Amylose und Amylopektin. Die Grundbausteine (Monomere) sind Glucosemoleküle.

Bausteine der natürlichen Stärke

Bezeichnung	**Amylose**	**Amylopektin**
Anteil	20–30 %	70–80 %
Monomer	Glucoserest $(C_6H_{10}O_5)_n$	Glucoserest $(C_6H_{10}O_5)_n$
Anzahl der Monomere	300–1200	1500–12000
Anordnung der Monomere	– unverzweigte Ketten – schraubenartig gewunden – Glucosemoleküle am ersten und am vierten Kohlenstoffatom verknüpft	– verzweigt sich bei ca. jedem 8. bis 9. Glucosemolekül astähnlich – Glucosemoleküle sowohl am ersten, vierten als auch am sechsten Kohlenstoffatom verknüpft
Schematische Darstellung		

Eigenschaften:
Natürliche Stärke ist ein farbloses, nicht süß schmeckendes Pulver. Sie ist in kaltem Wasser und Ethanol nur teilweise löslich, bildet in siedendem Wasser eine kolloidale Lösung, die beim Abkühlen zum Gel erstarrt. Durch Enzyme oder verdünnte Säuren wird Stärke schrittweise zu Glucose abgebaut (Hydrolyse). Fehlingsche Lösung wird nicht reduziert.

Das Polysaccharid Stärke wird in den Zellen in Form von Stärkekörnchen gespeichert.

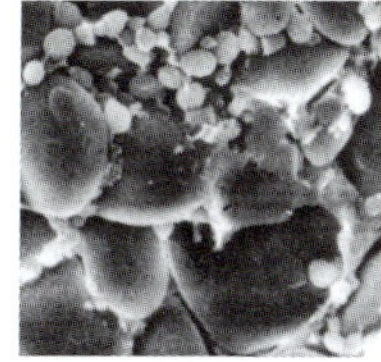

Vorkommen und Bedeutung:
Stärke entsteht aus Glucose in Pflanzen als Endprodukt der Fotosynthese. In den einzelnen Zellen der Speicherorgane wird das Makromolekül eingelagert. Stärke dient auch als wichtiges Nahrungsmittel für den Menschen. Im Stoffwechsel wird sie zu Glucose abgebaut. Stärkehaltige Nahrungsmittel sind alle Getreideprodukte, z.B. Mehl und Backwaren oder Nudeln, aber auch Kartoffeln.

Die Struktur von Amylose und Cellulose ist unterschiedlich, obwohl in beiden Makromolekülen Glucosemoleküle am ersten und vierten Kohlenstoffatom verknüpft sind.
Aber:
In der Natur kommen α-Glucose und β-Glucose vor. Sie unterscheiden sich nur in der Stellung der OH-Gruppe am ersten Kohlenstoffatom in der Ringform.

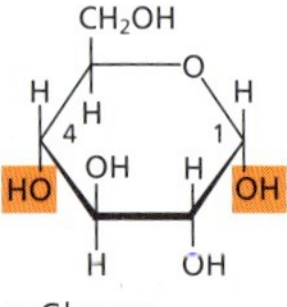

α-Glucose

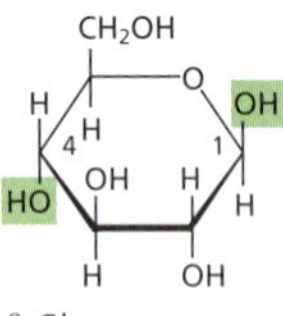

β-Glucose

In der Amylose ist α-Glucose, in der Cellulose β-Glucose glykosidisch verknüpft.

In Verbindung mit Laugen quillt **Cellulose** auf. Man verwendet das Produkt dann zur Herstellung von Viskose.

Cellulose

Struktur

Cellulose ist ein Polysaccharid. Das Makromolekül besteht aus mehreren Tausend verknüpften Glucosemolekülen.

Cellulose besteht aus mehr als 10 000 miteinander verknüpften Glucosemolekülresten (Monomeren).
Die einzelnen Glucosemolekülreste sind am ersten und am vierten Kohlenstoffatom miteinander verknüpft. Sie bilden lange, linear angeordnete Ketten, durch die sich eine faserartige Struktur ergibt.

Struktur von Amylose und Cellulose

Amylose schraubenförmig

Cellulose fadenförmig

Eigenschaften:
Cellulose ist farblos, brennbar, in Wasser und verdünnten Säuren unlöslich. In alkalischen Lösungen quillt Cellulose auf (kurzkettige Anteile gehen in Lösung).
Der Abbau von Cellulose erfolgt nur durch niedere Lebewesen, wie Bakterien, Pilze und bestimmte Insekten, die das Enzym Cellulase besitzen.
Mit Säuren kann Cellulose in Abhängigkeit von Säurestärke und Temperatur bis zur Glucose (Holzverzuckerung) abgebaut werden.

Vorkommen und Bedeutung:
Cellulose ist der Hauptbestandteil der pflanzlichen Zellwand und damit die am häufigsten vorkommende organische Verbindung.
Je nach Herkunft unterscheidet sich die Zusammensetzung der Cellulose. In den Samenhaaren der Baumwolle sind bis zu 7 000 Glucosemoleküle verknüpft, in Holz nur etwa 2 500. Aus Holz und Stroh wird Cellulose gewonnen, die als Zellstoff in den Handel gelangt. Zellstoff ist ein wichtiger technischer Rohstoff, der z.B. zu Papier verarbeitet wird.

6.2.13 Synthetische makromolekulare Stoffe

Synthetische makromolekulare Stoffe sind Stoffe mit hoher Molmasse. Im Molekül wiederholt sich eine Einheit, ein Monomer, mehrfach.

Die synthetischen makromolekularen Stoffe werden auch als **Kunststoffe und Kunstfasern** bezeichnet.

Einteilung der synthetischen makromolekularen Stoffe

Die Einteilung der synthetischen makromolekularen Stoffe kann nach der Synthese oder nach den Werkstoffeigenschaften erfolgen.

Einteilung nach der Syntheseart		
Polymere	**Polykondensate**	**Polyadditionsprodukte**
– entstehen durch Polymerisation (↗ S. 231)	– entstehen durch Polykondensation (↗ S. 230)	– entstehen durch Polyaddition (↗ S. 231)
– es gibt nur einen Ausgangsstoff, der mindestens eine Doppelbindung enthält	– es reagieren zwei verschiedene Ausgangsstoffe – beide Ausgangsstoffe haben zwei funktionelle Gruppen	– es reagieren zwei verschiedene Ausgangsstoffe – mindestens ein Ausgangsstoff besitzt eine Doppelbindung
– Reaktionsprodukt Polymer – kein Nebenprodukt	– Reaktionsprodukte Polykondensat und Nebenprodukt (meist Wasser)	– ein Reaktionsprodukt – kein Nebenprodukt

Einteilung nach den Werkstoffeigenschaften		
Thermoplaste	**Duroplaste**	**Elastomere**
– lineare, wenig verzweigte Molekülketten – weich, plastisch – erweichen beim Erwärmen – lassen sich in erwärmtem Zustand verformen	– räumlich stark vernetzte Molekülketten – sehr hart – erweichen beim Erwärmen nicht – können nicht mehr verformt werden	– gering vernetzte Molekülketten – weich, elastisch, gehen nach Verformung wieder in Ausgangsform zurück – unter mechanischer Belastung verformbar

Bei **Siliconen** bilden Silicium und Sauerstoff die Hauptkette.

$$\left[-\underset{R}{\overset{R}{Si}}-O-\right]_n$$

Je nach der Struktur von „R“ und der Kettenlänge sind es Öle, Fette oder Harze.

Bezeichnung der synthetischen makromolekularen Stoffe

1. **Polymerisate** werden mit der Vorsilbe Poly- und dem Namen des Monomers bezeichnet, z. B. Polyethylen (Polyethen).
2. **Polykondensate** werden meist mit Trivialnamen bezeichnet, z. B. Perlon.

Formeldarstellung von Polymerisaten

$$R_x-\left[\underset{R_y}{\overset{R_y}{C}}-\underset{R_y}{\overset{R_y}{C}}\right]_n-R_x$$

$[\;]$ sich wiederholende Monomereinheit
n = Anzahl der Monomereinheiten
R_x = Endgruppen aus Start- und Abbruchreaktion
R_y = beliebige Reste

	Ausgangsstoff		Makromolekül		
	Bezeichnung	**Formel**	**Bezeichnung**	**Formel**	
Elaste	Buta-1,3-dien (Butadien)	$H_2C=CH-CH=CH_2$	Synthese-kautschuk	$H-[CH_2-CH=CH-CH_2]_n-H$	**Polymerisation**
Plaste	Ethen (Ethylen)	$H_2C=CH_2$	Polyethylen PE	$H-[CH_2-CH_2]_n-H$	**Polymerisation**
Plaste	Monochlorethen (Vinylchlorid)	$H_2C=CHCl$	Polyvinyl-chlorid PVC	$H-[CH_2-CHCl]_n-H$	**Polymerisation**
Plaste	Tetrafluorethylen	$F_2C=CF_2$	Polytetra-fluorethylen PTFE	$F-[CF_2-CF_2]_n-F$	**Polymerisation**
Plaste	Monophenyl-ethen (Styren, Styrol)	$H_2C=CH-C_6H_5$	Polystyren (Polystyrol) PS	$H-[CH_2-CH(C_6H_5)]_n-H$	**Polymerisation**
Kunstfasern	Acrylnitril	$H_2C=CH-C\equiv N$	Polyacrylnitril PAN	$H-[CH_2-CH(C\equiv N)]_n-H$	**Polymerisation**
Kunstfasern	– Dicarbonsäure – Dialkohol	$HO-\overset{O}{\overset{\parallel}{C}}-R-\overset{O}{\overset{\parallel}{C}}-OH$ $HO-R-OH$	Polyester	$HO-\left[\overset{O}{\overset{\parallel}{C}}-R-\overset{O}{\overset{\parallel}{C}}-O-R\right]_n-OH$	**Polykondensation**
Kunstfasern	– Dicarbonsäure – Diamin	$HO-\overset{O}{\overset{\parallel}{C}}-R-\overset{O}{\overset{\parallel}{C}}-OH$ $H_2N-R-NH_2$	Polyamide	$HO-\left[\overset{O}{\overset{\parallel}{C}}-R-\overset{O}{\overset{\parallel}{C}}-\underset{H}{N}-R\right]_n-NH_2$	**Polykondensation**

6.3 Reaktionen organischer Stoffe

6.3.1 Überblick

Im Gegensatz zu den schnell verlaufenden Ionenreaktionen (↗ S. 108) anorganischer Stoffe verlaufen Umsetzungen organischer Substanzen meist sehr langsam. Die zur Aufspaltung von Atombindungen (Elektronenpaarbindungen) notwendige Energie wird deshalb häufig in Form von Wärme oder Licht zugeführt. In anderen Fällen kommen Katalysatoren zum Einsatz.
Organische Reaktionen lassen sich auf einige wenige Reaktionstypen zurückführen. Man unterscheidet grundsätzlich drei Haupttypen:

1. die **Substitutionsreaktion,** mit den Sonderfällen Kondensation und Polykondensation
2. die **Additionsreaktion,** mit den Sonderfällen Polymerisation und Polyaddition
3. die **Eliminierungsreaktion**

Organische Reaktionen lassen sich in drei Grundtypen einteilen: die Addition, die Substitution und die Eliminierung.

Die meisten dieser Reaktionen verlaufen nach einem ionischen Mechanismus, d. h., es kommt zu einer Reaktion zwischen einem nucleophilen und einem elektrophilen Reaktionspartner.
Nucleophile Teilchen (↗ S. 202) sind z. B.: OH^-, Cl^-, CN^-, Br^-, I^-, SH^-, NH_3.

Elektrophile Teilchen (↗ S. 202) sind z. B.: H^+ und NO_2^+.

6.3.2 Substitutionsreaktionen

Bei einer **Substitution** werden Atome oder Atomgruppen zwischen den Ausgangsstoffen ausgetauscht. Dabei bleibt die Art der an der chemischen Reaktion beteiligten Bindung erhalten.

Meist entstehen aus zwei Ausgangsstoffen zwei Reaktionsprodukte. Substitutionsreaktionen treten oft bei organischen Stoffen mit Einfachbindungen auf. Es sind also bevorzugte Reaktionen der gesättigten Kohlenwasserstoffe. Aber auch Aromaten gehen hauptsächlich Substitutionsreaktionen ein.

Halogenierung (radikalisch)

$$CH_3-CH_3 + Cl-Cl \xrightarrow{\text{Licht}} CH_3-CH_2Cl + H-Cl$$

Ethan + Chlor → Monochlorethan + Chlorwasserstoff

Halogenierung (elektrophil)

$$C_6H_6 + Br-Br \xrightarrow{FeBr_3} C_6H_5Br + H-Br$$

Benzen + Brom → Monobrombenzen + Bromwasserstoff

Bei der Halogenierung werden Wasserstoffatome der organischen Moleküle durch Halogenatome ersetzt. Die entstehenden Abkömmlinge der ursprünglichen Stoffe nennt man Derivate.

Durch **Polykondensationen** entstehen Makromoleküle, z. B. Plaste (↗ S. 227). Dabei erfolgt eine Abspaltung kleiner Moleküle, z. B. Wasser.

Substitution (nucleophil)

H–C–C–Br + KOH ⟶ H–C–C–O–H + KBr

Monobromethan Kaliumhydroxid Ethanol Kaliumbromid

Kondensationen sind Sonderfälle der Substitution, bei denen kleine, einfach gebaute Moleküle (meist Wasser) aus organischen Stoffen abgespalten werden.

Veresterung von Propansäure mit Methanol

H–C–C–C(=O)–O–H + HO–C–H ⇌ (Veresterung / Hydrolyse) H–C–C–C(=O)–O–C–H + H–O–H

Propansäure Methanol Propansäuremethylester Wasser

6.3.3 Additionsreaktionen

Die **Addition** ist eine Art der chemischen Reaktion, bei der ein kleineres Molekül an die Doppel- oder Dreifachbindung eines ungesättigten Moleküls angelagert wird. Bei einer Addition entsteht in der Regel kein Nebenprodukt.

Additionen sind die bevorzugten Reaktionen ungesättigter organischer Verbindungen.

Hydrierung

Es handelt sich um eine Addition, bei der unter Anwesenheit von Katalysatoren Wasserstoff an die Mehrfachbindung angelagert wird.

$H_2C=CH_2$ + H–H —Katalysator→ H–C–C–H

Ethen Wasserstoff Ethan

H–C–C(=O)–H + H–H —Katalysator→ H–C–C–OH

Ethanal Wasserstoff Ethanol

Halogenierung (Anlagerung von Halogenen)

$H_2C=CH-CH_3$ + Br–Br ⟶ Br–C–C(Br)–C–H

Propen Brom 1,2-Dibrompropan

Hydrohalogenierung

Bei dieser Reaktion werden Halogenwasserstoffe addiert. Handelt es sich bei dem Ausgangsstoff mit der Mehrfachbindung um einen asymmetrischen Stoff, wendet man die Regel von MARKOWNIKOW an.

Die Regel von MARKOWNIKOW besagt, dass bei der Anlagerung von Verbindungen wie HCl oder HBr an Alkene der Wasserstoff immer an das wasserstoffreichere Kohlenstoffatom angelagert wird.

Hydratisierung von Propen

$CH_2=CH-CH_3 + H-O-H \longrightarrow CH_3-CH(OH)-CH_3$

Prop-1-en + Wasser ⟶ Propan-2-ol

Die **Polyaddition** ist ein Sonderfall, bei dem nicht Mehrfachbindungen zwischen Kohlenstoffatomen, sondern an funktionellen Gruppen aufgespalten werden.

Polymerisationsreaktionen sind Sonderfälle der Addition, bei denen gleiche oder verschiedene niedermolekulare ungesättigte Moleküle (Monomere) zu einem Makromolekül reagieren.

Jede Polymerisation verläuft in drei Teilschritten:

Polymerisation von Monochlorethen (Vinylchlorid ↗ S. 228)

1. Startreaktion:

$CH_2=CHCl \xrightarrow{\text{Initiator}} \cdot CH_2-CHCl \cdot$

2. Kettenwachstum:

$n \cdot CH_2-CHCl \cdot \longrightarrow [-CH_2-CHCl-]_n$

3. Abbruchreaktion:

$\cdot CH_2-CH_2-[CH_2-CHCl]_{n-2}-CH_2-CHCl \cdot \longrightarrow H-CH_2-CH_2-[CH_2-CHCl]_{n-2}-CH=CHCl$

Initiatoren sind Verbindungen, die zum Start der Kettenreaktion zugesetzt werden. Durch die Reaktion mit dem Initiator entsteht aus dem stabilen Monomer ein reaktives Teilchen, z. B. ein Radikal.

6.3.4 Eliminierungsreaktionen

Die **Eliminierung** ist eine Art der chemischen Reaktion, bei der Atome oder Atomgruppen aus den Ausgangsstoffen abgespalten werden. Dabei wird an zwei benachbarten Kohlenstoffatomen je ein gebundenes Atom oder eine Atomgruppe entfernt. Es kommt in der Regel zur Ausbildung einer Mehrfachbindung.

Eliminierungen spielen eine große Rolle bei der Synthese von ungesättigten Kohlenwasserstoffen. Diese sind die wichtigsten Ausgangsstoffe für die Polymerisation von Kunststoffen (↗ S. 227).

Typische Eliminierungsreaktionen

Bei **Dehydrierungen** wird Wasserstoff aus dem Molekül abgespalten.

Dehydrierung von Propan

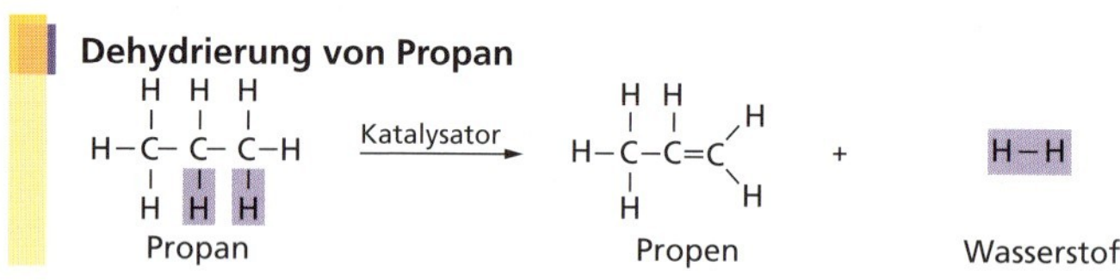

Bei der **Dehydratisierung** werden Wassermoleküle aus organischen Stoffen abgespalten.

Dehydratisierung von Propan-1-ol

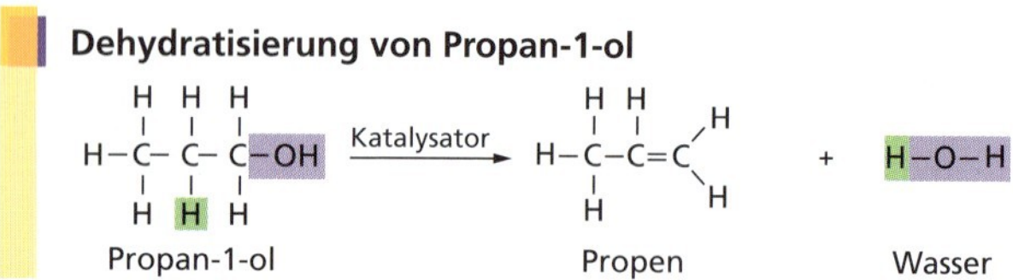

Dehydrohalogenierungen

Die Abspaltung eines Halogenwasserstoffmoleküls aus einem Halogenalkan führt zur Bildung eines Alkens.

$$H_3C-CH_2Cl \xrightarrow{\text{Katalysator}} H_2C=CH_2 + H-Cl$$

Monochlorethan Ethen Chlorwasserstoff

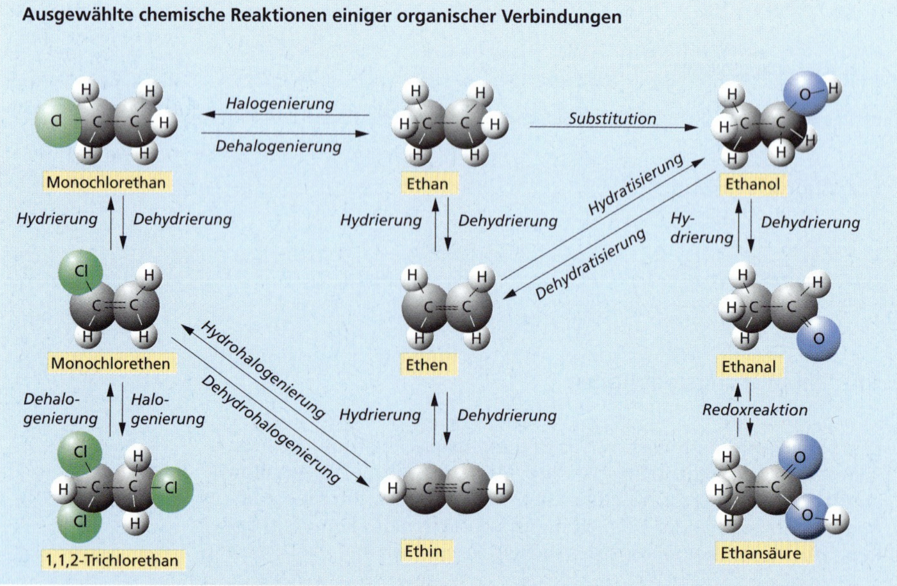

CHEMISCH-TECHNISCHE PROZESSE

7

7.1 Chemisch-technische Prozesse – Überblick

7.1.1 Grundlagen

In **Lagerstätten** werden verschiedene mineralische Rohstoffe gefunden. Der Abbau erfolgt in Bergwerken **(Kalibergwerk)** oder über Tage (Eisenerz).

Seit vielen Jahrzehnten werden großtechnische chemische Verfahren sowohl zur Erzeugung von anorganischen Stoffen, z. B. Roheisen und Stahl, Aluminium, Düngemitteln oder Branntkalk, als auch zur Produktion organischer Stoffe, z. B. Erdölprodukte, Plaste, Elastomere und Fasern, angewendet.

Rohstoffe

Die für chemisch-technische Prozesse als Ausgangsstoffe benötigten **Rohstoffe** müssen meist erst aufbereitet werden.

Die zur Herstellung chemischer Produkte notwendigen **Rohstoffe** liegen fast nie in reiner Form vor, sondern müssen vor ihrem Einsatz oft durch die Abtrennung störender Begleitstoffe aufbereitet werden.
Je nach Herkunft und Zusammensetzung werden mehrere Gruppen von Rohstoffen unterschieden.

Fossile Rohstoffe oder **fossile Kohlenstoffträger,** wie Kohle, Erdgas oder Erdöl, entstanden während der Erdgeschichte aus lebenden Organismen, die nach ihrem Absterben im Verlauf von Jahrmillionen umgewandelt wurden.

Erdgas wird sowohl mit Erdöl zusammen als auch getrennt aus eigenen **Erdgaslagerstätten** gefördert.

Erdgas ist ein Gemisch gasförmiger Kohlenwasserstoffe, vor allem Methan. Es enthält aber z. T. auch Kohlenstoffdioxid und Schwefelwasserstoff. Man verwendet das geförderte Erdgas als Heizgas oder zur Weiterverarbeitung für Synthesegas.
Erdöl ist ein komplexes, flüssiges Stoffgemisch aus vielen verschiedenen ketten- und ringförmigen Kohlenwasserstoffen. Seine Verwendung ist vielseitig (↗ S. 264).
Bei der **Kohle** wird je nach der Entstehungszeit in Steinkohle (erdgeschichtlich älter) und Braunkohle (erdgeschichtlich jünger) unterschieden. Bei beiden Formen handelt es sich um Stoffgemische aus sehr hochmolekularen Kohlenwasserstoffen, die auch Wasser und Mineralbestandteile enthalten.

Braunkohle wird meist im Tagebau abgebaut. Aus Braunkohle können sowohl Brennstoffe, z. B. Briketts, als auch Grundchemikalien hergestellt werden.

Mineralische Rohstoffe sind natürliche Bestandteile der Erdkruste, die als Erze, Gestein oder als Salze auftreten können.

Beispiele für mineralische Rohstoffe		
Bezeichnung	**Zusammensetzung**	**Verwendung**
Apatit	Phosphatmineral	Herstellung von Phosphatdüngemitteln und Phosphorsäure
Bauxit	Sedimentgestein mit bis zu 50–60 % Aluminiumhydroxid	Herstellung von Aluminium
Eisenerze	Eisenoxide, Eisensulfide, Eisencarbonate	Roheisenherstellung
Kalisalze	Salzgemisch aus 20–50 % Kaliumchlorid sowie Natriumchlorid, Magnesiumchlorid, Magnesiumsulfat, Bromide	Herstellung von Kalidüngemitteln, Kaliumhydroxid und Brom
Kalkstein	Calciumcarbonat mit Spuren von Eisenoxiden und Siliciumdioxid	Herstellung von Branntkalk, Zement, Glas
Quarzsand	Siliciumdioxid, z. T. mit Spuren von Eisenoxiden	Herstellung von Glas, Halbleitersilicium
Schwefel	meist ohne Verunreinigungen	Herstellung von Schwefeldioxid, Schwefelsäure, Gummi
Steinsalz	> 99 % Natriumchlorid	Herstellung von Natriumhydroxid, Chlor, Speisesalz
sulfidische Erze	aus den Sulfiden zahlreicher Metalle wie Eisen, Kupfer, Blei, Zink	Gewinnung der jeweiligen Metalle und von Schwefeldioxid

Nachwachsende Rohstoffe werden hauptsächlich aus Pflanzen gewonnen.

Die in den nachwachsenden Rohstoffen enthaltenen organischen Stoffe entstehen bei allen Pflanzen mithilfe der **Fotosynthese** aus anorganischen Stoffen (Kohlenstoffdioxid, Wasser) und unter Einwirkung von Sonnenlicht.

Zu den nachwachsenden Rohstoffen gehören Fette, Öle, Holz, Baumwolle, Stärke, Zucker oder Latex aus dem Gummibaum. Rapsöl kann als Brennstoff verwendet werden.

Nachwachsende Rohstoffe			
Rohstoff	**Gewinnung aus**	**Bestandteile**	**Verwendung**
Fette, Öle	Pflanzensamen	verschiedene Glycerolester (Glycerinester)	Speiseöl, zur Herstellung von Kosmetika, Treibstoff (Biodiesel)
Holz	verholzten Pflanzenteilen (Baumstämme)	Polysaccharid: Cellulose	Herstellung von Zellstoff, Papier, Fasern, Klebstoffen, Ethanol
Rohrzucker	Zuckerrüben, Zuckerrohr	Disaccharid: Saccharose	Nahrungsmittel, Ethanolherstellung
Stärke	Getreide, Kartoffeln	Polysaccharide: Amylose und Amylopektin	Nahrungsmittel, Herstellung von Klebstoffen
Pflanzenfasern	Baumwolle, Faserlein (Flachs), Faserhanf	Polysaccharide: Cellulose und andere	zur Herstellung von Geweben, Seilen und Kleidung
Latex	Gummibaum	Makromolekül: Polyisopren	Naturkautschuk

Das **duale System** erfasst alle Verpackungen, die mit einem grünen Punkt gekennzeichnet sind. Diese werden einer Wiederverwertung zugeführt.

Sekundärrohstoffe sind Nebenprodukte und Abfälle von Produktionsverfahren oder Produkte, die ihren ursprünglichen Gebrauchswert verloren haben, aber noch als Rohstoffe eingesetzt werden können.

Altmaterial wird meist wiederaufbereitet. Die dazu nötigen Vorgänge bezeichnet man als **Recycling.**
Zur Gruppe des Altmaterials gehören sowohl Altpapier, Glasbruch, Reste aus der Metall verarbeitenden Industrie, Kunststoffabfälle als auch verunreinigte Schwefelsäure.
Industrielle Nebenprodukte dienen oft als Rohstoffe für andere Produkte. Das können Schlacken oder Schwefeldioxid aus Verbrennungsabgasen sein.

Als **Hilfsstoffe** bezeichnet man chemische Zusätze, die für die Durchführung der Reaktionen nötig sind, aber nicht ins Endprodukt eingehen.

Neben Rohstoffen braucht man für viele Verfahren noch Hilfsstoffe.
Diese Stoffe werden nach der erfolgten chemischen Reaktion abgetrennt und regeneriert. Oft können sie wiederverwendet werden. Dann führt man sie in den Prozess zurück.

Hilfsstoffe sind Katalysatoren, Lösungsmittel, Extraktionsmittel, Adsorptionsmittel oder Emulgatoren, die nach der Reaktion abgetrennt, regeneriert und in den Prozess zurückgeführt werden.

Rohstoffe müssen vor ihrem Einsatz aufbereitet werden. Je nach ihrer Herkunft unterscheidet man mineralische, fossile, nachwachsende und Sekundärrohstoffe. Zusätzlich werden noch oft Hilfsstoffe im Produktionsprozess eingesetzt.

Großtechnische Verfahren bestehen oft aus mehreren aufeinanderfolgenden Stufen, z. B. Überführen der Ausgangsstoffe in einen geeigneten Zustand (z. B. Auflösen), Erwärmen, chemische Umsetzung, Abkühlen, Trennen des anfallenden Gemischs (Reinigung des Produkts).

7.1.2 Arbeitsweisen und Prinzipien großtechnischer Verfahren

Verfahrensprinzipien

Ablauf des Verfahrens	
diskontinuierlicher Ablauf	**kontinuierlicher Ablauf**
– Zugabe der Ausgangsstoffe vor der Reaktion	– ständige Zugabe der Ausgangsstoffe während der gesamten Reaktion
– Entnahme der Produkte nach Ablauf der Reaktion	– Entnahme der Produkte während der gesamten Reaktion

Beim kontinuierlichen Betrieb kann der Stofffluss der Reaktionspartner oder der Fluss des Wärmestroms verschieden geführt werden.
Das Ziel dabei ist es, einen optimalen Austausch von Stoffen und Energie zu erreichen.

Stofffluss in chemischen Verfahren	
Gleichstromprinzip	**Gegenstromprinzip**
– Stofffluss in gleicher Richtung	– Stofffluss in entgegengesetzter Richtung (aneinander vorbei)
Reaktion von Ethen und Wasser bei der Ethanolsynthese	Hochofenprozess (Luft und Feststoffe)

Wegen der großen Stoff- und Energieumsätze müssen einige **Besonderheiten chemisch-technischer Verfahren** berücksichtigt werden. Dazu gehören die wirtschaftlichen Kriterien, aber auch spezielle Anforderungen an den Umweltschutz und die Arbeitssicherheit.

Bei Gleichgewichtsreaktionen (↗ S. 105) erfolgt ein nur unvollständiger Umsatz der reagierenden Stoffe zu Produkten. Nach dem Einstellen des Gleichgewichts liegen Ausgangsstoffe und Reaktionsprodukte nebeneinander vor und müssen getrennt werden.
Hier arbeitet man meist nach dem **Kreislaufprinzip,** bei dem nicht umgesetzte Ausgangsstoffe aus dem Reaktionsgemisch abgetrennt und dem Prozess wieder zugeführt werden. Chemische Reaktionen sind mit Verbrauch oder Freisetzung von Wärme verbunden.

Bei endothermen Reaktionen muss den reagierenden Stoffen ständig Energie zugeführt werden, bei exothermen Reaktionen muss die entstehende Reaktionswärme oft ständig durch Kühlung abgeführt werden.

Chemisch-technische Prozesse können diskontinuierlich oder kontinuierlich ablaufen. Bei kontinuierlichen Prozessen können sich die Stoffe im Gleichstrom oder im Gegenstrom bewegen. Bei Gleichgewichtsreaktionen werden nicht umgesetzte Ausgangsstoffe in den Kreislauf zurückgeführt.

Technologische Operationen

Die in chemisch-technischen Verfahren auftretenden **Stoffgemische** (↗ S. 56) können sehr verschiedener Natur sein. Oft müssen sie vor oder nach den Prozessen mithilfe von technologischen Operationen aufbereitet werden.

Technologische Operationen	
Vorgänge und Abläufe	
Zerteilen Vergrößern der Oberfläche – Mahlen von Feststoffen – Schneiden von Feststoffen – Schnitzeln von Feststoffen – Zerstäuben von Flüssigkeiten	Abtragen von Steinkohle
Trennen (↗ S. 59) Zerlegen von Stoffgemischen – fest/fest: Sieben, Flotieren, Magnetscheiden	 Magnetscheider

Stoffgemische können homogen, z. B. Kochsalzlösung, oder heterogen, z. B. Milch, sein.

– fest/flüssig: Dekantieren, Filtrieren, Zentrifugieren, Absetzen (Sedimentieren), Auspressen – gasförmig/fest: Absetzen, Filtrieren, Waschen – flüssig/flüssig: Destillieren, Extrahieren – gasförmig/ gasförmig: Kondensieren, Absorbieren, Adsorbieren	 Absetzbecken  Destillationsapparatur
Vermischen Mischen von Stoffen – fest/fest: Rühren – fest/flüssig: Rühren, Lösen – flüssig/flüssig: Rühren, Emulgieren, Suspendieren	 Mischer
Erwärmen/Abkühlen Hervorrufen von Temperaturveränderungen – indirekt: Wärmeaustausch durch eine Trennwand hindurch – direkt: unmittelbarer Kontakt von heißem und kaltem Medium	 Wärmetauscher

Beim Zentrifugieren werden Stoffgemische in einer Zentrifuge getrennt. Es wird die Zentrifugalkraft ausgenutzt, um das Gemisch in seine Bestandteile zu zerlegen. Dabei spielen die unterschiedlichen Teilchengrößen und verschiedene Dichten der Stoffe eine Rolle.

7.2 Prozesse zur Gewinnung anorganischer Stoffe

7.2.1 Technische Herstellung von Eisen und Stahl

Grundlagen

Gediegenes Eisen macht etwa 90 % des Erdkerns aus. Damit ist es das verbreitetste Element der Erde. In der Erdkruste finden sich etwa 4,7 % in Form von **Eisenerzen**, z. B. Pyrit (↗ Abb.). Auch in unserem Sonnensystem kommt Eisen häufig vor, was die zahlreichen Eisenmeteorite beweisen.

Eisen (↗ S. 135) ist das weltweit wichtigste Gebrauchsmetall. Reines Eisen findet nur selten Verwendung, z. B. als Magnetkern in der Magnettechnik. Weit häufiger passt man es den vielfältigen Gebrauchszwecken durch Veränderungen wie **Legieren** (↗ S. 137) mit anderen Metallen an. Im **Hochofenprozess** gewinnt man aus Eisenerz großtechnisch **Roheisen.** Roheisen enthält etwa 4 % Kohlenstoff, ist hart und spröde und daher nicht verformbar. Verringert man den Kohlenstoffgehalt unter 2 %, so erhält man schmiedbaren **Stahl.**

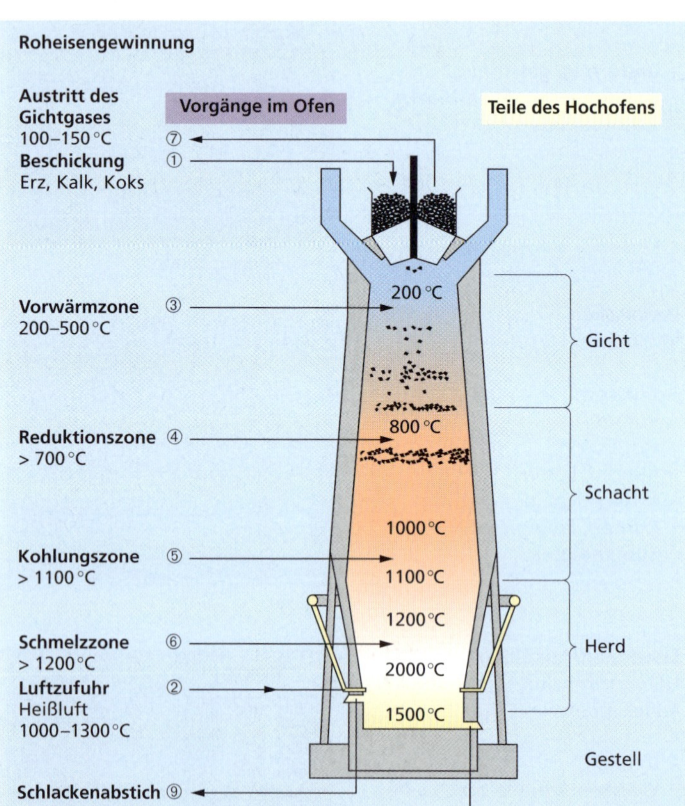

Große Hochöfen haben ein Gesamtvolumen von 6000 m^3 und einen Durchmesser von 15 m. Sie liefern ca. 4 Mio. Tonnen Roheisen pro Jahr.

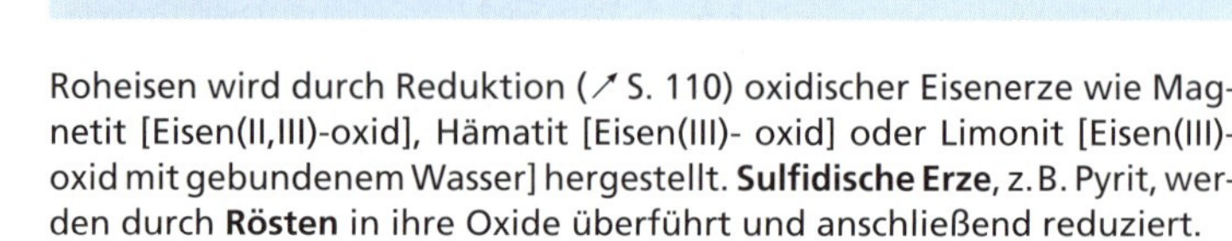
Roheisen wird durch Reduktion (↗ S. 110) oxidischer Eisenerze wie Magnetit [Eisen(II,III)-oxid], Hämatit [Eisen(III)- oxid] oder Limonit [Eisen(III)-oxid mit gebundenem Wasser] hergestellt. **Sulfidische Erze**, z. B. Pyrit, werden durch **Rösten** in ihre Oxide überführt und anschließend reduziert.

Ablauf des Hochofenprozesses:

Im **Hochofen** wird durch Reduktion von Eisenerzen mithilfe von Koks und Heißluft flüssiges Roheisen erzeugt. Als Nebenprodukte entstehen Schlacke und Gichtgas.

Abschnitt	**Vorgänge**
Beschickung ①	– periodische Zufuhr von Erz, Koks und Zuschlägen – Zusatz (Zuschlag) von Kalk, um die in den Erzen enthaltenen Verunreinigungen („Gangart“ aus Silicium-, Mangan-, Schwefel- und Phosphorverbindungen) zu binden
Luftzufuhr ②	– kontinuierliches Einblasen heißer Luft bzw. von heißem Sauerstoff – Gegenstrom von Luft und Feststoffen
Vorwärmzone ③	– Abgabe der Wärme von aufsteigenden Gasen an die Feststoffe – Trocknung der Feststoffe – Austritt der Gase am oberen Ende (Gicht) – Einleiten in Verbrennungstürme
Reduktionszone ④	– Reduktion der Eisenerze durch aufsteigendes Kohlenstoffmonooxid (indirekte Reduktion) – Kohlenstoffdioxid bildet sich – Kohlenstoffdioxid reagiert mit darüberliegendem Koks zu Kohlenstoffmonooxid – Kohlenstoffmonooxid reduziert erneut Eisenerz
Kohlungszone ⑤	– Aufnahme von Kohlenstoff durch das schwammartige metallische Eisen (Kohlung) – Roheisen entsteht – Kohlenstoffdioxid steigt nach oben – Reaktion von Kohlenstoffdioxid mit Koks zu Kohlenstoffmonooxid
Schmelzzone ⑥	– Reaktion des glühenden Kokses mit Luftsauerstoff zu Kohlenstoffdioxid – bei Temperaturen von über 1200 °C schmilzt das Roheisen
Austritt des Gichtgases ⑦	– Verbrennen des Gichtgases in Türmen (Speichern der Wärme im Mauerwerk) – Nutzung der Wärme zum Aufheizen der Luft für den Hochofen (Winderhitzer)

Gichtgas ist ein Gasgemisch. Es besteht aus etwa 50 % Stickstoff, 15–20 % Kohlenstoffdioxid und 25–30 % Kohlenstoffmonooxid. Es dient als Brennstoff.

Die Wirtschaftlichkeit der Roheisenherstellung hängt maßgeblich von der Umsetzung der **technischen Arbeitsprinzipien im Hochofenprozess** ab.

Roheisenabstich ⑧	– flüssiges Roheisen enthält etwa 4 % Kohlenstoff – Ansammlung am Boden des Hochofens – periodische Entnahme (Abstich)
Schlackenabstich ⑨	– Bildung flüssiger **Schlacke** (Hauptkomponente Calciumsilikat) durch Reaktion der Verunreinigungen (Gangart) mit dem zugesetzten Kalk – Schlacke schwimmt auf dem flüssigen Roheisen (Schutz vor Oxidation) – periodische Entnahme (Abstich)

Hochofenschlacke wird auch Hüttenschlacke genannt. Man verwendet sie z. B. als Baustoff.

Chemische Reaktionen im Hochofen:

Ausgangsstoffe:
verschiedene Eisenerze, Koks, Kalkstein (Zuschlag), Luft

Reaktionsprodukte:
Roheisen (Eisen mit 3,5–4 % Kohlenstoff, 1 % Silicium, 2–3 % Mangan, bis zu 0,2 % Phosphor)
Hochofenschlacke, Gichtgas

Reaktionen in den einzelnen Abschnitten des Hochofens:

in der Schmelzzone ⑥

$$C + O_2 \longrightarrow CO_2 \qquad Q = -393\ kJ/mol$$

in der Kohlungszone ⑤

$$C + CO_2 \longrightarrow 2\,CO \qquad Q = +174\ kJ/mol$$

$$3\,Fe + 2\,CO \longrightarrow Fe_3C + CO_2 \qquad \text{(Kohlung)}$$

in der Reduktionszone ④

$$Fe_2O_3 + CO \longrightarrow 2\,FeO + CO_2 \qquad Q = -4\ kJ/mol$$

$$FeO + CO \longrightarrow Fe + CO_2 \qquad Q = -12\ kJ/mol$$

$$FeO + C \longrightarrow Fe + CO \qquad Q = +156\ kJ/mol$$

Schlackenbildung unter der Schmelzzone ⑨

$$SiO_2 + CaCO_3 \longrightarrow CaSiO_3 + CO_2$$

Im Jahr 2006 wurden durch den **Hochofenprozess** allein in Deutschland fast 50 Mio. Tonnen Roheisen erzeugt.

Als **Roheisen** wird Eisen mit einem Kohlenstoffgehalt von mehr als 3,5 % bezeichnet. Durch den hohen Anteil an Kohlenstoff ist es druckfest, aber sehr spröde. Es ist weder in der Hitze noch in der Kälte verformbar.

Stahlerzeugung

Bei der **Stahlerzeugung** wird Roheisen durch Oxidationsprozesse von den enthaltenen Verunreinigungen befreit. Der enthaltene Kohlenstoff wird mit Sauerstoff oxidiert. Andere Elemente reagieren mit Zuschlägen zu Schlacke.

Roheisen ist durch den hohen Gehalt an Kohlenstoff und anderen Elementen sehr hart, spröde und nicht verformbar. Nur ein geringer Teil dieses Roheisens wird direkt zu Gussartikeln **(Gusseisen)** verarbeitet, während der größte Teil zu **Stahl** weiterverarbeitet wird. Als Stahl bezeichnet man Eisen mit einem Kohlenstoffgehalt unter 2,1 %, das schmied- und walzbar ist.

Um aus Roheisen Stahl herzustellen, müssen die störenden Beimengungen, z. B. Kohlenstoff, entfernt werden. Dies erfolgt diskontinuierlich durch Oxidation mit Sauerstoff **(Frischen)** in einem kippbaren Konverter. Dabei kann auch Schrott zugegeben werden.

Über die Dauer der Sauerstoffeinleitung (maximal 15–20 min) kann der Kohlenstoffgehalt im Stahl je nach Verwendungszweck zwischen 0,04 und 1,5 % eingestellt werden.

Zur Verbesserung der Eigenschaften gibt man nach dem Frischen z. T. verschiedene **Legierungsmetalle** (↗ S. 137) hinzu, sodass niedriglegierte oder hochlegierte Stähle entstehen. Besonders hochlegierte Stähle stellt man häufig nach dem Elektrostahl-Verfahren her, weil damit die Zusammensetzung besser eingestellt und ein störender Sauerstoffüberschuss in der Schmelze vermieden werden kann.

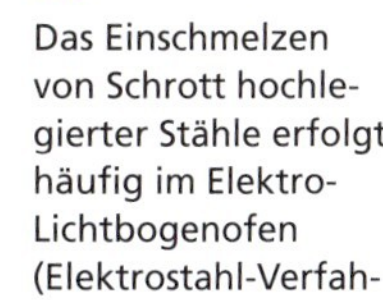

Das Einschmelzen von Schrott hochlegierter Stähle erfolgt häufig im Elektro-Lichtbogenofen (Elektrostahl-Verfahren).

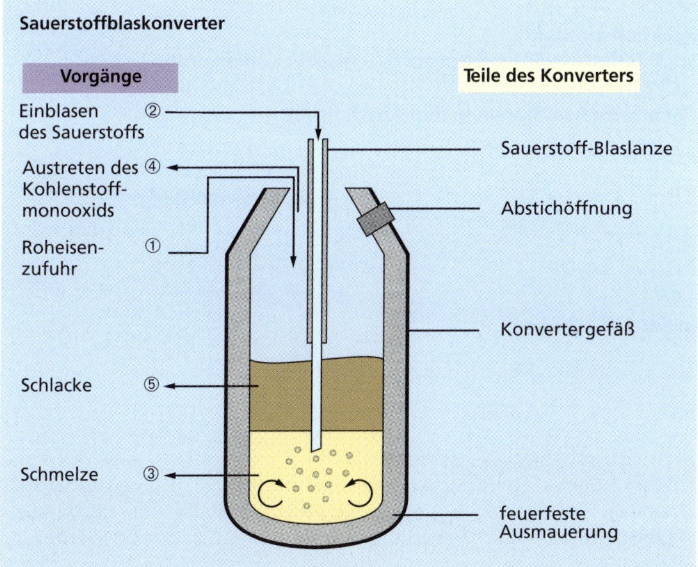

Das Sauerstoffaufblas-Verfahren wurde in Österreich entwickelt und heißt deshalb auch Linz-Donawitz-Verfahren.

Ablauf des Sauerstoff-Aufblasverfahrens:

Abschnitt	Vorgänge
Roheisenzufuhr ①	– Bestückung mit flüssigem Roheisen und bis zu 40 % Schrott – Kalkzuschläge zum Binden der Begleitelemente Silicium und Phosphor
Sauerstoffzufuhr ②	– Einblasen des erforderlichen Sauerstoffs in die Schmelze durch ein Rohr (Blaslanze)
Schmelze ③	– enthaltener Kohlenstoff reagiert mit dem eingeblasenen Sauerstoff zu Kohlenstoffmonooxid – Wärme zum Aufheizen der Schmelze entsteht durch Oxidation
Austritt des Abgases ④	– Kohlenstoffmonooxid entweicht aus der oberen Öffnung
Schlackenbildung ⑤	– Schlacke entsteht durch Reaktion der Zuschläge mit den anderen Elementen des Roheisens (Silicium, Phosphor) – sie schwimmt über der Schmelze

Stähle können verschieden zusammengesetzt sein.
- wetterfester Baustahl: 0,1–0,4 % C, 0,1–0,4 % Si, 0,3–0,8 % Mn, 0,5–0,8 % Cr
- hochfester Stahl (für hohe Zugbelastung): 0,2–0,4 % C, 0,2–1,5 % Si, 0,5–1,0 % Mn, 0,8–1,0 % Cr, 0,3–0,4 % Mo, 1,0–2,0 % Ni, 0,1–0,5 % V
- rostfreier Stahl < 0,1 % C, 18 % Cr, 10 % Ni, 2 % Mo, <2 % Mn, 0,1–0,2 % Ti

Chemische Reaktionen bei der Stahlerzeugung:

Ausgangsstoffe:
Roheisen, Eisenschrott (rosthaltig), Sauerstoff

Reaktionsprodukte:
Stahl (Eisen < 1,5% Kohlenstoff), Schlacke, Kohlenstoffmonooxid

Chemische Reaktionen in den Abschnitten:

in der Schmelze ③

$$2\,C + O_2 \longrightarrow 2\,CO \text{ (Entkohlung)} \qquad Q = -221 \text{ kJ/mol}$$

$$3\,C + Fe_2O_3 \longrightarrow 2\,Fe + 3\,CO$$

in der Schlacke ⑤

$$Si + O_2 \longrightarrow SiO_2$$

$$SiO_2 + CaCO_3 \longrightarrow CaSiO_3 + CO_2$$

Stahl ist eine Legierung aus Eisen und bis zu 2,1 % Kohlenstoff. Zusätzlich können noch andere Legierungsmetalle, z.B. Mangan, Chrom, Nickel, Titan, Vanadium oder Molybdän, zugesetzt werden.

7.2.2 Technische Herstellung von Ammoniak – Ammoniaksynthese

Die **Ammoniaksynthese** ist eine Gleichgewichtsreaktion, die an einem Katalysator durchgeführt wird. Um einen Umsatz von etwa 20 % zu erreichen, muss mit hohem Druck gearbeitet werden. Der eingesetzte Eisenkatalysator arbeitet bei 400–500 °C.

Stickstoffdüngemittel werden in der Landwirtschaft als Pflanzennährstoff eingesetzt. Die Pflanzen benötigen Stickstoffsalze, um daraus in ihrem Stoffwechsel **Eiweiße** aufzubauen.

Ammoniak (↗ S. 156) ist die technisch wichtigste Stickstoffverbindung. In modernen Anlagen werden täglich bis zu 1500 Tonnen davon hergestellt. Die Weltproduktion übersteigt 100 Millionen Tonnen pro Jahr. Ein Großteil des erzeugten Ammoniaks wird zur Herstellung von **Stickstoffdüngemitteln** verwendet. Außerdem dient Ammoniak u.a. zur Herstellung von Salpetersäure, **Soda** und Kunststoffen.
Ammoniak wird in einem Synthesereaktor, den man auch als Kontaktofen bezeichnet, aus Stickstoff und Wasserstoff erzeugt.

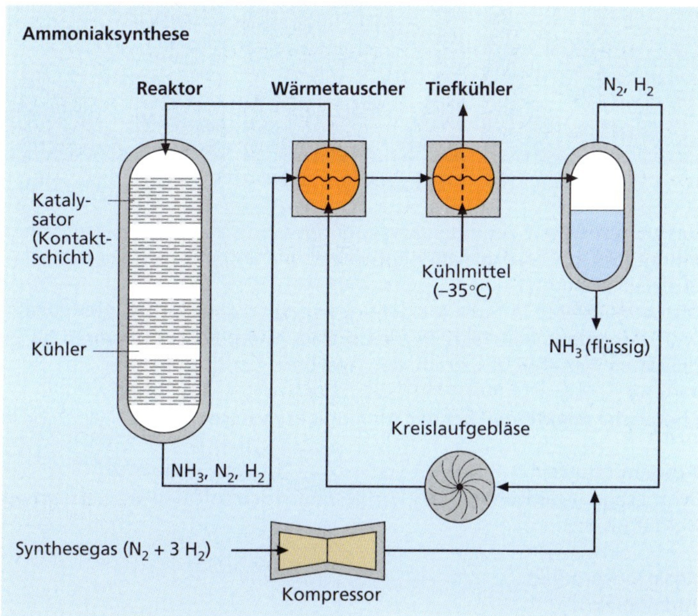

Ablauf der Ammoniaksynthese:
Die technische Ammoniaksynthese ist eine Gleichgewichtsreaktion (↗ S. 105). Nach dem Prinzip von LE CHATELIER begünstigen hoher Druck und niedrige Temperatur die Hinreaktion, da sie exotherm ist und unter Volumenabnahme erfolgt.
Man arbeitet daher mit hohen Drücken von p = 25–30 MPa.
Die Reaktion läuft an einem Katalysator (↗ S. 103) ab, dessen Arbeitstemperatur 400–500 °C beträgt.

Das Verfahren zur Ammoniakerzeugung wurde von FRITZ HABER (1868–1934) und CARL BOSCH (1874–1940) gemeinsam entwickelt. Nach ihnen wird es auch als **Haber-Bosch-Verfahren** bezeichnet.

Der Eisenkatalysator entsteht durch Reduktion von Eisenoxid mit Zusätzen von Aluminiumoxid, Kaliumoxid und Calciumoxid.
Die Ausgangsstoffe werden auf die entsprechende Arbeitstemperatur des Katalysators vorgeheizt. Weil die Hinreaktion exotherm ist, heizt sich das Reaktionsgas ständig weiter auf. Das ist sowohl für den Katalysator als auch für den Umsatz ungünstig. Deshalb wird im Reaktor mehrmals eine Zwischenkühlung des Gasgemisches durchgeführt.
Je nach Druck und Temperatur erhält man Umsätze von 15–20 % Ammoniak pro Reaktordurchgang.
Nach Austritt aus dem Reaktor trennt man das gebildete Ammoniak durch Kondensation bei etwa –10 °C von den nicht umgesetzten Ausgangsstoffen ab. Diese werden zusammen mit dem Frischgas in den Reaktor zurückgeführt (Kreislaufprinzip).

Der deutsche Chemiker A. MITTASCH (1869–1953) fand nach intensivem Forschen den für die Ammoniaksynthese geeigneten und billigen Eisen-Katalysator. Dazu wurden in etwa 20000 Versuchen 3000 unterschiedliche Katalysatoren getestet.

FRITZ HABER (1868–1934)

CARL BOSCH (1874–1940)

A. MITTASCH (1869–1953)

Das Verfahren zur Ammoniakerzeugung wurde von **FRITZ HABER** in den Jahren 1905 bis 1910 im Labor entwickelt und ab 1913 von **CARL BOSCH** industriell umgesetzt.
Die Leuna-Werke in Halle-Merseburg wurden eigens für die Ammoniaksynthese erbaut. Seit 1916 wurde dort das **HABER-BOSCH-Verfahren** bis in die Neunzigerjahre des 20. Jh. durchgeführt.

Chemische Reaktionen bei der Ammoniaksynthese:

Ausgangsstoffe:
Synthesegas (aus Kohle, Erdöl, Erdgas) mit Stickstoff und Wasserstoff im Verhältnis 1 : 3

Reaktionsprodukt:
Ammoniak

Bedingungen:
Reaktionstemperatur = 400–500 °C
Druck = 25–30 MPa
Katalysator: Eisen

Reaktionsgleichung:

$$N_2 + 3\,H_2 \rightleftharpoons 2\,NH_3 \qquad Q = -92\,kJ$$

7.2.3 Herstellung von Salpetersäure

Salpetersäure wird durch schrittweise Oxidation von Ammoniak zu Stickstoffmonooxid und Stickstoffdioxid und anschließende Absorption des Stickstoffdioxids in Wasser hergestellt.

Salpetersäure (↗ S. 157), eine der stärksten anorganischen Säuren, wird hauptsächlich zur Herstellung von **Stickstoffdüngemitteln** (Ammoniumnitrat oder Kalkammonsalpeter) verwendet. Etwa 10–15 % der hergestellten Säure nutzt man zur Erzeugung organischer Verbindungen wie Fasern oder Kunststoffen, zur Herstellung von **Sprengstoffen** oder als Ätzmittel für Metalle.

Sprengstoffe, die aus Salpetersäure hergestellt werden, sind z. B. Nitroglycerin (Glycerintrinitrat) oder Cellulosenitrat (Schießbaumwolle).

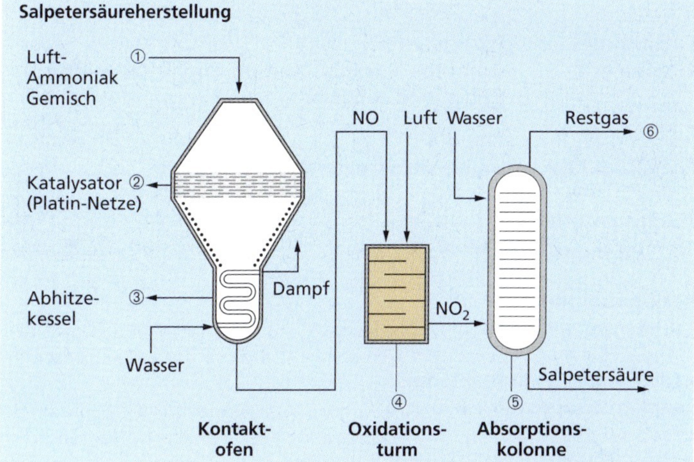

Die Erzeugung der Salpetersäure ist ein kontinuierlicher Prozess, der in drei Teilschritten abläuft: katalytische Oxidation von Ammoniak (↗ S. 156) zu Stickstoffmonooxid, Weiteroxidation zu Stickstoffdioxid und Absorption von Stickstoffdioxid in Wasser.

Die **Salpetersäureherstellung** wird auch als OSTWALD-Verfahren bezeichnet. Das Verfahren wurde von dem deutschen Chemiker **WILHELM FRIEDRICH OSTWALD** (1853 bis 1932) entwickelt.

Ablauf der Salpetersäureherstellung:

Abschnitt	Vorgänge
Zuleitung ①	– Mischen von Ammoniak und Luft im Verhältnis 1:10 – Einleiten in einen Verbrennungsofen (Kontaktofen)
Kontaktofen ②	– Oxidation von Ammoniak mit Luft zu Stickstoffmonooxid am Katalysator (Platinnetze) – kurze Verweilzeit am Katalysator verhindert den Zerfall des gebildeten Stickstoffmonooxids

Abhitze-kessel ③	– Nutzung der entstehenden Wärme im nachgeschalteten Abhitzekessel zur Erzeugung von Wasserdampf – Gasgemisch kühlt sich schnell ab, sodass es nicht in Stickstoff und Sauerstoff zerfallen kann
Oxidations-turm ④	– Reaktion des gebildeten Stickstoffmonooxids mit dem Sauerstoff der zugeführten Luft zu Stickstoffdioxid
Absorptions-kolonne ⑤	– Umsetzung des Stickstoffdioxids mit Wasser im Gegenstrom zu Salpetersäure – gleichzeitige Oxidation des sich erneut bildenden Stickstoffmonooxids mit Sauerstoff zu Stickstoffdioxid, das wieder mit Wasser reagiert
Austritt des Restgases ⑥	– Restgas enthält 95–97 % Stickstoff, 2–4 % Sauerstoff, 1 % Edelgase und bis zu 0,05 % Stickstoffoxide; wird gereinigt

Chemische Reaktionen bei der Salpetersäureherstellung:

Ausgangsstoffe:
Ammoniak, Luft, Wasser

Reaktionsprodukte:
Salpetersäure, Restgas

Bedingungen im **Kontaktofen:**
Reaktionstemperatur = 850–950 °C
Druck = 0,3–1,5 MPa
Katalysator: Platin (zum Teil mit Rhodium)
Kontaktzeit am Katalysator: 0,0002–0,001 s

Das Restgas der Salpetersäureherstellung enthält schädliche Stickstoffoxide und muss deshalb gründlich gereinigt werden.

Reaktionsgleichungen:

im Kontaktofen ②

Hauptreaktion (läuft zu 95–97 % ab)

$$4\,NH_3 + 5\,O_2 \longrightarrow 4\,NO + 6\,H_2O \qquad Q = -904\,kJ/mol$$

Nebenreaktion (läuft zu 3–5 % ab)

$$4\,NH_3 + 3\,O_2 \longrightarrow 2\,N_2 + 6\,H_2O \qquad Q = -1268\,kJ/mol$$

im Oxidationsturm ④

$$2\,NO + O_2 \longrightarrow 2\,NO_2 \qquad Q = -116\,kJ/mol$$

in der Absorptionskolonne ⑤

$$3\,NO_2 + H_2O \longrightarrow 2\,HNO_3 + NO \qquad Q = -73\,kJ/mol$$

7.2.4 Technische Herstellung von Schwefelsäure

Schwefelsäure wird im Kontaktverfahren durch schrittweise Oxidation von Schwefel hergestellt. Das gebildete Schwefeltrioxid wird zu Schwefelsäure absorbiert.

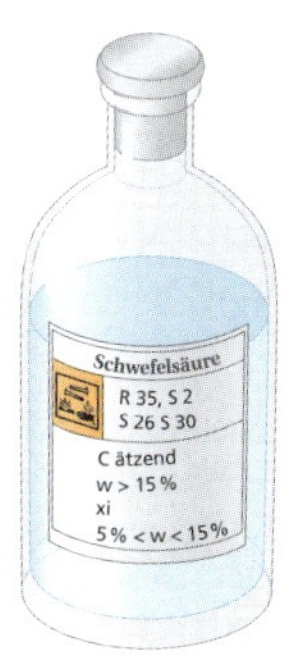

Schwefelsäure (↗ S. 166) ist die am meisten produzierte Chemikalie auf der Welt. Pro Jahr werden etwa 150 Millionen Tonnen davon erzeugt. Sie wird zur Herstellung vieler Produkte verwendet. Der Hauptanteil von 65 % wird zur Erzeugung von **Phosphatdüngemitteln** gebraucht. Die restlichen 35 % werden für die Metallaufbereitung und -verarbeitung, zur Waschmittelherstellung, als Trockenmittel oder zur Produktion anorganischer Salze und anderer Säuren benötigt.
Die Herstellung der Schwefelsäure erfolgt nach dem **Kontaktverfahren.** Als Kontakt bezeichnet man den auf mehreren porösen Böden (Horden) angeordneten Katalysator aus Vanadium(V)-oxid.

Das Kontaktverfahren verläuft kontinuierlich in drei Teilschritten:
1. Gewinnung von Schwefeldioxid aus Schwefel
2. Katalytische Oxidation des Schwefeldioxids zu Schwefeltrioxid
3. Absorption des Schwefeltrioxids zu Schwefelsäure
   Wegen der sehr heftigen Reaktion des Schwefeltrioxids mit Wasser wird das Gas nicht in Wasser, sondern in 96%ige Schwefelsäure eingeleitet und die entstehende 100%ige Säure danach kontinuierlich mit Wasser wieder verdünnt.

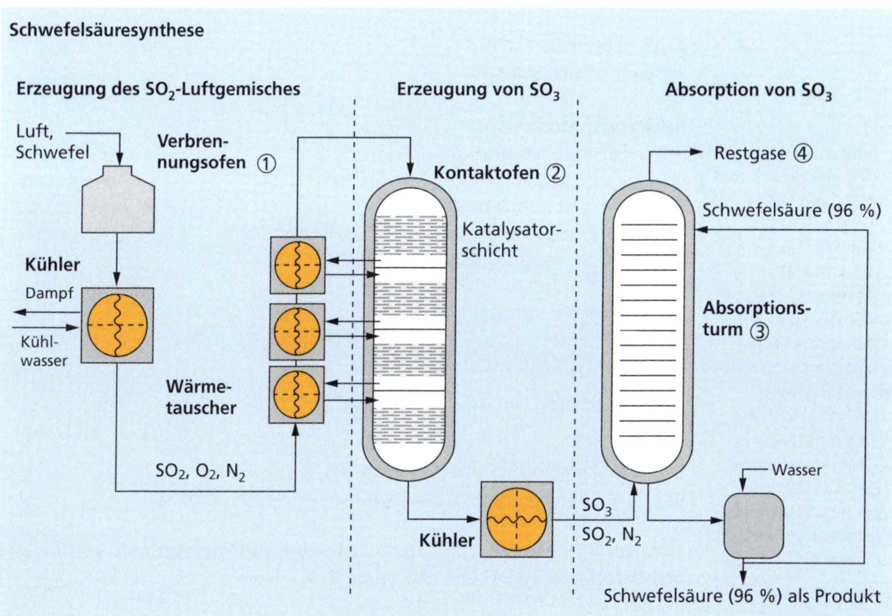

In einigen Ländern der Erde finden sich **Schwefellagerstätten**, in denen elementarer Schwefel abgebaut wird. Heutzutage nimmt die Gewinnung von Schwefel durch Entschwefelung von Erdöl und Erdgas immer mehr zu. Durch das **Rösten sulfidischer Erze** oder Recycling verunreinigter Abfallschwefelsäure kann Schwefeldioxid auch hergestellt werden.

Ablauf der Schwefelsäureherstellung:

Abschnitt	Vorgänge
Verbrennungsofen ①	– Oxidation (Verbrennen) von elementarem Schwefel mit Luft zu Schwefeldioxid
Kontaktofen ②	– katalytische Oxidation von Schwefeldioxid zu **Schwefeltrioxid** – Gleichgewichtsreaktion bei 420–450 °C (günstigste Bedingung für den Katalysator) – Katalysator: Vanadium(V)-oxid mit Zusätzen – entstehender Wärmeüberschuss, der die Ausbeute an Schwefeltrioxid negativ beeinflusst, wird durch Zwischenkühlung abgeführt
Absorptionsturm ③	– Einleitung des Schwefeltrioxids in 96 %ige Schwefelsäure und Absorption – Herstellen der gewünschten Konzentration (96–99 %) durch Versetzen der 100 %igen Schwefelsäure mit verdünnter Schwefelsäure
Abgasreinigung ④	– Senkung des Schwefeldioxidgehalts im Abgas (enthält mehr als 90 % Stickstoff, etwas Sauerstoff, weniger als 0,1 % Schwefeldioxid) auf unter 0,05 %

In modernen Anlagen erfolgt die **technische Herstellung von Schwefelsäure** im Doppelkontaktverfahren. Dabei absorbiert man das Schwefeltrioxid nach dem Katalysatorkontakt und leitet das verbliebene Gasgemisch nochmals über eine weitere Katalysatorschicht. Dadurch werden Umsätze von über 99,6 % Schwefeldioxid erzielt und die **Abgasreinigung** vereinfacht.

Chemische Reaktionen bei der Schwefelsäureherstellung:

Ausgangsstoffe:
Schwefel, Luft, Wasser

Reaktionsprodukte:
Schwefelsäure, Abgas

Bedingungen im Kontaktofen:
Reaktionstemperatur = 420–450 °C, Normaldruck
Katalysator: Vanadium(V)-oxid mit Zusätzen

Reaktionsgleichungen:
im Verbrennungsofen ①

$$S + O_2 \longrightarrow SO_2 \qquad Q = -297\,kJ/mol$$

im Kontaktofen ②

$$2\,SO_2 + O_2 \longrightarrow 2\,SO_3 \qquad Q = -99\,kJ/mol$$

im SO_3-Absorptionsturm (vereinfacht) ③

$$SO_3 + H_2SO_4\,(96\,\%) \longrightarrow H_2SO_4\,(100\,\%)$$

Das Verdünnen der 100 %igen Schwefelsäure erfolgt mit verdünnter Schwefelsäure von 100 % auf etwa 96 %.

7.2.5 Technische Herstellung von Branntkalk – Kalkbrennen

Calciumcarbonat kommt in vielfältigen Variationen auf der Erde vor. Kalkspat (Calcit) kann als Doppelspat aus kristallinem Calciumcarbonat bestehen. **Kalkstein** ist ein gebirgsbildendes Mineral. Zwei Formen sind Marmor und Kreide.
Kalktuff entsteht aus kalkhaltigem Wasser unter Beteiligung von Pflanzen. Das Gestein wird auch Travertin genannt.

Beim **Kalkbrennen** findet eine thermische Zersetzung von Calciumcarbonat statt. Das Produkt Calciumoxid wird Branntkalk genannt. Branntkalk reagiert beim Kalklöschen mit Wasser zu Löschkalk.

Die Bezeichnungen Ätzkalk, gebrannter Kalk, **Branntkalk** oder Luftkalk werden alle für den Stoff Calciumoxid CaO(↗ S. 175) benutzt.
Man verwendet Branntkalk als Ausgangsmaterial für die Calciumcarbidsynthese, in der Metallverhüttung als basischen Zuschlag, in der Zucker- und Zellstoffindustrie, zur Abwasserreinigung oder zur Herstellung von Glas und Soda.
Die Bauindustrie stellt aus gebranntem Kalk durch Zugabe von Sand und Wasser Kalkmörtel her.
Die chemische Reaktion des Branntkalks mit Wasser wird als Löschen bezeichnet. Es entsteht Calciumhydroxid $Ca(OH)_2$ das als **Löschkalk** bezeichnet wird.

Als Ausgangsstoff für die Erzeugung von Calciumoxid wird reines Calciumcarbonat verwendet, das in der Natur als Kalkstein (↗ S. 147) vorkommt.
Das Brennen ist eine thermische Zersetzung des Calciumcarbonats bei Temperaturen von 900–1000 °C.
Der Brennvorgang findet als kontinuierlicher Prozess in einem **Schachtofen,** dem Kalkschachtofen, statt.

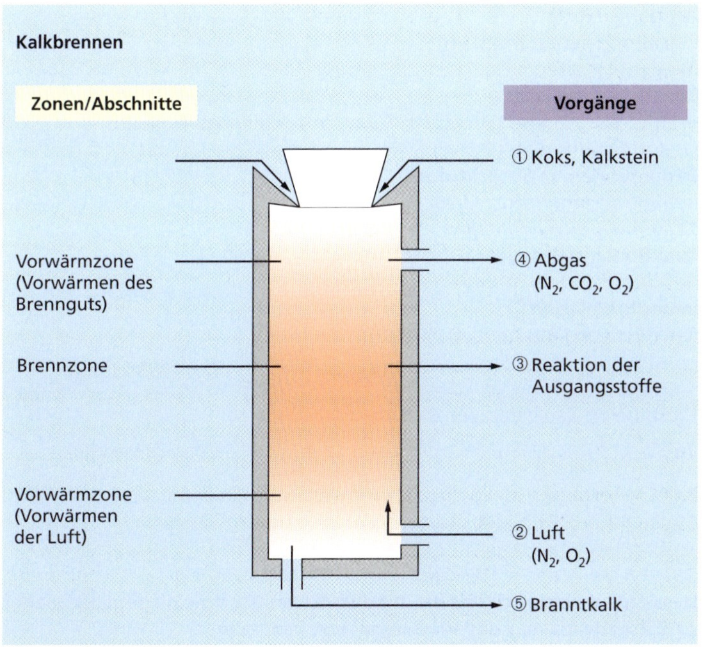

Ablauf des Kalkbrennens:

Abschnitt	Vorgänge
Zufuhr der Ausgangsstoffe ①	– Kalkstein (Calciumcarbonat) und Koks werden periodisch von oben in den Schachtofen gegeben – Erhitzen des Brennguts in der Vorwärmzone durch aufsteigendes Abgas
Luftzufuhr ②	– Einblasen von Luft (von unten) in den Ofen, die sich beim Aufsteigen erwärmt
Brennzone ③	– Koks (Kohlenstoff) reagiert mit Luftsauerstoff – die erforderliche Reaktionstemperatur von 1 000 °C wird erreicht – Calciumcarbonat wird thermisch zu Calciumoxid und Kohlenstoffdioxid zersetzt
Austritt des Abgases ④	– austretendes Abgas besteht aus Stickstoff, nicht umgesetztem Sauerstoff und dem Reaktionsprodukt Kohlenstoffdioxid
Entnahme des Produkts ⑤	– das Hauptprodukt **Calciumoxid** (Branntkalk) wird am unteren Ende des Ofens periodisch entnommen

Chemische Reaktionen beim Kalkbrennen:

Ausgangsstoffe:
Calciumcarbonat, Koks, Luft

Reaktionsprodukte:
Branntkalk, Abgase (Stickstoff, Sauerstoff, Kohlenstoffdioxid)

Bedingungen im Schachtofen:
Reaktionstemperatur: 1 000 °C

Durch die Verbrennung von Koks wird die zum Erreichen der Zersetzungstemperatur des Calciumcarbonats notwendige Wärme erzeugt. Zum Kalkbrennen von 1 Tonne Calciumcarbonat sind 1750 MJ Wärme erforderlich.

Reaktionsgleichungen:

in der Brennzone ③
Reaktion von Koks mit Luftsauerstoff

$$C + O_2 \longrightarrow CO_2 \qquad Q = -393\ \text{kJ/mol}$$

thermisches Zersetzen von Kalkstein

$$CaCO_3 \longrightarrow CaO + CO_2 \qquad Q = +181\ \text{kJ/mol}$$

Beim Verarbeiten zu Löschkalk wird der Branntkalk mit Wasser versetzt (Kalklöschen). Es bildet sich Calciumhydroxid.

$$CaO + H_2O \longrightarrow Ca(OH)_2 \qquad Q = -64\ \text{kJ/mol}$$

Das Calciumhydroxid reagiert mit dem Kohlenstoffdioxid der Luft wieder zu Calciumcarbonat und wird dabei fest (Abbinden).

7.2.6 Wichtige Baustoffe und ihre Herstellung

Baustoffe sind alle Materialien, aus denen Bauwerke entstehen. Das können Metalle und deren Legierungen, Steine, Stoffgemische wie Zement und Beton, Glas oder auch pflanzliche Materialien wie Holz sein.

Für Wohnhäuser und Industriebauten werden die vielfältigsten Baumaterialien verwendet. Jeder **Baustoff** hat bestimmte wünschenswerte, aber auch nachteilige Eigenschaften.

	**Beton** wird aus **Zement,** Sand und Wasser hergestellt. Das flüssige Gemisch kann in beliebige Formen gegossen werden. Beton härtet durch die Reaktion der Zementinhaltsstoffe mit Wasser auch unter Luftabschluss aus. Der Baustoff ist sehr druckfest und gegen Witterungseinflüsse beständig.
	**Ziegel** werden aus Lehm, Sand, Wasser und Zusätzen hergestellt. Auch dieses Baumaterial besitzt eine gute Druckfestigkeit und kann zudem durch enthaltene Poren Gase und Wasserdampf austauschen.
	**Glas** stellt man aus Quarzsand mit verschiedenen Zusätzen her. Es ist lichtdurchlässig, lässt sich in geschmolzenem Zustand in jede beliebige Form bringen und mit Metallen oder Metalloxiden einfärben. Ein großer Nachteil ist die Sprödigkeit von Glas, es zerbricht sehr schnell.

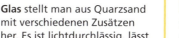

Beton ist der weltweit am meisten genutzte **Baustoff.** 2006 wurden weltweit mehr als 2 Mrd. Tonnen Zement zu Beton verarbeitet.

Durch geeignete Zusätze können die Eigenschaften von **Glas** gezielt beeinflusst werden. Dadurch sind vielfältige Anwendungen von **Spezialgläsern,** z.B. für Laborgeräte oder als optische Gläser möglich.

Keramik entsteht aus Ton mit verschiedenen Zusätzen. Die Eigenschaften der Baukeramik ähneln denen von Ziegeln, wobei das Material nicht so porös und brüchig ist.

Wichtige mineralische Baustoffe			
Name (chemische Zusammensetzung)	**Rohstoffe/ Vorkommen**	**Verwendung**	**Herstellung**
Gips (Calciumsulfat und gebundenes Kristallwasser)	im Gestein als Gipsstein, Alabaster, Marienglas	**Baugips:** Stuck, Verbände, Gipskartonplatten, Estrich (Fußböden)	– Brennen von Gipsgestein (Abspaltung des Kristallwassers) – bei 200 °C entsteht **Stuckgips** ($CaSO_4 \cdot 0{,}5\,H_2O$; Halbhydrat) – bei 800–1 000 °C entsteht Estrichgips ($CaSO_4$; Anhydrit) – Abbinden (Kristallwasser lagert sich wieder an)
Kalkmörtel (Gemisch aus Löschkalk und Sand)	Calciumhydroxid aus gelöschtem Branntkalk, Wasser, Sand	Verbinden von Mauersteinen, Verputzen von Wänden (härtet nur an der Luft)	– Löschkalk (Calciumhydroxid) wird mit Wasser versetzt – reagiert mit Kohlenstoffdioxid der Luft zu Calciumcarbonat, wird dabei fest (Abbinden) – Sand dient als Füllstoff
Zement (Calciumsilikate und Calciumaluminate)	Calciumcarbonat (Kalkstein) und Ton	als steinähnliches Material (härtet auch unter Wasser)	– Brennen von Kalkstein und Ton zusammen bei 1 500 °C im Drehrohrofen – Mahlen des entstehenden Klinkers – Vermischen mit Wasser zu Zementmörtel
Beton (Gemisch aus Zementmörtel und grobem Kies oder Steinsplitt)	Zement, Wasser, Sand, Kies oder Schotter	Baustoff („Kunstgestein") **Stahlbeton** mit Eisenelementen	– **Zementmörtel** wird durch Mischen von Zement, Wasser und Sand hergestellt – Zugabe der Füllstoffe – für Stahlbeton: Einbetten von Eisenstäben oder -gittern, gibt dem spröden Beton Biegefestigkeit
Glas Normalglas (Siliciumdioxid, Calciumoxid, Natriumoxid)	Sand (Siliciumdioxid), Kalk (Calciumcarbonat) und Soda (Natriumcarbonat)	**Normalglas** als Fensterglas oder Flaschenglas, **Spezialglas** (Bleikristall, Laborglas, optisches Glas)	– Zusammenschmelzen von Sand, Kalk und Soda bei 1200–1650 °C – beim Abkühlen entsteht eine nicht kristalline (amorphe), durchsichtige Struktur – Färbungen durch Zusatz von Metalloxiden – Spezialgläser durch Zusätze
Ziegel, Baukeramik (Aluminiumsilicat, Eisenoxide)	Ton, Feldspat, Quarz, Wasser, Zusätze	Ziegelware Mauer-, Dachziegel, Dränagerohre, Fliesen	– Mischen der Komponenten mit Wasser – Formen der Rohlinge – Brennen bei 1000–1500 °C

7.2.7 Elektrochemische Prozesse

Herstellung von Chlor und Natronlauge durch das Chloralkali-Elektrolyse-Membranverfahren

Das **Membranverfahren** ist eine Elektrolyse einer Natriumchloridlösung. Durch den elektrischen Strom werden an den Elektroden die Hauptprodukte Chlor und Natronlauge gebildet.

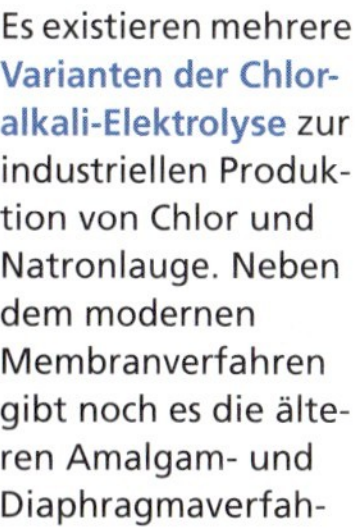

Es existieren mehrere **Varianten der Chloralkali-Elektrolyse** zur industriellen Produktion von Chlor und Natronlauge. Neben dem modernen Membranverfahren gibt noch es die älteren Amalgam- und Diaphragmaverfahren.

Sowohl **Chlor** (↗ S. 167) als auch **Natronlauge** (↗ S. 182) (Natriumhydroxidlösung) werden vielfältig genutzt. 75–80 % des erzeugten Chlors dienen zur Herstellung organischer Verbindungen, z. B. Chloralkane, Polyvinylchlorid, die restlichen 20–25 % setzt man u. a. zum Bleichen von Zellstoff oder zur Behandlung von Wasser (Abtöten von Keimen) ein. Natronlauge wird als Neutralisationsmittel, in der Zellstoff- und Papierindustrie, bei der Aluminiumherstellung aus Bauxit sowie für Waschmittel und Seifen gebraucht.

Das Membranverfahren ist eine **Elektrolyse** (↗ S. 119) einer Natriumchloridlösung, bei der Chlor und Natronlauge gleichzeitig entstehen. Wasserstoff bildet sich als Nebenprodukt. Die an den Elektroden stattfindenden Redoxreaktionen werden durch den elektrischen Strom bewirkt. Die Zellspannung beträgt dabei 3 bis 4 Volt. Eine gasdichte, aber kationendurchlässige Membran trennt Anoden- und Katodenraum beim Membranverfahren. Dies verhindert das Vermischen von Chlor und Wasserstoff. Die beiden Gase bilden miteinander ein hochexplosives Gemisch, das Chlor-Knallgas. Schon durch normale Lichteinwirkung können Chlor und Wasserstoff explosionsartig miteinander reagieren.

Membranverfahren

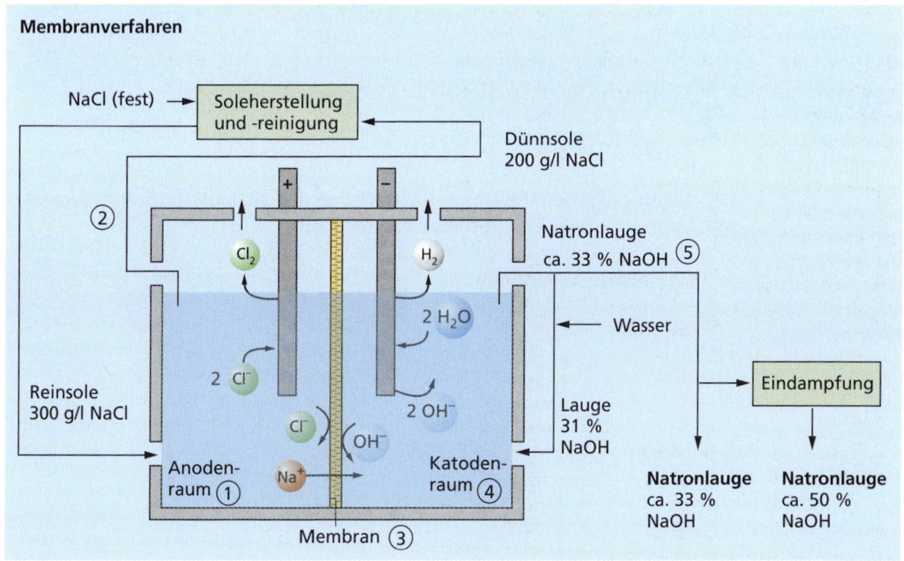

Elektrolyseprozesse verbrauchen viel Energie. Für die Chloralkali-Elektrolyse werden etwa 2 % der in Deutschland erzeugten Elektroenergie benötigt.

Ablauf des Membranverfahrens:

Abschnitt	Vorgänge
Anodenraum ①	– kontinuierlicher Zufluss von konzentrierter Natriumchloridlösung (Reinsole) – Oxidation der Chlorid-Ionen an der Anode aus beschichtetem Titan – Ableiten des gasförmigen Chlors im oberen Bereich des Anodenraums
Dünnsole-Abfluss ②	– Zuführung der verdünnten Natriumchloridlösung (Dünnsole) zur Sole-Aufsättigung – Herstellen der ursprünglichen Konzentration durch Zugabe von festem Natriumchlorid
Membran ③	– Natrium-Ionen wandern vom Anodenraum durch die selektive Membran in den Katodenraum
Katodenraum ④	– kontinuierlicher Wasserzufluss – Reduktion der Wassermoleküle an der Katode aus Stahl zu Wasserstoffmolekülen und Hydroxid-Ionen – Ableiten des gasförmigen Wasserstoffs im oberen Bereich des Katodenraums – Hydroxid-Ionen (aus Wassermolekülen) bilden mit eingewanderten Natrium-Ionen Natriumhydroxidlösung
Natronlauge-Abfluss ⑤	– kontinuierliche Entnahme der Natriumhydroxidlösung (Natronlauge)

Beim Membranverfahren erhält man sehr reine, bis zu 33 %ige Natronlauge. Durch anschließendes Eindampfen kann man die Natronlauge bis auf einen NaOH-Gehalt von 50% aufkonzentrieren.

Chemische Reaktionen bei der Chloralkali-Elektrolyse:

Ausgangsstoffe: festes Natriumchlorid, Wasser

Reaktionsprodukte: Chlor, Natronlauge (bis 33 %ige Natriumhydroxidlösung), Wasserstoff

Chemische Reaktionen:

Anode:

$$2\,Cl^- \longrightarrow Cl_2\uparrow + 2\,e^-$$

Katode:

$$2\,H_2O + 2e^- \longrightarrow H_2\uparrow + 2\,OH^-$$

$$Na^+ + OH^- \longrightarrow NaOH$$

Gewinnung von Aluminium durch Schmelzflusselektrolyse

Aluminium wird mittels **Schmelzflusselektrolyse** hergestellt. Aus dem Rohstoff Bauxit gewinnt man Aluminiumoxid. Dieses wird durch elektrischen Strom zu Aluminium reduziert.

Nach Eisen ist **Aluminium** (↗ S. 135) das zweitwichtigste technische Metall. Der größte Teil dieses Leichtmetalls, etwa 40 %, wird im Fahrzeug- und Flugzeugbau verwendet. 20–25 % werden für das Bauwesen benötigt und die restliche Menge im Maschinenbau, in der Verpackungsindustrie und in der Elektrotechnik.

Die Aluminiumgewinn erfolgt in zwei Stufen:

Erste Stufe:
Reines Aluminiumoxid wird aus dem Rohstoff **Bauxit** gewonnen. Mittels Natronlauge kann Aluminiumhydroxid $Al(OH)_3$ aus dem Bauxit herausgelöst werden. Die Begleitstoffe, verschiedene Eisenoxide und Siliciumdioxid, sind unlöslich und bleiben zurück. Danach muss Aluminiumhydroxid aus der Lösung ausgefällt werden. Durch Entwässerung und Trocknung entsteht reines Aluminiumoxid Al_2O_3.

Aluminiumlegierungen mit Magnesium, Silicium und weiteren Metallen zeichnen sich durch hohe Festigkeit und Korrosionsbeständigkeit aus.

Zweite Stufe:
Aluminium ist ein sehr unedles Metall. Deshalb gewinnt man es durch Elektrolyse aus einer Schmelze von Aluminiumoxid mit Kryolith Na_3AlF_6 (s. Abb.). Trotz des hohen Elektroenergieverbrauchs ist dieses Verfahren wirtschaftlich sinnvoll.

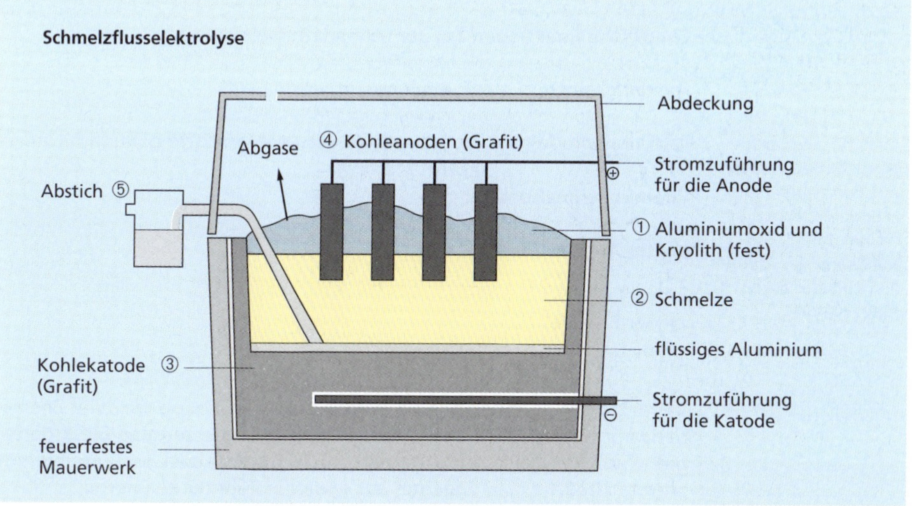

Ablauf der Schmelzflusselektrolyse:

Aus einer wässrigen Lösung kann Aluminium mittels Elektrolyse nicht abgeschieden werden, da Wasserstoff sich leichter als Aluminium an der Katode abscheidet. Deshalb erfolgt die Elektrolyse aus der Schmelze. Für diese energieaufwendige **Schmelzflusselektrolyse** werden in Deutschland mehr als 2 % der jährlich erzeugten Elektroenergie verbraucht.

Abschnitt	Vorgänge
Zufuhr der Ausgangsstoffe ①	– der Schmelzpunkt des reinen Oxids liegt bei über 2000 °C, daher löst man 5–10 % Aluminiumoxid in einem geschmolzenen Gemisch von Kryolith Na_3AlF_6 und anderen Salzen bei ca. 950 °C – Aluminiumoxid wird periodisch zugeführt
Schmelze ②	– Elektrolyse bei 950–1000 °C und einer Zellspannung von etwa 5 Volt – formal betrachtet liegt Aluminiumoxid in dieser Schmelze in Form von Aluminium-Ionen Al^{3+} und Oxid-Ionen O^{2-} vor
Katode ③	– Reduktion der Aluminium-Ionen zu Aluminium – Katode aus Kohlenstoff in Form von Grafit, welcher mit einer Stromzuführung verbunden ist
Anode ④	– Oxidation der „Oxid-Ionen" zu Sauerstoff an einer Anode aus Kohlenstoff (mehrere Grafitstäbe tauchen in die Schmelze ein) – sofortige Reaktion des gebildeten Sauerstoffs mit Kohlenstoff zu Kohlenstoffmonooxid und weiter zu Kohlenstoffdioxid – die entstehenden Abgase entweichen oben aus der Schmelze und werden gereinigt
Abstich ⑤	– Ansammlung des gebildeten Aluminiums (Schmelzpunkt 660 °C) unter der Schmelze – periodischer Abstich erfolgt

Chemische Reaktionen bei der Schmelzflusselektrolyse:

Auch für Verpackungen, z. B. Getränkedosen, wird Aluminium verwendet. Durch Recycling **(duales System)** kann das Aluminium wieder aufbereitet werden.

Ausgangsstoffe: Aluminiumoxid (aus Bauxit)

Reaktionsprodukte: Aluminium, Abgas (Kohlenstoffdioxid und Kohlenstoffmonooxid)

Chemische Reaktionen:

an der Anode

$$3\,O^{2-} + 2\,C \longrightarrow CO + CO_2 + 6\,e^-$$

an der Katode

$$2\,Al^{3+} + 6\,e^- \longrightarrow 2\,Al$$

Bei der Aluminiumherstellung wird für die Elektrolyse sehr viel Energie benötigt. Es sind etwa 2–3 % der in Deutschland erzeugten Elektroenergie. Zum Recyceln, d. h. Trennen und Einschmelzen von Aluminiumschrott, braucht man dagegen nur etwa ein Zehntel an Energie.

7.3 Prozesse zur Gewinnung organischer Stoffe

7.3.1 Grundlagen

Fossile Rohstoffe sind aus abgestorbener Biomasse unter Einwirkung von Druck und Wärme darüberliegender Erdschichten entstanden. Sie sind Rohstoffbasis für die meisten organischen Produkte.

Große **Erdöllagerstätten** finden sich in Russland, in den USA, in Mexiko, in Afrika, am Persischen Golf und in der Nordsee.

Bei fossilen Rohstoffen handelt es sich um komplexe Gemische kohlenstoffhaltiger organischer Verbindungen (↗ S. 188), welche auch die Elemente Sauerstoff, Schwefel oder Stickstoff im Molekül enthalten können.

elementare Zusammensetzung fossiler Rohstoffe in %

Rohstoff	C	H	O	S	N
Steinkohle	85–90	5	3–7	1–2	1
Braunkohle	65–70	5–8	15–30	1–3	1
Erdöl	85–90	10–14	0–2	0,1–7	1
Erdgas	55–80	20–25	0	0–25	0

Diese Rohstoffe werden zu etwa 90 % für die Energieerzeugung und zu 10 % für die Gewinnung organischer Grundchemikalien verwendet.
Bei der Verbrennung zur Energieerzeugung entsteht neben Wasserdampf Kohlenstoffdioxid, das zum Treibhauseffekt (↗ S. 294) beiträgt. Auch die Schadstoffe Schwefeldioxid und Stickstoffoxide werden freigesetzt. Zur Gewinnung verschiedener Grundchemikalien, z. B. Methanol oder Ethen aus fossilen Rohstoffen, müssen die Gemische getrennt und chemisch umgewandelt werden.

Erdöl hat sich innerhalb von über 10 Millionen Jahren aus abgestorbenen Kleinlebewesen gebildet. Die Weltvorräte an förderbarem Erdöl wurden 2006 auf ungefähr $1{,}5 \cdot 10^{11}$ Tonnen geschätzt.

Zwar sind die Vorräte an Kohle größer als die an Erdöl und Erdgas, aber es ist in den meisten Fällen viel einfacher, die Grundstoffe, z. B. Alkane, Alkene, Aromaten und Treibstoffe, aus Erdöl- und Erdgas zu gewinnen.
Gemessen am derzeitigen Verbrauch reichen die bekannten Kohlevorräte noch etwa 150 Jahre, die Erdöl- und Erdgasvorräte ca. 40 Jahre. Wegen der begrenzten Vorräte, aber auch wegen der Umweltschäden, die durch die Verbrennung fossiler Rohstoffe verursacht werden (↗ S. 288 ff.), muss sparsam mit ihnen umgegangen werden.

7.3.2 Veredlung von Kohle

Steinkohle und Braunkohle haben ein unterschiedliches geologisches Alter. Die etwa 200 Millionen Jahre alte Steinkohle ist für Veredlung und vom Heizwert her höherwertiger als die 20–40 Millionen Jahre alte Braunkohle.

Um aus dem Rohstoff **Kohle** die gewünschten Produkte herzustellen, müssen sowohl Braun- als auch Steinkohle chemischen Umformungen unterzogen werden, welche insgesamt unter dem Begriff **Kohleveredlung** zusammengefasst werden.

> Kohleveredlungsverfahren dienen der Erzeugung von hochwertigen Brennstoffen (Koks, Benzin, Stadtgas) und von Grundchemikalien wie Alkanen, Alkenen, Aromaten oder Phenol.

Es gibt drei wichtige Verfahren zur Veredlung von Kohle:

Die Kohlehydrierung wird heute selten durchgeführt, da die Gewinnung z. B. von Benzinen aus Erdöl einfacher und billiger ist. Angesichts der steigenden Ölpreise werden die Verfahren aber wieder an Bedeutung gewinnen.

1. Bei der **Kohleentgasung** (Verkokung, Schwelung) wird Kohle *unter Luftabschluss* stark erhitzt.
2. Bei der **Kohlehydrierung** wird Kohle unter hohem Druck mit Wasserstoff zu flüssigen Kohlenwasserstoffen umgesetzt.
3. Bei der **Synthesegaserzeugung** setzt man Kohle (oder Erdöl und Erdgas) *mit Luft* und Wasserdampf um.

Kohleentgasung

> Die Kohleentgasung dient zur Herstellung von **Koks.** Das Verfahren wird auch als **Verkokung** von Kohle bezeichnet.

Man verwendet den gewonnenen Koks als Brennstoff und Reduktionsmittel im Hochofenprozess (↗ S. 240) sowie in der Buntmetallurgie.
Der anfallende **Teer** enthält viele Stoffe, z. B. Aromaten und Phenol, und wird zur Gewinnung von Grundchemikalien für Medikamente, Farben u. a. eingesetzt. Die entstehenden Gase dienen als Heizgas.

Die Verkokung findet in **Kokereien** statt.

Teer war ursprünglich ein unerwünschtes Nebenprodukt der Kohleentgasung. Nach der Entdeckung, dass man aus den im Teer enthaltenen Aromaten (u. a. Benzen) und Phenolen viele Farbstoffe herstellen kann (sog. Teerfarbstoffe), wurde Teer zu einer wichtigen Rohstoffquelle.

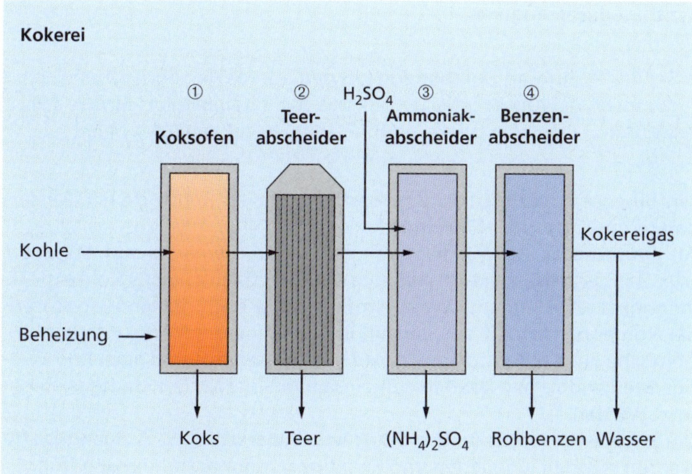

Geht man von 100 % eingesetzter Kohle aus, so gewinnt man daraus etwa:
- 80 % Koks
- 13 % Kokereigas
- 3 % Wasser (Abfallstoff)
- 3 % Teer,
- 1 % Rohbenzen
- 0,2 % Ammoniak

Abschnitt	Vorgänge
Koksofen ①	– Erhitzen der Kohle unter Luftausschluss auf Temperaturen bis 1400 °C (Beheizung erfolgt von außen) – Abspaltung flüchtiger Bestandteile wie Teer, Rohbenzen, Ammoniak und Gase – Zurückbleiben des hochwertigen kohlenstoffreichen Brennstoffs – Koks – diskontinuierlicher Prozess
Teerabscheider ②	– schrittweises Abkühlen flüchtiger Produkte – Abscheiden von Teer, einem zähflüssigen bis halbfesten Stoffgemisch organischer Substanzen
Ammoniakabscheider ③	– Reaktion von Ammoniak mit Schwefelsäure zu Ammoniumsulfat
Benzenabscheider ④	– Trennen von Rohbenzen und Kokereigas – Reinigung des Rohbenzens – Reinigung des Kokereigases, Einsatz als Heizgas für den Kontaktofen

Ausgangsstoffe:
Steinkohle, seltener Braunkohle

Reaktionsprodukte:
Hauptprodukt Koks
Nebenprodukte:
- Teer (Stoffgemisch, enthält u. a. verschiedene Aromaten, Phenol)
- Rohbenzen
- Kokereigas (Gasgemisch aus Wasserstoff, Methan, Kohlenstoffmonooxid, Kohlenstoffdioxid, kurzkettigen Alkanen, Stickstoff)

Synthesegaserzeugung

Bei der **Synthesegaserzeugung** werden aus fossilen Rohstoffen Gasgemische gewonnen, die zur Herstellung verschiedener Stoffe, z.B. Methanol und Ammoniak, oder als Heizgas verwendet werden.

Synthesegas erhält man durch Umsetzung fossiler Rohstoffe mit Wasserdampf und Luft (oder Sauerstoff).
Als Synthesegas bezeichnet man zum einen Gemische aus Stickstoff (↗ S. 155) und Wasserstoff und zum anderen Gemische aus Kohlenstoffmonooxid (↗ S. 148) und Wasserstoff. Es dient nach Abtrennung störender Komponenten z.B. zur Herstellung von Ammoniak bzw. Methanol.
Gemische aus Kohlenstoffmonooxid und Wasserstoff sind auch hochwertige Brennstoffe und können gemeinsam mit Methan als **Stadtgas** eingesetzt werden.

Die Synthesegaserzeugung verläuft kontinuierlich, d.h., Ausgangsstoffe werden ständig zugegeben und Reaktionsprodukte ständig abgeführt.
Je nach eingesetztem fossilem Rohstoff kann der Prozess unterschiedlich gestaltet sein.
Bei der Synthesegasherstellung werden oft die endotherme Reaktion des Kohlenstoffs mit Wasserdampf und die exotherme Reaktion des Kohlenstoffs mit Sauerstoff miteinander gekoppelt und gemeinsam in einem Reaktor durchgeführt.
Beim Einsatz von Erdgas als Rohstoff arbeitet man in zwei getrennten Reaktoren. Die endotherme Stufe wird dann von außen beheizt.

Die Umsetzung von Kohle oder anderen fossilen Rohstoffen mit Wasserdampf und Luft zu Synthesegas wird auch als Vergasung bezeichnet.

Synthesegaserzeugung (aus Kohle) im Winkler-Generator

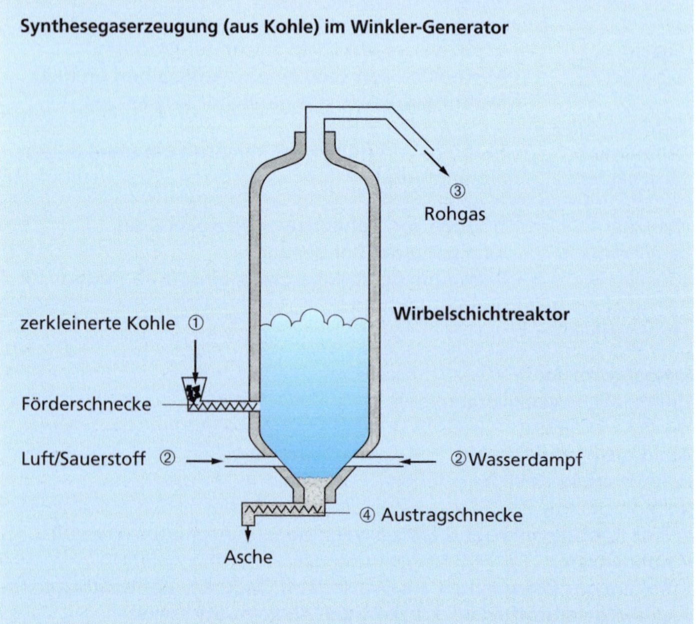

Ablauf der Synthesegaserzeugung:

Abschnitt	**Vorgänge**
Förderschnecke ①	– Transport der zerkleinerten Kohle in den Winkler-Generator
Luftzufuhr ②	– Einblasen von Luft (bzw. reinem Sauerstoff) und Wasserdampf – Kohlepartikel werden aufgewirbelt – Reaktion von Kohlenstoff, Sauerstoff und Wasserdampf hauptsächlich zu Kohlenstoffmonooxid und Wasserstoff bei 700–1000 °C
Entnahme des Rohgases ③	– Abführen des Rohgases in den oberen Bereich des WINKLER-Generators und Aufbereitung
Förderschnecke ④	– Transport der Asche (Abfallstoff) nach außen

Synthesegas wird u. a. bei der Ammoniaksynthese (↗ S. 246), bei der Herstellung von Methanol (↗ S. 270) und Essigsäure sowie bei der Kohlehydrierung (↗ S. 260) eingesetzt.

Ausgangsstoffe:
Kohle (Erdöl oder Erdgas), Luft (oder reiner Sauerstoff), Wasserdampf

Reaktionsprodukte:
Synthese- oder Heizgas (Kohlenstoffmonooxid und Wasserstoff), Asche

Die anfallende Asche kann als Zusatz bei der Herstellung von Zement oder Bergbaumörtel genutzt werden.

Chemische Reaktionen:

bei Verwendung von Kohle
Hauptreaktionen

1. $2\,C + O_2 \longrightarrow 2\,CO \qquad Q = -220$ kJ/mol
2. $C + H_2O \longrightarrow CO + H_2 \qquad Q = +132$ kJ/mol

Nebenreaktion

$$C + O_2 \longrightarrow CO_2 \qquad Q = -393 \text{ kJ/mol}$$

Bei der Herstellung von Synthesegas aus 1 mol Stickstoff und 3 mol Wasserstoff für die Ammoniaksynthese (↗ S. 245) werden bei Einsatz von Luft und Wasserdampf anschließend Kohlenstoffmonooxid und Kohlenstoffdioxid abgetrennt. Stickstoff und Wasserstoff bleiben übrig.
Bei der Herstellung von Synthesegas aus 1 mol Kohlenstoffmonooxid und 2 mol Wasserstoff für die Methanolsynthese (↗ S. 270) braucht man nur Kohlenstoffdioxid abzutrennen, wenn reiner Sauerstoff und Wasserdampf eingesetzt werden.
Die Synthesegaserzeugung ist hinsichtlich der Rohstoffe ein sehr flexibles Verfahren. Neben fossilen Rohstoffen (Kohle, Erdöl, Erdgas) lassen sich z. B. auch Kunststoffabfälle aus dem dualen System und andere organische Abfälle mit Sauerstoff und Wasserdampf vergasen.

7.3.3 Aufarbeitung von Erdöl

Erdöl ist ein sehr komplexes Gemisch verschiedenster kettenförmiger, ringförmiger und aromatischer Kohlenwasserstoffe.

Im **Erdöl** können Verbindungen mit einer Kettenlänge ab vier Kohlenstoffatomen (Siedepunkt < 20 °C) bis hin zu mehr als 50 Kohlenstoffatomen (Siedepunkte > 500 °C) enthalten sein. Zusätzlich sind auch oft organische Moleküle mit Sauerstoff-, Stickstoff- und Schwefelatomen enthalten.

Die Zusammensetzung des Erdöls kann von Lagerstätte zu Lagerstätte je nach vorliegendem pflanzlichen und tierischen Material und den vorherrschenden Bildungsbedingungen stark variieren.
Die Verarbeitung des Erdöls erfolgt in einer **Raffinerie** in Stufen.
Rohöldestillation:
Dabei wird das Rohöl in Siedefraktionen getrennt.
Weiterverarbeitung:
Ziel ist dabei, die Mengenanteile der Siedefraktion zu ändern (Cracken) und ihre Qualität zu verbessern (Reforming, Entschwefeln).
Petrochemie:
Aus den verschiedenen Gemischen werden anschließend bestimmte Verbindungen, z. B. Aromaten und Olefine (Alkene), hergestellt und isoliert. Sie sind Rohstoffe für verschiedene Synthesen.

Rohöldestillation

Ziel der **Rohöldestillation** ist es, das Erdöl, ein sehr uneinheitliches Gemisch verschiedener organischer Stoffe, in Fraktionen mit definierten Siedebereichen zu zerlegen. **Siedefraktionen** sind einheitlichere Gemische von Kohlenwasserstoffen mit ähnlichem Siedebereich.

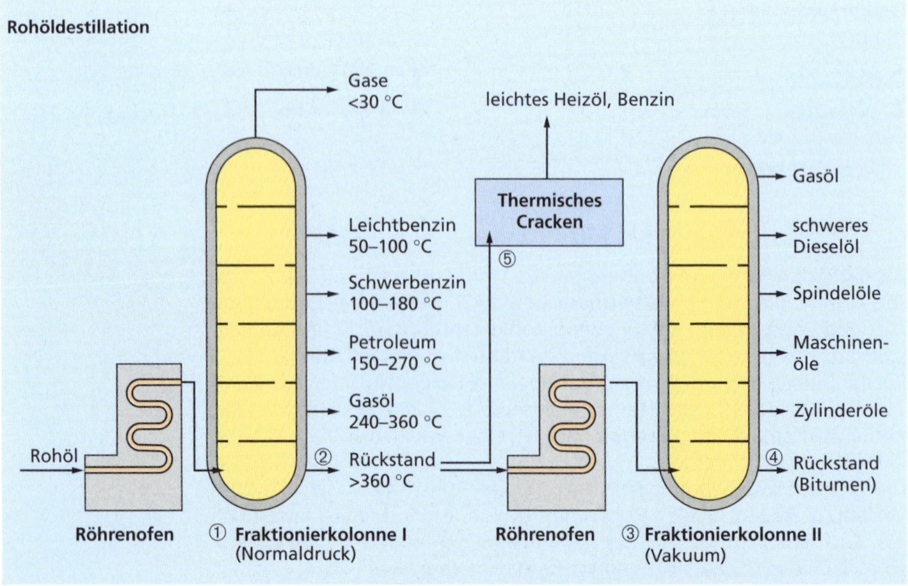

Ablauf der Rohöldestillation:

Abschnitt	Vorgänge
Fraktionierkolonne I ①	– Erhitzen des Rohöls und kontinuierliche Einleitung – Verdampfen der unter 360 °C siedenden Anteile bei Normaldruck – Abkühlung der Gase bis zur Kondensation während des Aufsteigens – kontinuierliche Entnahme der einzelnen Fraktionen in verschiedenen Höhen der Kolonne
Entnahme des Rückstands ②	– Entnahme des über 360 °C siedenden Anteils des Rohöls (flüssiger Rückstand)
Fraktionierkolonne II ③	– Zerlegung des Rückstands im Vakuum (schonende Bedingungen) in weitere Fraktionen (Ölfraktionen) – übrig bleibt Bitumen als Vakuumrückstand ④ (Bestandteile, die erst bei mehr als 500 °C sieden)
Cracken ⑤	– thermisches Cracken des flüssigen Rückstands als Alternative zur Vakuumfraktionierung – Gewinnung niedrig siedender Produkte nach Fraktionierung

Ausgangsstoffe:
Rohöl

Reaktionsprodukte:
1. aus der Normaldruckdestillation (Fraktionierkolonne I)
   - Gasgemisch (< 30 °C) als Heiz- und Synthesegas
   - Leichtbenzin (50–100 °C) als Lösungsmittel
   - Schwerbenzin (100–180 °C) zur Kraftstoffherstellung
   - Petroleum (150–270 °C) als Kraftstoff für Flugzeuge
   - Dieselöl, Gasöl (240–360 °C) als Dieselkraftstoff, Heizöl
2. aus der Vakuumdestillation (Fraktionierkolonne II)
   - Gasöl
   - Dieselöl als Heizöl
   - schweres Heizöl
   - Maschinen- und Schmieröl
   - Bitumen zur Asphalt-, Teer- und Farbenherstellung

Der Erdöldurchsatz in einer modernen Raffinerie ist sehr groß. In der Raffinerie Leuna werden beispielsweise in der Rohöldestillationsanlage jährlich 10 Millionen Tonnen verarbeitet, das sind stündlich etwa 1250 Tonnen oder etwa 1500 m^3.

Crackverfahren

Das Wort **Cracken** stammt vom englischen *„to crack"* und bedeutet „spalten".

Crackverfahren sind Prozesse zur Spaltung von hochsiedenden Fraktionen. Je nach Gemisch wird das Verfahren rein thermisch oder mithilfe von Katalysatoren durchgeführt.

Bei der Rohöldestillation fallen oft nur etwa 20 % verschiedene Benzine und etwa 50 % Produkte mit einem Siedepunkt unter 360 °C an, der Bedarf für diese Fraktionen ist jedoch viel höher.
Daher muss man zusätzlich hochsiedende Fraktionen (Vakuumdestillate) spalten und in niedriger siedende Fraktionen umwandeln.

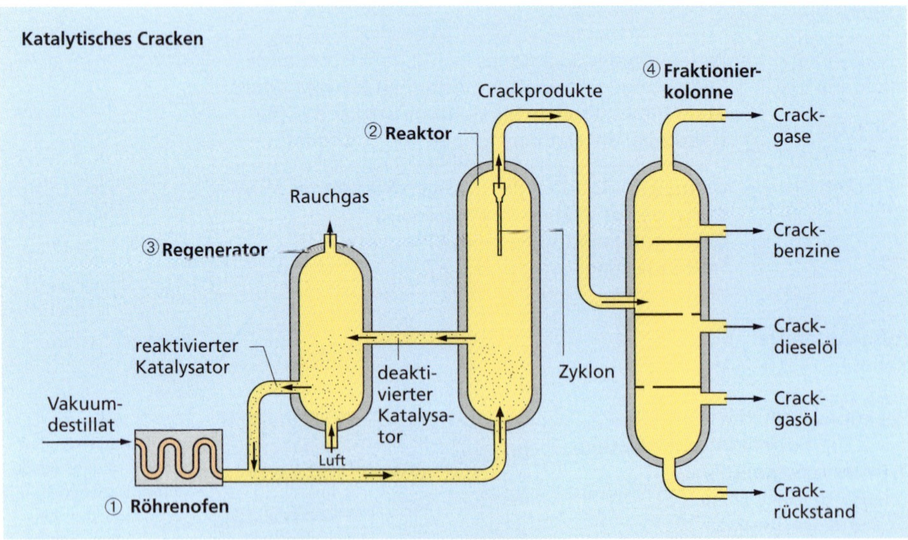

Ablauf des katalytischen Crackens:

Auch ohne Katalysatoren ist das Cracken von hochsiedenden Fraktionen bei ca. 900 °C möglich. Dieses als **thermisches Cracken** bezeichnete Verfahren liefert aber qualitativ schlechtere Crackbenzine.

Abschnitt	Vorgänge
Röhrenofen ①	– Erhitzen des Vakuumdestillats auf 500–600 °C
Reaktor ②	– Reaktion des Stoffgemischs am Katalysator (Siliciumdioxid und Aluminiumoxid) – Spaltung der großen Moleküle des Vakuumdestillats in ein Gemisch kleinerer Moleküle (Gase, Benzine, Petroleum) – Ablagerung der entstehenden geringen Koksmengen auf dem Katalysator, wodurch dieser innerhalb von Minuten unwirksam wird

Regenerator ③	– Einleiten des koksbeladenen Katalysators in einen Regenerator – Befreiung des Katalysators vom Koks durch Abbrennen – Rückführung des Katalysators in den Reaktor ②
Fraktionierkolonne ④	– Einleiten der Crackprodukte in die Fraktionierkolonne und destillative Trennung des Stoffgemischs in mehrere Siedefraktionen

Ausgangsstoffe:
Vakuumdestillate (Gemisch organischer Verbindungen mit hohen Siedepunkten aus der Rohöldestillation)

Reaktionsprodukte:
- Crackgase
- Crackbenzine
- Crackdieselöl
- Crackgasöl
- Crackrückstand

Chemische Reaktionen:

$$\underset{\text{Vakuumdestillat}}{C_{25}H_{52}} \xrightarrow{\text{Katalysator}} \underset{\text{Alkan}}{C_{15}H_{32}} + \underset{\text{Alkan}}{C_9H_{20}} + \underset{\text{Koks}}{C}$$

$$\underset{\text{Vakuumdestillat}}{C_{25}H_{52}} \xrightarrow{\text{Katalysator}} \underset{\text{Kette}}{C_{11}H_{24}} + \underset{\text{Kette}}{C_2H_6} + \underset{\text{Ring}}{C_6H_{12}} + \underset{\text{Ring (Aromat)}}{C_6H_6} + 2\,H_2$$

Reformieren von Benzin

Beim **Reformieren** werden Kohlenwasserstoffe, z.B. aus Benzin, umgewandelt, um hochwertige Kraftstoffe und aromatische Verbindungen zu erhalten.

Die Benzine aus der Rohöldestillation haben eine schlechte Qualität als **Vergaserkraftstoff** (VK), sie neigen zum „Klopfen". Das Klopfen entsteht im Motor durch vorzeitige Entzündung des Benzin-Luft-Gemischs während des Verdichtens. Es ist von der Qualität des Benzins abhängig. Ein Maß für die Klopffestigkeit von Vergaserkraftstoffen ist die Octanzahl.

Die **Octanzahl** eines Benzins gibt an, wie klopffest es ist.

Das Klopfverhalten hängt stark von der Struktur der Kohlenwasserstoffe ab. n-Alkane haben eine niedrigere Octanzahl als Isoalkane, Cycloalkane oder Aromaten (↗ S. 199), z.B. hat n-Heptan die Octanzahl 0 und Isooctan die Octanzahl 100.

Durch chemische Umwandlungen kann die Klopffestigkeit und damit die **Benzinqualität** verbessert werden. In der Vergangenheit wurden auch in Deutschland hochgiftige Bleiverbindungen als **Antiklopfmittel** zugesetzt. Manche Länder verwenden auch heute noch bleihaltiges Benzin.

Zur Bestimmung der Octanzahl verwendet man Eichstoffe, z.B. das sehr klopffeste Isooctan (2,2,4-Trimethylpentan) mit einer willkürlich festgelegten Octanzahl (ROZ) von 100 und stark klopfendes n-Heptan mit einer willkürlich festgelegten Octanzahl von 0.

Ablauf des Reformierens:

Das Reformieren von **Benzin** ist ein kontinuierlicher Vorgang. An einem Katalysator (Platin auf Aluminiumoxid) werden die Kohlenwasserstoffmoleküle der Ausgangsstoffe zu anderen Strukturen umgelagert.
Man arbeitet bei etwa 500 °C und einem Druck von etwa 1 MPa. Durch die Wirkung des Katalysators lagern sich n-Alkane (↗ S. 191) zu Isoalkanen um. Sie können auch ringförmige Verbindungen, die Cycloalkane (↗ S. 198), bilden, aus denen anschließend durch weitere Wasserstoffabspaltung Aromaten werden.

Durch diese Umwandlungsprozesse erhält man die gewünschten Kraftstoffe mit hoher Octanzahl. Mittels Extraktion (selektives Herauslösen) können aus dem Stoffgemisch, welches als Reaktionsprodukt anfällt, auch reine Aromaten wie Benzen (Benzol ↗ S. 199) oder Toluen (Toluol ↗ S. 200) gewonnen werden. Diese werden als Ausgangsstoffe für zahlreiche Produkte gebraucht.

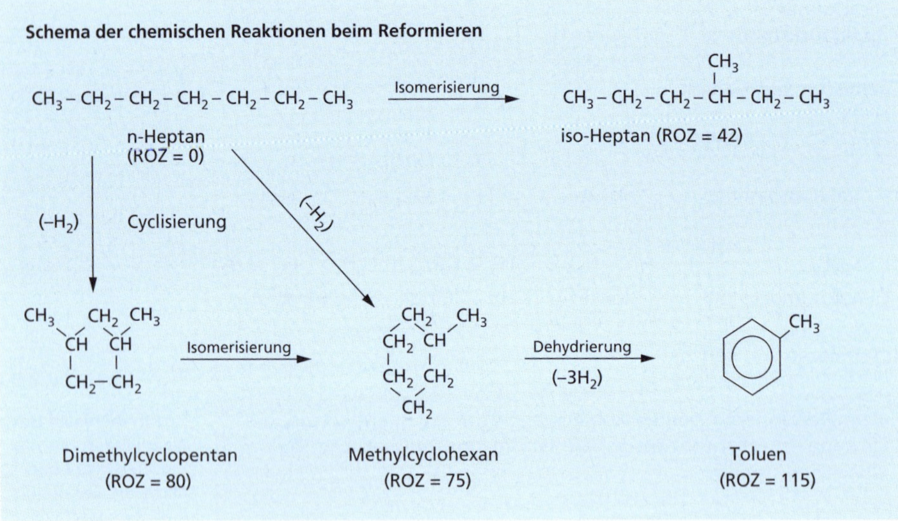

Pyrolyse von Benzin

Pyrolyseprozesse dienen der Gewinnung kurzkettiger Alkene aus Leichtbenzin. Die Mitteltemperaturpyrolyse (MTP) verläuft bei 700–950 °C. Die Hochtemperaturpyrolyse benötigt Temperaturen bis 2000 °C.

Die **Pyrolyse** ist ein Verfahren der Petrochemie. Dabei werden durch Crackprozesse Methan, niedere Alkene und Aromaten gewonnen.

Zur Herstellung organischer Kunststoffe werden sehr große Mengen Alkene (↗ S. 193) benötigt, z.B. Ethen, Propen oder Butadien. Man gewinnt sie durch thermische Wasserstoffabspaltung, auch Pyrolyse genannt, aus Benzinen.
Auch der Begriff **Steamcracken** wird verwendet, da zur Spaltung der Benzine Wasserdampf (engl. *steam* = Dampf) zugesetzt wird.

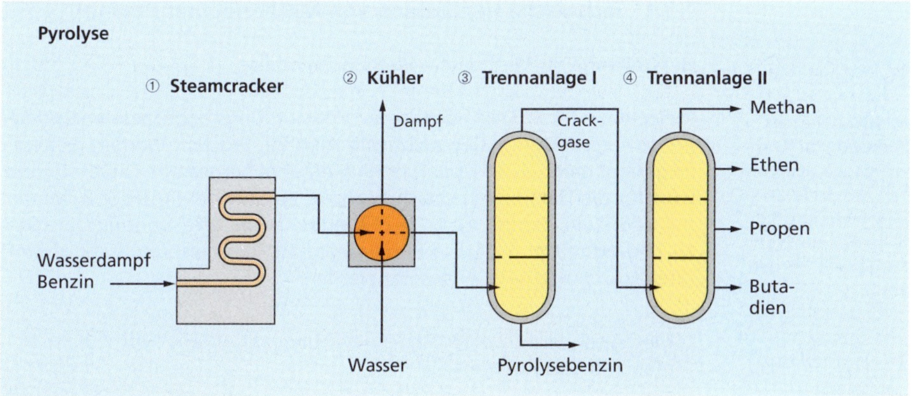

Ablauf der Pyrolyse:

Abschnitt	Vorgänge
Steamcracker ①	– kontinuierliches Erhitzen von Benzin unter Zusatz von Wasserdampf bei 800–900 °C (Verweilzeit 0,1–1 s) – Spaltung der Kohlenwasserstoffketten des Stoffgemischs in kurze Bruchstücke – Wasserstoffabspaltung (Dehydrierung) aus den Molekülen – Entstehung verschiedener Alkene und Aromaten
Kühler ②	– schnelle Abkühlung der Reaktionsprodukte auf unter 400 °C, damit diese nicht weiter zerfallen
Trennanlage I ③	– Zerlegung des Produktgemischs hauptsächlich aus: 0–15 % Methan, 30–35 % Ethen, 10–15 % Propen, 3–5 % Butadien und 25–30 % Pyrolysebenzin in seine flüssigen und gasförmigen Bestandteile – Gewinnung reiner Aromaten durch Extraktion des Pyrolysebenzins
Trennanlage II ④	– Gewinnung von verschiedenen Alkenen durch Tieftemperaturdestillation

„Olefine" ist die ältere Bezeichnung für **Alkene.** Diese Moleküle besitzen eine oder mehrere Doppelbindungen zwischen zwei Kohlenstoffatomen. Olefine sind Ausgangsstoffe für die verschiedensten **Kunststoffe.**

Entschwefeln

Eine weitere Veredlung stellt das Entschwefeln von Erdöldestillaten dar. Man gewinnt schwefelfreie oder schwefelarme Brenn- und Treibstoffe. Der anfallende Schwefel dient zur Herstellung von Schwefelsäure.

Beim **Entschwefeln** wird der in Erdöl enthaltene, gebundene Schwefel entfernt und damit die Qualität verbessert.

Beim Entschwefeln wird der im Erdöl gebundene Schwefel mit Wasserstoff an Katalysatoren zu Schwefelwasserstoff (↗ S. 166) und danach zu elementarem **Schwefel** umgesetzt.

7.3.4 Technische Herstellung von Methanol und Ethanol

Herstellung von Methanol – Methanolsynthese

Methanol hat als Treibstoff für Kraftfahrzeuge den Vorteil, dass es leicht zu gewinnen ist und nicht nur aus Erdöl hergestellt werden kann.

Methanol (↗ S. 203) ist nach seinen Verwendungsmöglichkeiten und der produzierten Menge der wichtigste Alkohol. Pro Jahr werden weltweit insgesamt mehr als 20 Mio. Tonnen Methanol hergestellt. Dieser Alkohol wird für die Herstellung verschiedenster organischer Stoffe, z.B. Methanal (↗ S. 209), Essigsäure (↗ S. 212) oder Kunststoffe, benötigt. Er dient als Lösungsmittel für Lacke und Farben und kann als Vergaserkraftstoff oder Kraftstoffzusatz eingesetzt werden.

Methanol wird in einer Gleichgewichtsreaktion aus Synthesegas in einem Reaktor hergestellt.

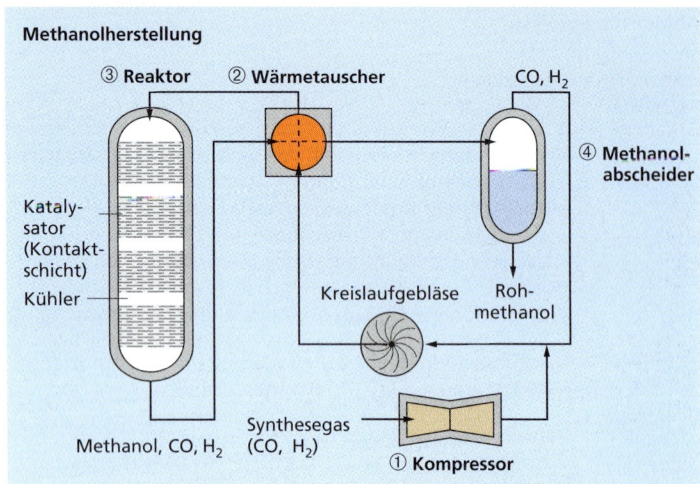

Die Methanolsynthese ist eine Gleichgewichtsreaktion, bei der eine niedrige Temperatur und hoher Druck die Hinreaktion (Methanolausbeute) begünstigen. Es wird mit Drücken von 5 bis 35 MPa an einem Katalysator gearbeitet.

Ablauf der Methanolsynthese:

Abschnitt	Vorgänge
Kompressor ①	– Verdichten des Synthesegases aus Kohlenstoffmonooxid und Wasserstoff auf 5 bis 35 MPa
Wärmetauscher ②	– Erhitzen des Gasgemisches auf 250–350 °C
Reaktor ③	– Entstehung von Methanol durch Kontakt mit dem Katalysator (verschiedene Kupfer-, Aluminium- und Zinkoxide)
Abtrennung des Rohmethanols ④	– Abkühlung und Kondensation des Rohmethanols – Abtrennung von den nicht umgesetzten Ausgangsstoffen, die dann in den Kreislauf zurückgeführt werden – Reinigung des Rohmethanols durch Destillation

Ausgangsstoffe: Synthesegas (aus Erdöl, Erdgas oder Kohle) mit Kohlenstoffmonooxid und Wasserstoff

Reaktionsprodukte: Methanol

Chemische Reaktion:

$$CO \quad + \quad 2\,H_2 \rightleftharpoons CH_3OH \qquad Q = -91\ \text{kJ/mol}$$

Die **technische Herstellung von Methanol** erfolgt unter ähnlichen Bedingungen wie die Ammoniaksynthese (↗ S. 245 f.).

Herstellung von Ethanol – Ethanolsynthese

Ethanol kann durch alkoholische Gärung aus Kohlenhydraten (Gärungsalkohol) oder durch Hydratisierung von Alkenen (Synthesealkohol) erzeugt werden.

Ethanol (↗ S. 203) ist der bekannteste Vertreter der Alkohole. Ähnlich wie das Methanol kann es vielfältig verwendet werden. Ethanol dient zur Herstellung von Acetaldehyd, Essigsäure, Fruchtestern und anderen organischen Chemikalien, als Lösungsmittel, Treibstoffzusatz und als Brennspiritus. Für Genusszwecke wird nur **Gärungsalkohol** verwendet.

Mittels **alkoholischer Gärung** kann höchstens ein Alkoholgehalt (Ethanolgehalt) von ca. 15 % erreicht werden, dann sterben die Hefezellen ab.

Herstellung von Gärungsethanol:

1. Als Ausgangsstoffe für die alkoholische **Gärung** dienen sowohl Vielfachzucker, z.B. Stärke, als auch Zweifach- und Einfachzucker wie Rohrzucker (Saccharose) oder Traubenzucker (Glucose). Vielfachzucker werden zuerst zu vergärbaren Zuckern abgebaut.
2. Besondere Enzyme in Hefen vergären anschließend die Zucker in wässriger Lösung zu Ethanol und Kohlenstoffdioxid.
3. Nach Abschluss des Gärprozesses filtriert man die Hefe aus der wässrigen Lösung ab.
4. Um hochprozentiges Ethanol zu gewinnen, muss die wässrige Lösung anschließend destilliert oder zu **Trinkbranntwein** aufkonzentriert werden.

Das Destillieren von niedrigprozentigem Ethanol wird auch als Brennen von Alkohol bezeichnet. Weinbrand entstand also durch Brennen von Wein. Jeder Destillationsdurchgang wird mit einem Stern gekennzeichnet. Bei der alkoholischen Gärung entstehen auch geringe Mengen anderer Alkohole (Fuselöle), die bei der Destillation größtenteils abgetrennt werden.

Aus verschiedenen pflanzlichen Rohstoffen lassen sich unterschiedliche Spirituosen herstellen:

Weizen:	Korn
Gerste:	Whisky
Kartoffeln:	Wodka
Reis:	Sake
Agave:	Tequila
Zuckerrohr:	Rum

Ausgangsstoffe:
Traubenzucker oder verschiedene Kohlenhydrate

Reaktionsprodukte:
Ethanol, Kohlenstoffdioxid

Chemische Reaktion:

$$C_6H_{12}O_6 \xrightarrow{\text{Enzyme der Hefe}} 2\,C_2H_5OH + 2\,CO_2$$

Herstellung von Syntheseethanol:

Der Bedarf an Ethanol kann nicht allein durch Gärungsethanol gedeckt werden. Daher wird auch Syntheseethanol hergestellt.

1. An den Ausgangsstoff Ethen (↗ S. 193) wird mithilfe von Katalysatoren (z. B. Phosphorsäure auf Siliciumdioxid) Wasser addiert.
2. Das Verfahren erfolgt kontinuierlich bei Temperaturen von 250 bis 300 °C und Drücken von 6 bis 8 MPa.
3. Da es sich um eine Gleichgewichtsreaktion handelt, erhält man pro Reaktordurchgang am Katalysator nur etwa 5 % Umsatz zu Ethanol.
4. Gebildetes Ethanol wird nach dem Reaktor durch Kondensation von den nicht umgesetzten Ausgangsstoffen abgetrennt. Diese werden dann in den Kreislauf zurückgeführt.
5. Das entstehende Rohethanol enthält Nebenprodukte als Verunreinigung und wird anschließend durch Destillation gereinigt, sodass als Produkt 96 %iges Ethanol entsteht.

Ausgangsstoffe:
Ethen (Ethylen) und Wasser

Reaktionsprodukte:
Ethanol

Chemische Reaktion:

$$CH_2{=}CH_2 + H_2O \rightleftharpoons CH_3{-}CH_2{-}OH \qquad Q = -46\ \text{kJ/mol}$$

7.3.5 Herstellung von Plasten, Elastomeren, Fasern

Es existiert eine Vielzahl **technisch wichtiger Kunststoffe.** Kunststoffe begegnen uns auch im Haushalt und in anderen Bereichen des täglichen Lebens.

Kunststoffe, Elastomere und Fasern sind makromolekulare Stoffe (Polymere). Sie werden durch chemische Veränderungen natürlicher Makromoleküle oder synthetisch erzeugt.
Die Eigenschaften dieser Stoffe können je nach ihren Grundbausteinen und der Struktur stark variieren.

Einteilung:
- **Thermoplaste** (↗ S. 227) bestehen aus linearen, z.T. verzweigten Makromolekülen. Sie erweichen beim Erwärmen und lassen sich so verformen.
- **Duroplaste** (↗ S. 227) haben untereinander räumlich stark vernetzte Polymerketten. Sie erweichen beim Erwärmen *nicht* und lassen sich daher nachträglich nicht mehr verformen.
- **Elastomere** (↗ S. 227) besitzen untereinander gering vernetzte Polymerketten. Die Makromoleküle sind dadurch elastisch gegeneinander verschiebbar.
- **Fasern** sind meist thermoplastische Polymere, die sich z.B. aus der Schmelze durch eine Düse zu einem Faden ziehen lassen.

Kunststoffe besitzen viele günstige Eigenschaften. Sie sind leicht, fast immer ungiftig, gut verformbar, stabil gegenüber äußeren Einflüssen und können meist relativ billig produziert werden. Heute verwendet man die Kunststoffe nicht mehr nur als Ersatz für Metalle, Naturkautschuk oder Naturfasern, sondern auch als eigenständige Rohstoffe für den Maschinenbau, in der Elektrotechnik, der Luft- und Raumfahrt, in der Medizin oder zur Herstellung von Haushaltsgegenständen.

Organische Kunststoffe			
Name Einteilung	**Zusammensetzung**	**Verwendung**	**Herstellung**
Polyethen (Polyethylen) **PE** Thermoplast	Polymerisationsprodukt des Ethens (↗ S. 193)	– LDPE: Folien, Verpackungen – HDPE: Rohre, Flaschen, Haushaltsartikel	– Hochdruckpolyethylen (LDPE) bei 150–300 MPa und 150–300 °C durch Polymerisation von Ethen – Niederdruckpolyethylen (HDPE) bei 0,2–2 MPa und 50–80 °C durch Polymerisation (↗ S. 231)
Polyvinylchlorid **PVC** Thermoplast	Polymerisationsprodukt des Vinylchlorids (Monochlorethen) (↗ S. 231)	– Hart-PVC: Rohre, Fensterrahmen – Weich-PVC: Folien, Fußbodenbeläge	– Vinylchlorid wird aus Ethen und Chlor hergestellt – Polymerisation von Vinylchlorid – Zusatz von Weichmachern für Weich-PVC
Polystyren (früher Polystyrol) **PS** Thermoplast	Polymerisationsprodukt des Styrens (Styrols) (↗ S. 200)	– Formteile, Haushaltsartikel – aufgeschäumt als Wärmedämmstoff	– Styren wird aus Benzen (Benzol) und Ethen hergestellt – Polymerisation von Styren – Aufschäumen durch Zusätze von Treibmitteln, Entstehung von Schaumpolystyren (Styropor)

Polyurethan **PUR** Thermoplaste Elastomere	Polyadditionsprodukt aus Isocyanaten und Alkoholen	– Schaumstoff: Polstermaterial, Wärmeisolierung – Kunstleder, Lacke, Klebstoff, Elaste	– verschiedene Isocyanate reagieren mit zweiwertigen (oder mehrwertigen) Alkoholen – **Polyaddition** (↗ S. 231) – nach Wahl der Ausgangsstoffe entstehen lineare oder vernetzte Plaste, Fasern und Elastomere
Phenoplast **PF** Duroplast	Polykondensationsprodukt aus Phenol und Methanal (Formaldehyd)	– Harze, Lacke, Leime, Schichtpressstoffe, Formteile	– Phenol (oder verschiedene Abkömmlinge) reagieren mit Methanal unter Wasserabspaltung – **Polykondensation** (↗ S. 230) zu räumlich vernetzten Molekülen
Polyamid **PA** Thermoplast Chemiefaser	Polykondensationsprodukt aus Dicarbonsäuren und Diaminen	– Plast: Folien, Maschinenteile, Gehäuse – Faser: **Nylon, Perlon,** Teppiche	– Dicarbonsäuren reagieren mit Diaminen unter Wasserabspaltung, durch Polykondensation entstehen lineare Moleküle – Polyamidbildung auch durch Polymerisation von Caprolactam (Perlon) möglich
Polyester **PET** Thermoplast Chemiefaser	Polykondensationsprodukt verschiedener Carbonsäuren mit Alkoholen	– Plast: Getränkeflaschen, Maschinenteile, Gehäuse – Textilfasern – Lacke, Verbundstoffe	– Dicarbonsäuren reagieren mit zweiwertigen Alkoholen unter Wasserabspaltung (Polykondensation) – nach Wahl der Ausgangsstoffe entstehen Produkte mit verschiedenen Eigenschaften
Polyacrylnitril **PAN** Chemiefaser	Polymerisationsprodukt des Acrylnitrils	– Strickwaren, Heimtextilien	– **Polymerisation** (↗ S. 231) von Acrylnitril – Verspinnen der Polymerlösung zu wollähnlichen Fasern – Verweben zu Faserstoffen
Synthesekautschuk **SR** Elastomere	Polymerisationsprodukt – aus Butadien oder – Butadien und Styren oder – Butadien und Acrylnitril u. a.	– Gummiherstellung, Reifen Schläuche, Kabelisolierung – Arbeitsschutzbekleidung, Latexprodukte, Klebstoffe	– Polymerisation von Butadien (Buta-1,3-dien) – Zusatz von anderen Ausgangsstoffen möglich, z.B. Styren, Acrylnitril, Isobuten – Bildung eines Thermoplasts – durch Reaktion mit Schwefel **(Vulkanisation)** entstehen schwach vernetzte Ketten, die Elastizität bewirken

STOFFKREISLÄUFE | 8

8.1 Kreisläufe von Stoffen

Der Stofffluss in den **natürlichen Stoffkreisläufen** wird durch Energieumwandlungen aufrechterhalten.

In **Stoffkreisläufen** werden Stoffumwandlungen eines Elements in verschiedene Verbindungen oder der Weg einer einzigen Verbindung betrachtet. Stoffkreisläufe kommen in Ökosystemen vor.

In den Kreisläufen der Stoffe werden entweder der Weg eines chemischen Elements und seiner anorganischen und organischen Verbindungen betrachtet, z.B. beim Kreislauf des Kohlenstoffs, oder der Weg einer überall auf der Erde vorkommenden Verbindung eines Elements, z.B. bei den Kreisläufen des Kohlenstoffdioxids oder des Wassers.

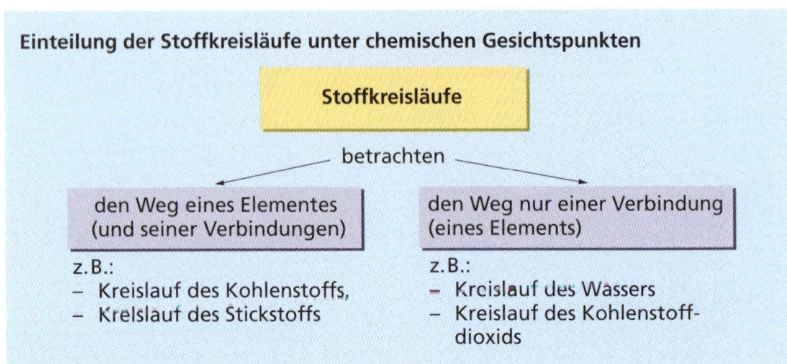

Stoffkreisläufe können auch nach der Verknüpfung verschiedener Vorgänge eingeteilt werden.
Es können sowohl biologische, geologische und chemische Vorgänge als auch nur geologische und physikalische Vorgänge beteiligt sein.

Durch menschliche Aktivitäten (z.B. Industrie, Landwirtschaft, Kraftfahrzeuge usw.) werden die natürlichen Stoffkreisläufe beeinflusst (↗ S. 288 ff.). Um die Störungen zu minimieren, müssen Rohstoffe und Energie so effektiv wie möglich genutzt werden.

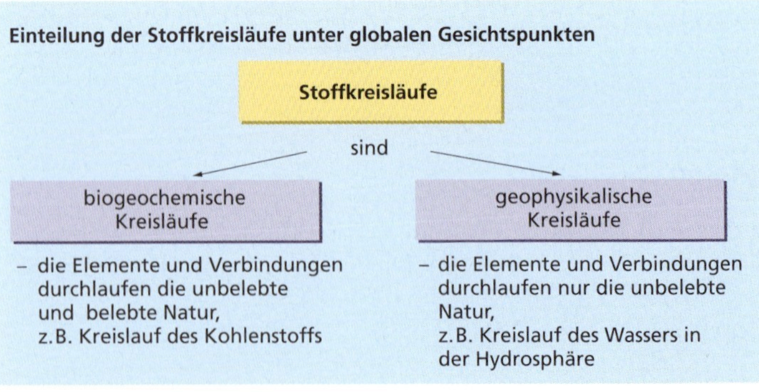

Stoffkreisläufe lassen sich dort aufstellen, wo ein Element und seine Verbindungen an zahlreichen Umwandlungsprozessen, z.B. dem Stoffwechsel in Lebewesen, beteiligt sind.
Für einige Elemente des Periodensystems (↗ S. 69), z.B. Kohlenstoff, Stickstoff, Sauerstoff, Wasserstoff, aber auch für Phosphor oder Schwefel, gibt es solche Kreisläufe.

8.2 Der Kreislauf des Kohlenstoffs

8.2.1 Überblick

Der natürliche **Kohlenstoffkreislauf** wird vom Menschen beeinflusst. Durch Verbrennen von Kohle, Öl und Erdgas gelangt zusätzlich Kohlenstoffdioxid in die Luft.

Im **Kohlenstoffkreislauf** wird der Weg des Elementes Kohlenstoff in seinen anorganischen und organischen Verbindungen auf der gesamten Erde betrachtet.

Das Element Kohlenstoff (↗ S. 145) kommt auf der Erde in elementarer Form und in anorganischen und organischen Verbindungen vor.

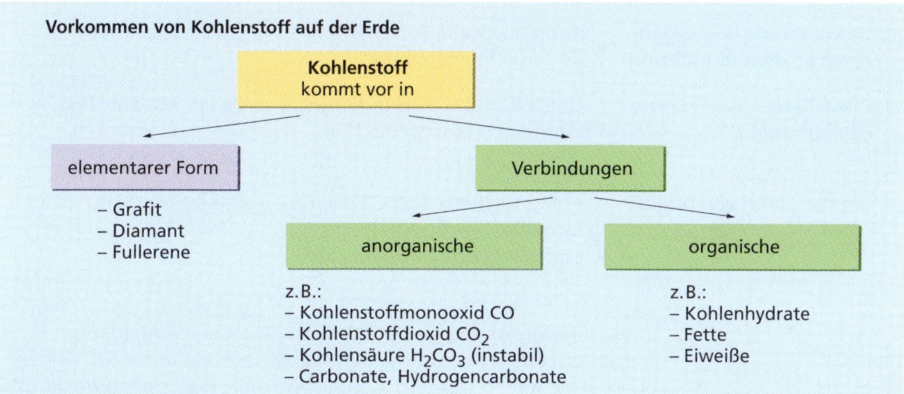

8.2.2 Der Kohlenstoffkreislauf

Der natürliche **Kohlenstoffkreislauf** wird vom Menschen beeinflusst. Durch Verbrennen von Kohle, Öl und Erdgas gelangt zusätzlich Kohlenstoffdioxid in die Luft.

Je nach den beteiligten Vorgängen kann der Kohlenstoffkreislauf in einen geologischen und einen biologischen Kreislauf unterteilt werden. Dabei spielen verschiedene Vorgänge in der Atmosphäre, der Biosphäre und der Lithosphäre eine Rolle. Der Austausch zwischen den verschiedenen Umweltbereichen erfolgt hautsächlich über Kohlenstoffdioxid.

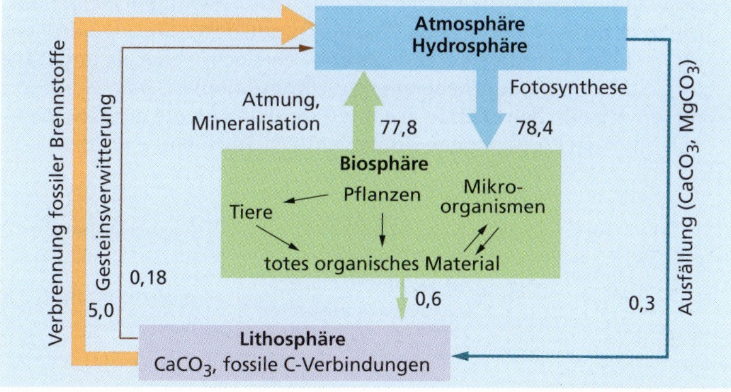

Die Atmosphäre enthält Kohlenstoffoxide und Methan. Im Wasser sind Carbonate gelöst, dazu kommt der biologische Kohlenstoff in Wasserorganismen. Die Geosphäre enthält Carbonate, **Kohle**, Erdöl und **Erdgas.**

Ablauf des Kohlenstoffkreislaufs:
Da es sich um einen Kreislauf handelt, spielt es keine Rolle, an welcher Stelle man mit der Betrachtung der Vorgänge beginnt. Der biologische Kohlenstoffkreislauf beginnt jedoch mit den grünen Pflanzen, den Produzenten. Nach den biologischen Vorgängen kann der Kohlenstoffkreislauf in vier Abschnitte unterteilt werden.

Abschnitt des Kohlenstoffkreislaufs	umgewandelte Kohlenstoffverbindungen	Lebewesen/Zellen
1. Assimilation von Kohlenstoffdioxid (Fotosynthese)	Kohlenstoffdioxid (anorganisch) in Glucose (organisch)	chlorophyllhaltige Zellen der grünen Pflanzen
2. Umwandlung von organischen Stoffen (Ernährung)	Kohlenhydrate, Fette, Eiweiße (organisch) ineinander	Zellen aller Lebewesen
3. Dissimilation von Glucose (Zellatmung)	Glucose (organisch) in Kohlenstoffdioxid (anorganisch)	Zellen fast aller Lebewesen, z. B. Pflanzen, Tiere, Mensch
4. Umwandlung von organischen Stoffen (Zersetzung)	Kohlenhydrate, Fette, Eiweiße (organisch) in anorganische Stoffe wie Kohlenstoffdioxid	Bakterien, Pilze

Die Herstellung von Glucose und Sauerstoff aus Kohlenstoffdioxid und Wasser mithilfe von Licht und Chlorophyll wird als **Fotosynthese** bezeichnet. Sie ist eine Form der autotrophen Assimilation. Bei der **Zellatmung** wird Glucose mit Sauerstoff zur Energieerzeugung in den Zellen verbrannt.

1. Umwandlung von Kohlenstoffdioxid in Glucose – **Assimilation:**
   Die **Produzenten** sowohl in den Gewässern als auch auf der Erdoberfläche stellen aus den Ausgangsstoffen Kohlenstoffdioxid und Wasser das Fotosyntheseprodukt Glucose (Traubenzucker) her. Das Element Kohlenstoff ist zuerst im Kohlenstoffdioxid und dann in Glucose gebunden. Die chemische Reaktion läuft in vielen Teilschritten ab und kann mit folgendem Schema (Gesamtgleichung) wiedergegeben werden:

$$6\,CO_2 + 6\,H_2O \xrightarrow[\text{Chlorophyll}]{\text{Licht}} C_6H_{12}O_6 + 6\,O_2$$

2. Umwandlung von organischen Kohlenstoffverbindungen ineinander:
   Die in den Zellen der grünen Pflanzen produzierte Glucose wird von diesen selbst in andere Kohlenhydrate, aber auch in Eiweiße und Fette umgewandelt. Andere Lebewesen, die **Konsumenten,** welche sich von diesen organischen Stoffen ernähren, verwandeln die aufgenommenen Stoffe in körpereigene Kohlenhydrate, Fette und Eiweiße.

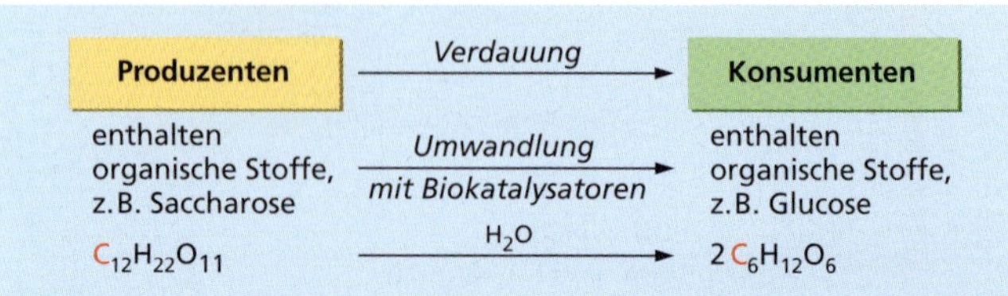

3. Umwandlung von Glucose in Kohlenstoffdioxid – **Dissimilation:** Alle Lebewesen benötigen für ihre Lebensvorgänge Energie. Bis auf wenige Ausnahmen gewinnen sie diese durch „biologische Oxidation" in der Zellatmung. Dabei wird Glucose mit Sauerstoff in mehreren Teilschritten unter Energiegewinn für die Zelle zu Kohlenstoffdioxid und Wasser umgesetzt. Das Element Kohlenstoff ist zuerst in der Glucose und dann in Kohlenstoffdioxid gebunden.

$$C_6H_{12}O_6 + 6\,O_2 \xrightarrow{\text{Biokatalysatoren}} 6\,CO_2 + 6\,H_2O$$

4. Umwandlung von organischen Stoffen in anorganische – **Zersetzung:** Tote organische Substanz besteht z.B. aus Kohlenhydraten, Fetten und Eiweißen. Bakterien und Pilze zersetzen diese organischen Stoffe in ihrem Stoffwechsel. Aus dem organisch gebundenen Kohlenstoff entsteht bei vollständiger Zersetzung Kohlenstoffdioxid.

Auch durch geologische und physikalische Prozesse können Kohlenstoffverbindungen entstehen und zerlegt werden. Kohlenstoffdioxid löst sich in Gewässern zu Kohlensäure, mit Metall-Ionen können schwer lösliche Carbonate (↗ S. 150) ausfallen. Bei der Inkohlung wurde organische kohlenstoffhaltige Substanz in der Erdkruste gebunden. Durch Brände kann sehr viel Kohlenstoffdioxid entstehen.

Der natürliche Kohlenstoffkreislauf wird durch den Menschen wesentlich gestört. Durch Verbrennung fossiler Rohstoffe wird ungefähr 100-mal so viel Kohlenstoffdioxid an die Atmosphäre abgegeben wie durch natürliche (geochemische) Vorgänge. Auch durch Brandrodungen und natürliche Brände werden große Mengen Kohlenstoffdioxid freigesetzt. Davon kann nur ein Teil wieder durch Fotosynthese verbraucht oder im Wasser der Ozeane gebunden werden.

Abgestorbene organische Substanz kann auch langfristig in Humus, Torf oder Erdöl (organische Stoffe) umgesetzt werden. Diese wird dann für große Zeiträume dem Kreislauf entzogen.

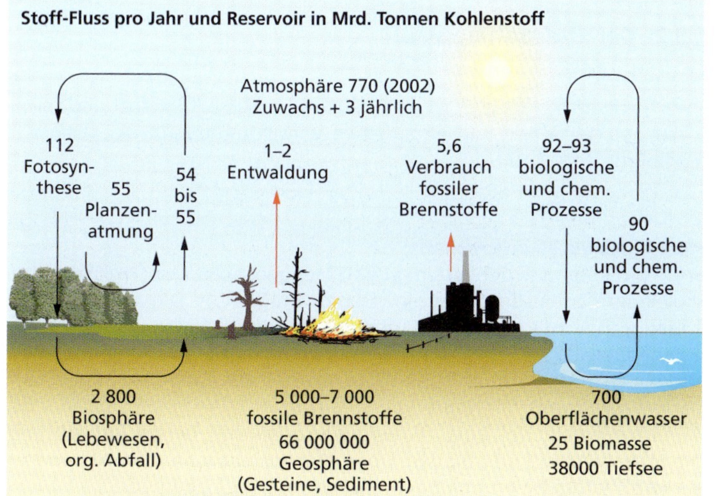

Durch den Einfluss des Menschen auf den **Kohlenstoffkreislauf** nimmt der Kohlenstoffgehalt der Atmosphäre jährlich um ca. 3 Mrd. Tonnen zu.

8.3 Der Kreislauf des Stickstoffs

8.3.1 Überblick

Das Element Stickstoff (↗ S. 155) kommt auf der Erde sowohl in elementarer Form als Elementsubstanz als auch in zahlreichen anorganischen und organischen Verbindungen vor.

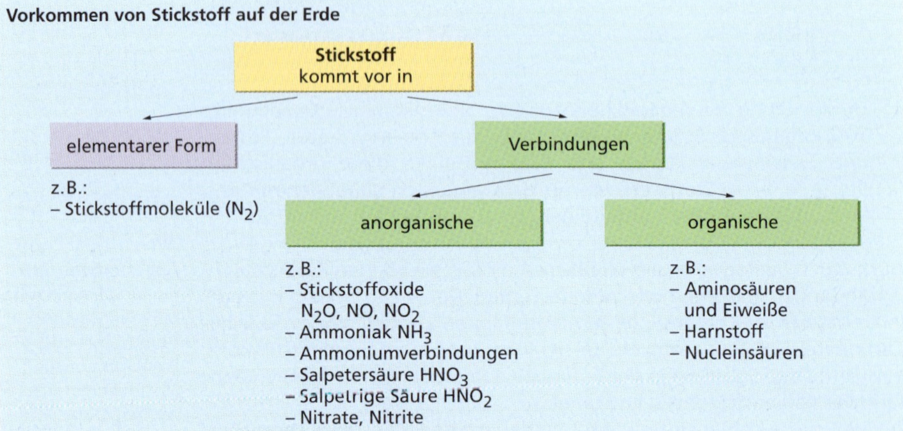

Ähnlich wie beim Kreislauf des Kohlenstoffs (↗ S. 277) ist auch der Stickstoffkreislauf mit der Tätigkeit von Lebewesen gekoppelt. Dabei spielen Vorgänge in der Atmosphäre, der Biosphäre und der Lithosphäre eine Rolle.
Der Kreislauf des Stickstoffs ist ein biogeochemischer Prozess.

8.3.2 Der Stickstoffkreislauf

In Eiweißen, der Grundsubstanz aller Lebewesen, sind etwa 17 % Stickstoff enthalten. Das Element Stickstoff ist in der Aminogruppe (↗ S. 214), die ein Bestandteil von Peptidbindungen ist, gebunden. Um körpereigene Eiweiße bilden zu können, braucht jedes Lebewesen auf der Erde Stickstoff.

Im **Stickstoffkreislauf** wird der Weg des Elements Stickstoff und seiner anorganischen und organischen Verbindungen auf der gesamten Erde betrachtet.

Ablauf des Stickstoffkreislaufs:
Stickstoff kommt in der Luft in großen Mengen molekular (78 %) vor. Der molekulare Luftstickstoff ist ein reaktionsträges Gas. Die meisten Lebewesen sind nicht in der Lage, Luftstickstoff aufzunehmen und in körpereigene Eiweiße (↗ S. 216) umzuwandeln. Die meisten Pflanzen nehmen stickstoffhaltige Salze mit dem Bodenwasser auf, Tiere benötigen körperfremde Eiweiße als Nahrung.
Ähnlich wie beim Kohlenstoffkreislauf ist es günstig, bei der Betrachtung des Stickstoffkreislaufs mit dem Übergang von anorganischer Materie zu stickstoffhaltigen Verbindungen in Lebewesen zu beginnen.

Der mit den Lebewesen verknüpfte Kreislauf des Stickstoffs lässt sich in vier Abschnitte unterteilen.

Abschnitt des Stickstoffkreislaufs	umgewandelte Stickstoffverbindungen	Lebewesen
1. Fixierung des Stickstoffs	– molekularer Luftstickstoff in Ammonium-Ionen – Ammoniumverbindungen in Nitrat- und Nitritverbindungen	einige Bakterien
2. Assimilation von Stickstoff (Umwandlung von Stickstoffverbindungen in Pflanzen)	– Ammonium-, Nitrat- und Nitritverbindungen (anorganisch) in Eiweiße (organisch)	Pflanzen
3. Umwandlung von organischen Stickstoffverbindungen	– Eiweiße (organisch) in andere Eiweiße	Tiere, Mensch
4. Umwandlung von organischen Stickstoffverbindungen in anorganische (Zersetzung)	– Eiweiße, Harnstoff (organisch) in Ammonium-, Nitrat-, Nitritverbindungen und molekularen Stickstoff	Bakterien, Pilze

1. Fixierung des Luftstickstoffs:
   Nur bestimmte Bakterien besitzen die passenden Enzyme (↗ S. 218), um den molekularen Stickstoff der Luft zu Ammoniak (Ammonium-Ionen) umzuwandeln. In einem zweiten Schritt wird Ammoniak dann von anderen Bakterienarten zu Nitrit- und Nitrat-Ionen oxidiert. Die Oxidation zu Nitrit- und weiter zu Nitrat-Ionen wird als **Nitrifikation** bezeichnet. Die ablaufenden chemischen Reaktionen können mit folgendem Schema wiedergegeben werden:

Durch die biologische Fixierung von Luftstickstoff werden pro Jahr etwa $12 \cdot 10^7$ t Stickstoff gebunden.

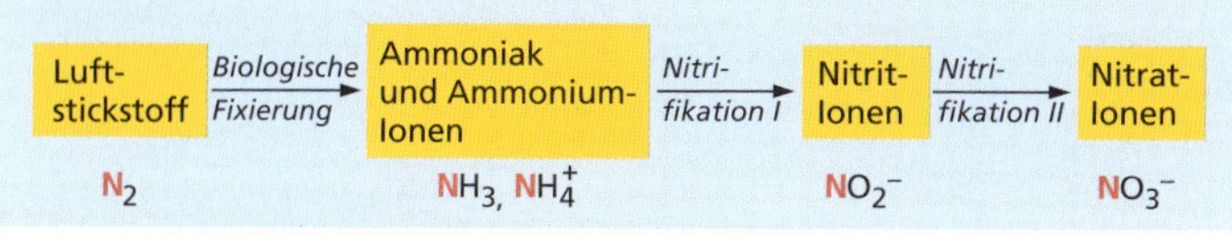

Schmetterlingsblütengewächse (Hülsenfrüchtler) brauchen keine anorganischen Stickstoffverbindungen aus dem Boden aufzunehmen, denn sie leben mit Stickstoff bindenden Knöllchenbakterien zusammen. Auch die fleischfressenden Pflanzen gedeihen auf stickstoffarmen Böden, weil sie Eiweiß von gefangenen Insekten verwerten.

2. Assimilation von Stickstoff in Pflanzen:
   Die meisten höheren Pflanzen nehmen mit dem Wasser aus dem Boden auch darin gelöste Ionen, z.B. Ammonium-, Nitrit- und Nitrat-Ionen auf. Diese Ionen werden in den Zellen der Pflanzen zu Aminosäuren umgewandelt. Aus diesen bildet sich pflanzliches Eiweiß.

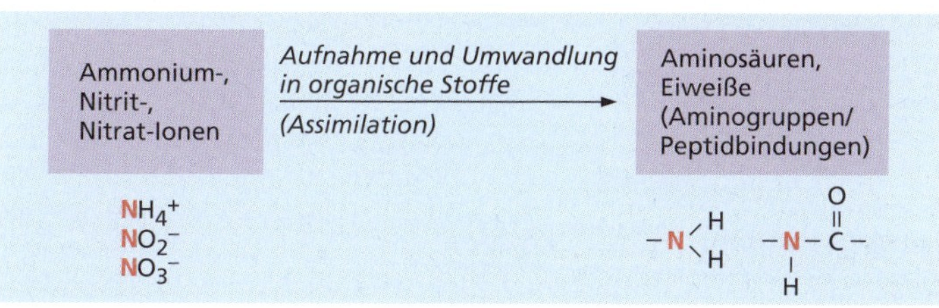

Die vielfältigen Umwandlungsprozesse und Wechselwirkungen im Stickstoffkreislauf sind noch nicht alle vollständig bekannt und erforscht.

3. Umwandlung von organischen Stickstoffverbindungen:
   Tiere nehmen Eiweiße von Pflanzen oder anderen Tieren mit der Nahrung auf, zerlegen diese im Stoffwechsel und wandeln sie in körpereigene organische Stickstoffverbindungen um.

4. Umwandlung von organischen Stickstoffverbindungen in anorganische – Zersetzung:
   Von Tieren ausgeschiedene organische Stickstoffverbindungen sowie die gesamte tote organische Substanz werden durch Bakterien und Pilze zersetzt. Die Mikroorganismen wandeln Eiweiße mithilfe von Sauerstoff in Ammoniumverbindungen um. Dieser Vorgang wird **Verwesung** genannt. Aus den Ammonium-Ionen werden durch **Nitrifikation** wieder Nitrit- und Nitrat-Ionen. Auch gasförmiges Ammoniak kann aus dem Boden entweichen.

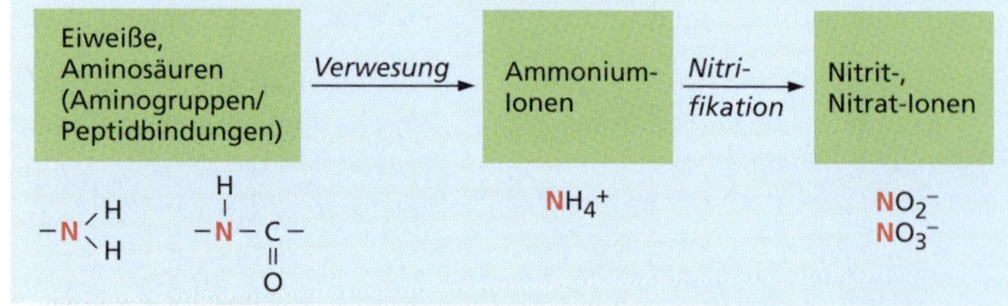

Stickstoffoxide entstehen bei Temperaturen über 1000 °C (z. B. durch Blitze) aus Stickstoff und Sauerstoff. Sie gelangen mit dem Regen durch Auswaschung aus der Atmosphäre in den Boden.

Auch der natürliche Stickstoffkreislauf wird durch den Menschen wesentlich beeinflusst. Zum einen werden z. B. bei Verbrennungsprozessen in Kraftwerken oder Motoren Stickstoffoxide an die Atmosphäre abgegeben. Zum anderen wird durch Düngung in der Landwirtschaft zusätzlich Stickstoff in Form stickstoffhaltiger Salze in den Boden eingetragen.

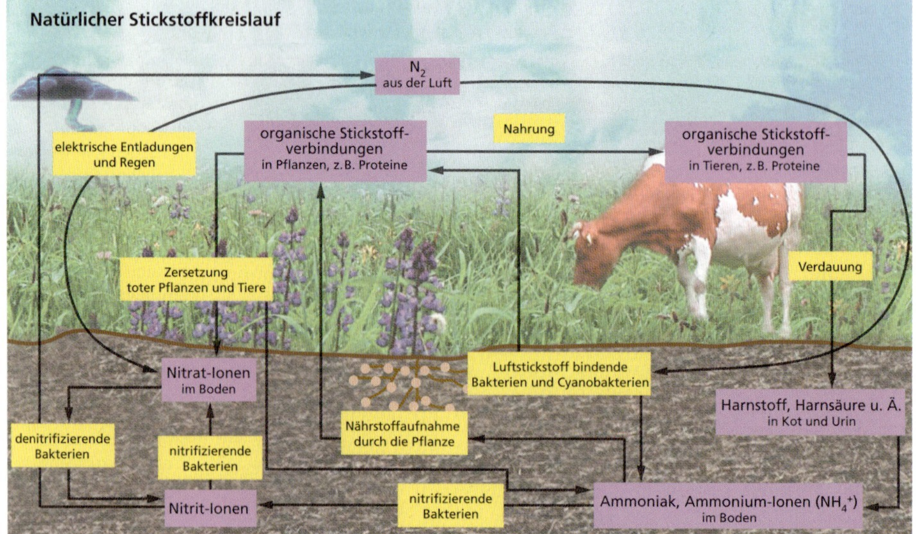

8.4 Der Kreislauf des Wassers

8.4.1 Überblick

Wasser kommt auf der Erde als Wasserdampf, flüssiges Wasser oder Eis vor. Der **Wasserkreislauf** findet in der Hydrosphäre statt.

Der Anteil der Weltmeere an der Gesamtfläche der Erde beträgt etwa 71 %. Der Wasseranteil ist auf der Nordhalbkugel geringer.

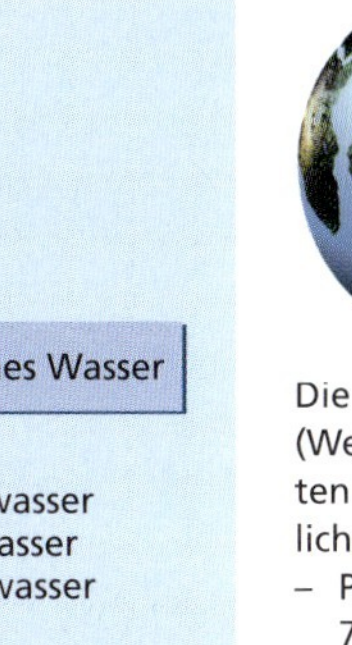

Die Erde besitzt eine Wasserhülle – die **Hydrosphäre.** Die Hydrosphäre beinhaltet das „sichtbare" Wasser auf der Erdoberfläche, aber auch das in der Atmosphäre und in der Erdkruste befindliche „unsichtbare" Wasser.

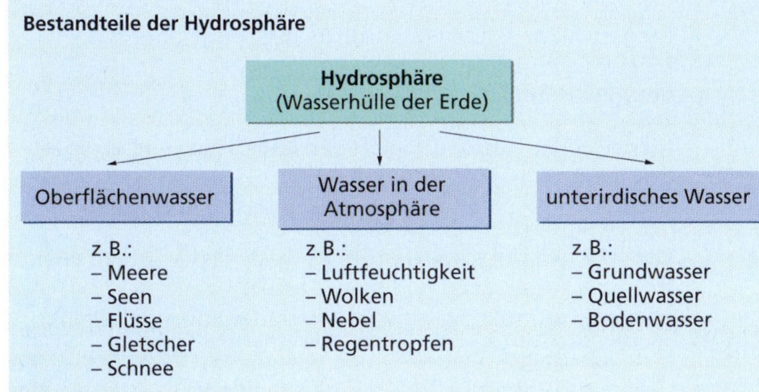

Die Ozeane der Erde (Weltmeere) beinhalten sehr unterschiedliche Wassermengen:

- Pazifischer Ozean: $714{,}41 \cdot 10^6\ km^3$
- Atlantischer Ozean: $337{,}21 \cdot 10^6\ km^3$
- Indischer Ozean: $284{,}61 \cdot 10^6\ km^3$
- Arktischer Ozean: $13{,}70 \cdot 10^6\ km^3$

Das Wasser der Hydrosphäre kann, abhängig vor allem von den Temperaturen, in verschiedenen Aggregatzuständen (↗ S. 174) auftreten.
In der Atmosphäre findet sich vor allem gasförmiges Wasser – **Wasserdampf.** Auf der Erdoberfläche gibt es abhängig von Klimazone, Höhe über dem Meeresspiegel und Jahreszeit flüssiges Wasser und festes Wasser – **Eis.**
Um Wasser in seine **Aggregatzustände** zu überführen, sind Energiezufuhr oder Energieabgabe notwendig.

Geht Wasser allmählich, ohne zu sieden, in den gasförmigen Aggregatzustand über, nennt man diesen Vorgang „Verdunsten".

8.4.2 Der Wasserkreislauf

Im **Wasserkreislauf** wird der Weg des Wassers in der Hydrosphäre der Erde betrachtet.

Ablauf des Wasserkreislaufs:
Der Kreislauf des Wassers kann in mehrere Teilkreisläufe unterteilt werden. Die gesamte Zirkulation besteht aus zwei Teilen:

1. einem **hydrologischen Kreislauf,** der schnell verläuft und an dem vor allem der Wasserdampf der Atmosphäre beteiligt ist
2. einem **geologischen Kreislauf,** der viele Jahre dauern kann und an dem auch das unterirdische Wasser beteiligt ist

Abschnitt des Wasserkreislaufs	Vorgänge und Gebiete
① Verdunsten von Wasser	– Entstehung von Wasserdampf durch Energiezufuhr (Übergang in den gasförmigen Aggregatzustand) – über Wasserflächen (Meere, Seen, Flüsse, Teiche)
② Transport von Wasser in Form von Wasserdampf	– Wasserdampf wird in Form von Wolken oder Luftfeuchtigkeit verfrachtet – in der Atmosphäre
③ Niederschläge	– flüssiges Wasser in Form von Regen und festes Wasser in Form von Schnee und Eis gelangen zur Erdoberfläche – findet über Kontinenten und Weltmeeren statt
④ Bildung von Oberflächenwasser	– Niederschläge fließen oberirdisch ab oder gelangen in Meere, Seen, Teiche, Flüsse – betrifft Kontinente und Weltmeere
⑤ Versickerung	– Niederschlagswasser dringt in den Boden ein, wird zu unterirdischem Wasser – betrifft Kontinente (abhängig von Boden und Gestein)
⑥ Grundwasserströmung/ Rückfluss	– Wasser fließt unterirdisch, tritt als Quellwasser zutage oder strömt in Flüsse, Seen und Meere zurück – über wasserundurchlässige Schichten des Bodens/Gesteins

Der Mensch nimmt vielfältig Einfluss auf den Kreislauf des Wassers. Belastungen des Wassers (↗ S. 174) können durch Überdüngung, Giftstoffe, Erwärmung oder radioaktive Substanzen auftreten.
Der Kreislauf des Wassers wird durch die Sonne und die daraus resultierende Energieeinstrahlung in Gang gebracht. Auch die Transpiration (Verdunstung von Wasserdampf durch Spaltöffnungen) der höheren Landpflanzen trägt zur Zirkulation des Wassers bei.

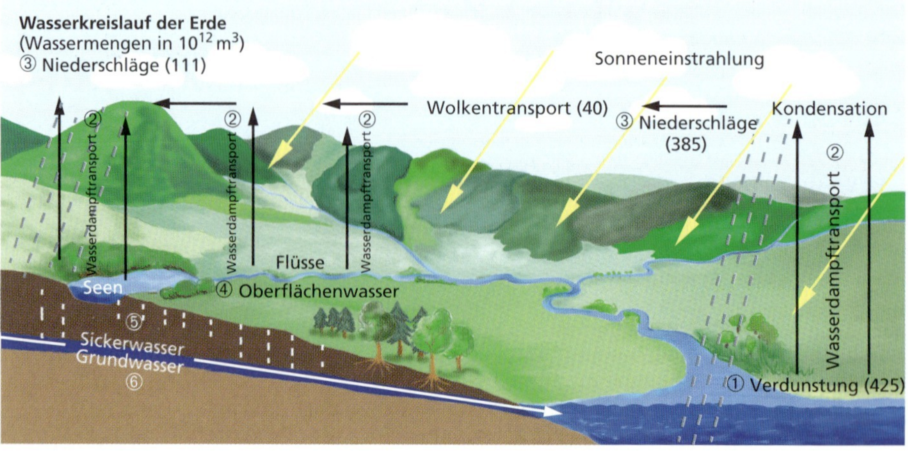

8.5 Kreisläufe anderer Stoffe

8.5.1 Der Kreislauf des Sauerstoffs

Im **Sauerstoffkreislauf** wird der Weg des Elements Sauerstoff und seiner anorganischen und organischen Verbindungen auf der gesamten Erde betrachtet.

Der Kreislauf des Sauerstoffs ist durch die biologischen Vorgänge Fotosynthese und Zellatmung eng an den biologischen Kohlenstoffkreislauf (↗ S. 278) geknüpft. Da auch Wasser und viele organische Verbindungen gebundenen Sauerstoff enthalten, ist das Element auch an diesen Kreisläufen beteiligt. Oft wird nur der Weg der molekularen Elementsubstanz Sauerstoff (↗ S. 171) betrachtet.
Ausgehend vom molekularen Sauerstoff der Atmosphäre, werden folgende Abschnitte unterschieden:

Auch Pflanzen brauchen Sauerstoff. Die meisten von ihnen können diesen aber in der Fotosynthese selbst herstellen.

1. Aufnahme von Luftsauerstoff O_2 durch Lebewesen
2. Umwandlung von Sauerstoff bei der Zellatmung (biologische Oxidation von Glucose) in Kohlenstoffdioxid und Wasser
3. Produktion von Sauerstoff durch die Fotosynthese aus Wasser und Kohlenstoffdioxid
4. Abgabe von fotosynthetisch hergestelltem Sauerstoff an die Luft

8.5.2 Der Kreislauf des Phosphors

Im **Phosphorkreislauf** wird der Weg des Elements Phosphor in seinen anorganischen und organischen Verbindungen auf der gesamten Erde betrachtet.

Pflanzen enthalten nur wenig Phosphorverbindungen in ihren Geweben (etwa 0,2 %). Tiere dagegen reichern Verbindungen des Phosphors stärker an. Im menschlichen Körper ist 1 Gewichtsprozent Phosphor enthalten. Er befindet sich vor allem in den Nucleinsäuren DNS und RNS, dem Energiespeicherstoff ATP und in Form von Calciumphosphat in den Knochen.

Der Kreislauf des Phosphors (↗ S. 159) findet nur auf der Erdoberfläche und in den Sedimenten statt. Es ist ein Ablagerungskreislauf, im Gegensatz zu den Kreisläufen des Kohlenstoffs, Stickstoffs, Sauerstoffs und des Wassers, an denen immer auch atmosphärische Prozesse beteiligt sind.
Ausgehend von phosphatreichen Gesteinsschichten werden folgende Abschnitte unterschieden:

1. Freisetzung von Phosphaten durch Verwitterung
2. Aufnahme von Phosphaten durch Pflanzen
3. Umwandlung von Phosphaten in organische Phosphorverbindungen in Pflanze
4. Aufnahme und Umwandlung organischer Phosphorverbindungen durch Tiere
5. Zersetzung organischer Phosphorverbindungen zu Phosphaten durch Bakterien (Verwesung)

Ein nicht unbeträchtlicher Anteil an Phosphorverbindungen, etwa 3,5 Mio. t pro Jahr, werden auch aus den Böden ausgewaschen und gelangen so in die Gewässer.

Auch der natürliche Phosphorkreislauf wird ebenfalls durch den Menschen beeinflusst. Phosphate aus Waschmitteln und aus **Düngemitteln** führen zu einem Überangebot an Phosphat-Ionen im Boden und in Gewässern.

Ein Teil davon wird durch Wasserpflanzen dem Kreislauf wieder zugeführt, ein Teil in Form von schwer löslichen Salzen abgelagert.

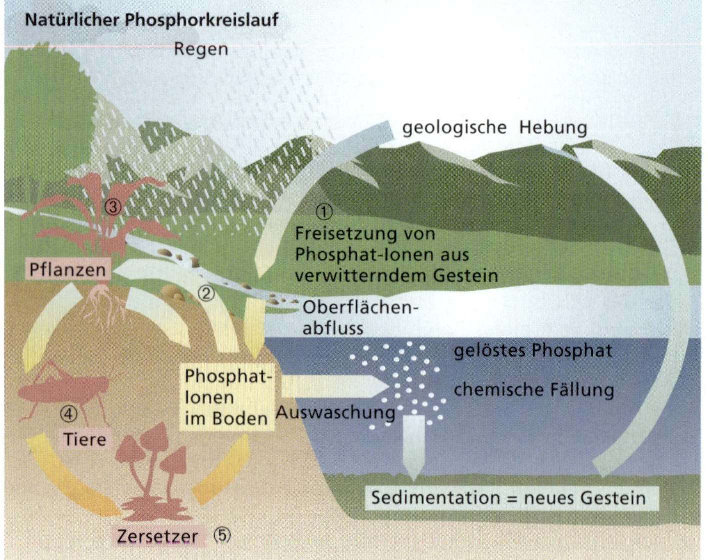

8.5.3 Der Kreislauf des Schwefels

Im **Schwefelkreislauf** wird der Weg des Elements Schwefel in seinen anorganischen und organischen Verbindungen auf der gesamten Erde betrachtet.

Auch der Kreislauf des Schwefels ist ein teilweise biologischer Kreislauf. Viele Eiweiße enthalten gebundenen Schwefel, z.B. als Disulfid-Brücke (↗ S. 216). Durch den Menschen werden **Schwefelverbindungen** wie SO_2 als Verbrennungsprodukte in die Atmosphäre eingetragen.

Beim Kreislauf des Schwefels (↗ S. 163) spielen Vorgänge in der Atmosphäre eine große Rolle. Schwer lösliche Schwefelverbindungen verlassen durch Ausfällung den Kreislauf.
Ausgehend von anorganischen Schwefelverbindungen, werden folgende Abschnitte unterschieden:

1. Umwandlung anorganischer Schwefelverbindungen, z.B. schrittweise Oxidation von Schwefelwasserstoff bis zu Sulfaten, durch Bakterien
2. Aufnahme anorganischer Schwefelverbindungen, z.B. Sulfate durch Pflanzen
3. Umwandlung anorganischer Schwefelverbindungen in organische-Schwefelverbindungen, z.B. in Eiweiße
4. Aufnahme und Umwandlung organischer Schwefelverbindungen ineinander durch Tiere
5. Zersetzung (Verwesung) organischer zu anorganischen Schwefelverbindungen, z.B. Schwefelwasserstoff, Sulfaten oder Sulfiden, durch Bakterien

UMWELTCHEMIE
9
MILKYWAY

Auch wenn oft nur die Schadwirkungen betrachtet werden, so ist die chemische Industrie in vielen Lebensbereichen nicht zu ersetzen. Sie produziert Düngemittel, Medikamente oder ermöglicht die Erschließung neuer Lebensräume. Gleichzeitig hat der Mensch mit der Chemie auch alle Mittel in der Hand, Umweltschäden zu vermeiden oder zu beseitigen.

9.1 Überblick

Als **Umwelt** wird sowohl die unbelebte als auch die belebte Natur bezeichnet. Die Chemie, vor allem die chemische Industrie, wirkt sich auf beide Teile aus. Betrachtet man vor allem die unbelebte Umwelt, lassen sich drei Hauptbereiche unterscheiden:

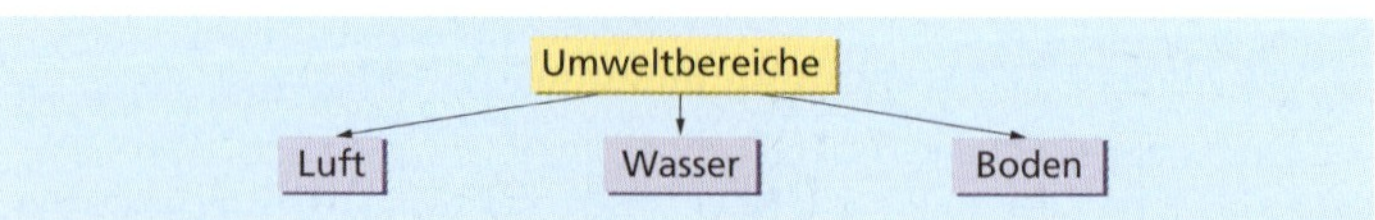

Die Wirkungen chemischer Stoffe können oft nicht eindeutig getrennt oder zugeordnet werden. Häufig werden die Einflüsse der Chemie unter dem Aspekt der Schadwirkung bestimmter Stoffe betrachtet.

Auswirkungen chemischer Stoffe		
auf die Atmosphäre	**auf die Gewässer**	**auf den Boden**
– Schadstoffe, die die Luft verunreinigen, z. B. Emissionen, Smog	– Schadstoffe, die die Gewässer verunreinigen, z. B. Salze, Öle	– Schadstoffe, die den Boden verunreinigen, z. B. Schwermetalle
– Stoffe, die zum Treibhauseffekt beitragen, z. B. Kohlenstoffdioxid	– Stoffe, die den pH-Wert des Gewässers verändern, z. B. Säuren, Basen	– Stoffe, die den pH-Wert des Bodens verändern, z. B. Säuren, Basen
– Ozon zerstörende Stoffe, z. B. FCKW und Stickstoffoxide	– Stoffe, die als Pflanzennährstoff wirken, z. B. Waschmittelbestandteile	– Stoffe, die als Pflanzennährstoff wirken, z. B. Düngemittel

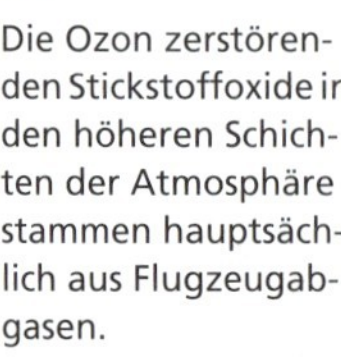

Die Ozon zerstörenden Stickstoffoxide in den höheren Schichten der Atmosphäre stammen hauptsächlich aus Flugzeugabgasen.

Eine weitere Möglichkeit, den Einfluss der Chemie auf die Umwelt zu betrachten, ist der Verursacheraspekt. Dabei wird die Herkunft der Einwirkungen betrachtet.

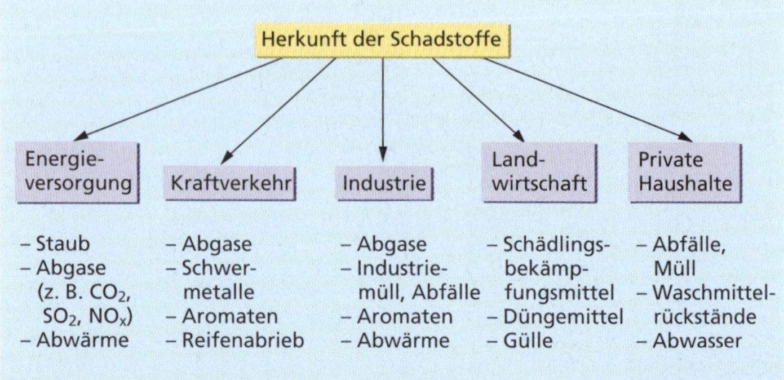

9.2 Belastung der Gewässer

9.2.1 Die Wasservorräte der Erde

Die Gesamtwassermenge auf der Erde wird auf etwa 1, 45 Milliarden km³ geschätzt. Darin sind sowohl Süß- als auch Salzwasserressourcen enthalten. Die Meere haben einen Anteil von etwa 97,53 %. Nur etwa 2,47 % sind Süßwasser.
Als Süßwasser wird Wasser mit einem Salzgehalt bis zu 0,05 % Salz, das bei 8–12 °C nicht salzig schmeckt, bezeichnet.
Von den ca. 2,47 % Süßwasser sind wiederum nur geringe Mengen für den Menschen tatsächlich nutzbar, da ein großer Teil (etwa 85 %) in gefrorener Form als Eis in den Polargebieten und Gletschern vorliegt. Ein nicht unbeträchtlicher Rest befindet sich im Boden, als Grundwasser oder in der Atmosphäre als Wasserdampf.
Der Erhalt des Süßwasserbestandes auf der Erde ist durch den globalen Wasserkreislauf gegeben. (↗ S. 283).

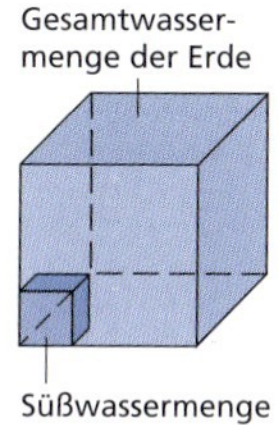

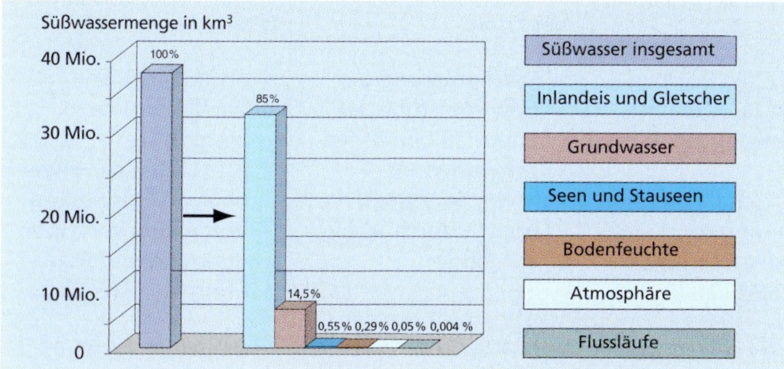

Meerwasser mit einem durchschnittlichen Salzgehalt von 35 g pro Liter ist nicht zum Trinken geeignet. Heute wird aber in vielen Ländern zunehmend Trinkwasser durch Meerwasserentsalzung gewonnen.

Die **Wasservorräte** auf der Erde betragen etwa 1,45 Milliarden km³. Nur 2,47 % davon sind Süßwasservorräte, von denen weniger als 0,5 % als Trinkwasser nutzbar sind.

9.2.2 Belastungen der Gewässer

Gewässer können physikalisch durch Erwärmung oder chemisch durch gelöste Stoffe und nicht lösliche Substanzen belastet werden.

Der jährliche Wasserverbrauch in Deutschland beträgt ca. 38 Mrd. m³, davon benötigen allein die Kraftwerke für Kühlzwecke 25 Mrd. m³. Etwa 8 Mrd. m³ werden industriell eingesetzt werden, während die Haushalte 5 Mrd. m³ verbrauchen.

Die thermische Belastung stammt vor allem von Kühlwasser, das bei vielen industriellen Prozessen anfällt. Die Erwärmung des Wassers hat zum einen zur Folge, dass sich weniger Sauerstoff darin löst, da die Löslichkeit der Gase mit zunehmender Temperatur abnimmt. Zum anderen erhöht sich die Reaktionsgeschwindigkeit aller im Wasser ablaufenden Vorgänge (RGT-Regel, ↗ S. 102).

Die Phosphate aus den Haushalten können im **Klärwerk** gezielt entfernt werden. Die Phosphate aus der Landwirtschaft gelangen in den Boden und damit ins Grundwasser.

Die chemische Wasserbelastung durch gelöste Stoffe ist vielfältig.

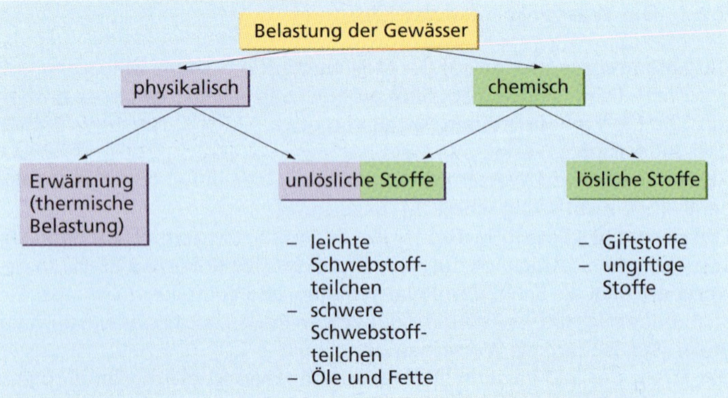

Stoff	Herkunft	Wirkung	Maßnahmen
Phosphat-Ionen	– mehr als die Hälfte aus privaten Haushalten (Waschmittel, Exkremente) – Landwirtschaft (mineralische Düngung) – Exkremente von Tieren (z.B. Gülle)	– **Eutrophierung** der Gewässer führt zu übermäßigem Pflanzenwachstum – hoher Sauerstoffverbrauch durch Abbauvorgänge	– phosphatfreie Wasch- und Reinigungsmittel – Abtrennen des Phosphats in Klärwerken – Vermeiden von Überdüngung und Ausbringen von Gülle
Nitrat-Ionen	– private Haushalte (Abwässer) – Landwirtschaft (mineralische Düngung, Exkremente)	– Eutrophierung der Gewässer – Gefährdung des Trinkwassers (im Körper Umwandlung in giftiges Nitrit)	– Abwasserreinigung (Klärwerke) – Vermeiden von Überdüngung und Ausbringen von Gülle
Schwermetalle	– Industrieprozesse – Abfallbeseitigung – Deponieabwässer – Landwirtschaft	– chronische Vergiftung durch Blockierung von Enzymen	– Vermeidung der Nutzung – Emissionsminderung – gesicherte Deponien
Öle	– illegales Ablassen – Tankerunfälle	– direkte Schädigung von Organismen	– verstärkte Kontrollen und verbesserte Sicherheit
Biozide	– Fungizide, Insektizide, Herbizide zur Bekämpfung von Pilzen, Insekten, Unkräutern in der Landwirtschaft	– meist giftig – Anreicherung in Nahrungsketten möglich	– biologische Schädlingsbekämpfung – Züchtung resistenter Arten

9.3 Belastung der Luft

9.3.1 Die Zusammensetzung der Luft

Luft ist ein Stoffgemisch, das aus verschiedenen Gasen besteht. Außerdem kann Luft Wasser (in Form von Wasserdampf) und Staub enthalten. Die Lufthülle der Erde wird als **Atmosphäre** bezeichnet.

Die Luft wird durch verschiedene Größen, z. B. den Luftdruck und die Luftfeuchtigkeit, charakterisiert.

Trockene Luft enthält ca. 78 % Stickstoff, 21 % Sauerstoff und 1 % weitere Gase (z. B. Argon und Kohlenstoffdioxid). Mit zunehmender Höhe ändert sich die Zusammensetzung der Atmosphäre.

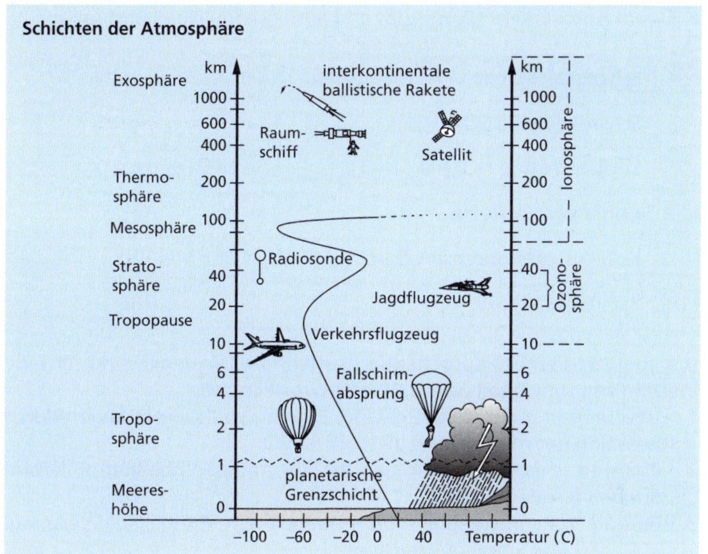

Die Zusammensetzung der Luft hat sich im Verlauf der Erdgeschichte verändert. Die heutige sauerstoffhaltige Atmosphäre entwickelte sich innerhalb von Milliarden von Jahren aus der ursprünglich reduzierenden Uratmosphäre.

9.3.2 Belastungen der Luft

Die Luftbelastung wird durch **Luftschadstoffe** verursacht. Dazu gehören alle Substanzen, die die Zusammensetzung der Luft verändern.

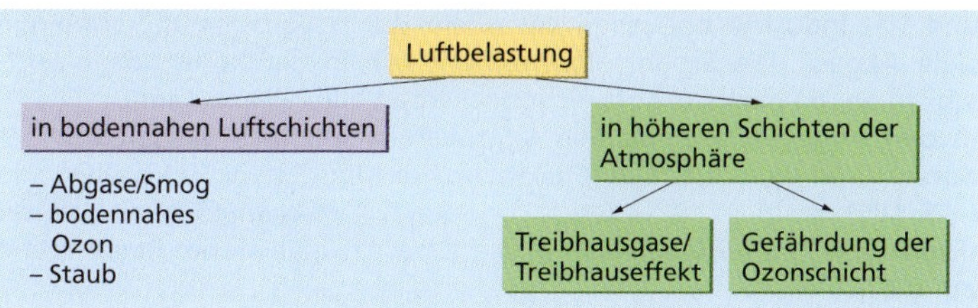

Die Wirkung der Luftschadstoffe ist verschieden. Sie können Lebewesen oder Bauwerke direkt schädigen, weil sie giftig oder ätzend sind. Indirekt können sich langfristig Lebensgrundlagen ändern, z. B. durch Auswirkungen auf das Klima der Erde.

Saurer Regen entsteht durch die Reaktion verschiedener Gase mit Luftfeuchtigkeit. Ätzende Säuren bilden sich.

Luftbelastung in bodennahen Luftschichten

Die Schadstoffe in den bodennahen Luftschichten werden auch zu den **Emissionen** gerechnet. Sie können natürliche Ursachen haben, z.B. Stäube und Gase aus Vulkanen, aber auch vom Menschen verursacht (anthropogen) sein.

Abgase

Eine der wichtigsten Quellen für Luftschadstoffe in Mitteleuropa ist neben Kraftwerken, Industrieanlagen und Heizungen von Wohnhäusern der Kraftfahrzeug- und Luftverkehr. Die vom Autoverkehr ausgehenden Belastungen betragen bei Stickstoffoxiden (↗ S. 157) über die Hälfte und bei Kohlenwasserstoffen (↗ S. 188) über ein Drittel der Gesamtbelastung. Ein weiteres Problem in Innenstädten ist die Belastung mit **Feinstaub,** der z. T. vom Autoverkehr (Dieselruß) und aus anderen Quellen stammt.

Nicht alle Fahrzeuge verfügen über einen **Abgaskatalysator.** In vielen Ländern sind Katalysatoren nicht vorgeschrieben. Flugzeuge und viele Lkws besitzen generell keine Abgaskatalysatoren.

Schadstoffanteile in Autoabgasen	in Vol. %
Schwefeldioxid SO_2	< 0,1
Stickstoffoxide NO, NO_2, N_2O_4	< 1,0
Kohlenwasserstoffe	etwa 1
Kohlenstoffmonooxid CO	10
Kohlenstoffdioxid CO_2	88

Die vom Kfz-Verkehr ausgehenden Luftverunreinigungen sind für eine Vielzahl von Umweltschäden mitverantwortlich, z.B.:

1. Übersäuerung der Niederschläge, Bildung von saurem Regen durch Reaktion der Abgase mit Luftfeuchtigkeit
2. Pflanzen schädigende Wirkung der aus Abgasen gebildeten Verbindungen (Oxidanzien)
3. Beitrag zur Entstehung von bodennahem Ozon (Sommersmog, ↗ S. 293) und Smog (Wintersmog)
4. Beitrag zum Treibhauseffekt (↗ S. 294) durch Kohlenstoffdioxidabgabe

Autoabgase können mit Katalysatoren z.T. gereinigt werden.

Das Kunstwort **„Smog"** setzt sich aus den englischen Begriffen **Sm**oke und **Fog,** für Rauch und Nebel, zusammen. Infolge des starken Rückgangs der Schwefeldioxidemissionen tritt Wintersmog heute kaum noch auf.

Smog und bodennahes Ozon

Smog tritt vor allem im Winter **(Wintersmog)** bei sogenannten Inversionswetterlagen auf, wenn die Kaltluft am Boden von einer wärmeren Luftschicht überdeckt wird. In Gebieten mit hoher Bevölkerungsdichte und viel Industrie entstehen vor allem durch Verbrennungsvorgänge viele Abgase. Die Schadstoffe reichern sich in der bodennahen Luftschicht an, da die kalte Luft nicht nach oben entweichen kann.
In den Abgasen sind vor allem Schwefeldioxid (aus schwefelhaltiger Kohle) und verschiedene Stickstoffoxide enthalten. Schwefeldioxid (↗ S. 165) reagiert nach Oxidation durch Luftsauerstoff mit Wasser (Feuchtigkeit) zu Schwefelsäure. Diese besitzt eine starke Reizwirkung auf die Schleimhäute.

Sommersmog entsteht dadurch, dass durch die intensive Sonneneinstrahlung fotochemische Reaktionen in der bodennahen Atmosphäre ablaufen. Aufgrund der Belastung mit Auto- und Industrieabgasen enthält die Luft Stickstoffoxide, verschiedene Kohlenwasserstoffe und andere organische Verbindungen. Die Sonneneinstrahlung führt dazu, dass z. B. aus Stickstoffdioxid NO_2 atomarer Sauerstoff abgespalten wird. Dieser reaktionsfreudige atomare Sauerstoff reagiert in einer chemischen Folgereaktion mit dem Luftsauerstoff zu Ozon. Den dadurch bedingten Anstieg der bodennahen Ozonkonzentration nennt man Sommersmog.

Ozon ist ein Gas aus drei Sauerstoffatomen (↗ S. 171).
Es ist giftig und sehr aggressiv. Es schädigt die Schleimhäute und zerstört das Chlorophyll von Pflanzen. **Ozonalarm** wird ausgelöst, wenn die Ozonkonzentration am Boden bestimmte Schwellenwerte überschreitet.

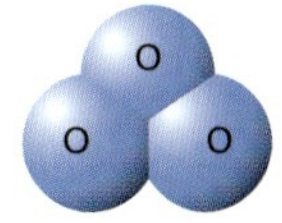

Luftbelastung in höheren Schichten der Atmosphäre

Das Ozonloch

Als **Ozonloch** wird die jahreszeitlich und geografisch begrenzte Abnahme der Ozonkonzentration in der Stratosphäre bezeichnet.

Entstehung von Ozon

Ozon entsteht in der Stratosphäre in 15–50 km Höhe durch die Wirkung von energiereicher Strahlung (vor allem UV-Strahlung) auf Sauerstoffmoleküle. Ein Sauerstoffmolekül wird fotochemisch in zwei Atome gespalten, die mit weiteren Sauerstoffmolekülen zu Ozon reagieren.

$$O_2 \xrightarrow{\text{Strahlung}} 2O \qquad\qquad O + O_2 \longrightarrow O_3$$

Sauerstoffmolekül	atomarer Sauerstoff	atomarer Sauerstoff	Sauerstoffmolekül	Ozonmolekül

Bedeutung der Ozonschutzschicht

In der Stratosphäre erfüllt das Ozon eine wichtige Funktion für das Leben auf der Erde. Für die fotochemische Bildung und den Zerfall des Ozons wird der Sonnenstrahlung Energie entnommen. Dadurch wirkt die Ozonschicht als Filter und schirmt die Erdoberfläche zu ca. 95 % vor energiereicher, z. B. UV-Strahlung aus dem Weltall ab. Ohne diese Schutzfunktion wäre Leben auf der Erde nur unter Wasser möglich.

Sommersmog entsteht durch die Zunahme des Ozongehalts in Bodennähe, die zu Schädigungen der Atemwege und Pflanzen führt.
Beim Ozonloch handelt es sich dagegen um den Abbau der natürlichen Ozonschutzschicht in der bodenfernen Stratosphäre. Durch die Abnahme der Ozonkonzentration verringert sich der Schutz vor der biologisch wirksamen, krebserregenden UV-Strahlung.

Zerstörung der Ozonschicht

Seit den Fünfzigerjahren werden die Ozonwerte in der Atmosphäre regelmäßig gemessen und aufgezeichnet. 1985 beobachtete man zum ersten Mal in den Monaten September und Oktober eine als „Ozonloch" bezeichnete Verringerung der Ozonkonzentration von der Größe Europas über der Antarktis, die in den Folgejahren stetig größer wurde.

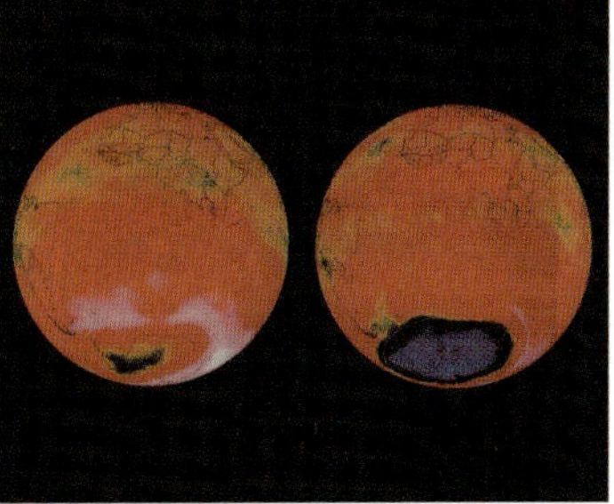

FCKW waren lange Zeit in Kühlsystemen, Klimaanlagen, als Treibgas, Lösungsmittel und bei der Produktion von Isoliermaterial weit verbreitet.

Die Verringerung der Ozonkonzentration wird vor allem durch Fluorchlorkohlenwasserstoffe (FCKW, ↗ S. 206) und verwandte Halogenverbindungen sowie verschiedene Stickstoffoxide verursacht.

Die Fluorchlorkohlenwasserstoffe steigen nach ihrer Freisetzung im Verlauf mehrerer Jahre (bis 7 Jahre) bis in die oberen Schichten der Atmosphäre auf. Dort spalten sich von den Molekülen durch die starke UV-Strahlung Chloratome ab. Diese reagieren mit Ozonmolekülen.

Ein einziges Chloratom kann den Abbau von vielen Ozonmolekülen verursachen.

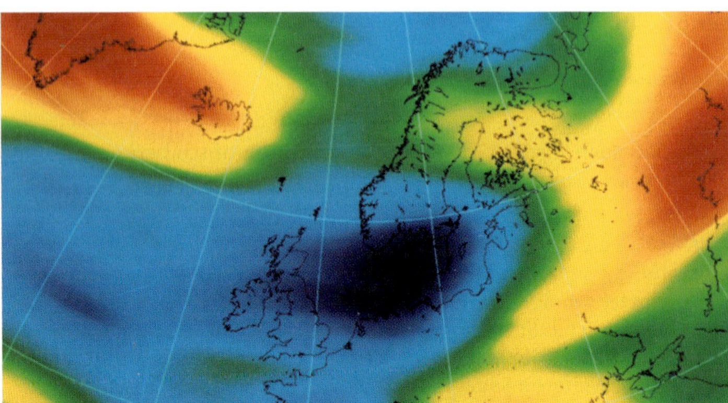

Die Ozonkonzentration hat seit 1969 kontinuierlich abgenommen. Zwischen dem 40. und 60. nördlichen Breitengrad beträgt der Schwund etwa 0,3–2,3 % (dunkelblauer Bereich in der Abbildung).

Häufig wird das Ozonloch mit dem Problem der globalen Klimaerwärmung verwechselt. Es gibt zwar eine Verbindung, da Ozon zum Treibhauseffekt beiträgt, jedoch ist das Ozonloch ein eigenständiges Thema. Die **Folgen des Ozonlochs** sind schwer abzuschätzen. So ergaben z. B. Hochrechnungen, dass eine 1%ige Verringerung des Ozonschutzes zu einer Erhöhung der effektiven UV-Dosis um 2 % führt. Dies könnte wiederum einen Anstieg der Hautkrebsrate um etwa 5 % zur Folge haben.

Der Treibhauseffekt

Als **Treibhauseffekt** wird die Erwärmung der Atmosphäre durch verschiedene gasförmige Stoffe bezeichnet.

Je nach Herkunft der gasförmigen Stoffe gibt es einen natürlichen Treibhauseffekt, der schon seit Jahrmillionen existiert, und einen vom Menschen verursachten anthropogenen Treibhauseffekt.

Klimaschwankungen auf der Erde können auch von der veränderlichen Sonnenaktivität verursacht werden. Die Messung solcher Veränderungen ist schwierig. Die Auswirkungen des menschlichen Beitrags werden zurzeit kontrovers diskutiert.

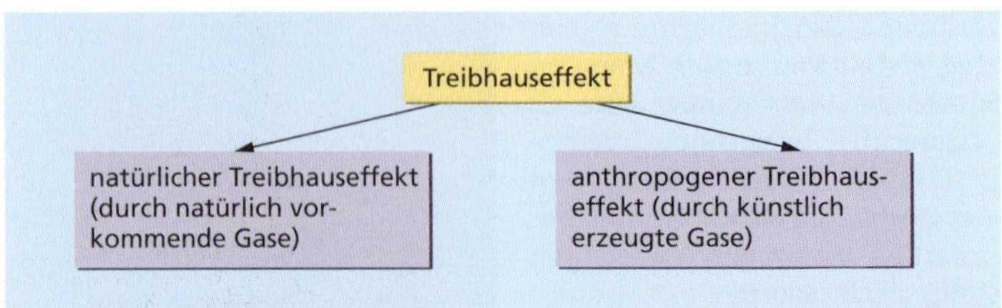

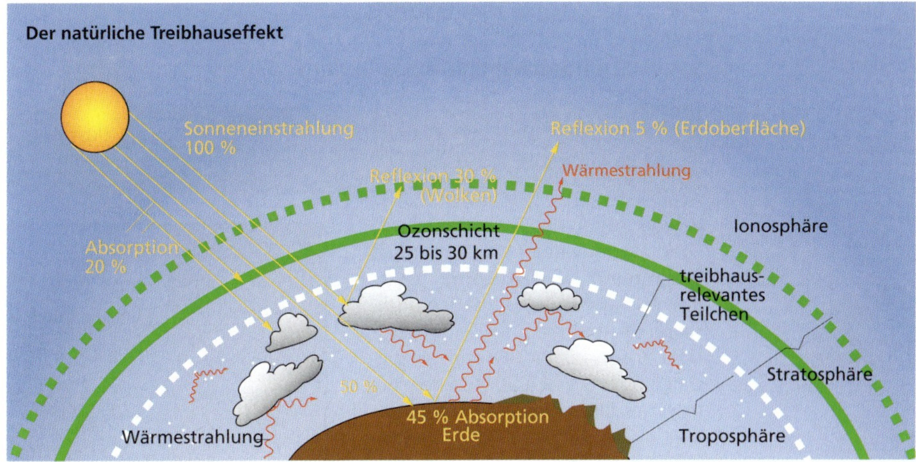

Kurzwellige Strahlung von der Sonne dringt durch die Atmosphäre zur Erdoberfläche und wird von dort als langwellige Wärmestrahlung reflektiert. In der Lufthülle können verschiedene Teilchen, die als treibhausrelevante Teilchen bezeichnet werden, diese Wärmestrahlung absorbieren.

Treibhausrelevante Teilchen sind mehratomige Moleküle, z. B. H_2O und CO_2, die sowohl durch natürliche als auch durch künstliche Prozesse gebildet werden.

Kohlenstoffdioxid hat einen Anteil von etwa 50 % am anthropogenen Treibhauseffekt. Das liegt nicht an den Absorptionseigenschaften des Gases, sondern an der großen Menge, die entsteht.

Durch die Verbrennung fossiler Brennstoffe wird sehr viel Kohlenstoffdioxid in die Atmosphäre eingetragen. Auch die Konzentration anderer Treibhausgase wie Methan hat sich durch den Menschen verursachte (anthropogene) Einflüsse in den letzten hundert Jahren deutlich erhöht. Dadurch wird der natürliche Treibhauseffekt künstlich verstärkt.

Treibhausgase und ihre Herkunft

natürlich auftretende

- **Wasserdampf (H_2O)** durch Verdunstung
- **Methan (CH_4)** durch Abbau organischer Substanz, Wiederkäuer
- **Kohlenstoffdioxid (CO_2)** aus Atmung, natürlichen Bränden
- **Distickstoffmonooxid (N_2O)** durch Bodenbakterien
- **Stickstoffdioxid (NO_2)** aus Gewittern

künstlich auftretende

- **Kohlenstoffdioxid (CO_2)** Verbrennung fossiler Brennstoffe, Verbrennungsmotoren
- **Methan (CH_4)** aus Kläranlagen, Deponien, Haustierhaltung
- **Distickstoffmonooxid (N_2O)** Narkotikum, Treibgas
- **Fluorchlorkohlenwasserstoffe (FCKW)** chemische Industrie
- **bodennahes Ozon (O_3)** Reaktion von Abgasen mit Luftsauerstoff im Sommer

9.4 Belastung des Bodens

9.4.1 Zusammensetzung des Bodens

Der **Boden** ist ein Stoffgemisch aus verschiedenen festen, flüssigen und gasförmigen Stoffen.

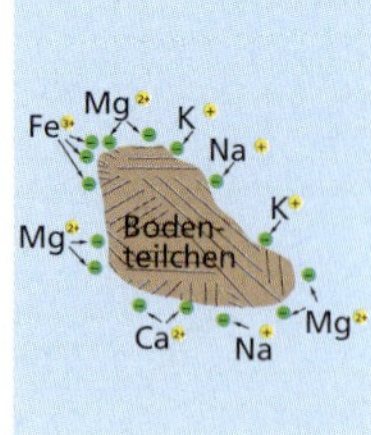

Boden setzt sich aus Bodenteilchen, Bodenwasser und Bodenluft zusammen. In den Poren leben zahlreiche Tiere und Pflanzen. Die festen Bestandteile sind anorganische Stoffe, z.B. Mineralien wie Calciumcarbonat $CaCO_3$, oder lösliche Salze, die Natrium-Ionen Na^+, Kalium-Ionen K^+ und Magnesium-Ionen Mg^{2+} bilden.
Auch organische Stoffe, z. B. Humus, sind im Boden enthalten.

anorganische Stoffe
- Mineralien, Gestein
- Ionen von Säuren, Salzen und Basen

Luft
- CO_2, O_2, N_2

Wasser

organische Stoffe

Anlagerung und Austausch von Ionen durch Bodenteilchen

Die chemischen Eigenschaften des Bodens sind von der Bodenart, dem Wassergehalt und der Zusammensetzung der organischen Stoffe abhängig. Entscheidend für chemische Reaktionen im Boden sind die zu den Bodenteilchen gehörenden Tonmineralien und Huminstoffe (Humus), da sie Ionen an sich anlagern oder gegeneinander austauschen können.

Herbizide sind Unkrautbekämpfungsmittel, Insektizide wirken gegen Schadinsekten und Fungizide gegen unerwünschten Pilzbefall. Alle gemeinsam werden als Biozide zusammengefasst.

9.4.2 Belastungen des Bodens

Der Boden kann durch in Wasser gelöste Luftschadstoffe, Schwermetalle, Düngemittel, Biozide oder Substanzen aus Deponien belastet werden.

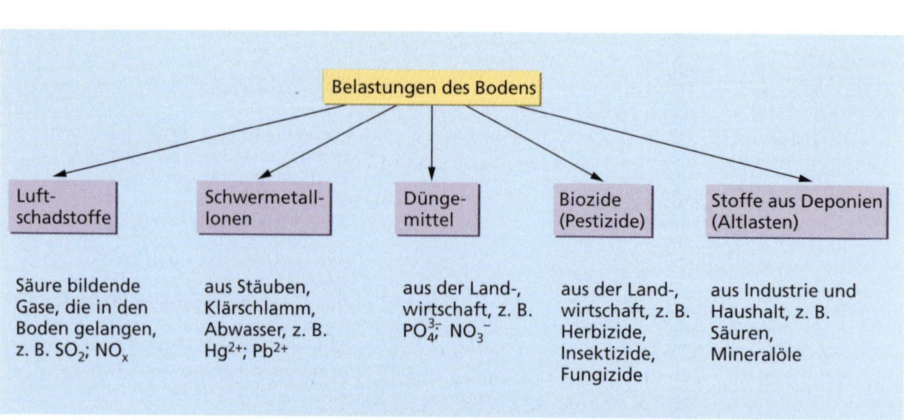

Wirkung von Luftschadstoffen auf den Boden

Luftschadstoffe gelangen vor allem in Form von Ionen in den Boden. Die Gase, z.B. Schwefeldioxid und Stickstoffoxide, reagieren mit Luftfeuchtigkeit oder Wasser, z.B. Regenwasser, zu Säuren, welche in Ionen dissoziieren.

Durch die in den Boden eindringenden Hydronium-Ionen tritt eine Versauerung des Bodens ein, d.h., der pH-Wert sinkt (↗ S. 182).

Oxidation von Schwefeldioxid

$$2\,SO_2 + O_2 \longrightarrow 2\,SO_3$$

Reaktion von Schwefeltrioxid und Stickstoffdioxid mit Wasser

$$SO_3 + 2\,H_2O \longrightarrow 2\,H_3O^+ + SO_4^{2-}$$

$$4\,NO_2 + 6\,H_2O + O_2 \longrightarrow 4\,H_3O^+ + 4\,NO_3^-$$

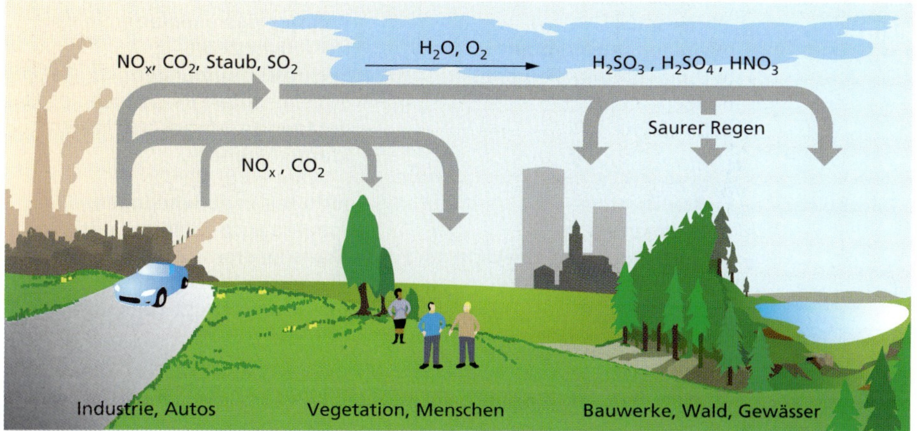

Wirkung von Schwermetallen auf den Boden

Metalle mit einer höheren Dichte als 4,5 g/cm³, z.B. Zink, Kupfer, Zinn, Chrom, Cadmium, Blei, Quecksilber und ihre Ionen, werden Schwermetalle (↗ S. 134) genannt. Schwermetalle und ihre Ionen werden in vielfältiger Weise industriell genutzt. Sie gelangen dabei über Stäube, Abfälle, Abwasser (z.B. Galvanik und Beizereien), Verbrennungsprozesse (Kraftwerke, Abfallverbrennungsanlagen) oder auch durch Unfälle in die Umwelt. Schwermetalle und ihre Verbindungen können als Stäube durch die Atmosphäre weit verteilt werden und gelangen so in Gewässer und Boden. In Gewässern werden sie schnell verdünnt und fallen teilweise als schwer lösliche Carbonate, Sulfate oder Sulfide aus. Diese reichern sich in den Gewässerböden an.

Wirkung verschiedener Schwermetalle

Die Giftigkeit der Schwermetalle und ihrer Ionen beruht auf ihrer Fähigkeit, mit Eiweißen irreversibel zu reagieren. Dabei werden die Enzyme und andere Eiweiße durch die Schwermetall-Ionen inaktiviert.
Unter dem Begriff Schwermetalle werden in Bezug auf die Umwelt meist nicht alle, sondern nur diese giftigen (toxischen) Schwermetalle verstanden.

Zu den giftigen Schwermetallen zählen Blei, Cadmium und Quecksilber.

Schwermetalle und ihre Wirkung		
Metall	**Herkunft**	**Wirkung**
Blei	– Bestandteil von Legierungen – Bleipigmente für rostschützende Grundierungen und Farben – bleiorganische Verbindungen, z. B. Tetraethylblei $Pb(C_2H_5)_4$, in Treibstoffen als Antiklopfmittel	– Blei- und bleiorganische Verbindungen sind hochgiftig, gut fettlöslich, werden schnell durch Haut und Lungen aufgenommen – reichern sich im Körper an – Folgen sind Halluzinationen, Erregungszustände, Krämpfe; Lähmungen von Nerven
Cadmium	– in galvanischen Überzügen – in Klärschlamm – im Hausmüll – in einigen Leuchtfarben – in Düngemitteln (Phosphatdünger) – in Batterien	– Erbrechen, Leberschäden und Krämpfe bei Aufnahme von löslichen Cadmiumsalzen in den Verdauungstrakt – Skelettschrumpfungen – Schleimhautentzündungen – Schäden an Lungen und Nieren – krebserregend
Quecksilber	– im Klärschlamm – in Thermometern – zur Imprägnierung von Leder und Filz – Amalgame	– nicht nur in Verbindungen, sondern auch als Metall giftig – Kopfschmerzen, Zittern, Blasenentzündung und Gedächtnisverlust, Zahnausfall

Für Schwermetalle gelten folgende Grenzwerte im **Boden:**
- Cadmium: 3 mg/kg
- Blei: 2 mg/kg
- Quecksilber: 2 mg/kg
- Kupfer: 100 mg/kg

Wirkung von Düngemitteln, Bioziden und Altlasten auf den Boden

1. Düngemittel enthalten vor allem Phosphate und Nitrate. Sie werden entweder im Boden gespeichert oder von den Pflanzen aufgenommen. Besonders Nitrate werden auch ausgewaschen, da die Bodenteilchen sie nicht anlagern können.
   Dadurch gelangen sie ins Grundwasser und führen zu einer Eutrophierung der Gewässer.

2. Biozide werden von der Landwirtschaft eingesetzt, um Schädlinge zu bekämpfen. Es sind sehr verschiedene Stoffgruppen, von denen besonders die chlororganischen Verbindungen für die Umwelt gefährlich sind. Viele Substanzen gelangen in den Boden und werden ins Grundwasser gespült. Damit belasten sie die Gewässer (↗ S. 289) und den Wasserkreislauf (↗ S. 283).

3. Stoffe aus Deponien (Altlasten) stammen von Industriebetrieben, aus dem Hausmüll, von Militärstandorten oder auch aus wilden Deponien. Es können Säuren, Salze, Laugen, Mineralöle, Farbstoffe, Treibstoffe und viele andere Stoffe sein.
   Je nach Herkunft und Zusammensetzung ist die Wirkung dieser als Altlasten bezeichneten Stoffe sehr unterschiedlich.

NACHWEISREAKTIONEN 10

10.1 Anorganische Nachweise

10.1.1 Fällungsreaktionen

Fällungsreaktionen finden auch in der Technik Anwendung. Sie werden z. B. für die Trinkwasseraufbereitung und Abwasserreinigung genutzt.

Fällungsreaktionen werden als Nachweisreaktionen für Ionen und chemische Verbindungen verwendet. Es bildet sich ein charakteristischer Niederschlag.

Bei einigen Fällungsreaktionen (↗ S. 122) treten Ionen der Lösung des Nachweismittels mit Ionen der Lösung des zu prüfenden Stoffs zusammen und bilden schwer lösliche Salze, die in der Lösung ausfallen.
Beim Nachweis von Ionen über Fällungsreaktionen wird meist das Nachweismittel mit einer Pipette in die zu prüfende Lösung getropft.

Nachweis einiger Ionen durch Fällungsreaktionen

nachzuweisende Ionen	**Nachweismittel**	**Farbe des Niederschlags**	**zugrunde liegende chemische Reaktion (Fällung)**
Chlorid-Ionen Cl^-	Silbernitratlösung ($AgNO_3$ -Lösung)	weiß	$Ag^+ + Cl^- \longrightarrow AgCl\downarrow$ Silberchlorid löst sich in *verdünnter* Ammoniaklösung.
Bromid-Ionen Br^-	Silbernitratlösung ($AgNO_3$-Lösung)	gelblich-weiß	$Ag^+ + Br^- \longrightarrow AgBr\downarrow$ Silberbromid löst sich in *konzentrierter* Ammoniaklösung.
Iodid-Ionen I^-	Silbernitratlösung ($AgNO_3$-Lösung)	gelb	$Ag^+ + I^- \longrightarrow AgI\downarrow$ Silberiodid löst sich nicht in Ammoniaklösung.
Sulfat-Ionen SO_4^{2-}	Bariumchloridlösung ($BaCl_2$-Lösung); mit einigen Tropfen Salzsäure ansäuern	weiß	$Ba^{2+} + SO_4^{2-} \longrightarrow BaSO_4\downarrow$ Das Ansäuern mit Salzsäure verhindert das Ausfällen von Bariumcarbonat.
Sulfid-Ionen S^{2-}	Bleiacetat; $Pb(CH_3\text{-}COO)_2$ als Bleiacetatpapier oder -lösung	schwarz	$Pb^{2+} + S^{2-} \longrightarrow PbS\downarrow$
Blei-Ionen Pb^{2+}	Schwefelwasserstoff (H_2S)	schwarz	$Pb^{2+} + S^{2-} \longrightarrow PbS\downarrow$
Silber-Ionen Ag^+	Natriumchloridlösung (NaCl-Lösung)	weiß	$Ag^+ + Cl^- \longrightarrow AgCl\downarrow$ Silberchlorid löst sich in *verdünnter* Ammoniaklösung.

10.1.2 Nachweise gasförmiger Stoffe

Nachweis von Kohlenstoffdioxid

Nachweis von Kohlenstoffdioxid	Nachweis von Carbonat-Ionen in festen Stoffen
– zu prüfendes Gas in Calciumhydroxidlösung $Ca(OH)_2$ oder Bariumhydroxidlösung $Ba(OH)_2$ leiten – eine Trübung der Lauge durch die Bildung eines schwer löslichen Carbonats zeigt das Vorhandensein von Kohlenstoffdioxid an $Ca(OH)_2 + CO_2 \longrightarrow CaCO_3\downarrow + H_2O$	– carbonathaltige Probe, z. B. Marmor, Soda oder Bodenprobe mit hohem Kalkgehalt, mit einigen Tropfen verdünnter Salzsäure versetzen – ein Aufbrausen zeigt das Vorhandensein von Carbonaten (↗ S. 150) durch die Freisetzung von Kohlenstoffdioxid an – Nachweis des CO_2 siehe linke Spalte $CaCO_3 + 2\,HCl \longrightarrow CaCl_2 + CO_2\uparrow + H_2O$

Nachweis von Sauerstoff

Der Nachweis von Sauerstoff wird mit der **Spanprobe** durchgeführt.

Ein Holzspan wird zum Glimmen gebracht, indem er entzündet und nach einer Weile die Flamme ausgeblasen wird. An der Luft (Sauerstoffgehalt ca. 21 %) glimmt der Span weiter.
Bei einer höheren Sauerstoffkonzentration (ab etwa 30 %) flammt der Span hell auf. Befindet sich in dem Reagenzglas reiner Sauerstoff, so entzündet sich der glimmende Span wieder.

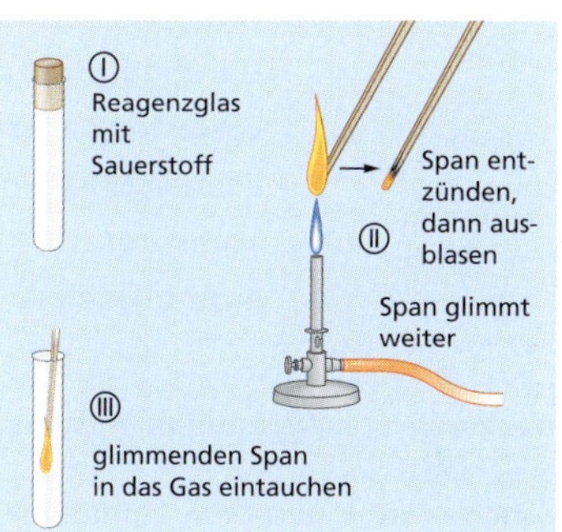

Auch der **Nachweis von Carbonat-Ionen** gehört zu den Fällungsreaktionen. Oft werden die Carbonate jedoch erst zu Kohlenstoffdioxid umgesetzt, das dann nachgewiesen wird. So ist der Carbonat-Ionen-Nachweis gleichzeitig ein Nachweis eines gasförmigen Stoffes.

Nachweis von Wasserstoff

Der Nachweis von Wasserstoff wird mit der **Knallgasprobe** durchgeführt.

Reiner Wasserstoff verbrennt an der Luft mit blauer Flamme. Gemische aus Wasserstoff und Sauerstoff sind explosiv. Hält man ein teilweise mit Wasserstoff gefülltes Reagenzglas an eine Brennerflamme, so entzündet sich das Gasgemisch mit einem lauten Pfiff oder deutlichem Knall (Vorsicht!). Es entsteht Wasser (↗ S. 303).

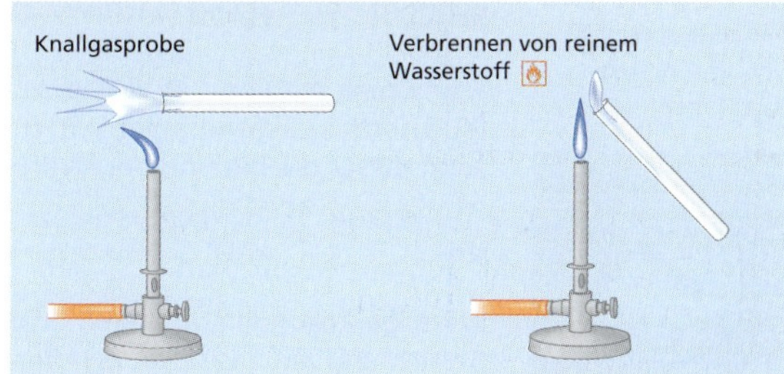

10.1.3 Nachweise durch Farbreaktionen

Nachweis von Wasserstoff- und Hydroxid-Ionen

Farbindikatoren sind Stoffe, deren Farbe von der Konzentration bestimmter Ionen in der Lösung abhängig ist. Unitestindikator gibt es als Papier und Lösung. Durch eine abgestufte Farbskala kann die Konzentration von Säuren (↗ S. 179) oder Basen (↗ S. 180) abgelesen werden.

Wasserstoff-Ionen (Hydronium-Ionen) und Hydroxid-Ionen werden mit **Farbindikatoren** nachgewiesen.

Farbänderungen einiger Indikatoren bei Anwesenheit von Wasserstoff-Ionen oder Hydroxid-Ionen

Ionen	Indikator	Farbänderung des Indikators
Wasserstoff-Ionen (Hydronium-Ionen)	Lackmus	wird rot
	Unitestlösung (grün)	verschiedene Rotstufen
	Unitestpapier (gelb)	verschiedene Rotstufen
	Phenolphthalein	bleibt farblos (reagiert nicht)
	Methylrot	wird violett
	Bromthymolblau	wird gelb
Hydroxid-Ionen	Lackmus	wird blau
	Unitestlösung (grün)	verschiedene Blaustufen
	Unitestpapier (gelb)	verschiedene Blaustufen
	Phenolphthalein	wird rosa bis rot
	Methylrot	wird gelb
	Bromthymolblau	wird hellblau

Nachweis von Ammoniak und Ammonium-Ionen

Da weder Ammoniak noch Ammonium-Ionen direkt nachgewiesen werden, spricht man von einem indirekten **Nachweis von Ammonium-Ionen.**

Ammonium-Ionen und Ammoniak (↗ S. 156) können indirekt über die Bildung von Ammoniumhydroxid durch den Nachweis der Hydroxid-Ionen nachgewiesen werden.
Aus der unbekannten Substanz, z. B. Ammoniumchlorid, wird zuerst durch Zugabe einer starken Base, z. B. Natriumhydroxidlösung, gasförmiges Ammoniak ausgetrieben. Das entstehende Ammoniak weist einen typischen, unangenehm stechenden Geruch auf.

$$NH_4Cl + NaOH \longrightarrow NH_3 + NaCl + H_2O$$

Ammoniak reagiert mit Wasser zu Ammoniumhydroxid. Hält man angefeuchtetes Indikatorpapier, z.B. Unitest, über die Versuchsanordnung, so zeigt dieses die Bildung der Hydroxid-Ionen, z.B. durch Blaufärbung, an.

$$NH_3 + H_2O \longrightarrow NH_4^+ + OH^-$$

Wässrige Lösungen von Ammoniak erkennt man am charakteristischen Geruch und am basischen pH-Wert.

Nachweis von Nitrat-Ionen

Nitrat-Ionen werden mit der „Ringprobe" nachgewiesen.

Eisen(II)- sulfatlösung muss immer wieder frisch hergestellt werden, da sich die Eisen(II)-Ionen allmählich in Eisen(III)-Ionen umwandeln.

Die zu prüfende Lösung wird mit wenigen Tropfen verdünnter Schwefelsäure angesäuert. Danach wird das Gemisch etwa im Verhältnis 1:1 mit einer frisch zubereiteten Eisen(II)-sulfatlösung versetzt. Diese Lösung wird mit konzentrierter Schwefelsäure unterschichtet (Vorsicht: kein Schülerversuch!). Beim Unterschichten lässt man die Schwefelsäure langsam an der Wand des schräg gehaltenen Reagenzglases herunterrinnen. An der Trennfläche zwischen konzentrierter Schwefelsäure und Probelösung bildet sich ein brauner bis violetter Ring von Nitrosoeisen(II)-sulfat.

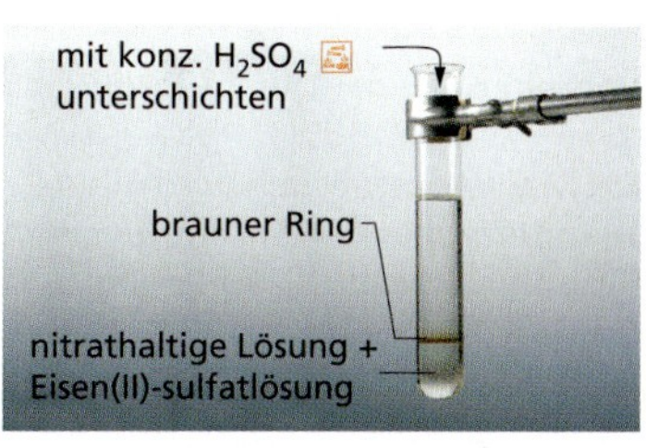

Zum **Nachweis von Nitrat-Ionen** gibt es auch fertige Teststreifen. Mit einer Farbskala kann die Menge an Nitrat-Ionen ermittelt werden.

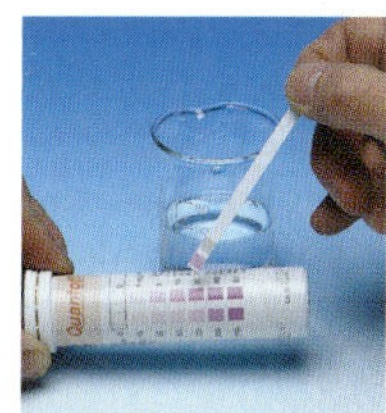

Nachweis von Phosphat-Ionen

Phosphat-Ionen werden als Komplexverbindung mit Ammoniummolybdat nachgewiesen.

Gleiche Mengen Ammoniummolybdatlösung und konzentrierte Salpetersäure werden miteinander versetzt (Vorsicht! Kein Schülerversuch!) (I). Die zu untersuchende Lösung wird hinzugefügt und vorsichtig etwas erwärmt (II). Sind Phosphat-Ionen (↗ S. 162) enthalten, färbt sich das Gemisch durch das entstehende Ammoniummolybdatphosphat gelb (III).

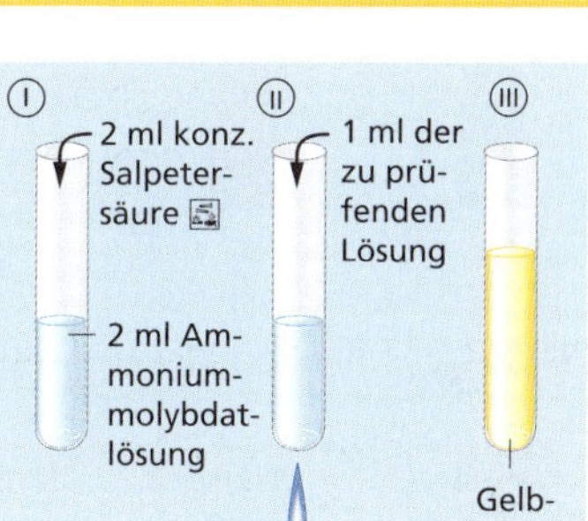
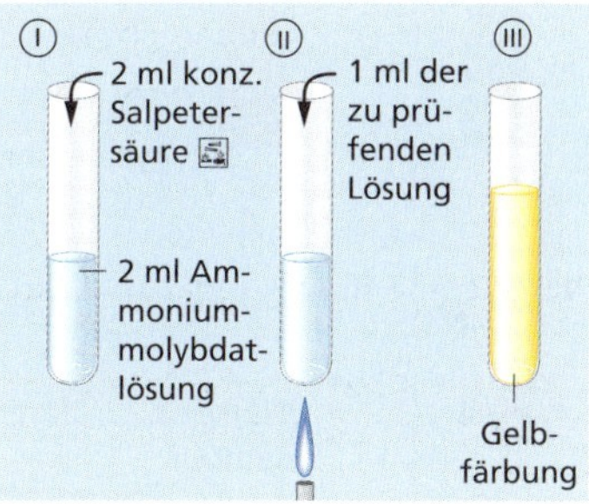

Nachweis von Wasser

Wasser wird mit entwässertem Kupfer(II)-sulfat nachgewiesen.

Entwässertes Kupfer(II)-sulfat wird folgendermaßen hergestellt:
Blaues Kupfer(II)-sulfat wird in einer Porzellanschale vorsichtig bis über 200 °C erhitzt. Das enthaltene Kristallwasser verdampft, es entsteht wasserfreies, weißes Kupfer(II)-sulfat.

Als Nachweismittel für Wasser wird Kupfer(II)-sulfat genutzt. Zu entwässertem weißen Kupfer(II)-sulfat wird die zu prüfende Lösung gegeben. Enthält die Probe Wasser, nimmt das weiße Kupfer(II)-sulfat dieses Wasser in Form von Kristallwasser auf. Es tritt eine Färbung ein, blaues Kupfer(II)-sulfat entsteht.

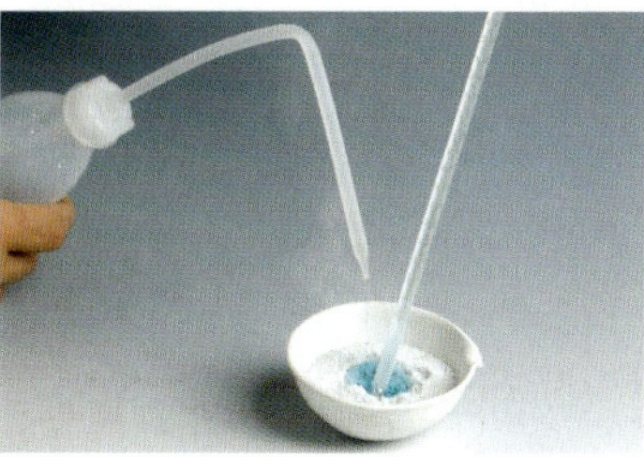

10.1.4 Hinweise auf Metalle durch Flammenfärbungen

Flammenfärbungen sind Vorproben zur Identifizierung von Metallen oder von Metall-Ionen.

Flammenfärbungen sind nur Vorproben. Der eindeutige **Nachweis von Metall-Ionen** wird durch Fällungs- oder Farbreaktionen geführt.

Vorgehen bei der Durchführung einer Flammenfärbung

Ein Magnesiastäbchen wird mit der zu untersuchenden Substanz versehen. Der Stab muss vorher in der Brennerflamme bis zum Glühen erhitzt werden („Ausglühen"), um anhaftende Spuren von Verunreinigungen zu entfernen.
Das gut ausgeglühte Magnesiastäbchen wird kurz in konzentrierte Salzsäure (Chlorwasserstoffsäure) getaucht. Danach wird damit die Untersuchungssubstanz aufgenommen. Anschließend wird es in die entleuchtete Brennerflamme gehalten.
Bei Anwesenheit verschiedener Metalle (↗ S. 134) oder ihrer Salze (Metall-Ionen) treten charakteristische Flammenfärbungen auf.

Die Flammenfärbung durch Natrium ist sehr intensiv. Bereits Spuren von 10^{-7} mg rufen noch eine stark gelbe Färbung hervor. Natrium ist in vielen Substanzen in geringen Spuren vorhanden und kann so andere Flammenfärbungen überdecken. Betrachtet man die Flammenfärbung durch ein Cobaltglas, so filtert dieses das Gelb des Natriums heraus.

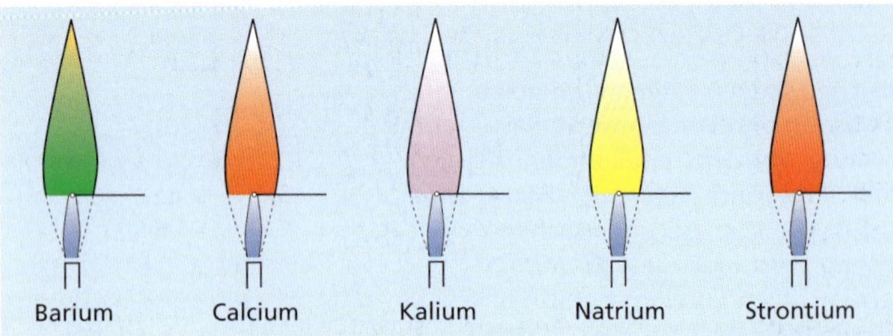

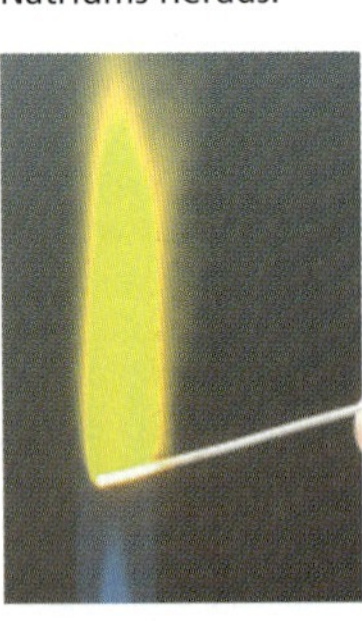

Metall	Elementsymbol	Flammenfarbe	Wellenlänge des ausgesandten Lichts in nm
Barium	Ba	gelbgrün	524,2/513,7
Caesium	Cs	blauviolett	697,3/455,5/459,3
Calcium	Ca	ziegelrot	622,0/553,5
Kalium	K	hellviolett	769,9/766,5/404,5
Kupfer	Cu	grün	515,3/510,5
Lithium	Li	karminrot	670,8
Natrium	Na	gelb	589,3
Rubidium	Rb	rotviolett	780,0/421,6
Strontium	Sr	rot	605,0/460,8

10.2 Organische Nachweise

10.2.1 Nachweise funktioneller Gruppen

Hinweis auf die Hydroxylgruppe

In einigen Alkoholen (Alkanolen) kann die Hydroxylgruppe mit Borsäure nachgewiesen werden.

Einige Alkanole (↗ S. 202) bilden mit Borsäure **Borsäureester**, die eine Flamme oder den Flammensaum grün färben. Man gibt ca. 2 g Borsäure und etwa 1 ml konzentrierte Schwefelsäure zu einer Probe von ca. 4 ml des Alkanols. Danach erwärmt man das Reaktionsgemisch und entzündet die gebildeten Dämpfe. Der Borsäureester des Methanols (↗ S. 203) brennt mit durchgehend grüner Flamme, die Ester anderer Alkanole brennen mit einer grün gesäumten Flamme.

Hinweis auf die Aldehydgruppe

Aldehyde sind starke Reduktionsmittel. Das kann zum Nachweis mit verschiedenen Nachweismitteln ausgenutzt werden.

Aldehyde (↗ S. 209) und auch ihre Dämpfe sind stark giftig und Krebs erregend. Deshalb dürfen die Nachweise nur unter dem Abzug durchgeführt werden.
Auch mit fuchsinschwefliger Säure (Schiffs-Reagenz) kann die Aldehydgruppe nachgewiesen werden. Die Lösung färbt sich violett. Diese Reaktion beruht nicht auf der Reduktionswirkung der Aldehyde.

Nachweismittel	Durchführung	Beobachtung
TOLLENS-Reagenz ammoniakalische Silbernitratlösung	– mehrere Tropfen TOLLENS-Reagenz zur Probe geben – Gemisch vorsichtig erwärmen	– Schwarzfärbung (fein verteiltes Silber) – Silberspiegel an der Gefäßwand
fehlingsche Lösung (enthält Kupfer(II)-sulfat)	– fehlingsche Lösung I und II zu gleichen Teilen mischen – Gemisch zur Probe geben und vorsichtig erhitzen	– ziegelroter Niederschlag von Kupfer(I)-oxid

Hinweis auf die Carboxylgruppe

Carbonsäuren dissoziieren in Wasser in Wasserstoff-Ionen (Hydronium-Ionen) und Säurerest-Ionen. Die Hydronium-Ionen färben Unitestindikator rot.

Ein weiterer Hinweis auf die Carboxylgruppe (↗ S. 211) im Molekül ist die Reaktion mit Natriumhydrogencarbonat. Lösungen von Carbonsäuren, z. B. in Wasser oder in Ethanol, schäumen bei Zugabe von Natriumhydrogencarbonat durch die Bildung von Kohlenstoffdioxid stark auf.

10.2.2 Nachweise von Mehrfachbindungen

Bromwasser ist Brom in Wasser gelöst. In der Gleichung muss also nicht etwa HBr (Bromwasserstoff), sondern die Formel Br_2 verwendet werden. Das Wasser kann man weglassen.

Doppel- und Dreifachbindungen können durch Additionsreaktion mit Brom oder mit BAEYERS Reagenz nachgewiesen werden.

Addition von Brom

An Mehrfachbindungen (↗ S. 193) zwischen Kohlenstoffatomen wird Brom unter Aufspaltung der Bindungen angelagert. Das wird zum Nachweis von Mehrfachbindungen genutzt. Dazu wird die zu untersuchende Substanz durch Bromwasser geleitet oder mit Bromwasser geschüttelt. Bei Vorliegen einer Mehrfachbindung entfärbt sich das braune Bromwasser.

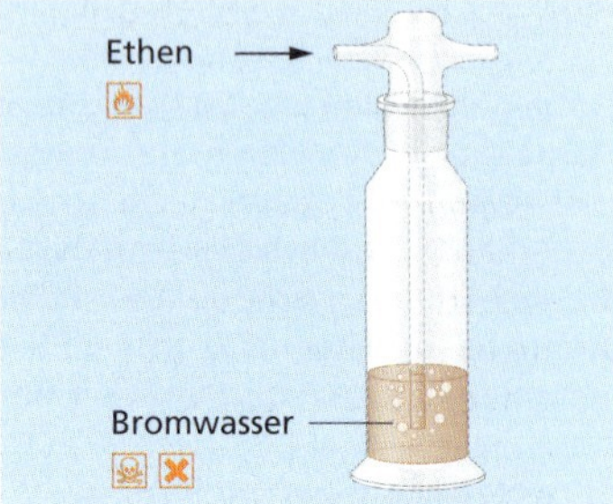

Mit dem Bromwasser kann auch nachgewiesen werden, dass Pflanzenfette und Öle ungesättigte Fettsäuren enthalten. Die Doppelbindung der ungesättigten Fettsäuren addiert das Brom. Dazu wird das Öl oder Fett erst in etwas Benzin gelöst. Zur Fettlösung wird Bromwasser getropft. Nach kräftigem Schütteln entfärbt sich das Bromwasser und setzt sich als klare Flüssigkeit wieder auf der Fettlösung ab.

$$\underset{H}{\overset{H}{>}}C=C\underset{H}{\overset{H}{<}} \quad + \quad Br-Br \quad \longrightarrow \quad Br-\underset{H}{\overset{H}{\underset{|}{\overset{|}{C}}}}-\underset{H}{\overset{H}{\underset{|}{\overset{|}{C}}}}-Br$$

$CH_2=CH_2$	+	Br_2	⟶	CH_2Br-CH_2Br
gasförmig, farblos	+	flüssig, baun	⟶	flüssig, farblos

Reaktion mit BAEYERS Reagenz

BAEYERS Reagenz ist ein mit Wasser verdünntes Stoffgemisch aus Soda (Natriumcarbonat Na_2CO_3) und Kaliumpermanganatlösung $KMnO_4$ von violetter Farbe. Kaliumpermanganat oxidiert u.a. organische Stoffe mit Mehrfachbindungen. Die zu untersuchende Substanz wird in einem Reagenzglas mit Baeyers Reagenz kräftig geschüttelt ①.

Bei Vorhandensein von Mehrfachbindungen entfärbt sich die violette Lösung und es bildet sich ein dunkelbrauner Niederschlag ②.

Diese Reaktion ist nur ein Hinweis auf Mehrfachbindungen, da Kaliumpermanganat auch mit spezifischen funktionellen Gruppen einiger organischer Stoffe reagiert.

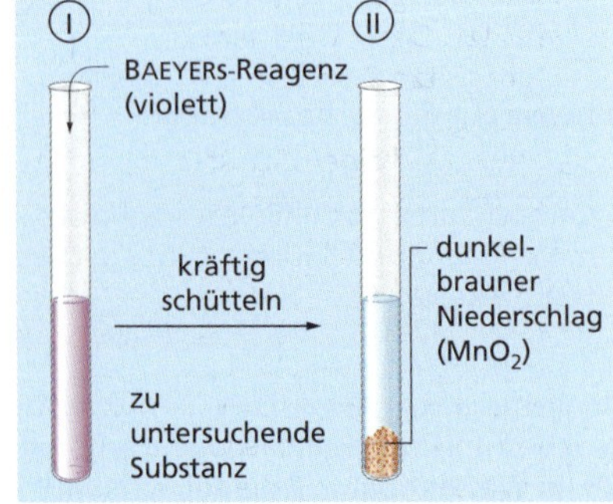

10.2.3 Nachweise organischer Verbindungen

Nachweise von Kohlenhydraten

Zu den Kohlenhydraten (↗ S. 221) gehören Mono-, Di- und Polysaccharide. Für einige Vertreter gibt es spezifische und unspezifische Nachweisreaktionen.

Die fehlingsche Probe ist kein spezifischer Glucosenachweis, da sie allein auf der reduzierenden Wirkung der Aldehydgruppe beruht. Die fehlingsche Probe ist mit Fructose ebenfalls positiv, da sich Fructose in alkalischer Lösung in Glucose umwandelt. Zum eindeutigen Glucosenachweis müssen daher noch weitere Untersuchungen durchgeführt werden.

Nachweise von Monosacchariden

1. Nachweis von Glucose:
   Der Nachweis erfolgt mit der **fehlingschen Probe.**

   Fehlingsche Lösung I und fehlingsche Lösung II werden im Verhältnis 1 : 1 gemischt. Eine dunkelblaue Lösung entsteht Ⓘ. Dazu wird etwas von dem zu prüfenden Stoff gegeben. Die Lösung wird vorsichtig (Siedeverzug!) erhitzt.
   Bei Anwesenheit von Glucose fällt ein ziegelroter Niederschlag von Kupfer(I)-oxid aus Ⓘⓘ. Dieses entsteht durch die reduzierende Wirkung der Aldehydgruppe der Kettenform (↗ S. 222) der Glucose.

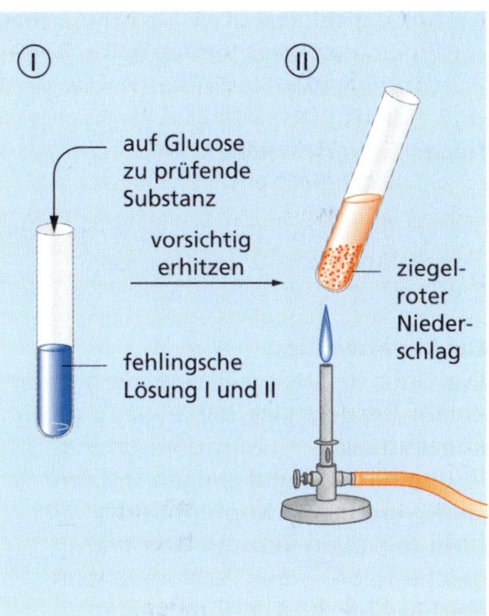

Die Seliwanoff-Probe ist ebenfalls kein spezifischer Fructosenachweis. Sie funktioniert bei Kohlenhydraten, die anstelle der Aldehydgruppe eine Ketogruppe (↗ S. 210) besitzen. Auch bei Glucose stellt sich nach längerer Erwärmung die Rotfärbung ein.

2. Nachweis von Fructose:
   Der Nachweis erfolgt mit der **Seliwanoff-Reaktion.**

   Die zu untersuchende Substanz wird mit etwa 3 ml 10%iger Salzsäure versetzt. Dazu wird eine Spatelspitze Resorcin gegeben Ⓘ.
   Unter vorsichtigem Schütteln erwärmt man das Gemisch. Bei Anwesenheit von Fructose (↗ S. 222) wird mit dem Resorcin in einer mehrschrittigen Reaktion ein roter Farbstoff, jedoch kein Niederschlag gebildet Ⓘⓘ.

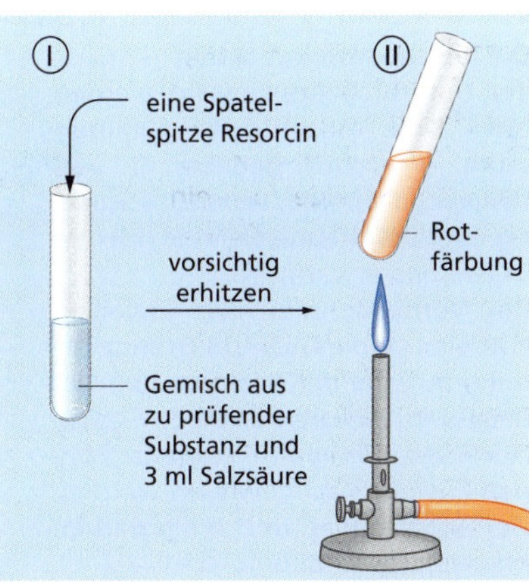

Nachweise von Polysacchariden

1. Nachweis von Stärke
   Auf die zu untersuchende Substanz wird **Iod-Kaliumiodid-Lösung** (gelblich bis bräunlich) getropft. Bei Anwesenheit von Stärke (↗ S. 225) tritt eine Blaufärbung ein. Sie verschwindet beim Erhitzen der blauen Lösung und bildet sich aufs Neue beim Abkühlen.
   Die Blaufärbung ist auf die Einlagerung von Iodmolekülen in die Hohlräume der Amylosestruktur zurückzuführen.

2. Nachweis von Cellulose
   Auf die zu untersuchende Substanz wird sogenannte **Chlorzinkiod-Lösung** (ein gelblich bis bräunliches Gemisch aus Chlorwasser und Zinkiodidlösung) getropft. Bei Anwesenheit von Cellulose (↗ S. 226) tritt eine Blau- bis Violettfärbung auf.

Nachweis von Eiweißen

Liegt eine völlig unbekannte organische Substanz vor, so muss zuerst die **qualitative Elementaranalyse** durchgeführt werden. Damit erfährt man, welche Elemente enthalten sind. Danach stellt man das anteilige Zahlenverhältnis der Elemente mit der **quantitativen Elementaranalyse** fest.

Eiweiße können mit der **Biuretreaktion** oder mit der **Xanthoproteinreaktion** nachgewiesen werden.

Die Biuretreaktion

Die Untersuchungssubstanz wird in einem Reagenzglas mit etwa 3 ml konzentrierter Natriumhydroxidlösung (farblos) und einigen Tropfen stark verdünnter Kupfer(II)-sulfatlösung (hellblau) versetzt und kräftig geschüttelt Ⓘ. Bei Vorhandensein von Eiweißen (↗ S. 216) tritt einen Violettfärbung ein Ⓘⓘ. Die Biuretreaktion ist ein Nachweis der Peptidbindung und auf die Bildung von Farbkomplexen zurückzuführen.

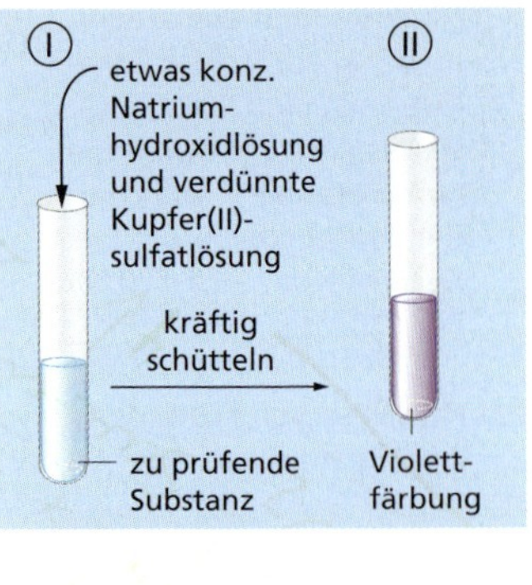

Die Xanthoproteinreaktion

Zur Untersuchungssubstanz werden etwa 3 ml konzentrierte Salpetersäure (Vorsicht!) gegeben Ⓘ. Anschließend wird das Gemisch vorsichtig über der Brennerflamme oder im Wasserbad erwärmt Ⓘⓘ.
Bei Vorhandensein von Eiweißen tritt eine starke Gelb- bis Orangefärbung auf, die der Reaktion den Namen gab (griech. *xanthos* = gelb).
Auch mit **Ninhydrin-Reagenz** können Eiweiße nachgewiesen werden. Der Stoff bildet mit Aminosäuren blauviolette Farbkomplexe.

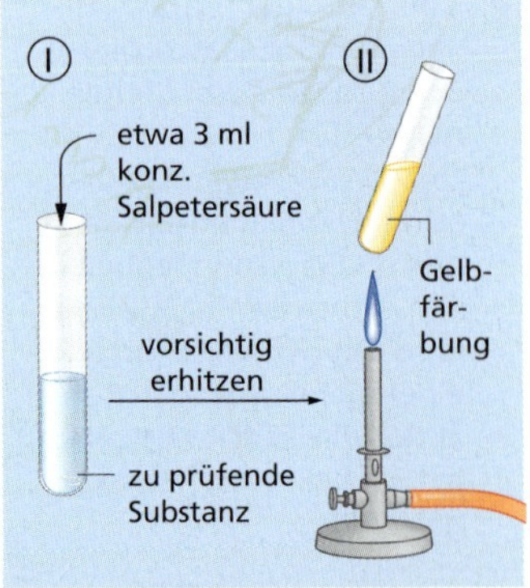

Fette (↗ S. 219) hinterlassen auf saugfähigem Papier bleibende, durchscheinende Flecken. Diese „Fettfleckprobe“ ist eine Vorprobe auf Fette.

ANHANG A

Periodensystem der Elemente

H[1)] : Gas
Br[1)] : Flüssigkeit
Mg[1)] : Feststoff
(rosa) : Nichtmetall
(grün) : Halbmetall
(blau) : Metall
* : Alle Isotope dieses Elements sind radioaktiv.

Legende (Beispiel Bor): 5 = Protonenzahl (Ordnungszahl); 10,81 = Atommasse in u (u = 1,66·10[−27] kg); 2,0 = Elektronegativität; B = Elementsymbol; Bor = Elementname

Periode	Hauptgruppe I	Hauptgruppe II	Nebengruppe III	Nebengruppe IV	Nebengruppe V	Nebengruppe VI	Nebengruppe VII	Nebengruppe VIII	Nebengruppe VIII	Nebengruppe VIII	Nebengruppe I	Nebengruppe II	Hauptgruppe III	Hauptgruppe IV	Hauptgruppe V	Hauptgruppe VI	Hauptgruppe VII	Hauptgruppe VIII
1	1 H 1,008 2,1 Wasserstoff																	2 He 4,00 Helium
2	3 Li 6,94 1,0 Lithium	4 Be 9,01 1,5 Beryllium											5 B 10,81 2,0 Bor	6 C 12,01 2,5 Kohlenstoff	7 N 14,007 3,0 Stickstoff	8 O 15,999 3,5 Sauerstoff	9 F 18,998 4,0 Fluor	10 Ne 20,18 Neon
3	11 Na 22,99 0,9 Natrium	12 Mg 24,31 1,2 Magnesium											13 Al 26,98 1,5 Aluminium	14 Si 28,09 1,8 Silicium	15 P 30,97 2,1 Phosphor	16 S 32,06 2,5 Schwefel	17 Cl 35,45 3,0 Chlor	18 Ar 39,95 Argon
4	19 K 39,10 0,8 Kalium	20 Ca 40,08 1,0 Calcium	21 Sc 44,96 1,3 Scandium	22 Ti 47,90 1,5 Titanium	23 V 50,94 1,6 Vanadium	24 Cr 51,996 1,6 Chromium	25 Mn 54,94 1,5 Mangan	26 Fe 55,85 1,8 Eisen	27 Co 58,93 1,8 Cobalt	28 Ni 58,70 1,8 Nickel	29 Cu 63,55 1,9 Kupfer	30 Zn 65,38 1,6 Zink	31 Ga 69,72 1,6 Gallium	32 Ge 72,59 1,8 Germanium	33 As 74,92 2,0 Arsen	34 Se 78,96 2,4 Selen	35 Br 79,90 2,8 Brom	36 Kr 83,80 Krypton
5	37 Rb 85,47 0,8 Rubidium	38 Sr 87,62 1,0 Strontium	39 Y 88,91 1,3 Yttrium	40 Zr 91,22 1,4 Zirconium	41 Nb 92,91 1,6 Niobium	42 Mo 95,94 1,8 Molybdän	43 Tc* [97] 1,9 Technetium	44 Ru 101,07 2,2 Ruthenium	45 Rh 102,91 2,2 Rhodium	46 Pd 106,4 2,2 Palladium	47 Ag 107,87 1,9 Silber	48 Cd 112,41 1,7 Cadmium	49 In 114,82 1,7 Indium	50 Sn 118,69 1,8 Zinn	51 Sb 121,75 1,9 Antimon	52 Te 127,60 2,1 Tellur	53 I 126,90 2,5 Iod	54 Xe 131,30 Xenon
6	55 Cs 132,91 0,7 Caesium	56 Ba 137,33 0,9 Barium	57–71 Lanthanoide	72 Hf 178,49 1,3 Hafnium	73 Ta 180,95 1,5 Tantal	74 W 183,85 1,7 Wolfram	75 Re 186,21 1,9 Rhenium	76 Os 190,2 2,2 Osmium	77 Ir 192,22 2,2 Iridium	78 Pt 195,09 2,2 Platin	79 Au 196,97 2,4 Gold	80 Hg 200,59 1,9 Quecksilber	81 Tl 204,37 1,8 Thallium	82 Pb 207,2 1,8 Blei	83 Bi 208,98 1,9 Bismut	84 Po* [209] 2,0 Polonium	85 At* [210] 2,2 Astat	86 Rn* [222] Radon
7	87 Fr* [223] 0,7 Francium	88 Ra* [226] 0,9 Radium	89–103 Actinoide	104 Rf* [261] Rutherfordium	105 Db* [262] Dubnium	106 Sg* [262] Seaborgium	107 Bh* [262] Bohrium	108 Hs* [262] Hassium	109 Mt* [266] Meitnerium	110 Ds* [281] Darmstadtium	111 Rg* [280] Roentgenium							

Lanthanoide														
57 La 138,91 1,1 Lanthan	58 Ce 140,12 1,1 Cerium	59 Pr 140,91 1,1 Praseodymium	60 Nd 144,24 1,1 Neodymium	61 Pm* [145] 1,1 Promethium	62 Sm 150,35 1,2 Samarium	63 Eu 151,96 1,2 Europium	64 Gd 157,25 1,2 Gadolinium	65 Tb 158,92 1,2 Terbium	66 Dy 162,50 1,2 Dysprosium	67 Ho 164,93 1,2 Holmium	68 Er 167,26 1,2 Erbium	69 Tm 168,93 1,2 Thulium	70 Yb 173,04 1,2 Ytterbium	71 Lu 174,97 1,2 Lutetium

Actinoide														
89 Ac* [227] 1,1 Actinium	90 Th* 232,04 1,3 Thorium	91 Pa* 231,04 1,5 Protactinium	92 U* 238,03 1,4 Uranium	93 Np* 237,05 1,3 Neptunium	94 Pu* [244] 1,3 Plutonium	95 Am* [243] 1,3 Americium	96 Cm* [247] 1,3 Curium	97 Bk* [247] 1,3 Berkelium	98 Cf* [251] 1,3 Californium	99 Es* [254] 1,3 Einsteinium	100 Fm* [257] 1,3 Fermium	101 Md* [258] 1,3 Mendelevium	102 No* [259] 1,3 Nobelium	103 Lr* [260] 1,3 Lawrencium

[ ] Die umklammerten Werte für die Atommasse geben die Massenzahl des Isotops mit der größten Halbwertszeit an.

1) Aggregatzustand bei 25 °C (298 K) und 1013,25 hPa

Register

T

U

V

W

Bildquellenverzeichnis

K. Bahro, Berlin: 239, 253; BASF, Ludwigshafen: 233; BAYER AG, Leverkusen: 215; Berliner Wasserbetriebe, Berlin: 239; Bibliothek der Humboldt-Universität (Institut für Geschichte der Medizin und Naturwissenschaften), Berlin: 10, 69, 85; A. Biedermann, Berlin: 135, 253, 262; Dr. S. Brezmann, Hamburg: 13, 14, 226; Corel Photos : 9, 136, 177, 187, 215, 222, 239, 243, 272, 275; Degussa AG, Frankfurt am Main: 136; Deutsches Museum München: 70, 71; DLR: 293, 294; Duden Paetec GmbH, Berlin: 46/1, 78, 116, 142, 176, 217; E. Ernst, Berlin: 305; K. –H. Firtzlaff, Berlin: 235; GASAG, Berlin: 35; Gesamtverband des deutschen Steinkohlenbergbaus, Essen: 238, 260; K. Heinig,: 45; IMA Hannover: 156; W. Jaenicke, 100 Jahre Bunsen- Gesellschaft, Dr. Dietrich Steinkopff Verlag GmbH & Co. KG, Darmstadt: 246; F. Jantzen, Bad Arolsen: 26, 78, 135, 257, 302; Kohlmorgen, Berlin: 265; U. Lehmann, Berlin: 147; Dr. G. Liesenberg, Berlin: 234; H. Mahler, Berlin: 22, 23, 25, 26, 71, 184, 188, 194, 273, 302, 303; mauritius images / Peter Enzinger: 271/1, Merck: 12, 303; Messer Qualitätsmanagement System Industriegase, Deutschland: 196; Prof. Dr. L. Meyer, Potsdam: 41, 70, 236, 253, 271; Motorola GmbH: 152; Naturkundemuseum, Berlin (Harre): 12, 133, 240; Z. Neuls, Berlin: 111; J. Pettkus, Zepernick: 7; Photo disc: 8, 13, 43, 78, 95, 98, 123, 127, 136, 172, 205, 240, 259, 263, 283, 287, 299, 309; picture-alliance/ KPA/HIP/Ann Ronan Picture Library: 10/1, Picture-alliance/Keystone Schweiz, Frankfurt am Main: 71/1; Technische Universität Bergakademie Freiberg, Sachsen: 136/4; W. Strube: Der historische Weg der Chemie, Deutscher Verlag für Grundstoffindustrie GmbH, 1976: 9, 10, 11; Verlagsgesellschaft Leipzig mbH: 153; Wacker Siltronic: 78; wgm, Bonn: 135

e im Buch

Jedes Thema verfügt neben dem Text über verschiedene Medien, die in einer separaten Medienspalte in der Mitte des Bildschirms aufgelistet werden. Dies können u. a. sein: Bilder, Videos, Flash-Animationen, PDF-Dateien und vieles mehr.

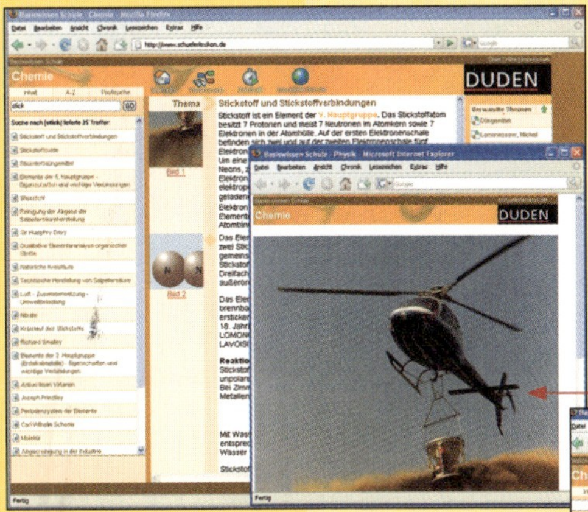

Videos und **Audios** können mithilfe des Quicktime-Players (auf der DVD vorhanden) abgespielt werden.

Bilder und **Grafiken** können vergrößert und ebenso wie die Texte ausgedruckt werden.

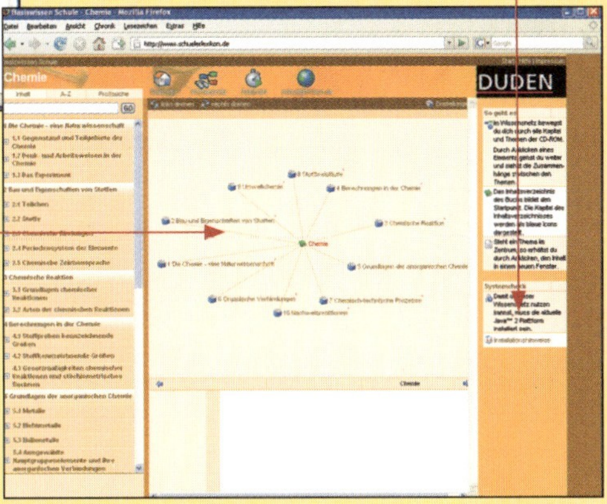

Das **Wissensnetz** (auf der Basis von Java) stellt anschaulich Zusammenhänge zwischen den Themen sowie zwischen dem Inhaltsverzeichnis und den einzelnen Themen dar.

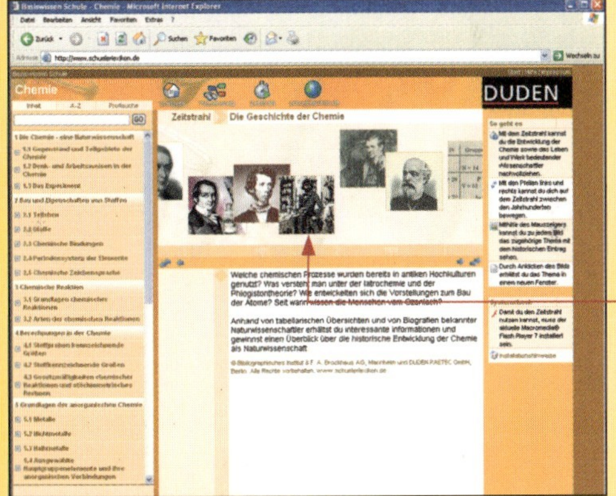

Über den **Zeitstrahl** hast du einen schnellen Zugriff auf historische Ereignisse oder auf Biografien von Persönlichkeiten. Die Nutzung des Zeitstrahls setzt das Flash-PlugIn (auf der DVD enthalten) für deinen Browser voraus.